CRFJ hommes et sociétés
Les Cahiers du CRFJ, série « Hommes et Sociétés »
Collection dirigée par Dominique Bourel et
Florence Heymann

Vol. 1. *Milieux et mémoire*, coordonné par Frank ALVAREZ-PÉREYRE, 1993.

Vol. 2. *Aux origines juives du christianisme*, coordonné par François BLANCHETIÈRE et Moshe David HERR, 1994.

Vol. 3. *Le Politique et le Religieux : essais théoriques et comparatifs*, coordonné par Frank ALVAREZ-PÉREYRE, 1995.

Vol. 4. *Aux sources de l'anti-judaïsme chrétien*, par François BLANCHETIÈRE, 1995.

Les quatre premiers volumes sont diffusés par les éditions Peeters.

Vol. 5. *Le Corps du texte. Pour une anthropologie des textes de la tradition juive*, sous la direction de Florence HEYMANN et Danielle STORPER PEREZ, 1997.

Vol. 6. *L'Intelligentsia russe en Israël. Rassurante étrangeté*, par Danielle STORPER PEREZ, 1998.

Dominique Trimbur

De la *Shoah* à la réconciliation?
La question des relations RFA-Israël (1949-1956)

CNRS ÉDITIONS

© CNRS ÉDITIONS, Paris, 2000
ISBN : 2-271-05753-1

Cérémonie de signature de l'accord de réparations germano-israélien, Luxembourg, 10 septembre 1952, les deux délégations (*Presse und Informationsamt der Bundesregierung*).

Cérémonie de signature de l'accord de réparations germano-israélien, Luxembourg, 10 septembre 1952, la délégation judéo-israélienne : au centre, signant le document, Moshe Sharett, ministre des affaires étrangères ; à sa gauche : Nahum Goldmann, président de la conférence *on Jewish Material Claims Against Germany* ; deuxième à sa droite : Felix Shinnar, futur responsable de la délégation commerciale israélienne de Cologne (*Presse und Informationsamt der Bundesregierung*).

Première rencontre entre le Chancelier ouest-allemand Konrad Adenauer et le Premier ministre israélien David Ben Gourion, New York, 14 mars 1960 (*dpa*).

SOMMAIRE

Introduction — 11

Première partie : **Des relations avant les relations — Le consulat israélien de Munich et les premiers pas de la mission israélienne de Cologne** — 19

Chapitre I. Au temps du consulat israélien de Munich — 21
1. Le consulat israélien de Munich — 21
2. Les premiers contacts directs entre les deux pays sous le signe des réparations — 38
3. Le travail du consulat israélien de Munich et ses contacts avec les autorités ouest-allemandes — 48

Chapitre II. Du consulat de Munich à la mission israélienne de Cologne — 55
1. La discussion sur la fermeture du consulat israélien de Munich — 55
2. La mission commerciale israélienne en RFA — 58
3. La fermeture du consulat de Munich et la mise en place de la mission — 68

Deuxième partie : **L'évolution des idées israéliennes et juives concernant des relations diplomatiques entre la RFA et Israël — De la fin des années quarante au printemps de l'année 1956** — 85

A. *Évolution de l'attitude israélienne* — 87

Chapitre III. L'évolution de l'attitude israélienne vis-à-vis du problème des relations diplomatiques avec la RFA — 93
1. Avant le traité de réparations — 93

2. La mise en place de la mission commerciale de Cologne et l'évolution de l'attitude israélienne — *108*

Chapitre IV. De la mise en place de la mission à l'échec du printemps 1956 — *119*
    1. Évolution favorable des idées gouvernementales israéliennes — *119*
    2. Accélération du processus : de la fin 1954 au printemps 1956 — *138*
    3. Persistance des réticences israéliennes — *158*
    4. Les hésitations de l'État juif face aux contacts entre représentants ouest-allemands et israéliens — *169*

B. La communauté juive et le problème des relations germano-israéliennes — *177*

Chapitre V. La communauté juive américaine — *179*
    1. Le cas de Nahum Goldmann — *182*
    2. Les Juifs allemands aux États-Unis : le cas de Kurt R. Grossmann — *193*

Chapitre VI. La communauté juive ouest-allemande : le *Zentralrat der Juden in Deutschland*, Karl Marx et l'*Allgemeine Wochenzeitung der Juden in Deutschland* — *205*
    1. Le *Zentralrat der Juden in Deutschland* — *206*
    2. Karl Marx et l'*Allgemeine Wochenzeitung der Juden in Deutschland* — *209*

Troisième partie : L'évolution des idées ouest-allemandes concernant des relations diplomatiques entre la RFA et Israël — De la fin des années quarante au printemps de l'année 1956 — *221*

A. L'attitude ouest-allemande vis-à-vis du problème des relations diplomatiques avec Israël jusqu'au traité de réparations — *223*

    Chapitre VII. L'attitude de la RFA à l'égard des relations diplomatiques avec Israël — *227*
        1. Avant l'entrée en négociations avec Israël — *227*
        2. Au moment des négociations de Wassenaar — *230*
        3. Le problème de la ratification de l'accord de réparations — *248*

SOMMAIRE

B. Évolution de l'attitude ouest-allemande après la ratification : vers des relations diplomatiques avec Israël ? *281*

Chapitre VIII. L'Auswärtiges Amt favorable à un rapprochement entre la RFA et Israël *283*

1. Les problèmes dus à l'absence d'une représentation ouest-allemande en Israël *283*
2. L'AA favorable à un rapprochement économique *290*
3. L'AA favorable à un rapprochement culturel et scientifique *293*
4. L'AA favorable à un rapprochement politique : vers l'établissement de relations diplomatiques entre la RFA et Israël ? *295*
5. Le travail de la RFA pour améliorer son image dans le monde *311*

C. Évolution de l'attitude ouest-allemande après la ratification : la victoire du réalisme *321*

Chapitre IX. L'attitude de Bonn vis-à-vis du problème des relations diplomatiques avec Israël et son évolution dans le contexte mondial *327*

1. Le poids du facteur arabe dans la réflexion ouest-allemande *327*
2. Le problème est-allemand *356*
3. La doctrine Hallstein et le cas d'Israël *369*

Chapitre X. Épilogue : La réaction israélienne aux réflexions ouest-allemandes *389*

Conclusion générale *397*

Tableau chronologique *407*

Table des abréviations *411*

Index des sources *413*

Bibliographie *421*

Index des noms de personnes *435*

Table des matières *441*

INTRODUCTION

À l'instar de la question de l'Holocauste, le sujet des relations germano-israéliennes a déjà fait l'objet de nombreuses études. Il entre dans le cadre du débat sur le passé de l'Allemagne qui marque la République fédérale de manière chronique : qu'il s'agisse du thème de la culpabilité/responsabilité dans les massacres perpétrés par les nazis, de Jaspers à Goldhagen[1], ou de la réflexion sur le passé élaborée dans les premières années de la RFA[2]. Le statut de ces relations fait régulièrement l'objet de déclarations ou de gestes de la part des hommes politiques des deux pays, le plus souvent fracassants. Entrant dans le cadre de débats politiques plus larges[3], ou s'intégrant dans le contexte du quotidien des relations germano-israéliennes[4], la discussion sur le caractère normal ou non des relations germano-israéliennes reste toujours vivace.

---

[1] JASPERS, K., *Die Schuldfrage*, Heidelberg, 1946 (*La Culpabilité allemande*, Paris, 1948), GOLDHAGEN, D. J., *Hitlers Willing Executioners - Ordinary Germans and the Holocaust*, New York, 1996 (*Les Bourreaux volontaires de Hitler*, Paris, 1997).

[2] FREI, N., *Vergangenheitspolitik - Die Anfänge der Bundesrepublik und die NS-Vergangenheit*, Munich, 1996.

[3] C'est le cas, au moment de la campagne électorale israélienne du printemps 1999, de la mise en cause de la RFA par Benjamin Netanyahu, soulignant qu'il était pour le moins étonnant qu'une déclaration de l'Union européenne sur Jérusalem, refusant son annexion *de facto*, émane justement du pays sur le territoire duquel la *Shoah* a été pensée (la RFA étant alors président en exercice de l'Union).

[4] Le président d'Israël Ezer Weizman, déclarant, lors de son passage en RFA en janvier 1996, qu'il ne pouvait pas concevoir que des Juifs vivent encore dans cette partie du monde (voir *Le Monde*, 20 janvier 1996, « L'Allemagne et sa "relation particulière" avec Israël »).

Du côté israélien, si certains optent désormais pour la normalité de ces liens[5], d'autres la rejettent décidément[6]. Tandis que, en dépit des proclamations de souveraineté et de retour au monde des grandes puissances émanant du chancelier fédéral Schröder, un homme politique allemand de passage en Israël doit toujours insister sur le caractère spécifique de ces relations, comme pour souligner que ce passé-là ne peut pas passer[7]. Ajoutant à cette perception pessimiste, l'ancien responsable du Conseil central des Juifs d'Allemagne, Ignatz Bubis, a tenu à se faire inhumer en Israël, refusant que sa tombe ne soit livrée aux mêmes profanateurs qui s'étaient attaqué à celle de l'un de ses prédécesseurs. Enfin, l'attention réciproque est sollicitée dans les cas de changements à la tête de l'un des pays. Israël a ainsi perçu avec bienveillance l'élection de Johannes Rau à la présidence de la RFA, une personne qui a depuis longtemps prouvé son attachement aux relations spécifiques entre l'Allemagne et Israël. Tandis que la visite officielle en RFA de Ehud Barak, nouveau Premier ministre israélien, en septembre 1999, a pris une touche particulièrement symbolique, Barak étant la première personnalité étrangère à se rendre à Berlin redevenue capitale *et* siège du gouvernement allemand. Problème délicat s'il en est, la question du rétablissement du dialogue entre l'Allemagne et la communauté juive, d'une part, et de l'établissement d'un contact entre la République fédérale et l'État d'Israël, d'autre part, a au total suscité l'attention et les analyses d'historiens israéliens, allemands ou américains[8]. Et nombreux sont les acteurs de ce dialogue qui ont tenu,

---

[5] Comme l'ancien ambassadeur d'Israël en RFA, Avi Primor, dans son ouvrage *Europa, Israel und der Nahe Osten,* Düsseldorf, 1999 (vers. franç., *Le Triangle des passions,* Paris, 2000).

[6] Ainsi un autre ambassadeur de l'État juif en Allemagne de l'Ouest, Yohanan Meroz (*in Bilder aus einem hektischen Jahrzehnt, 1986-1996,* Bâle, 1997).

[7] On peut noter à cet égard quelques exemples récents : la visite en Israël de l'ancien président fédéral Roman Herzog en novembre 1998 (au cours de laquelle il déclare : « Le fait qu'aujourd'hui l'Allemagne fasse partie des démocraties occidentales établies signifie-t-il pour autant que les relations entre l'Allemagne et Israël relèvent de la normalité ? Ma réponse est "non". Même si les relations de l'Allemagne avec Israël sont plus étroites et confiantes qu'avec aucun autre pays en dehors de l'Europe, elles resteront à jamais marquées par la particularité de ce qui s'est passé. [...] L'injustice de l'holocauste ne peut pas être réparée par des moyens matériels. ») ; ou celle de Joschka Fischer, ministre des Affaires étrangères, que l'on montre, en première page des journaux israéliens, en train de visiter le mémorial de Yad Vashem.

[8] Voir entre autres, GARDNER-FELDMAN, L., *The Special Relationship between West Germany and Israel,* Boston, Londres, Sydney, 1984, WOLFFSOHN, M., *Ewige Schuld ? 40 Jahre deutsch-*

et tiennent encore aujourd'hui, à apporter leur témoignage sur cette relation spéciale. À cet égard, on peut remarquer que sur les six ambassadeurs israéliens qui ont représenté leur pays à Bonn depuis 1965, trois ont publié leurs impressions sur ce passage de leur carrière[9]. Tandis que les ambassadeurs ouest-allemands s'essaient aussi à souligner la spécificité de leur passage à Tel Aviv[10].

Signataires d'un accord de réparations dès le 10 septembre 1952, les États ouest-allemand et israélien n'établissent pourtant des relations diplomatiques entre eux qu'en 1965. Les ouvrages existants qui portent sur les rapports entre la RFA et Israël s'intéressent en général aux contacts préalables à l'opération de dédommagement, aux négociations et au contenu d'un traité unique en son genre ; ces publications s'attardent également sur la période qui précède directement et amène à l'échange d'ambassadeurs entre Bonn et Jérusalem[11]. Et si dans ces ouvrages la période intermédiaire est mentionnée à l'occasion de crises dans les relations *de facto* qui se mettent rapidement en place après l'entrée en vigueur de l'accord de réparations, l'attention des auteurs ne porte que sur le développement des rapports germano-israéliens exclusivement sur la base du texte signé le 10 septembre 1952. Si la question spécifique des relations diplomatiques est abordée dans le cadre des études citées, elle n'y apparaît le plus souvent que de manière tardive, à

---

jüdisch-israelische Beziehungen, Munich, 1988, ou JELINEK, Yeshayahu (Hg), *Zwischen Moral und Realpolitik. Eine Dokumentensammlung*, Gerlingen, 1997. Voir également la sélection bibliographique proposée par le Deutsches-Übersee-Institut (*Die Beziehungen der Bundesrepublik und der Vereinigten Staaten zu Israel - Kurzbibliographie*, Hambourg, 1986) et la bibliographie présentée à la fin de cet ouvrage. À l'inverse, le sujet n'a pas intéressé beaucoup de Français.

[9] Voir BEN NATAN, A., *Dialogue avec les Allemands*, Paris, 1974, MEROZ, Y., *In schwieriger Mission. Als Botschafter Israels in Bonn*, Francfort, 1986, ou plus récemment PRIMOR, A., *« Mit Ausnahme Deutschlands » - Als Botschafter Israels in Bonn*, Berlin, 1997.

[10] C'est notamment le cas de Niels Hansen, en poste entre 1981 et 1985, auteur de nombreux articles sur la question, qui prépare une monographie. Il semble que l'on en soit arrivé à « L'Ambivalence de la normalité », titre d'une étude de la fondation Friedrich Ebert publiée à l'occasion de la visite officielle en Israël de Johannes Rau, en février 2000.

[11] Dans le travail qui suit, l'utilisation de « Jérusalem » comme synonyme d'« Israël » ou de l'« État hébreu » (ou « juif ») n'est qu'une convention de langage qui s'inscrit dans la lignée des ouvrages publiés sur la question des relations germano-israéliennes. Il ne s'agit pas d'une quelconque prise de position en faveur du concept de « Jérusalem = capitale éternelle et indivisible d'Israël » proclamé unilatéralement par l'État hébreu en 1980 et non reconnu par la communauté internationale.

la faveur de remarques relatives à la réflexion qui se développe à la fin des années cinquante. Mais aucun auteur n'apporte les précisions nécessaires à la compréhension de l'état de fait qui prévaut entre Allemands et Israéliens dans la deuxième moitié de la décennie en question. La mise en place des idées qui priment jusqu'en 1965, c'est-à-dire jusqu'à l'établissement des relations officielles entre les deux pays, est donc délaissée, alors que ce processus apparaît comme fondamental[12]. L'aspect le plus éloquent de cette faiblesse ressort du fait que ces lacunes surgissent même dans les dernières études disponibles en général fort bien documentées. Il en va ainsi du bref essai de Rainer Blasius, paru en 1994, qui lui-même délaisse étonnamment la période 1952-1956 pour adopter la rapidité que l'on avait déjà constatée chez Wolffsohn[13]. Quant à elle, l'introduction de Yeshayahu Jelinek au recueil de documents qu'il a publié en 1997[14] est plus précise, sans toutefois pouvoir mettre en perspective tous les éléments de cet ensemble complexe[15].

La difficile naissance des relations entre Bonn et Jérusalem imposait donc le recours à des sources diplomatiques originales. C'est seulement là qu'apparaît de manière claire, documentée, la progression des réflexions dans les deux camps.

Par ailleurs, les travaux cités présentent, pour la plupart, la discussion concernant une formalisation des relations germano-israéliennes, en attendant leur normalisation, comme une réalité tardive. Il faut dire qu'*a priori*, ce sujet paraît, à juste titre, tabou : à la fin de la Seconde Guerre mondiale a été révélée l'ampleur de la « destruction des Juifs d'Europe[16] », et la conséquence logique de la *Shoah* est une faille

---

[12] Cette remarque vaut même pour l'ouvrage très éclairant du journaliste et historien israélien Tom Segev (*Le Septième Million : les Israéliens et le génocide*, Paris, 1993).

[13] BLASIUS, R. A., « Geschäftsfreundschaft statt diplomatischer Beziehungen - Zur Israel-Politik 1962-1963 », *in* BLASIUS, R. A. (Hg) *Von Adenauer zu Erhard - Studien zur Auswärtigen Politik der Bundesrepublik Deutschland 1963*, Munich, 1994, p. 154 et suiv.

[14] *Op. cit.*

[15] On attend avec un vif intérêt la parution d'une étude approfondie de sa plume, sous les auspices de l'*Institut für Zeitgeschichte* de Munich.

[16] Voir HILBERG, R., *The Destruction of the European Jews*, New York-Londres, 1985 (*La Destruction des Juifs d'Europe*, Paris, 1988).

profonde entre les Allemands et le judaïsme mondial. Car les six millions de Juifs assassinés par les nazis constituent un obstacle, au premier abord insurmontable, à toute communication entre les bourreaux, ou les descendants des bourreaux, et les victimes, ou les héritiers de ces victimes. En réalité, cependant, le débat suit une courbe différente : au-delà des discussions sur les problèmes soulevés par les réparations rendues nécessaires par des impératifs moraux et économiques, on constate que la question de l'établissement de relations diplomatiques véritables entre la République fédérale et l'État hébreu apparaît de manière très précoce. Cette remarque vaut aussi bien pour les débats internes aux deux gouvernements que dans le cadre de discussions bilatérales officieuses. Comme s'il avait fallu attendre la fin des années quatre-vingt-dix pour constater que même dans cette situation difficile les dirigeants des deux pays ont rapidement fait la part des choses : si la charge émotionnelle reste immense, le réalisme s'impose rapidement et conduit à une profonde modification des mentalités. Mais la « nouvelle histoire » israélienne, qui défait les mythes fondateurs de l'État hébreu, n'est elle-même qu'un phénomène récent[17].

L'étude que l'on va lire tente donc de tirer les enseignements de l'historiographie existante, avec ses qualités et ses défauts. Elle se concentre sur la période qui précède le printemps 1956. Cette délimitation est permise par des données historiques précises. Le début de la période qui va être analysée est conditionné par les premiers contacts qui existent entre Allemands et Juifs. Ces premiers liens sont d'ailleurs antérieurs à la création de la RFA, et même d'Israël. De premières approches, effectuées dans le cadre des exigences juives de réparations, ont lieu dès la fin de la guerre. Et, de manière institutionnelle, il convient de se pencher sur une présence israélienne sur le territoire allemand qui date de bien avant les premiers contacts directs entre Allemands et Israéliens. Il s'agit du consulat de l'État hébreu installé à Munich à partir d'octobre 1948 : accrédité auprès des autorités militaires d'occupation, son but essentiel, conformément aux objectifs de l'Agence juive, est de procéder à l'émigration des quelques Juifs demeurant sur le sol allemand. Nous arrêterons nos analyses en

---

[17] Pour une introduction en français, voir HEYMANN, Florence, ABITBOL, Michel, *L'Historiographie israélienne aujourd'hui*, Paris, 1998.

mai 1956, lorsque la RFA rejette l'invitation israélienne à établir sur son territoire une représentation ouest-allemande.

Les quelques années qui séparent ces dates butoirs donnent lieu à de nombreux débats, à une réflexion approfondie des deux côtés et à une révolution des mentalités. On passe alors du degré zéro des relations à une proximité très étroite entre représentants et dirigeants des deux pays. Mais ces années sont également marquées par la mise en place progressive de données qui resteront valables au moins jusqu'en 1965, donc jusqu'à l'échange effectif de représentations diplomatiques. La révolution à laquelle on assiste caractérise les différents niveaux du dialogue germano-israélien. Du point de vue politique, le pragmatisme l'emporte dans les deux camps, ce qui permet, contre toute attente, de défaire progressivement le mur du silence qui sépare au départ les deux entités. Le génocide juif reste omniprésent dans les mémoires, mais il ne semble pas s'imposer : en Israël le choc du procès Eichmann n'a pas encore eu lieu, la *Shoah* n'a pas encore été instrumentalisée pour devenir l'argument de politique extérieure qu'elle deviendra par la suite[18]. Pour les deux États, le principal est désormais d'assurer la (re)construction, ce qui doit obliger à certaines alliances qui, dans d'autres conditions, auraient dû paraître contre nature.

Sur la base du passé récent, c'est-à-dire du gouffre engendré par l'élimination de la plus grande partie du judaïsme européen, il apparaît donc que l'histoire des relations germano-israéliennes soit marquée par une simplification.

À l'inverse, en ce qui concerne l'actualité politique et géopolitique de l'époque, ces relations sont alors au centre de constellations qui s'entrecroisent de plus en plus et aboutissent à une complexification extrême du problème. En effet, sujet déjà délicat au départ, lorsqu'il s'agit de définir les interlocuteurs du dialogue à (re)créer, les relations germano-israéliennes s'enrichissent de nombreux aspects. Au-delà du pur échange entre Juifs et Allemands, entre Israël et la République fédérale, l'affaire prend rapidement une tournure bien plus diversifiée. Du fait du passé allemand comme de l'environnement géopolitique

---

[18] On pense ici à la déclaration de M. Begin, consécutive au bombardement par l'aviation israélienne d'un réacteur nucléaire irakien, le 6 juin 1981, selon laquelle « Il n'y aura jamais un autre Holocauste ».

d'Israël, les États arabes deviennent ainsi rapidement partie prenante du problème.

Mais cette période, marquée par un raidissement des relations internationales, c'est-à-dire par l'aggravation de la guerre froide, apporte aussi avec elle ses impératifs et ses problèmes. De fait, les relations germano-israéliennes ne peuvent alors plus se départir d'un certain nombre de liens connexes. Israël prend de l'importance aux yeux de la RFA dans le cadre de sa politique américaine, ce qui implique directement les membres de la diaspora. Et Israël apparaît soucieux de sauvegarder et d'approfondir de bonnes relations avec les Occidentaux, au moment où Washington commence à se désintéresser des problèmes particuliers de l'État hébreu pour envisager de manière globale l'équilibre stratégique du Moyen-Orient. Cette région devient par là un terrain d'opération de la guerre froide, marqué par une intervention toujours plus réelle de l'URSS et de ses satellites, en particulier de la RDA. Au départ favorable à Israël, — l'Union soviétique avait fait partie des premiers États à reconnaître l'État juif — le bloc de l'Est prend de plus en plus position en faveur des Arabes, incarnation à ses yeux de la lutte contre l'impérialisme colonial ou économique, donc moyen potentiel de lutter contre l'Occident. De ce fait, la guerre froide prend de plus en plus évidemment le pas sur les seules relations germano-israéliennes, et au bout du compte les relations inter-allemandes priment dans les réflexions du ministère fédéral des Affaires étrangères.

Il appartient donc à cette étude de démêler les fils de l'écheveau qui vient d'être brièvement décrit. Il s'agit de transcrire, de repérer, par le recours aux documents diplomatiques, les principales étapes du processus. Il doit être ici question en particulier des dates auxquelles commence à être évoqué l'établissement de relations diplomatiques entre Bonn et Jérusalem. Cela passe également par la mise en rapport des différentes déclarations avec leur contexte, donc par la définition des origines de ces prises de position. On repérera ainsi clairement les motivations d'affirmations, en apparence anachroniques si l'on suit les auteurs, en cette période de construction israélienne et de reconstruction allemande.

Cette mise en évidence de l'évolution des idées relatives à l'établissement de relations diplomatiques entre la République fédérale et l'État juif, du début des années cinquante au printemps 1956, n'est donc pas une nouvelle histoire des réparations ouest-allemandes à Israël. Elle tient à souligner les données pragmatiques qui dominent la réflexion des deux parties. Pour ce faire, l'étude des opinions des gouvernements et des administrations des Affaires étrangères est primordiale, ne serait-ce que pour établir une hiérarchie dans la masse des documents découverts. Mais, on l'a déjà mentionné, un tel travail ne peut pas se cantonner à une analyse trop étroite du problème en question. Même s'il y a d'un certain point de vue simplification, il ne faut pas laisser de côté les multiples aspects qui caractérisent le sujet. Histoire politique, la question des relations germano-israéliennes est aussi un sujet d'histoire économique et culturelle. Les personnes les plus agissantes, dirigeants et hauts fonctionnaires, sont guidées par des mouvements de fond qui ne peuvent qu'influencer leur action. Il s'agira donc de s'attarder sur ces forces profondes qui n'ont eu de cesse de se manifester tout au long de la période, pour ou contre une formalisation des rapports germano-israéliens : représentants de la société civile, Juifs allemands exilés aux États-Unis, membres de la diaspora de ces deux pays, industriels ouest-allemands...

Ce n'est qu'au bout de l'analyse de ces multiples mouvements qu'il sera possible de circonscrire le plus précisément possible les motifs qui poussent l'une ou l'autre partie à agir dans un sens ou dans l'autre. On pourra alors voir dans quelle mesure les relations germano-israéliennes, encore sensibles en cette fin des années quatre-vingt-dix, sont bien des « relations spéciales ».

En résumé, dans la présente étude, le but affiché est double : mettre en relief à la fois la simplicité relative et l'extrême complexité du problème auquel sont confrontés Allemands et Israéliens, soucieux d'instaurer des relations entre leurs pays. Pour parvenir à cet objectif, nous nous sommes efforcé de rendre compte, dans ses moindres détails et ses multiples difficultés, du défi que représente la question de l'ouverture de relations diplomatiques entre l'Allemagne de l'Ouest et Israël. Le travail qui suit traduit également le souhait d'apporter une contribution française non seulement à une meilleure connaissance d'un cas unique de l'histoire des relations internationales, mais également de la politique intérieure et extérieure des États ouest-allemand et israélien.

Première partie
Des relations avant les relations
Le consulat israélien de Munich et les premiers pas de la mission israélienne de Cologne

CHAPITRE I
Au temps du consulat israélien de Munich

1. Le consulat israélien de Munich

Le contexte de la fin des années quarante

Lorsque les historiens s'intéressent au problème des premiers contacts entre la République fédérale d'Allemagne et l'État d'Israël, ils insistent avant tout sur le poids du passé qui empêche tout dialogue entre deux communautés que tout sépare. L'État d'Israël se réclame en effet des Juifs du monde entier, et notamment des six millions de Juifs exterminés au cours de la *Shoah*[1]. De son côté la RFA insiste dès le départ sur le fait qu'elle prend en charge la continuité historique, qu'elle est l'héritière juridique du IIIe Reich et qu'elle représente l'intégralité de l'Allemagne.

À la prise en compte du passé par les deux parties correspond une charge émotionnelle importante. Celle-ci rend par exemple impossible tout contact ou la participation commune à l'une ou l'autre organisation

---

[1] Voir SEGEV, Tom, *Le Septième Million : les Israéliens et le génocide, op. cit.*, et TEVETH, Shabtai, *Ben-Gurion and the Holocaust*, Londres, 1996.

internationale. C'est ainsi que l'État d'Israël adopte une politique d'opposition systématique à ce qui permettrait à l'Allemagne en général, et à Bonn en particulier, d'obtenir une place dans le concert des nations. Il veut en particulier empêcher que la RFA parvienne à s'intégrer dans le monde occidental comme le désirent le chancelier Adenauer, les USA et les autres puissances de l'Ouest.

C'est en particulier le cas pour la réaction d'Israël à l'occasion de sa reconnaissance par l'Autriche, en mars 1949, réaction rappelée au moment où Adenauer s'exprime sur le problème des futures réparations à accorder aux Juifs et où sont évoquées des possibilités de dialogue entre la RFA et Israël[2] :

> « On ne sait peut-être pas partout que des porte-parole officiels du gouvernement israélien ont encore déclaré en mars de cette année — à l'occasion de la reconnaissance d'Israël par l'Autriche — qu'Israël ne nouera aucun lien avec le futur gouvernement fédéral allemand. D'après eux, Israël ne peut entretenir aucune relation avec le pays où sont morts six millions de ses frères ; il ne peut même pas être question d'établir des liens commerciaux avec l'Allemagne pour la même raison[3]. »

Radicale du point de vue des relations bilatérales, cette position est également celle de l'État hébreu quand il est question d'accepter la RFA au sein d'organisations internationales. C'est ainsi qu'Israël s'insurge contre le vote largement favorable à une entrée de la République fédérale à la *Food and Agricultural Organization* des Nations unies[4]. Cette position prévaut aussi lorsqu'il s'agit d'empêcher les diplomates ouest-allemands de participer à des réceptions du corps diplomatique, ce qui les placerait inévitablement au contact des représentants

---

[2] Interview de Konrad Adenauer par Karl Marx, éditeur de l'*Allgemeine Wochenzeitung der Juden in Deutschland*, le 11 novembre 1949, reprise *in* VOGEL, R. (Hg), *Deutschlands Weg nach Israel*, Stuttgart, 1967, p. 17 et suiv.

[3] *Mannheimer Morgen*, 29 novembre 1949, « Deutschland und Israel », et *General Anzeiger*, 26 novembre 1949, « Also doch unversöhnlich ? ». De son côté, le ministre ouest-allemand de l'Économie doit faire part de l'opposition absolue d'Israël à des relations économiques aux entreprises qui désirent établir des liens avec l'État hébreu (v. Bundesarchiv (par la suite = BA), Coblence, Archives du ministère fédéral de l'Économie (B 102), Vol. 7017/H1, Note (VC2 42 336/49) à *Exportausschuß Eisen und Stahl*, Düsseldorf, 19 novembre 1949, Brandts).

[4] *Neue Zeitung*, 11 novembre 1950, « Bundesrepublik und Spanien als gleichberechtigte Mitglieder in die FAO aufgenommen ».

d'Israël ; car de telles rencontres sont assimilées à ce moment à une reconnaissance et à une acceptation de l'entité allemande[5].

Il s'agit cependant de noter qu'en dépit des apparences, cette politique israélienne n'est pas faite d'un refus absolu de contacts avec l'Allemagne de l'Ouest. En effet, dans sa position d'héritier des communautés juives disparues, et en vertu de ses responsabilités à l'égard des « personnes déplacées » (*Displaced Persons*) se trouvant encore en Europe, l'État d'Israël se voit dans l'obligation de collaborer avec les autorités mises en place par les puissances occupantes. Ce travail s'effectue en liaison avec les organisations juives présentes sur place qui disposent, elles aussi, de bureaux en Allemagne[6]. Les USA prennent alors sous leur couvert les activités de ces organisations ; ils mettent aussi en place très rapidement, dans leur zone d'occupation, une législation destinée à accorder des premières réparations et restitutions aux Juifs[7]. Ce sont encore eux qui accueillent, auprès de leur haut commissariat de Munich, la première représentation israélienne en territoire ouest-allemand.

La mise en place du consulat israélien de Munich

Il existe en effet à Munich un consulat israélien accrédité auprès des forces d'occupation en Trizone d'abord, en République fédérale ensuite[8]. La présence de ce consulat est d'autant plus étonnante qu'il s'agit alors de l'une des premières représentations d'Israël à l'étranger. Son ouverture est le résultat d'une longue réflexion menée en son temps au sein de la section de politique étrangère de l'Agence juive : pour celle-ci l'Allemagne fait partie des pays où il s'agit d'établir en priorité des légations ou *Passport Control Offices*. Prévus au départ à

---

[5] Politisches Archiv des Auswärtigen Amts (Archives du ministère ouest-allemand des Affaires étrangères, Bonn, par la suite = PA/AA), Abt. III, 210.01/35, Vol. 123/1, Lettre du consulat de RFA à Amsterdam (710.09) à l'AA, 30 novembre 1950.

[6] Voir WEBSTER, R., « American relief and Jews in Germany, 1945-1960 - Diverging perspectives », *Leo Baeck Institute Year Book*, 1993, p. 293 et suiv.

[7] Voir SMITH, A. L., « A view of US policy toward Jewish restitution », *Holocaust and Genocide Studies*, 5, n° 3 (1990), p. 247 et suiv.

[8] Voir JELINEK, Y., « Like an oasis in the desert: the Israeli consulate in Munich, 1948-1953 », *in Studies in Zionism*, vol. 9, n° 1, Spring 1988, p. 81 et suiv.

Hambourg et Francfort[9], ces bureaux sont en définitive installés à Munich et Berlin. Le consulat de Munich a pour mission de « gérer un énorme trafic d'immigration à partir et au travers de l'Allemagne[10] ».

L'ouverture du consulat israélien de Munich est le fruit d'une conversation entre Haïm Hoffman (Yahil), représentant de l'Agence juive à Munich, et Lucius D. Clay, gouverneur militaire américain, après consultation de Moshe Sharett, ministre des Affaires étrangères d'Israël. Elle est officialisée le 10 octobre 1948, lorsque Hoffman présente ses lettres de créance au gouvernement militaire américain en Allemagne[11]. Mais si Israël dispose désormais d'une représentation là, cela ne signifie pas qu'il s'agisse d'une légation qui entretiendra des contacts officiels avec les autorités allemandes. En effet, un ordre exprès du gouvernement israélien interdit tout contact formel avec celles-ci, tout en étant plus lâche en ce qui concerne des rencontres informelles nécessaires aux fonctions habituelles d'un consul. La détermination israélienne dans ce domaine est rappelée à de multiples reprises ; ainsi le 20 juillet 1949 le nouveau consul israélien, ancien représentant de l'Agence juive à Berlin, Eliezer Livneh, réagit vivement à une proposition du gouvernement militaire américain qui envisage une accréditation auprès des autorités ouest-allemandes[12] :

> « Mon accréditation n'est valable qu'auprès de l'administration du Gouvernement militaire en Allemagne, et, selon le droit international, aucun représentant d'un pays étranger ne peut être forcé à entrer en relation politique, ou autre, par une instruction administrative du pays de résidence, s'il ne le désire pas[13]. »

---

[9] EYTAN, W., *The Frst Ten Years - A Diplomatic History of Israel*, New York, 1958, p. 211.

[10] *Ibid.*, p. 211. En ce qui concerne le consulat israélien de Munich on se reportera utilement aux volumes de documents d'archives israéliens, State of Israel, Israel State Archives, World Zionist Organization, Central Zionist Archives, *Political and Diplomatic Documents* - December 1947-May 1948, Jérusalem, 1979, et FREUNDLICH, Y. (ed.), *Documents on the Foreign Policy of Israel* - Vol. I, 14 May - 30 September 1948, Jérusalem, 1981 (en particulier les documents 328, 437, 446 ou 476).

[11] Le consulat est reconnu par les autres puissances au cours de l'année suivante, sauf l'URSS.

[12] Circulaire n° 2, 1er juillet 1949.

[13] Israel State Archives, Archives du ministère des Affaires étrangères israélien (Archives d'État d'Israël, Jérusalem, par la suite = ISA), Dossier 2519/4, Lettre de Livneh à W. W. Schott, chef du protocole du haut commissariat américain, 20 juillet 1949.

L'attitude de Livneh est à ce point ferme qu'il ne se plaint pas d'avoir été oublié par l'administration bavaroise qui vient de reconnaître tous les consulats, sauf le sien. En effet, « en aucun cas je n'aurais été en mesure d'accuser réception de cette note [de reconnaissance de la part de l'administration bavaroise] comme ont dû le faire les autres consulats ».

La fermeté de Livneh semble destinée à montrer la détermination du gouvernement de Ben Gourion. Mais celui-ci est principalement soucieux d'éviter de se mettre dans l'embarras face à sa propre opinion publique. Car cette dernière refuse encore tout contact avec les autorités ouest-allemandes et n'accepte que très difficilement cet « oasis dans le désert » qu'est le consulat de Munich. Par la suite, les obligations du gouvernement israélien envers sa propre population le forcent à réagir régulièrement pour parer au revers que constitue l'avancée de la RFA vers la souveraineté. La négociation des accords du Petersberg dans le courant de 1949 pousse ainsi Israël à exiger de la part des autorités américaines l'assurance du maintien d'un statut spécifique pour le consulat de Munich. Ce règlement est confirmé les 15 octobre et 15 décembre 1949, « de manière à prévenir toute relation formelle avec les autorités allemandes ».

L'évolution du statut du consulat israélien de Munich

Néanmoins, quelques mois après les accords du Petersberg, les États-Unis proposent que soit reconsidéré le statut du consulat de Munich. Cette nouvelle demande correspond à l'encouragement américain visant à faire reconnaître la RFA, de façon à améliorer l'audience de celle-ci. C'est pour cette raison que la Haute Commission alliée en Allemagne prie le gouvernement israélien de préparer des mesures destinées à répondre au changement de la situation de l'Allemagne fédérale[14]. Il faut toutefois remarquer que le texte en question précise que le changement de statut ne doit avoir lieu qu'au moment où « le gouvernement fédéral sera autorisé à établir des relations diplomatiques directes ». Cette précision repousse donc l'échéance fatale et rassure les Israéliens.

[14] *Ibid.*, Lettre de la Haute Commission alliée (par la suite = HCA) (AGSEC (50) 2540 TPS) à Livneh, 15 novembre 1950, Schott.

Alors que la date d'accession de l'Allemagne de l'Ouest à la souveraineté n'est pas précisée dans le télégramme de la HCA, les Alliés abordent néanmoins le problème de représentations ouest-allemandes à l'étranger dès le début 1950. Cette discussion semble avoir commencé à la faveur d'une consultation lancée par les autorités occupantes britanniques au moment d'une rencontre avec Herbert Blankenhorn, bras droit d'Adenauer et principal responsable des Affaires étrangères à cette époque. Le 17 janvier 1950, lors d'une conversation informelle, les interlocuteurs évoquent en effet « la question de l'établissement de représentations consulaires-économiques à l'étranger[15] ». Au cours de l'entretien un certain nombre de pays sont évoqués, et si la plupart ne posent pas de problèmes, d'autres représentent des cas plus délicats :

> « En ce qui concerne la liste des pays dans lesquels nous désirons établir des représentations, M. Steeck[16] n'a rien eu à redire de fondamental, mais il a émis des objections pour la Grèce et l'Espagne. Il a suggéré de prendre en considération *le cas d'Israël*, mais avoué également que dans ce cas précis il fallait agir avec précaution. »

Le problème est repris le lendemain dans une rencontre avec des membres américains de la HCA[17], puis le 23 janvier lors d'une conférence avec le comité des Affaires politiques de la Haute Commission[18] ; mais le cas d'Israël n'est plus soulevé. Il n'en reste pas moins que l'idée d'une représentation ouest-allemande dans l'État juif est abordée précocement. Par ailleurs cette idée fait partie d'une stratégie d'ensemble visant à établir des contacts avec les différents pays du Moyen-Orient, comme le précise la première conversation du 17 janvier.

De leur côté, les Israéliens préparent une réponse aux réflexions alliées qui reste en accord avec la politique menée jusque-là. En effet,

---

[15] PA/AA, Abt. II, Vol. 157, 1949-1950 : Verhandlungen mit den Hohen Kommissaren, Note écrite (0700/580/50), 17 janvier 1950, Haas.

[16] Membre anglais de la Haute Commission.

[17] *Ibid.*, Note écrite, 18 janvier 1950, Haas.

[18] *Ibid.*, Aufzeichnung über die Besprechung zwischen dem Ausschuß für politische Angelegenheiten einerseits und Ministerialdirigent Dr. Haas in Vertretung der Bundesregierung andererseits, texte original en anglais, 23 janvier 1950.

dans un premier projet[19], le représentant israélien auprès des puissances occidentales souligne une nouvelle fois la détermination de son gouvernement : il se fonde sur sa lettre du 20 juillet 1949, et reprend l'argument du passé criminel de l'Allemagne. Il précise les tâches de son consulat et son statut, qu'il ne peut en aucun cas enfreindre et pour lequel il demande la compréhension de son correspondant. C'est pourquoi Livneh rappelle que le consulat de Munich doit :

• s'occuper seulement de l'installation des réfugiés, de la restitution des biens spoliés et de l'indemnisation des victimes, *sans être accrédité auprès de la RFA* ;

• bénéficier d'un statut qui facilite le travail de son personnel ;

• et délivrer des visas[20].

À l'automne 1950 cependant, la situation de Livneh semble de plus en plus fragile : Israël tient à conserver une présence en Allemagne pour régler les problèmes en suspens et ne pas laisser livrées à elles-mêmes des personnes qui sont des ressortissants israéliens en puissance. Cette volonté de l'État hébreu est résumée le même mois par Livneh qui évoque « un contact, mais pas de relations établies[21] » avec les autorités ouest-allemandes.

Dans l'ensemble, si le cas du consulat de Munich est bien particulier, les Israéliens sont tout à fait conscients de cette spécificité ainsi que de l'originalité de leurs exigences. En effet, outre cette communication sans relations qui permet d'échanger des informations avec les autorités ouest-allemandes, mais de manière officieuse, le consulat est une institution à caractère unique ; car il rompt avec le principe de la réciprocité, qui imposerait en Israël un pendant à la représentation de Munich. À sa grande satisfaction, l'État hébreu peut échapper à cette application à la lettre du droit international ; car « le pire scénario eut été de voir Bonn exiger un consulat en Israël, ce qui aurait signifié les

---

[19] ISA, 2519/4, Lettre de Livneh à Schott, brouillon, novembre 1950.

[20] Livneh applique ici à la lettre les instructions qu'il reçoit de son gouvernement même s'il est lui-même dès 1950 favorable à un assouplissement de l'attitude israélienne à l'égard de la RFA, voir SHAFIR, S., « Die SPD und die Wiedergutmachung gegenüber Israel », *in* HERBST, L., GOSCHLER, C. (Hg), *Wiedergutmachung in der Bundesrepublik Deutschland*, Munich, 1989, p. 191 et suiv.

[21] ISA, 2519/4, Lettre de Livneh au ministère israélien des Affaires étrangères, 21 novembre 1950.

relations diplomatiques *de facto* — un privilège qu'Israël n'était pas prêt à accorder[22] ».

À cette époque, Israël reste donc apparemment très hostile à tout rapprochement avec la RFA et s'inquiète des réflexions relatives à ce sujet. Mais l'État hébreu commence également à se pencher sur les raisons qui ont jusque-là empêché tout assouplissement de sa position à l'égard de la République fédérale. Ainsi, dans une lettre écrite le 27 novembre 1950 à Maurice Fischer, représentant d'Israël à Paris, Gershom Avner, fonctionnaire des Affaires étrangères, s'interroge sur l'attitude à adopter en fonction de l'évolution de l'opinion occidentale[23]. Pour lui, l'alternative est claire : il s'agit de savoir s'il doit y avoir « boycottage complet ou début de relations normales ». Fischer a déjà exprimé ce point de vue dans une lettre datée du 1er novembre 1950 qui exige, face à une Allemagne qui ne fait preuve d'aucune bonne volonté, la plus grande fermeté[24]. Pour lui, « La question se poserait peut-être autrement s'il s'agissait d'envisager une reprise des relations avec une Allemagne repentante ». Si Israël se refuse pour le moment à assouplir ses contacts avec la RFA, les raisons en sont donc à chercher du côté des Allemands, pas de celui de Jérusalem : l'État hébreu ne peut se permettre de donner son blanc-seing à l'Allemagne tant que celle-ci n'a rien entrepris dans le domaine des réparations aux Juifs. Et cette situation de blocage explique les réticences à l'égard des tentations américaines de modifier le statut de la RFA. Naturellement ceci s'applique notamment au destin du consulat de Munich :

> « En ce qui concerne notre consulat et nos représentants en Allemagne, il me semble que, dans la mesure où ils devraient être accrédités auprès des autorités allemandes, nous ne pourrions les maintenir que dans la mesure où leur statut deviendrait non officiel. »

Malgré la réflexion sur un éventuel rapprochement, l'attitude israélienne reste totalement intransigeante en cette fin de 1950. L'État juif semble même prêt à sacrifier le statut du consulat, afin de pouvoir

---

[22] JELINEK, *op. cit.*, p. 89.
[23] ISA, 2539/1 I, Lettre de Gershom Avner à Fischer, 27 novembre 1950.
[24] *Ibid.*, Lettre de Fischer à Avner, 1er novembre 1950.

sauvegarder le caractère non officiel de ses relations avec les autorités ouest-allemandes. À ce moment, la question est de savoir comment il sera possible de le maintenir en respectant les multiples impératifs de la politique israélienne. Le vœu de Jérusalem est de préserver les contacts officieux tout en n'allant pas trop loin dans l'acceptation du fait allemand, de voir sauvegarder le caractère spécifique de cet établissement avec la bénédiction des autorités américaines.

La lenteur des discussions sur l'extension de la souveraineté ouest-allemande favorise les visées d'Israël. Et si l'alerte pour l'État hébreu est sérieuse au mois de novembre 1950, elle peut se calmer rapidement. Car c'est seulement au mois de mars 1951 que la République fédérale se voit autorisée à inaugurer un véritable ministère des Affaires étrangères à la place de la *Dienststelle für Auswärtige Angelegenheiten* (Service des Affaires étrangères) rattachée à la chancellerie. Et ce n'est que le 26 mai 1952, par les accords de Bonn, que l'ensemble des prérogatives ouest-allemandes est fixé. En outre, les États-Unis et les puissances occidentales garantissent à Israël le maintien du statut de son consulat, comme l'indique dès le 10 mars 1951 une lettre de la Haute Commission, tout en insistant sur le caractère exceptionnel de cette mesure[25].

L'année 1951 permet donc une évolution en douceur des réflexions israéliennes. D'une part, le gouvernement d'Israël peut voir avec satisfaction que les puissances occupantes prorogent le statut spécifique de son consulat de Munich. D'autre part, cette année 1951 est marquée par une évolution de l'attitude ouest-allemande qui permet d'envisager une autre solution que la fermeture pure et simple de la représentation israélienne. Pour le moment toutefois, cette décision radicale, alors imaginée par beaucoup pour contrer la future accession à la souveraineté de la RFA, est aussi prévue en raison de la baisse progressive des activités relatives à l'émigration des « personnes déplacées ». Elle fait également de plus en plus l'objet d'un débat de politique intérieure, lorsque Moshe Sharett se voit obligé de la promettre pour mettre fin à l'agitation provoquée par l'extrême-droite, en particulier par le parti *Herout* de Menahem Begin. Cet élément est ainsi l'un des arguments que le ministre utilise au début du mois de janvier 1952, au moment

---

[25] *Ibid.*, 2539/1 II, Lettre de la HCA à Livneh, Schott.

des violentes discussions relatives à l'entrée en négociations directes avec l'Allemagne de l'Ouest sur les réparations.

L'évolution de l'attitude israélienne en fonction de l'attitude ouest-allemande

Au cours de 1951, l'Allemagne fédérale commence à réaliser la nécessité de mesures propres à satisfaire les exigences juives et israéliennes de réparations, et ainsi à mettre progressivement fin à l'attitude hostile d'Israël[26]. De son côté, en juillet 1950, Sharett a clairement lié les deux problèmes, et le gouvernement ouest-allemand connaît les préliminaires imposés par les Israéliens : « La condition principale [pour l'établissement de relations] est la réparation des dommages subis par les Juifs en Allemagne[27]. »

Depuis novembre 1949 et la première déclaration d'Adenauer favorable à des dédommagements[28], les choses n'ont pas beaucoup avancé. En conséquence, le gouvernement israélien doit agir et, conformément à sa volonté de ne pas s'adresser directement aux autorités ouest-allemandes, intervenir auprès des puissances victorieuses. Le gouvernement de Ben Gourion multiplie alors les notes pour provoquer une réaction de leur part, afin de les pousser à faire pression sur le gouvernement de la RFA. Ces notes précisent le montant exigé par Israël au titre du dédommagement et sont considérées comme *la seule base* pour une éventuelle discussion. Dans un premier temps, elles ne rencontrent pas d'écho de la part de la RFA ; et cette absence de réaction suscite l'inquiétude d'Israéliens prêts à avancer de leur côté si les Allemands de l'Ouest eux-mêmes font un geste de bonne volonté, comme l'indique Tolkowsky, le consul général d'Israël en Suisse, au secrétaire d'Adenauer :

---

[26] Sur les exigences juives et israéliennes, voir GROSSMANN, K. R., *Germany's Moral Debt - The German-Israel Agreement*, Washington, 1954, GARDNER-FELDMAN, L., *The Special Relationship between West Germany and Israel, op. cit.*, BALABKINS, N., *West German Reparations to Israel*, New Brunswick, 1971.

[27] Voir *Neue Zeitung*, 17 juillet 1950, « Israel will Beziehungen mit Bonn noch nicht aufnehmen ».

[28] Dans un entretien qu'Adenauer accorde à Karl Marx, rédacteur en chef du journal juif allemand *Allgemeine Wochenzeitung der Juden in Deutschland*, le 11 novembre 1949 (VOGEL, *op. cit.*, pp. 17-19).

« Le gouvernement israélien prévoit de traiter cette affaire, dès réception de la réponse allemande [à la note israélienne], directement avec le chancelier fédéral ; c'est pourquoi je propose de ne pas plus remettre la solution de ce problème[29]. »

Mais, au fil du temps, Israël doit bien se rendre compte qu'une solution au problème des réparations ne peut intervenir que grâce à une négociation directe avec la RFA. La perspective d'une telle discussion oblige à réviser fondamentalement la doctrine pendant que la nouvelle conjoncture diminue l'importance du consulat de Munich : d'une part, l'activité de celui-ci va en déclinant du fait de la résolution progressive du problème des « personnes déplacées » ; d'autre part, sa signification comme présence israélienne en Allemagne semble s'atténuer avec la perspective concrète d'une solution de remplacement.

Dans un premier temps, le 12 mars 1951, le gouvernement israélien adresse aux pays qui assurent la tutelle de l'Allemagne, les États-Unis, la France, la Grande-Bretagne et l'Union soviétique, une nouvelle note qui indique ses exigences définitives à l'égard de l'Allemagne, République fédérale *et* République démocratique. Cette note reprend tout d'abord le principe d'un paiement allemand pour financer l'installation des réfugiés juifs en Israël que Jérusalem ne peut plus assurer du fait d'une situation économique et financière catastrophique. La RFA, qui s'est proclamée l'héritière juridique du IIIe Reich, doit couvrir les deux tiers de la somme exigée, et la RDA le reste, pour un montant total de 1,5 milliard de dollars. Dès le départ, des paiements en nature sont envisagés de manière à contourner la législation militaire imposée à l'Allemagne fédérale qui interdit toute exportation de devises. Par ailleurs, dans sa note, Israël s'inquiète de voir que la RFA trouve peu à peu sa place dans le concert des nations sans s'être sentie dans l'obligation de réparer les horreurs commises[30].

---

[29] PA/AA, Abt. III, Vol. 123/1, Lettre du consul général d'Israël en Suisse, S. Tolkowsky, à Ostermann, 27 octobre 1950.

[30] C'est ce qu'exprime également Abba Eban, le représentant israélien auprès des Nations unies, dans une lettre expédiée au responsable juif Nahum Goldmann avant l'envoi de la nouvelle note aux quatre puissances (Central Zionist Archives, Jérusalem, (par la suite = CZA), Papiers N. Goldmann, Z6, 530, Lettre d'Abba Eban à Nahum Goldmann, 9 mars 1951) : « Le gouvernement et le peuple d'Israël considèrent avec la plus grande inquiétude un processus par lequel l'Allemagne progresse vers la réhabilitation et l'entrée dans la famille des nations,

Alors que l'URSS ne répond pas à la note israélienne du 12 mars 1951, les puissances occidentales s'expriment sur le sujet le 5 juillet, mais de manière négative. En effet, si elles affirment soutenir Israël dans une revendication juste, elles refusent de faire pression sur la RFA. Les Occidentaux pensent alors à la situation économique fragile de la République fédérale et surtout à la question encore en suspens des dettes allemandes à leur égard. En outre ils affirment que, étant donné que les capacités de paiement ouest-allemandes dépendent du plan Marshall, les contribuables américains pourraient ne pas apprécier un usage de ces fonds différent de celui prévu au départ. De ce fait, la solution envisagée par les Occidentaux est de pousser le gouvernement de Ben Gourion à négocier directement avec la RFA. Cette position se trouve résumée, dès la fin 1950, par Robert W. Kempner, ancien avocat général aux procès de Nuremberg, qui déclare :

> « Si vous voulez de l'argent il vous faut négocier. Ce n'est pas par la télépathie que vous pourrez l'obtenir[31]. »

En raison du contexte, l'État hébreu se voit donc obligé d'adopter une tactique différente : il s'agit d'un revirement de la politique extérieure israélienne qui doit amener à une « décision stratégique[32] » issue d'une situation internationale de plus en plus tendue. Israël doit alors choisir lui-même ses partenaires, s'impliquer davantage dans les affaires internationales et renoncer à ses idées de neutralité pour éviter l'isolement[33].

---

ceci toujours avec ses crimes odieux non expiés, et aucune réparation à l'adresse de sa principale victime. S'il est historiquement possible pour une nation de tuer six millions de Juifs et d'apparaître quelques années plus tard comme un État avec des droits égaux dans la communauté internationale sans avoir fait aucune déclaration ni accordé de réparation, alors une terrible illustration du peu de cherté de la vie juive et de l'impunité avec laquelle on peut commettre des crimes anti-juifs aura été donnée au monde. »

[31] *New York Times*, 28 décembre 1950, repris par l'Office de presse et d'information du gouvernement fédéral, 8 janvier 1951.

[32] BRECHER, M., « Images, process and feedback in foreign policy : Israel's decisions on German reparations », *The American Political Science Review*, vol. LXVIII, 1973, n° 1, mars 1973, p. 73 et suiv.

[33] Voir BRECHER, M., « Israels außenpolitisches System - Die ersten zwanzig Jahre », *Aus Politik und Zeitgeschichte*, B 32, 1971, p. 3 et suiv.

La situation nouvelle est aussi la conséquence de la souveraineté de la RFA qui bénéficie, depuis le 6 mars 1951, d'une petite révision du statut d'occupation qui l'autorise à créer un ministère des Affaires étrangères et à ouvrir des ambassades. Ben Gourion voit dans ce changement la possibilité d'envisager plus sérieusement des négociations directes auxquelles il se résigne peu à peu. D'autant plus que la RFA s'ouvre concrètement au problème de réparations effectives.

L'évolution de l'attitude ouest-allemande à l'égard du problème des réparations : passage du silence à la réflexion

À partir de mars 1951, un processus de rapprochement se met en place et permet de rompre avec la fermeté israélienne, on l'a vu ; mais il y a également rupture avec le silence allemand sur les réparations. Selon L. Gardner-Feldman, celui-ci trouve son explication dans des raisons psychologiques et économiques. En premier lieu, « Les Allemands ne pouvaient pas se confronter à leur passé national-socialiste parce qu'ils étaient paralysés par la culpabilité, la confusion et une insuffisance psychologique[34]. » Ensuite, les Allemands considèrent avoir suffisamment payé du fait de leurs souffrances pendant et après la guerre. À cette époque ils refusent encore d'accepter de discuter du problème des réparations tel qu'il leur est présenté[35]. C'est dire que leur attitude est alors toute de rejet ; Asher Ben Natan, le premier ambassadeur israélien à Bonn, la décrit en ces termes :

> « Dans l'Allemagne de l'après-guerre, on n'abordait pas volontiers le sujet des relations avec les Juifs. Si le thème n'était pas tabou, tout au moins ne désirait-on pas l'évoquer trop souvent. On savait, certes, quel sort avait été infligé aux Juifs, mais la faute en incombait, croyait-on souvent, aux seuls dirigeants[36]. »

---

[34] GARDNER-FELDMAN, L., *op. cit.*, p. 32.

[35] Voir BENZ, W., « Reaktionen auf die Verfolgung der Juden und der Holocaust in Deutschland vor und nach 1945 », *Aus Politik und Zeitgeschichte*, B.1-2/1992. Ce problème recouvre également le problème de la « faute collective » (*Kollektivschuld*), une notion que le premier président de la RFA, Theodor Heuss, refuse pour lui préférer celle de « honte collective » (*Kollektivscham*, voir LAMM, H. (Hg), HEUSS, T., *An und über Juden - Aus Schriften und Reden (1906-1963)*, Düsseldorf-Vienne, 1964, « Mut zur Liebe », Discours de Heuss du 7 décembre 1949 devant les Amitiés judéo-chrétiennes à Wiesbaden, p. 121 et suiv.).

[36] BEN NATAN, A., *Dialogue avec les Allemands, op. cit.*, p. 11.

De son côté, le premier ambassadeur de RFA en Israël, Rolf Pauls, compare le rapport difficile entre les deux peuples à « l'histoire après le meurtre d'Abel par Caïn[37] », soulignant par là l'impossibilité, ou tout au moins l'extrême difficulté, d'établir ou de renouer un dialogue après ce fratricide.

Malgré ce refoulement apparent de la part de l'Allemagne, la réflexion est en cours à Bonn, au ministère des Affaires étrangères comme dans d'autres administrations : elle porte principalement sur les moyens de mettre un terme à un blocage dont on sait qu'il n'est bon ni pour Israël, dont les besoins financiers sont de plus en plus grands, ni pour une RFA soucieuse malgré tout d'améliorer son image en essayant de réparer le tort commis aux Juifs.

Dès 1950, au plus haut niveau, l'Allemagne fédérale songe ainsi à agir dans le sens désiré par Israël. Un document du ministère fédéral des Finances évoque la chose en juin[38]. L'attitude positive de ce ministère est alors motivée par des revendications israéliennes encore acceptables eu égard à la situation financière de la RFA ; d'autant plus que la solution envisagée pour d'éventuelles réparations consiste en des exportations de marchandises vers Israël.

Mais de même que les autorités israéliennes sont progressivement obligées de faire preuve de réalisme, Bonn est très pragmatique : le document en question prévoit une opération dont les buts ne sont à vrai dire pas seulement philanthropiques. En effet, l'auteur de la circulaire indique aussi que les exportations vers Israël et l'accord à ce propos « pourraient aider à créer une brèche dans le front toujours existant du judaïsme mondial ». Un geste favorable à l'égard des Juifs et d'Israël offre donc non seulement la possibilité d'apurer le passé, mais aussi de désarmer l'opposition à l'accession de la RFA à une place à part entière parmi les nations.

Le même pragmatisme existe du côté du service des Affaires étrangères de la chancellerie où un document analyse la proposition du

---

[37] PAULS, R. F., *Deutschlands Standort in der Welt - Beobachtungen eines Botschafters*, Stuttgart-Herford, 1984, p. 119.

[38] PA/AA, Abt. III, Ref. 206.0/35, Vol. 7/149, Document de cabinet (*Kabinettsvorlage*) (R 1307 a 15/50) du ministère fédéral des Finances (*Bundesministerium der Finanzen* - par la suite = BMF), juin 1950, adressé au secrétaire d'État de l'Intérieur à la chancellerie, Granow.

directeur des Douanes et des Impôts du ministère israélien des Finances, Kurt Mendelsohn[39]. Selon ce texte, le profit que la RFA peut tirer d'un arrangement doit également contribuer à améliorer sa propre situation.

La volonté de trouver une solution au blocage en place depuis la naissance de la RFA et les débuts de la politique de boycott d'Israël à son égard, découle de ces constatations très réalistes.

Le problème fait aussi l'objet d'une réflexion à la présidence où Theodor Heuss lui-même s'intéresse beaucoup au sujet, comme il l'avoue dans une lettre du 14 février 1950 à l'un de ses anciens étudiants installé à Jérusalem[40]. Mais les préoccupations du président se situent à un niveau historique et moral comme le montre une autre lettre de sa plume[41]. La politique dont Heuss se veut le promoteur va dans le sens d'une « réconciliation, du rétablissement de la confiance aussi vers l'extérieur, en ce qui concerne les relations morales de l'Allemagne avec le monde que les méfaits du régime nazi ont si profondément détruites[42] ». Il utilise pour cela son amitié avec « de nombreux intellectuels persécutés et exilés, [amitié] qui a apporté une aide inestimable aux efforts allemands justement à destination de ces cercles dans lesquels la défiance demeure aiguë et entière ». Pour certains toutefois, Heuss reste trop timoré face au problème de la *Shoah* ; et s'il parle d'Israël, il n'ose cependant pas se confronter à la responsabilité des Allemands vis-à-vis des Juifs[43].

Dépassant ces considérations abstraites sur le sort des Juifs, les collaborateurs du président fédéral lui soumettent très tôt, le 20 mars 1950, une proposition de rencontre avec le représentant d'Israël à Munich[44]. Ils se fondent alors sur le compte rendu d'un séjour en Israël de Norbert Wollheim, président de l'Union des communautés juives

---

[39] *Ibid.*, Ref. 210.01/35, Vol. 123/1, Vermerk betr. Wiedergutmachungsansprüche von Bürgern des Staates Israel, Abt. II, 20 juin 1950, Kox.

[40] BA, Papiers T. Heuss (NL 221), Vol. 139, Lettre de Heuss à Gronemann, 14 février 1950.

[41] *Ibid.*, Vol. 138, Lettre de Heuss à Goldstein, Haïfa, 15 février 1950.

[42] Bracher, K. D., *Theodor Heuss und die Wiederbegründung der Demokratie in Deutschland*, Tübingen, 1965, p. 36.

[43] Benz, « Reaktionen auf die Verfolgung der Juden... », *op. cit.*, p. 32.

[44] BA, Archives de la présidence (B 122), Vol. 506, Lettre du Dr Werz à T. Heuss, 20 mars 1950.

de la zone d'occupation britannique, concluant à la possibilité d'un entretien officieux avec le consul israélien. Mais si ces collaborateurs envisagent également la possibilité d'une entrevue, ils rejettent toutefois la création au sein de la présidence d'un « département juif ou d'un quelconque autre bureau officiel ». Cette proposition de rencontre ne fait l'objet d'une réponse que le 3 mai 1950[45]. L'affaire est reprise dans un document du 9 mai qui envisage de demander au gouvernement bavarois (puisque le consulat est à Munich) d'organiser l'entretien, mais le ton reste à la prudence. Et la rencontre envisagée n'a finalement pas lieu.

À la fin de 1950 la présidence s'intéresse une nouvelle fois à un rapprochement entre la RFA et Israël, comme en témoigne un échange de lettres portant sur le rapport de Heinz Stroh, un Juif de Nuremberg alors de retour d'Israël[46]. Ce texte confirme tout d'abord la persistance des réticences israéliennes et Stroh explique cette attitude en citant les termes de l'un de ses interlocuteurs :

> « C'est ainsi que le sous-directeur de la section commerciale des Affaires étrangères m'a expliqué que tout gouvernement israélien qui oserait signer un contrat avec l'Allemagne serait balayé et qu'il préfère payer trois fois plus cher plutôt que d'acheter directement à l'Allemagne. »

Par ailleurs, la suggestion de Stroh, selon laquelle Israël ferait des économies en achetant directement à la RFA plutôt que de passer par des intermédiaires pour se procurer des produits ouest-allemands, est repoussée par son interlocuteur. Mais, selon le rédacteur du document, du côté israélien, l'espoir de voir les choses aboutir persiste, à la condition expresse que les Allemands fassent preuve de bonne volonté. D'après Jérusalem, celle-ci n'a pas été présente lors de l'interview d'Adenauer par Karl Marx. Et il aurait été préférable qu'une telle déclaration ait lieu devant le Bundestag, ce qui aurait été la meilleure illustration d'un réel désir de réparer. Stroh décrit ainsi l'avancée de l'état d'esprit israélien :

---

[45] *Ibid.*, Lettre de Bott, secrétaire particulier de Heuss, à Werz, 3 mai 1950.
[46] *Ibid.*, Lettre de Stroh à Bott, 7 novembre 1950.

« Au cours des derniers entretiens que j'ai eus, on était déjà arrivé à m'expliquer qu'il était clair que l'on voulait parvenir à un *modus vivendi* même avec l'Allemagne ; cela tient seulement à ce que les Allemands proposeront d'eux-mêmes pour dédommager des biens dérobés. »

L'ensemble des réflexions menées du côté ouest-allemand au cours de l'année 1950 suscite l'attention du chancelier Adenauer, lui-même déjà intéressé par de meilleures relations germano-israéliennes. C'est ainsi qu'au début 1951, il se fait fournir par la section des Affaires étrangères de la chancellerie une note qui souligne le blocage de la situation et la nécessité de créer des relations dignes de ce nom[47].

Le document en question précise qu'Israël exige toujours de la RFA le paiement d'un montant considérable au titre des réparations et que c'est cette exigence qui est à la base du blocage persistant ; et en effet, d'après les chiffres du ministère des Finances, « en considérant la situation économique de la République fédérale, cette réparation ne peut se faire que dans un cadre modeste ». Il est intéressant ici de noter que, face aux exigences israéliennes, le BMF a modifié son attitude par rapport à celle adoptée au mois de juin 1950, lorsqu'il les recevait avec une relative bienveillance ; pour lui, ces revendications sont désormais inacceptables en l'état, et son opinion remporte l'adhésion des membres de la section des Affaires étrangères de la chancellerie.

Toutefois, malgré les mises en garde de son département des Relations extérieures, Adenauer s'intéresse dorénavant davantage à une solution, d'autant que de leur côté les Israéliens font de plus en plus l'objet de pressions de la part des Américains pour négocier directement avec la RFA. Et d'après un document rédigé en 1959 par Jacob Altmaier, premier député juif au Bundestag, Adenauer a même fait preuve à ce moment d'impatience face à l'hésitation israélienne[48].

---

[47] PA/AA, Abt. III, Ref. 210.01/35, Vol. 123/1, Info. du service des Affaires étrangères sur Israël et ses relations avec la RFA, Abt. III b, 8 janvier 1951, Steg.

[48] Friedrich Ebert Stiftung/Archiv der Deutschen Sozialdemokratie (Archives du Parti social-démocrate ouest-allemand, par la suite = FES), Bonn, Papiers Jacob Altmaier, Vol. 7, Exposé sur les réparations, 5 mai 1959 : « Au cours des semaines vinrent beaucoup de questions de la part de Livneh, mais pas de réponse décisive [aux sondages ouest-allemands]. Le chancelier fédéral voulait même m'expédier en avion pour aller rencontrer le gouvernement israélien. Le Dr Livneh refusa cela au nom de son gouvernement. »

2. Les premiers contacts directs entre les deux pays sous le signe des réparations

Premières rencontres entre représentants des deux États et attitude de l'Auswärtiges Amt à l'égard des revendications israéliennes

Pour pouvoir entamer une discussion, il s'agit de mettre en place les conditions du dialogue, ce qui suppose un accord sur l'ordre du jour et les partenaires de la négociation.

Après avoir progressivement abandonné les répugnances habituelles, les membres du gouvernement israélien acceptent la discussion avec les Allemands. Ils demeurent conscients de leur devoir envers les victimes du nazisme[49] et de l'originalité dans l'histoire du peuple juif de ce qui va être entrepris[50]. Les premiers contacts secrets sur le sujet des réparations s'établissent au plus haut niveau puisque Adenauer lui-même y prend part : au préalable il se déclare favorable à un entretien avec une « personnalité compétente[51] », éventualité qui avait été proposée par les autorités israéliennes elles-mêmes moins d'un mois après la publication de leur note du 12 mars[52]. C'est ainsi que le chancelier rencontre, au mois d'avril 1951, à Paris, David Horowitz, secrétaire d'État israélien aux Finances, qui lui fait part une nouvelle fois des revendications d'Israël. Au cours de l'entretien, Adenauer confirme de son côté une promesse de déclaration du gouvernement ouest-allemand sur la question des réparations.

À partir de la rencontre Adenauer/Horowitz, le contact est définitivement établi entre les deux gouvernements dans le but de

---

[49] Ben Gourion écrit dans la préface au livre de SHINNAR, F. E., *Bericht eines Beauftragten - Die deutsch-israelischen Beziehungen 1951-1966*, Tübingen, 1967 : « Il n'existe aucune expiation qui puisse être effectuée par des versements matériels pour des crimes d'une telle démesure comme celui qui a été commis lors de l'anéantissement d'un tiers de notre peuple. »

[50] Golda Meir, ministre du Travail dans le gouvernement de Ben Gourion, déclare que « ce serait la première fois que les Juifs recevraient des réparations pour les atrocités commises envers eux. Et ce serait la première fois qu'un pouvoir négocierait avec des Juifs en tant que nation et avec un État juif » (cité par BRECHER, « Images... », p. 82).

[51] FES, Papiers Jacob Altmaier, Vol. 7, Lettre d'Altmaier à Livneh, 8 avril 1951.

[52] *Ibid.*, Lettre de Livneh à Altmaier, 6 avril 1951, « Très secrète ».

parvenir à une solution satisfaisante sur le problème des réparations[53]. Une collaboration ne semble être possible que dans ce cadre restreint ; et il existe en effet de nombreux indices qui prouvent que lorsqu'il est question de points étrangers à ce problème spécifique, l'atmosphère continue à être à la méfiance et à la suspicion. Cette constatation apparaît en particulier dans une lettre de l'été 1951 de la main du consul général de RFA à New York, Hans Eduard Riesser, qui évoque des contacts avec Hanan Bar On, de la section économique du consulat israélien de la même ville[54]. L'intérêt que les Israéliens portent alors au comportement de la République fédérale au Moyen-Orient fait dire au représentant ouest-allemand qu'il faut poursuivre les contacts. Néanmoins, il transcrit également une déclaration de son interlocuteur qui indique très nettement les limites d'un rapprochement germano-israélien :

> « Le gouvernement palestinien [sic] n'a pas l'intention d'établir quelque relation diplomatique ou personnelle où que ce soit avec des représentations ou autorités allemandes. Le gouvernement pense qu'une normalisation des relations entre la Palestine [sic] et l'Allemagne ne peut s'effectuer qu'à partir du moment où il y aura eu pénitence réelle de la part de la partie allemande. »

Face à cette perpétuation de l'attitude de fond négative d'Israël à l'égard de l'Allemagne, l'auteur s'empresse de rétorquer que toutes les personnes au pouvoir en Allemagne de l'Ouest sont favorables à un règlement du problème. Cela ne pourra se faire toutefois que directement, d'où la nécessité à l'avenir pour le consulat israélien de New York de ne plus ignorer son homologue ouest-allemand.

À Bonn, au cours de l'été 1951, les réflexions du ministère des Affaires étrangères se poursuivent. Elles ont alors pour objet l'État juif lui-même dont certains ont encore du mal, semble-t-il, à admettre

---

[53] Le contact est d'autant plus réel qu'Altmaier, dans son exposé de 1959, évoque une rencontre supplémentaire entre lui-même, Sharett et Maurice Fischer, représentant d'Israël en France, au printemps, après le premier entretien entre Adenauer et Horowitz qu'il considère comme raté.

[54] PA/AA, Abt. III, Ref. 210.01/35, Vol. 123/1, Lettre de l'ambassade de RFA à Washington, 6 août 1951, Riesser, Confidentiel. Voir RIESSER, H. E., *Von Versailles zur UNO - Aus der Erinnerung eines Diplomaten*, Bonn, 1962.

l'existence au Moyen-Orient. Cet état d'esprit est attesté par une note de l'AA datée du 12 juillet 1951 qui, outre une analyse des différentes formes d'accord qui pourraient permettre une « détente dans les relations germano-israéliennes », pose la question de la représentativité d'Israël. Ces doutes portent également sur sa disposition à négocier[55].

Dans l'ensemble on le voit, qu'il s'agisse de la partie israélienne ou de la partie ouest-allemande, la situation reste hésitante en 1951. Des gestes de bonne volonté sont envisagés, comme en témoignent les discussions qui ont lieu à l'AA à la même période[56] : des propositions ouest-allemandes allant dans le sens du développement de relations commerciales entre les deux pays sont en effet à l'étude ; même si elles « devaient être interprétées comme un geste amical de la part de l'Allemagne, puisqu'Israël ne peut livrer à la République fédérale que peu de produits intéressants ». Les relations commerciales envisagées font en fait partie d'une campagne destinée à parvenir à une détente et à montrer la bonne volonté ouest-allemande en réponse à l'hostilité affichée par Israël.

La déclaration de Konrad Adenauer (27 septembre 1951)

Alors que la situation n'évolue guère sur le plan des relations formelles entre les deux États, il y a progrès en ce qui concerne le problème des réparations grâce à la déclaration faite par Adenauer devant le Bundestag, le 27 septembre 1951. Cette déclaration, réalisation de la promesse faite par Adenauer à Horowitz au printemps, est un tournant dans les relations germano-juives. Adenauer y voit le moyen « de faciliter l'accès à la purification spirituelle d'une souffrance infinie[57] ».

---

[55] *Ibid.*, Aufzeichnung betr. Israel und seine Bez. zur Bundesrepublik im Hinblick auf die Wiedergutmachung, Entwurf, 12 juillet 1951.

[56] *Ibid.*, Aktenvermerk : Besprechung der Abteilungen über die Beziehungen der Bundesrepublik zum Staate Israel vom 20. Juli 1951 (210.01/31 III b 3105/51).

[57] ADENAUER, K., *Erinnerungen - 1953-1955*, Stuttgart, 1966, p. 136. Le texte en question n'est pas seulement de la plume du chancelier, il est en fait issu d'un long travail de rédaction effectué en collaboration avec le Congrès juif mondial et le gouvernement de Jérusalem (voir SEGEV, T., *op. cit.*, chap. « Ajoutez quelques éléments moraux », p. 229 et suiv., et MORSEY, R., SCHWARZ, H. P. (Hg), *Adenauer - Rhöndorfer Ausgabe*, MENSING, H. P. (Bearbeiter), *Adenauer - Heuss - Unter vier Augen - Die Gespräche 1949-1959*, Berlin, 1997, Entretiens des 21 — p. 65 — et 24 août 1951 — p. 68). Jakob Altmaier, membre du SPD et premier député juif au Bundestag est l'un des principaux médiateurs qui permet l'aboutissement de cette première

Et le chancelier donne à son acte une dimension morale qui permet d'en dépasser le caractère audacieux et discuté : audacieux au vu de la situation de l'économie ouest-allemande, et discuté du fait des critiques qu'Adenauer rencontre au sein de son propre gouvernement, notamment de la part de son ministre des Finances, Fritz Schäffer, appuyé par l'un des directeurs de la Deutsche Bank, Hermann Josef Abs.

L'intervention d'Adenauer au Bundestag débute par une série de préliminaires destinés à mettre en valeur l'action de la RFA en faveur de sa propre communauté juive, sur la base de la Loi fondamentale et de l'adhésion de Bonn à la Convention européenne des droits de l'homme[58]. En outre, Adenauer souligne l'attachement de la République fédérale à la poursuite en justice de toute action antisémite, conformément à l'engagement pris dès le mois de novembre 1948 devant les hauts-commissaires alliés[59].

Adenauer se déclare ensuite prêt à négocier pour arriver à des indemnisations matérielles qui pourraient alléger le poids moral du passé. Dans son esprit cette négociation ne peut se faire qu'avec Israël ou les représentants officiels du peuple juif. Et s'il n'indique pas le montant que la RFA est prête à verser au titre des réparations, il faut cependant noter que le chancelier n'insiste pas non plus, comme ses collaborateurs et les fonctionnaires de l'AA, sur les limites qu'imposent à l'Allemagne de l'Ouest sa situation économique et les nécessaires dépenses militaires.

La déclaration d'Adenauer est perçue par les Israéliens comme un premier pas réel dans la voie des réparations. Pour Felix Shinnar[60], « le

---

consultation officielle (voir ALBRECHT, W., « Ein Wegbereiter : Jakob Altmaier », in HERBST, L., GOSCHLER, C. (Hg), *Wiedergutmachung in der Bundesrepublik Deutschland, op. cit.* Pour certains (RÖDER, W., STRAUSS, H. A. (Hg), *Biographisches Handbuch der deutschsprachigen Emigration nach 1933*, vol. 1, Politik, Wirtschaft, Öffentliches Leben, Munich-New York-Londres-Paris, 1980, p. 13), « Altmaier est considéré comme l'initiateur du traité germano-israélien de 1952 ».

[58] Pour le texte, voir VOGEL, *op. cit.*, p. 35 et suiv.

[59] Voir SCHWARZ, H. P. (Hg), *Adenauer und die Hohen Kommissare 1949-1951 - Akten zur Auswärtigen Politik der Bundesrepublik Deutschland*, Munich, 1989, p. 18 et suiv., « Wortprotokoll der Sitzung vom 17. November 1948 » : « Je peux vous assurer que je suis fermement décidé à effectuer dans ce domaine tout ce qui est en fait possible. »

[60] Alors responsable de la section des plaintes contre l'Allemagne au ministère des Affaires étrangères d'Israël.

clair aveu moral de vouloir indemniser pour les dommages matériels ainsi que l'indication réaliste des capacités financières de l'Allemagne de 1951[61] » s'y trouvent contenus. Et Israël répond au discours du chancelier par une note conciliante datée du 29 septembre. Celle-ci confirme l'intention d'entrer en pourparlers avec la RFA, ce qui provoque un redoublement de l'opposition à l'intérieur du pays, puisqu'accepter de discuter avec l'Allemagne de l'Ouest, c'est aussi reconnaître moralement cet État.

La déclaration d'Adenauer est le déclic qui permet aux représentants israéliens dans le monde d'abandonner leur attitude hostile à la RFA. Et même, à partir du moment où des perspectives de règlement du problème des réparations sont envisageables, les Israéliens prennent souvent l'initiative de contacts. Ce passage à l'acte est la traduction d'une volonté précoce de dépasser les blocages institués au plus haut niveau en Israël : pour bien des diplomates israéliens, il faut aller dans le sens d'un rapprochement et supprimer un boycott qui leur apparaît comme stérile[62]. Plusieurs courriers de représentations ouest-allemandes fournissent la preuve de tels gestes. Ainsi, dans un rapport sur la perception de la déclaration d'Adenauer par la Grande-Bretagne, le représentant ouest-allemand à Londres écrit :

> « Il est remarquable que peu après [la déclaration d'Adenauer] les membres de la représentation israélienne ont déposé leurs cartes chez moi, malgré le fait que, suivant le protocole, l'initiative d'un échange de cartes de visite aurait dû émaner de moi puisque j'ai été accrédité plus tard qu'eux, un échange dont je m'étais abstenu jusque-là du fait de la situation tendue avec l'État d'Israël[63]. »

La situation se détend au point qu'après le discours d'Adenauer, des rumeurs voient le jour sur des perspectives de relations commerciales.

---

[61] SHINNAR, F. E., *Bericht eines Beauftragten, op. cit.*, p. 29.

[62] State of Israel, Israel State Archives (FREUNDLICH, Y., ed.), *Documents on the Foreign Policy of Israel* - Vol. V 1950, Jérusalem, 1988, n° 460, Lettre de M. Amir (Bruxelles - 130.10/2539/1) à la Direction de l'Europe occidentale du ministère israélien des Affaires étrangères, 13 novembre 1950, n° 476, Lettre de Livneh (130.10/2539/1) à la Direction de l'Europe de l'Ouest, 22 novembre 1950, ou n° 497, Télégramme d'Eytan et Rosenne (93.01/2203/2) à Sharett (New York), 8 décembre 1950.

[63] PA/AA, Abt. III, 212.06, Vol. I, Lettre de l'ambassade de RFA à Londres (212.06 4011/51) à l'AA, 21 novembre 1951, Schlange-Schöningen.

Ainsi l'agence de presse américaine United Press annonce dès le 30 septembre le début prochain de négociations commerciales entre les deux pays[64]. Le nom de Nahum Goldmann, responsable de l'Agence juive, est cité pour mener ces discussions au nom du gouvernement israélien ; et il s'agit de noter, à partir de ce moment, la distinction qui s'installe entre des entretiens possibles sur les réparations et l'impossibilité de tout processus de normalisation formelle des relations.

À la même époque, un courrier du consulat de Munich au ministère des Affaires étrangères à Jérusalem est toutefois encore marqué d'une grande réticence à l'égard de conversations avec la RFA et de prudence en ce qui concerne le réel désir ouest-allemand de réparer[65]. Car, selon Livneh, les Allemands de l'Ouest cherchent principalement à se faire une place dans le concert des nations au meilleur prix ; par ailleurs la conférence de Londres sur les dettes allemandes d'avant-guerre, qui doit bientôt débuter, ne peut que limiter la marge de manœuvre d'Israël. C'est pourquoi le consul propose de pousser d'abord la négociation entre experts ouest-allemands et juifs, en laissant l'État d'Israël proprement dit à l'arrière-plan. Par ailleurs d'après Livneh, il faut avant tout fixer le montant des réparations, ce qui nécessite une certaine flexibilité de la part d'Israël ; car l'État juif doit être convaincu d'accepter des livraisons de marchandises, et renoncer à des paiements en espèces. Cette solution est en effet plus facile à admettre et par les Allemands de l'Ouest, et par les contribuables américains qui financent la reconstruction de la République fédérale.

Dans tous les cas, cependant, il s'agit, selon Livneh, de refuser encore tout lien entre les réparations et les problèmes politiques, même si une souplesse est aussi nécessaire de ce point de vue. Et l'agent consulaire suggère qu'Israël accepte de « mettre fin à l'état de guerre, de modérer [sa] position dans les forums internationaux et [admette] des contacts consulaires » si nécessaires pour les réparations. Il propose enfin une coopération entre les deux États, par exemple en ce qui concerne le problème des criminels de guerre.

---

[64] Dépêche UP, 30 septembre 1951, « Israel beginnt Handelsbesprechungen mit Deutschland ».
[65] CZA, 595, Lettre du consulat de Munich à Felix Shinnar, 30 novembre 1951, Livneh.

La rencontre Adenauer/Goldmann du 6 décembre 1951

Le processus de négociations sur les réparations se poursuit lorsque Adenauer rencontre N. Goldmann à Londres dans le plus grand secret, le 6 décembre 1951. Cette entrevue est principalement destinée à fixer le montant des revendications individuelles à l'adresse de l'Allemagne, après que différentes organisations juives eurent formé une *Conference on Jewish Material Claims Against Germany*, le 25 octobre 1951[66]. Après Israël, les Juifs de la diaspora acceptent donc à leur tour le principe d'une négociation directe avec Bonn, malgré les réticences et l'absence d'une base juridique à ces pourparlers[67]. Du côté des Allemands de l'Ouest, 1951 est l'année de la reconnaissance définitive des exigences juives et israéliennes, alors que jusque-là l'absence d'un statut international pour les Juifs et l'inexistence de l'État hébreu au moment des faits avaient servi de prétexte au refus de toute réparation à leur adresse.

Le 6 décembre 1951, Goldmann s'adresse à Adenauer non seulement en sa qualité de président de la *Conference* mais aussi en tant que représentant des intérêts israéliens, dans le but d'amener le chancelier à demander à Israël l'ouverture de négociations ; car si l'État hébreu connaît alors de graves difficultés économiques et a d'énormes besoins financiers, il considère que c'est à la RFA que revient l'obligation de proposer des négociations et non l'inverse. Cette prise de position de Goldmann constitue donc les premiers pas de sa part comme avocat et représentant des intérêts israéliens ; et le responsable juif insiste avant tout sur l'aspect moral du problème, auquel Adenauer lui-même n'est

---

[66] Par la suite = *Conference*. Cette *Conference* a pour but de défendre les intérêts des personnes non représentées par Israël. Voir ZWEIG, R., *German Reparations and the Jewish World : A History of the Claims Conference*, Boulder-Londres, 1987.

[67] Ce que N. Goldmann évoque dans ses mémoires lorsqu'il écrit que « les processus de pensée qui étaient sous-jacents [à la négociation] étaient quelque chose de tout à fait nouveau et de presque unique en leur genre. Du point de vue juridique, il n'existait aucune base internationale reconnue pour les revendications collectives juives », GOLDMANN, N., *Mein Leben als deutscher Jude*, Munich-Vienne, 1980, p. 371.

pas insensible[68] : Goldmann précise qu'au vu de l'importance éthique de l'objet à discuter, on ne peut pas imaginer des négociations financières classiques, un simple débat sur les sommes en jeu. Ce point de vue est aussi celui du chancelier ouest-allemand qui invite son interlocuteur à dicter à sa secrétaire la lettre que le gouvernement israélien attend.

Le document en question résume les conceptions d'Adenauer en matière de réparation. Il doit s'agir de discuter de livraisons en nature, comme il l'a annoncé dans sa déclaration du 27 septembre ; et ce sont les termes de la note israélienne du 12 mars 1951 qui serviront de base aux discussions auxquelles le chancelier convie désormais officiellement le gouvernement d'Israël. Adenauer insiste en outre sur la justification morale des réparations :

> « Je tiens à [...] souligner que le gouvernement fédéral voit dans le problème des réparations aussi et surtout une obligation morale, et considère comme un devoir d'honneur du peuple allemand de faire tout ce qu'il est possible pour réparer l'injustice commise envers le peuple juif[69]. »

La lettre d'Adenauer ne fait toutefois l'unanimité ni en Allemagne de l'Ouest ni en Israël. En RFA elle confirme les craintes du ministre des Finances, F. Schäffer, qui y voit une preuve d'inconscience de la

---

[68] GOLDMANN, N., « Adenauer und das jüdische Volk », in BLUMENWITZ, D. (Hg), *Konrad Adenauer und seine Zeit - Politik und Persönlichkeit des ersten Bundeskanzlers von Weg- und Zeitgenossen*, Stuttgart, 1976, p. 427 et suiv.

[69] Stiftung Bundeskanzler Adenauer Haus, Rhöndorf (par la suite = Adenauer Haus), Vol. 10 05, Correspondance avec N. Goldmann. Cette lettre signée par le chancelier est la confirmation des analyses du représentant ouest-allemand à Londres, Hans von Schlange-Schöningen, qui écrit peu de jours auparavant (PA/AA, Ref. 212.06, Vol. I, Lettre de l'ambassade de RFA à Londres (212.06 4011/51) à l'AA, 21 novembre 1951) : « En ce qui concerne la décision définitive sur les relations futures entre l'Allemagne et Israël, tout va dépendre de l'aspect des propositions qui vont être faites par l'Allemagne, et avant tout de la forme sous laquelle elles vont être faites. »

Des échos positifs parviennent également à Bonn par l'intermédiaire de la représentation de Washington qui montrent que les Juifs d'Israël semblent être « plus raisonnables » à l'égard de la RFA que ceux des États-Unis (*ibid.*, Lettre de l'ambassade de RFA à Washington (244 B 1736/51) à l'AA, 14 novembre 1951, Riesser). À propos de l'évolution de l'attitude des Juifs américains à l'égard de l'Allemagne, voir SHAFIR, S., *American Jews and Germany After 1945 - Points of Connection and Points of Departure*, Cincinnati, 1993, et du même auteur *Ambiguous Relations : The American Jewish Community and Germany Since 1945*, Detroit, 1999.

part du chancelier. En Israël, alors qu'elle correspond aux vœux du gouvernement, elle est considérée par les opposants comme l'annonce d'un cadeau constitué « d'argent entaché de sang[70] ».

La proposition faite par Adenauer est finalement acceptée par le gouvernement de l'État hébreu le 30 décembre 1951. Et Ben Gourion est désormais obligé de passer par deux étapes incontournables avant l'engagement effectif des pourparlers : il lui faut tout d'abord faire accepter cette « décision de revirement » (*turning-point decision*) par l'opinion publique israélienne et obtenir ensuite l'assentiment de la Knesset[71].

On peut mesurer avec Y. Auerbach l'importance de l'avancée israélienne. En effet, même si l'opération qui doit s'engager est imposée par des nécessités économiques, il n'en reste pas moins que la décision de négocier avec les autorités ouest-allemandes étonne ; car le gouvernement israélien se montre prêt à prendre une décision qui va totalement à l'encontre de sa politique antérieure, lui qui s'obstinait à vouloir que les Alliés fassent pression sur l'Allemagne, pour ne pas avoir à négocier directement avec elle. David Ben Gourion doit alors peser les alternatives et justifier *a posteriori* sa décision. Cette démarche est nécessaire car l'opinion publique israélienne vit encore totalement dans l'ancien contexte. Et pour convaincre la population, le gouvernement israélien doit placer sa décision dans la lignée de sa propre tradition politique et montrer qu'elle est réaliste. Ben Gourion impose ainsi les négociations directes en les justifiant par le fait que les puissances occidentales ont rejeté une médiation et en soulignant la responsabilité morale de l'Allemagne ; tout en cachant la véritable raison qu'est la situation catastrophique de l'économie israélienne. Mais il existe également une perspective à plus long terme, le rapprochement avec l'Allemagne de l'Ouest : le Premier ministre veut assurer à tout prix la

---

[70] JENA, K. von, « Versöhnung mit Israel ? Die deutsch-israelischen Verhandlungen bis zum Wiedergutmachungsabkommen von 1952 », *Vierteljahrshefte für Zeitgeschichte*, 4. Heft, 1986, p. 457 et suiv.

[71] AUERBACH, Y., « Legitimation for turning-point decisions *in* foreign policy : Israel vis-à-vis Germany 1952 and Egypt 1977 », *Review of International Studies*, 1989, 15, p. 329 et suiv., et du même auteur « Turning-point decisions : A cognitive dissonance analysis of conflict reduction in Israel-West German relations », *Political Psychology*, vol. 7, n° 3, septembre 1986, p. 533 et suiv.

sécurité de son pays ainsi qu'une politique israélienne indépendante au Moyen-Orient. De ces impératifs résulte forcément un double langage de la part de Ben Gourion :

> « Le discours moral était employé à l'adresse du peuple, tandis que les considérations de *Realpolitik* étaient réservées aux collègues travaillistes [de Ben Gourion][72]. »

L'acceptation israélienne d'entrer en pourparlers (9 janvier 1952)

La décision prise le 30 décembre 1951 par le gouvernement est légitimée devant la Knesset dans les premiers jours de 1952. Au cours d'un débat marqué d'une rare émotion et d'une rare violence, Ben Gourion mène personnellement les discussions. La tension est si vive que Sharett est obligé, pour calmer les esprits, de promettre la fermeture du consulat de Munich. Car l'existence de celui-ci demeure une plaie vive pour beaucoup d'Israéliens et symbolise des contacts permanents avec la RFA, voire de relations diplomatiques avec elle. Ben Gourion doit faire face à une vive opposition, notamment de la part du responsable du parti *Ḥerout* (Liberté), Menahem Begin, tandis que les environs directs du bâtiment sont le théâtre d'affrontements entre les extrémistes et la police. Ben Gourion parvient à l'emporter malgré « ce débat orageux [...] qui n'avait pas de précédent dans les annales de la Knesset[73] » ; et le 9 janvier 1952, le parlement israélien approuve de justesse la proposition de négociations contenue dans la lettre adressée par Adenauer à Goldmann le 6 décembre 1951. Le 17 février, à Londres, N. Goldmann transmet cette information à Adenauer, et le lendemain le cabinet israélien décide officiellement d'entrer en négociations avec son homologue ouest-allemand.

Le gouvernement de Ben Gourion reste toutefois sur une position de défiance : il précise en effet que les négociations avec la RFA ne concerneront que le problème des réparations et ne porteront en aucun

---

[72] AUERBACH, *op. cit.*, p. 339.
[73] Ben Gourion, cité par BRECHER, *op. cit.*, p. 94. Voir la description des incidents *in* SEGEV, T., *op. cit.*, chap. « Du gaz contre des Juifs », p. 255 et suiv.

cas sur l'établissement de liens à long terme entre les deux pays[74]. Cette attitude israélienne demeure également présente à l'esprit des fonctionnaires de l'AA, comme en témoigne une conversation entre l'un deux et un membre de la HCA, Reves, le 22 janvier 1952[75].

3. Le travail du consulat israélien de Munich et ses contacts avec les autorités ouest-allemandes

En parallèle aux discussions sur l'établissement de contacts officiels entre la RFA et Israël, des relations *de facto* existent déjà.

Au cours de son existence, le consulat de Munich est le partenaire de dialogues officieux avec l'administration ouest-allemande. Ces contacts concernent en particulier le règlement des problèmes de réparation, avant l'institution de la loi fédérale[76] et l'entrée en vigueur de l'accord de Luxembourg, ainsi que celui de la poursuite des criminels de guerre. Dans ce domaine aussi on retrouve le caractère spécifique de ce consulat : c'est une entité juridique mise en place sur le territoire allemand, qui doit cependant se garder de toute relation avec les autorités du pays d'accueil. Mais en fait « l'anathème concernait les relations, pas la communication[77] ». Il s'agit ici certes d'une nuance très subtile, mais celle-ci régit toute la conduite du consul Livneh et des autres membres du consulat. Ceux-ci refusent effectivement tout contact formel avec les Allemands, l'Allemagne leur apparaissant encore comme un environnement résolument hostile ; dans le même temps cependant, des rapports officieux avec des interlocuteurs incontournables sont possibles. Les deux règles de conduite sont alors « communication sans relations » et « non réciprocité ». Le deuxième point est certainement celui qui traduit le mieux le caractère inhabituel de la représentation israélienne. En effet, son existence contredit un critère de droit international reconnu et appliqué qui suppose l'aspect

---

[74] Comme l'indique une dépêche de l'agence de presse ouest-allemande *Deutsche Presse Agentur* (par la suite = *dpa*) du 30 janvier 1952.
[75] PA/AA, Abt. III, Ref. 210.01/35, Vol. 123/1, Aufzeichnung : Betr : Deutsch-israelische Verhandlungen über Reparationen (210.01/35 III 1076/52), s. d.
[76] *Bundesentschädigungsgesetz* (BEG), loi fédérale sur les dédommagements.
[77] JELINEK, « Like an oasis », *op. cit.*, p. 89.

bilatéral de toute relation. Mais au début des années cinquante, Israël n'est absolument pas en mesure d'accepter ce principe, puisqu'il s'agit pour lui du pire scénario qu'il puisse imaginer.

Les autorités ouest-allemandes pour leur part respectent intégralement le désir d'Israël d'agir de la sorte et acceptent de se plier aux contorsions juridiques qu'impose la situation particulière. Et de fait, toute communication officielle entre le consulat de Munich et elles s'effectue par l'intermédiaire de la HCA. Cette situation n'empêche toutefois pas la multiplicité des affaires traitées entre les autorités ouest-allemandes et le consulat.

Coopération juridique entre les deux États

En premier lieu il s'agit de mettre en place une coopération qui permette de poursuivre en justice des personnes publiques ou privées. Ainsi, dans un courrier de Blankenhorn à la HCA, celui-ci s'informe des possibilités d'une telle coopération dans la situation particulière des relations germano-israéliennes[78]. Cette demande fait suite à de nombreuses interrogations de personnes privées et morales ouest-allemandes sur les moyens d'intervenir devant un tribunal de l'État juif contre des personnes privées et morales israéliennes. La question de transferts, en direction de la RFA, d'éventuelles sommes résultant du jugement d'une cour israélienne est également une préoccupation ouest-allemande. Dans sa requête, Blankenhorn insiste sur le fait que les ressortissants ou les entreprises d'Israël ont la possibilité de produire un recours devant les tribunaux de la République fédérale, « comme tout étranger » ; il s'agit alors de savoir si, en cas de réponse positive de la HCA, des avocats pourraient, à l'inverse, défendre en Israël les intérêts de ressortissants ouest-allemands. Blankenhorn évoque en outre la possibilité d'un contact direct entre un cabinet d'avocats israélien et les autorités de Bonn[79].

---

[78] PA/AA, Abt. II, Vol. 1313 : Notenwechsel mit der AHK - Vol. II, Lettre de l'AA (240-06-E II-10 205/50) à l'HCA, 23 octobre 1950, Blankenhorn.

[79] *Ibid.*, Vol. 1328 : Notenwechsel mit der AHK - Vol. 26, Lettre de l'HCA (AGSEC (50) 2560) à l'AA, 17 novembre 1950, Slater, Secrétaire général). Ici, l'HCA informe Blankenhorn de la transmission de la demande au consulat israélien de Munich, procédure habituelle à cette époque pour les contacts officiels entre le consulat et les autorités ouest-allemandes.

La communication d'informations entre les administrations ouest-allemandes et le consulat de Munich concerne également l'assistance juridique entre les deux pays, mais celle-ci n'est pas toujours rapide. Ainsi, dans le cas d'une demande de comparution de deux personnes résidant en Israël, l'AA est obligé de réitérer sa demande à six mois d'intervalle[80]. Il s'agit en outre d'obtenir, par l'intermédiaire de la HCA, des garanties de la part d'Israël pour que des suspects susceptibles d'être plus tard livrés à Bonn soient retenus par les autorités pénitentiaires israéliennes, malgré l'absence de convention d'extradition entre les deux pays[81]. Et dans le cas de ces demandes d'extradition, les autorités ouest-allemandes reprennent l'argument de la réciprocité telle qu'elle s'applique habituellement en la matière.

Avec le temps, en parallèle aux négociations sur les réparations et à l'amélioration du climat entre les deux pays, les autorités ouest-allemandes souffrent davantage de l'inertie due à cette procédure. En raison de deux demandes d'extradition qui tardent à être résolues[82], elles en demandent la modification à la fin du mois de décembre 1952[83].

La collaboration juridique entre Bonn et Jérusalem concerne enfin des demandes de témoignages de ressortissants israéliens dans des procès de criminels de guerre, comme celui de von der Bach-Zelewski, l'un des ordonnateurs de la répression consécutive au soulèvement du ghetto de Varsovie[84].

---

[80] *Ibid.*, Vol. 1317 : Notenwechsel mit der AHK - Vol. 15, Lettre à l'HCA (240.06 E II 9312/51), 14 août 1951, et Vol. 1318, Lettre de l'AA (240.06 E II 1672/52) à l'HCA, 7 février 1952, Strohm.

[81] *Ibid.*, Lettres de l'AA (542.07 Seibald V 9737/52) à l'HCA, 31 mars 1952, (542.07 Ingster Isr V 6986/52 ang2), 3 mars 1952 et (542.07 Morgenbesser V 9822/52), 4 avril 1952.

[82] Les deux cas sont évoqués *in ibid.*, Lettres de l'AA (540.07 Ingster V 60 066/52) à l'HCA, 18 novembre 1952 et (540.07 Seibald V 56 766/52 Ang 2), 20 novembre 1952.

[83] *Ibid.*, Vol. 1320, Lettre de l'AA (240.06 E II 17 477/52) à l'HCA, 22 décembre 1952, Trützschler.

[84] *Ibid.*, Lettre de l'AA (541.01/35 V v.d. Bach-Zelewski, 9.7/53) à l'HCA, 23 juillet 1953.

Coopération commerciale entre les deux États

Outre la coopération juridique, le consulat de Munich est le premier interlocuteur israélien dans les transactions économiques qui s'esquissent alors entre les deux pays[85].

Dès le départ, ces premiers échanges sont l'occasion pour des sociétés privées d'entrer en jeu : elles tiennent à démontrer que de tels liens pourraient contribuer à une réconciliation. Ainsi, Felix Braun, responsable de la société « Maon Laoleh-Wohnung für Auswanderer nach Israel », s'adresse directement à Adenauer en précisant que son idée de logements provisoires s'inscrit dans la lignée de l'offre de réparations effectuée par le chancelier dans l'interview accordée au journal *Allgemeine Wochenzeitung der Juden in Deutschland* au mois de novembre 1949[86]. En effet :

> « Le but de mon plan est de satisfaire les recours individuels en réparations des « DPs » [personnes déplacées] parties pour Israël qui ont été reconnus et ainsi d'ouvrir la voie à des relations commerciales entre l'Allemagne et Israël. »

Braun propose en outre de présenter les produits ouest-allemands en Israël à l'occasion d'une foire-exposition qu'il compte organiser à Tel Aviv et insiste sur le caractère privé d'une telle initiative.

> « Le résultat de ces livraisons, d'abord de nature privée, de produits d'Allemagne vers Israël devrait être ultérieurement *nolens volens* un traité de commerce officiel, ne serait-ce que dans le but de satisfaire

---

[85] Pour sa part, la compensation pour les biens spoliés s'opère par l'intermédiaire de livraisons de marchandises ouest-allemandes pour lesquelles les fonds de la *Jewish Restitution Successor Organisation* (JRSO) sont utilisés. Et dans ce cas aussi les opérations sont effectuées sous le contrôle de la HCA (comme en témoigne un échange de lettres entre la chancellerie et la HCA daté de mai 1950 qui porte sur des livraisons de rails à Israël (*ibid.*, Vol. 1665 : Israel-Abkommen, Lettre de la chancellerie (*Bundeskanzleramt*) (8508/3979/50) à l'HCA, 10 mai 1950, et Lettre de l'HCA (AGSEC (50) 967(GEN) à la chancellerie, 11 mai 1950).

[86] *Ibid.*, Lettre à Adenauer, F. Braun (Maon Laoleh), 28 décembre 1950. De son côté, le ministère fédéral de l'Économie, contacté par F. Braun au mois d'avril, doute des possibilités de réaliser le projet en question du fait des résistances israéliennes (BA, B 102, Vol. 7017/H1, Lettre de L. Erhard au secrétaire d'État à l'Intérieur de la chancellerie (VA Gr V 10 523/50), avril 1950).

les besoins courants en pièces de rechange pour les produits importés d'Allemagne[87]. »

Même après la signature de l'accord sur les réparations, l'AA continue à considérer que le consulat de Munich reste le seul interlocuteur, non seulement pour lui-même mais aussi pour les entreprises qui désirent régler quelque affaire avec Israël[88].

Une antenne politique israélienne et un centre d'informations israélien en RFA

Le consulat israélien de Munich est par ailleurs une véritable antenne politique de l'État hébreu en RFA destinée non seulement à être à l'écoute de l'Allemagne d'après-guerre mais aussi à promouvoir la cause d'Israël et des réparations parmi les cercles dirigeants ouest-allemands. Ceux-ci semblent en effet plus enclins à favoriser de telles idées qu'une population ouest-allemande encore très réticente à sortir du silence et à accepter ses responsabilités[89]. De plus, le consulat travaille comme une véritable représentation diplomatique qui recueille et expédie de nombreuses informations sur son pays de résidence[90].

Le consulat représente enfin pour les autorités de Bonn une précieuse source d'information sur Israël. En témoigne par exemple la demande du ministère fédéral de la Justice, dès mars 1951, de recevoir

---

[87] Cet exemple de contacts commerciaux précoces entre les deux pays atteste aussi du rôle des contacts non officiels entre les autorités ouest-allemandes et le consulat de Munich. Un document de l'AA rédigé un mois après la réception de la lettre de Braun (PA/AA, Abt. II, Vol. 1665, Document de l'AA (8508/2395/50, Ref. VIII, Kontrolle des Geschäftsganges auf dem Bundesgebiet), 25 mars 1950) précise toutefois que, selon des informations de Munich, Braun n'agit nullement avec l'accord des autorités israéliennes.

[88] C'est ainsi qu'au début de 1953 les services des Affaires étrangères invitent l'entreprise « CERES Handel und Import » à s'adresser à lui comme autorité compétente en l'absence d'une représentation ouest-allemande en Israël (*ibid.*, Abt. VII, Ref. 708, Vol. 1025, Lettre de la « CERES Handel u. Import » à l'AA, 3 janvier 1953 et Lettre de l'AA (210.02/35 III 211/53) à CERES, 8 janvier 1953, von Maydell).

[89] Voir BRENNER, M., « Wider den Mythos der "Stunde Null" - Kontinuitäten im innerjüdischen Bewußtsein und deutsch-jüdischen Verhältnis seit 1945 », *in* SCHOEPS, J. H., *Menora - Jahrbuch für deutsch-jüdische Geschichte - 1992*, Munich-Zurich, 1992, p. 155 et suiv.

[90] Voir les comptes rendus sur les relations commerciales entre la RFA et les pays arabes présents dans les archives israéliennes (ISA, 2 532/10).

régulièrement le journal officiel israélien pour se tenir informé de la situation juridique d'Israël[91].

Ainsi, par l'étendue de ses activités, le consulat de Munich dépasse à la fin de 1952 les compétences restreintes qui lui avaient été imposées au départ.

---

[91] *Ibid.*, 2539/1-II, Lettre du BMJ (9122-10 579/51) au consulat de Munich, 21 mars 1951, Strauß.

CHAPITRE II
Du consulat de Munich à la mission israélienne de Cologne

1. La discussion sur la fermeture du consulat israélien de Munich

Au moment où les perspectives de négociations entre les deux pays se précisent, la question du devenir du consulat de Munich est à nouveau à l'ordre du jour. Plusieurs déclarations datant du début de l'année 1952 laissent prévoir sa fermeture prochaine, que ce soit en vertu d'une décision unilatérale de l'État hébreu, ou en prévision de la fin de la mission de la Haute Commission alliée. La HCA relance alors les consultations afin qu'Israël élabore une solution conforme à la situation qui prévaudra après la signature du futur traité entre la RFA et les puissances occidentales. Car le compromis adopté près d'un an auparavant à titre exceptionnel ne peut plus correspondre aux réalités de 1952, avec une RFA qui se rapproche de sa souveraineté et des puissances occidentales qui songent à modifier le statut de leurs représentations à Bonn pour en faire des ambassades. Le 16 janvier 1952, Livneh est ainsi invité à discuter du sujet avec le chef du protocole de la HCA qui précise les attentes des Occidentaux[1].

Cette nouvelle consultation a alors des chances réelles d'aboutir car les Israéliens sont désormais disposés à mettre un terme à l'existence du bureau de Munich : sa tâche touche en effet à sa fin et il devient en outre, dans la perspective de négociations avec la RFA, l'enjeu du débat politique intérieur israélien.

À partir de janvier 1952, le gouvernement israélien pratique un double langage, attitude rendue possible par la perspective de négociations qui devraient décider de l'avenir du consulat de Munich. En effet, « les Israéliens pensaient que ces négociations pourraient conduire à l'établissement d'une sorte de représentation auprès de la République fédérale, permettant ainsi la poursuite à long terme de l'existence du consulat de Munich[2] ». On retrouve cette idée dans une lettre de Sharett à Walter Eytan, secrétaire général du ministère israélien des Affaires étrangères, datée du 29 avril 1952, donc postérieure au début des négociations sur les réparations[3]. Dans ce document, le ministre précise en effet que « nous avons tout intérêt à avoir un consulat sur ce territoire[4] ».

Mais à l'opposé du point de vue exprimé dans ces consultations confidentielles, les autorités israéliennes annoncent dès cette époque que le consulat de Munich mettra fin à ses activités aussitôt après la signature du *Deutschlandvertrag*, donc à la fin du mois de mai. L'échéance du 1er juin 1952 est indiquée expressément, conformément à la promesse de Sharett du début janvier. Le journal *Jedioth Hayom* du 23 avril 1952 souligne quant à lui l'impact prévisible de cet événement :

> « La fermeture du consulat s'effectue au moment de l'interruption des discussions sur les réparations avec l'Allemagne, et cette mesure du gouvernement d'Israël sera certainement perçue à sa juste valeur par Bonn elle-même comme par les puissances occidentales[5]. »

---

[1] ISA, 2519/4, Lettre de Schott à Livneh, 16 janvier 1952.
[2] JELINEK, « Like an oasis », *op. cit.*, p. 86.
[3] Celles-ci débutent le 20 mars à l'hôtel *Casteel Oud Wassenaar* de Wassenaar, près de La Haye.
[4] Cité *in* JELINEK, « Like an oasis », *op. cit.*, p. 86.
[5] *Jedioth Hayom*, 23 avril 1952, « Vor Schließung des Israel-Konsulates in München ».

Officieusement, les choses sont cependant très différentes de ce que laissent entendre les déclarations publiques. Car dans les documents internes il n'est pas du tout question d'une fermeture aussi rapide du consulat. Ainsi, le 4 mai, dans une lettre du ministère des Affaires étrangères au consul d'Israël à Munich, il est précisé que seul le départ définitif du haut-commissaire américain d'Allemagne doit être considéré par l'État hébreu comme une véritable échéance. Livneh envisage pour sa part comme date butoir la cessation d'activités de la HCA, ou même une perspective plus éloignée. En résumé, dans tous les cas on refuse d'agir dans la précipitation, et c'est le réalisme qui s'impose en raison de la poursuite des discussions avec la RFA. Car au moment où Israël a enfin la possibilité d'envisager un règlement du problème des réparations, il s'agit d'éviter tout ce qui pourrait froisser les interlocuteurs ouest-allemands. Et d'après Avner, le représentant d'Israël à Wassenaar, une fermeture prématurée du bureau de Munich aurait certainement un tel effet[6].

Les autorités israéliennes pratiquent donc un double langage vis-à-vis de l'opinion publique de leur pays et envers les Alliés. Elles opèrent ainsi car elles mènent des négociations qui prévoient la création d'une représentation en Allemagne et cherchent à prolonger la vie d'un consulat dont le statut juridique est douteux. De leur côté les autorités ouest-allemandes, eu égard à la particularité de la situation israélienne, décident de passer outre, au moins temporairement, aux règles qui prévalent en droit international. C'est ainsi qu'après la conclusion de l'accord sur les réparations ouest-allemandes, le 10 septembre 1952 à Luxembourg, le consulat israélien de Munich est maintenu. Toutefois, la perspective concrète d'une solution de remplacement existe, puisque le traité prévoit la mise en place d'une mission commerciale israélienne sur le territoire ouest-allemand. Fait encore plus étonnant, à la fin de 1952, le consulat de Munich se voit doté de tous les privilèges diplomatiques ; mais il est précisé qu'il ne doit pas s'agir là d'un précédent politique[7]. Avancées israéliennes d'une part, maintien du

---

[6] Lettre de G. Avner à A. Nathan (Direction des affaires juridiques), 29 mai 1952, citée par JELINEK, « Like an oasis », *op. cit.*

[7] Télégramme de Livneh à Eytan et Felix Shinnar, futur responsable de la mission israélienne de Cologne, 27 novembre 1952, à propos d'une rencontre entre Livneh et le chef du protocole ouest-allemand.

statu quo de l'autre : cette nouvelle situation n'empêche cependant pas Livneh de se garder encore de tout contact avec de hauts fonctionnaires de l'AA.

2. La mission commerciale israélienne en RFA

L'idée d'une mission commerciale et sa discussion à Wassenaar

L'idée de la création d'une délégation commerciale israélienne s'impose au cours des négociations sur les réparations, en rapport avec la nature même de ces dédommagements ; car il s'agit de mettre en place un bureau dont la tâche sera de contrôler le bon déroulement de l'accord et de mener les négociations avec les entreprises allemandes intéressées par des livraisons à Israël. Le projet d'une telle délégation commerciale voit le jour par compromis : vu l'importance de la somme exigée par Israël, somme qu'Adenauer s'est engagé à respecter comme base de la discussion, il n'est pas possible pour la RFA de régler l'ensemble en espèces ; d'où la prévision de livraisons effectuées exclusivement en nature. Et comme l'économie nationale israélienne se met en place et a d'énormes besoins en biens d'équipement, c'est la solution la plus acceptable pour les deux parties.

La mission commerciale israélienne prévue dans ce cadre doit pouvoir bénéficier d'un certain nombre d'avantages afin de mener à bien sa tâche. Cela suppose pour elle des facilités consulaires ou diplomatiques semblables à celles accordées aux représentations étrangères. Mais la future mission israélienne ne peut pas être une délégation ordinaire, et il existe à cette époque un précédent qui permet de savoir à quoi elle pourrait ressembler : en effet, en raison de sa situation spécifique vis-à-vis de l'Allemagne, la Finlande dispose d'un bureau commercial qui peut travailler sans avoir eu à demander un exequatur, agrément normalement indispensable à toute représentation de type consulaire[8]. De même, la RFA ne dispose à Helsinki que d'un bureau commercial

---

[8] PA/AA, Abt. VII, Vol. 1027, Note (316.82.03 92.19 1646/57 II), 24 mai 1957, Voigt. La politique extérieure finlandaise est alors sous la tutelle de l'URSS qui ne reconnaît pas encore la RFA.

« avec certaines prérogatives diplomatiques » et non d'un consulat général, puisque la Finlande « ne se trouve pas dans la situation de pouvoir reconnaître la République fédérale comme héritière [...] du Reich allemand ou d'engager avec la République fédérale des relations diplomatiques complètes[9] ».

Les documents relatifs aux négociations de Wassenaar permettent de se faire une idée précise de l'évolution des débats concernant la mission et le maintien du caractère spécifique des relations entre les deux pays. C'est pourquoi il convient ici de s'attarder sur des détails qui illustrent les difficultés rencontrées dans ce cadre. Les discussions du 25 juin 1952 sur la question du statut de la représentation commerciale israélienne fournissent un exemple de la complexité des débats[10]. Après avoir dans un premier temps reporté une conversation sur le sujet, les négociateurs israéliens sont amenés à réagir lorsque Trützschler, membre de la délégation ouest-allemande, souligne que « le but à long terme de la politique allemande est une normalisation des relations, ce qui implique une réciprocité dans les relations ». Sur ce dernier point la réponse israélienne est nette : « Le Dr Josephthal [coresponsable de la délégation israélienne à Wassenaar] considère en l'occurrence le point de vue de la réciprocité comme inapplicable » et ajoute que la future mission « n'est prévue que pour l'exécution du traité ». Malgré cela, la partie israélienne réclame des prérogatives spéciales pour les membres du bureau commercial, « semblables à celles qui sont accordées aux missions diplomatiques, en particulier les immunités et le droit d'utiliser un code ». Cette opinion est appuyée par d'autres membres de la délégation israélienne, comme Jacob Robinson, qui insistent sur l'absence habituelle de la réciprocité pour les missions commerciales[11]. De plus, les négociateurs de l'État hébreu renforcent leur refus en précisant qu'ils n'agissent pas uniquement selon des

---

[9] *Ibid.*, Abt. IV, Unterabt. 40, Vol. 40 : Londoner Schuldenabkommen, Lettre du bureau ouest-allemand d'Helsinki (500.04 656/53) à l'AA, 16 octobre 1953, Duckwitz.

[10] *Ibid.*, Abt. V, Ref. 500, 512.02/35a, Vol. 78 : Entschädigung nazistischen Unrechts - Wiedergutmachungsabkommen mit Israel, « Niederschrift über die Sitzung des Rechts- und Redaktionsausschusses im Oud Wassenaar », 25 juin 1952, Bünger.

[11] Robinson prend pour exemple « la commission commerciale russe en Allemagne [mise en place après l'établissement des relations entre l'URSS et l'Allemagne à Rapallo] à laquelle aucune commission commerciale allemande en Russie soviétique n'avait correspondu ».

considérations juridiques et désirent maintenir la ligne de conduite ferme encore officiellement en vigueur. Et cette argumentation se double d'une mise en garde contre toute précipitation[12].

Une première ébauche de traité est transmise par la partie israélienne à Wassenaar à la délégation allemande au début de juillet 1952[13]. Les caractéristiques de la mission sont précisées à l'article 10. Celle-ci

> « joui[t] de tous les droits, prérogatives, immunités et avantages accordés aux représentations diplomatiques. La mission et son personnel sont en particulier dispensés de toute taxe, charge ou imposition du *Bund*, du *Land*, du district, de la ville ou d'autre origine. La mission et son personnel ne sont pas soumis à la justice civile ou pénale. L'exterritorialité de ses locaux et des habitations, de même que l'inviolabilité personnelle des membres de la mission sont à préserver et à respecter à tout moment. Ils sont aussi en droit d'utiliser des systèmes chiffrés et le courrier diplomatique. »

Une consultation sur la base des exigences israéliennes s'engage entre les représentants de l'AA à Wassenaar et la Centrale à Bonn. Une semaine après réception du texte israélien, les services juridiques du ministère des Affaires étrangères proposent à leur tour un projet de traité[14]. Les différentes compétences revendiquées par les Israéliens ne sont pas remises en cause fondamentalement, mais l'AA prend soin d'éviter de parler de prérogatives « diplomatiques » en insistant sur l'appellation de « représentation commerciale » pour qualifier le futur bureau israélien en Allemagne de l'Ouest. Il s'agit donc en apparence d'un refus d'accorder un caractère particulier à la mission. L'AA opte pour les clauses « de l'accord commercial allemand type » qui mentionnent des attributions spécifiques accordées « aux responsables des autorités consulaires, aux agents et employés consulaires », avec contrôle strict de la composition de la représentation commerciale. Et selon Bonn, des concessions, notamment sur l'énumération des droits de

---

[12] Jacobson « prévient qu'il ne faut rien forcer. Toute contrainte ne pourrait que faire des dégâts. Le climat moral doit d'abord évoluer calmement. »

[13] PA/AA, Abt. V, Ref. 500, 512.02/35 a, Vol. 79, Lettre de la délégation israélienne avec proposition de traité, 8 juillet 1952.

[14] *Ibid.*, Lettre de l'Abt. V, s. réf., à Bünger, 15 juillet 1952, Mosler.

la mission, « ne doivent être faites que si la tactique de négociation rend souhaitable une réponse conciliante ».

Au cours du dernier mois de négociation, la réflexion se poursuit du côté allemand, alors que les sommes à accorder à Israël sont déjà définies. Dans une lettre de l'AA au ministère fédéral de la Justice du 2 août 1952, la question des compétences de la mission est à nouveau posée, avec, d'emblée, une comparaison avec la solution adoptée en son temps vis-à-vis de l'URSS :

> « La délégation commerciale russe avait en son temps un statut spécifiquement commercial. Si je me souviens bien, elle avait été inscrite au registre du commerce. En ce qui concerne la mission israélienne, on devrait éviter cela puisque l'on désire du côté allemand élever cette mission progressivement au rang de représentation consulaire[15]. »

La question soulevée est essentielle pour savoir où il faudra classer, enregistrer et comment traiter avec les membres de la mission. Un décalage profond entre les points de vue allemand et israélien apparaît donc : l'impression qui domine est que la partie israélienne désire avoir toute liberté d'action, avec une mission commerciale libre et non contrôlable ou une représentation dont la marge de manœuvre serait également grande. À l'inverse, les Allemands de l'Ouest semblent vouloir rester maîtres de l'évolution d'une telle mission, pour éviter que voit le jour un établissement du type du consulat de Munich qui échappe à leur contrôle.

Ce sentiment de décalage est renforcé par une réflexion ultérieure sur le même aspect du problème. Dans un document du 7 août établi après consultation du ministère de la Justice, l'AA insiste sur la surveillance qu'il faut pouvoir exercer sur la mission, toujours en souvenir des agissements de la mission commerciale soviétique[16]. Le contrôle doit être effectué d'un point de vue juridique, ce qui implique qu'il faut soumettre la future mission au droit allemand. Ici l'AA tire les leçons du passé puisque

---

[15] *Ibid.*, Lettre de l'Abt. V au ministère de la Justice (par la suite = BMJ), 2 août 1952, Blomeyer.

[16] *Ibid.*, Lettre de l'Abt. V à Bünger, 7 août 1952, Blomeyer.

« cette proposition repose sur le fait que souvent les responsables de la représentation commerciale russe ont refusé d'accepter des requêtes [de tribunaux allemands] en invoquant leur exterritorialité ».

Outre la volonté de ne pas répéter les erreurs passées, le souci de la section juridique de l'AA reflète le climat général de l'époque : une application tatillonne des règles du droit, sans prise en considération de la situation exceptionnelle des Juifs, ce qui conduit régulièrement à des prises de position totalement inflexibles[17].

Le 5 août 1952, la discussion sur le statut de la mission israélienne se poursuit[18]. Elle a alors pour objet la possibilité pour la mission de représenter les requérants israéliens devant des tribunaux ouest-allemands dans le cadre des affaires de restitution et de dédommagement. De l'avis de Bünger, l'expert juridique de la délégation ouest-allemande, « l'accord proposé donnerait à la mission d'Israël des prérogatives qui sont en général celles attribuées aux consuls » ; et ces dispositions font à leur tour l'objet des réflexions et objections de la partie allemande. De même, sur la question de l'exemption de droits de douane qui pourrait être accordée au futur bureau commercial, la position ouest-allemande ne paraît pas encore fixée dans ces premiers jours d'août. En effet, une lettre de Wassenaar fait la distinction entre des prérogatives qui accorderaient à la mission un statut purement commercial d'une part, ou consulaire de l'autre[19]. Elle permet de résumer les différentes positions des délégations :

> « Nous étions par principe prêts à accorder à la mission d'Israël le statut d'une représentation consulaire. Certaines Directions [de l'AA] sont même allées jusqu'à vouloir concéder à la mission d'Israël des prérogatives diplomatiques. La question de savoir jusqu'où on peut aller dans ces relations relève à mon avis d'une décision politique qui ne dépend pas de considérations financières ou analogues. »

Quelle est alors l'attitude de la délégation israélienne ? La partie israélienne reste en retrait : elle ne semble pas vouloir aller plus loin

---

[17] Voir BRENNER, *op. cit.*, pour des exemples de décisions de justice implacables à l'égard notamment de Juifs d'Allemagne.
[18] PA/AA, Abt. V, Ref. 500, 512.02/35 a, Vol. 79, Lettre de la délégation allemande à l'AA, 5 août 1952, Bünger.
[19] *Ibid.*, Lettre de la délégation allemande à l'Abt. V, 7 août 1952, Bünger.

que les propositions de l'AA du 15 juillet envisageant pour la future mission des prérogatives consulaires.

À cette époque toutefois, la question de l'extension des compétences de la délégation commerciale est déjà d'actualité. Mais les experts ouest-allemands ne désirent pas mêler deux éléments de nature totalement différente. Et, dans ce domaine, l'AA est en accord avec le ministère allemand de la Justice dans sa position intransigeante[20].

En fait, dans le domaine des futures attributions de la mission israélienne, deux écoles s'affrontent au sein du ministère ouest-allemand des Affaires étrangères. D'une part, celle favorable à une certaine souplesse en faveur d'Israël, qui désire accorder à ses représentants des facilités appropriées au caractère exceptionnel des relations entre les deux pays. D'autre part, celle qui tient à respecter strictement les usages et les obligations découlant du droit international. Blomeyer, responsable des affaires juridiques à l'AA, est un partisan de la deuxième solution, avec pour principal souci de ménager une évolution à long terme :

> « Si les Israéliens désirent établir en Allemagne des services avec tâches et prérogatives consulaires, cela n'est possible que dans le cadre de relations consulaires normales et réciproques, ce qui ne fait de notre part l'objet d'aucune objection. Si Israël obtient pour ainsi dire accessoirement tous les droits dont il a besoin dans ce domaine, alors il n'y a plus aucune raison pour lui de désirer des relations plus proches dans le cadre de la réciprocité. »

Il convient donc d'insister sur le fait « que la mission d'Israël est un cas exceptionnel et que ses droits sont à interpréter de manière restrictive ». C'est pourquoi « toute autre question en matière de droit consulaire doit être discutée à part et réglée à une autre occasion ».

À la fin du mois d'août 1952, la question du respect des principes internationaux est reprise dans un document de la délégation allemande qui précise définitivement les idées de Bonn. Ce texte énumère les arguments de la section juridique des Affaires étrangères et ceux du ministère de la Justice, pour aboutir à une conclusion fondée sur un avis de l'université de Harvard datant de 1929, émis dans le cadre des

---

[20] *Ibid.*, Lettre de l'Abt. V à Bünger, 13 août 1952, Blomeyer.

travaux de codification du droit consulaire[21]. Selon ce document, les compétences et fonctions attribuées aux consuls étrangers ne peuvent l'être que sur la base de la réciprocité, ce qui exclut donc l'ouverture d'une mission israélienne telle qu'elle est envisagée.

La mission commerciale israélienne dans le traité

L'accord de réparations est signé le 10 septembre 1952 à l'hôtel de ville de Luxembourg par Konrad Adenauer pour la partie ouest-allemande et Moshe Sharett pour Israël. Sans analyser longuement ce traité, il s'agit d'insister ici sur le statut définitif de la mission, tel qu'il est fixé et précisé dans le texte après les réflexions de l'été[22].

La délégation commerciale est évoquée une première fois à l'article 7. D'après ce paragraphe, elle a pour mission principale d'effectuer les achats de produits et de services. Elle est seule habilitée à mener des négociations avec les firmes allemandes et à signer des contrats avec celles-ci. Elle s'occupe également de l'achat de produits non allemands, éventualité permise par le traité. Et dans l'ensemble de la procédure de négociations, c'est le droit ouest-allemand qui prime.

Le fonctionnement pratique de la mission israélienne est réglé par les articles 8 et 9 du texte. Les frais relatifs à ce fonctionnement sont entièrement à la charge du gouvernement de Bonn. Le virement des sommes dues se fait sur un compte de la Bank Deutscher Länder[23]. Les polices d'assurance qui couvrent les produits concernés sont à régler en Deutsche Mark (DM) et doivent être conclues de préférence avec des compagnies d'assurance ouest-allemandes.

L'article 12 définit la nature même de la mission israélienne. La délégation doit représenter le gouvernement israélien sans toutefois disposer du statut de représentation diplomatique, et sans être implan-

---

[21] *Ibid.*, Vol. 80, note, 21 août 1952, Bünger, « Betr : Briefwechsel über Erweiterung der Aufgaben der Israel Mission ».

[22] Voir NATHAN, E., « Le traité israélo-allemand du 10 septembre 1952 », *Revue générale du droit international public*, juillet-septembre 1954, n° 3, t. XXV, p. 375 et suiv., et KLEIN, C., « Les relations entre la République fédérale d'Allemagne et l'État d'Israël », *Revue belge de droit international*, 2, 1966, p. 413 et suiv.

[23] L'ancêtre de la Deutsche Bundesbank.

tée dans la capitale fédérale[24]. Elle est en outre chargée de mener à bien le traité. À cet effet, elle doit :

• mener des négociations, signer des contrats, se charger des paiements[25] ;

• rassembler des conseils en rapport avec l'accomplissement du traité ;

• et se charger de toutes affaires en rapport avec l'opération.

Malgré l'absence de statut diplomatique, les membres de la mission disposent d'un certain nombre de droits et devoirs qui figurent dans le même article. Les revenus de la mission sont ainsi exemptés d'impôts, tout comme ses locaux. Son personnel n'est pas astreint à l'impôt sur le revenu et ses opérations ne sont pas soumises aux taxes à l'exportation. Par ailleurs, une immunité couvre les membres de la mission dans le seul cadre des activités propres à l'exécution du traité, et cette mission a le droit d'utiliser des scellés et la valise diplomatique. Enfin la RFA accorde à la mission un soutien dans les procédures administratives.

À la lecture des conditions réglant l'activité de la mission, il apparaît que c'est la tendance conciliante qui s'est imposée aux négociateurs puisque la mission n'a pas le statut d'une simple représentation commerciale. Néanmoins, cette solution n'est que le fruit d'un compromis, car aucune prérogative consulaire ne lui est attribuée.

Les droits et devoirs de la mission israélienne sont en fait très proches de ceux d'une représentation traditionnelle, avec insistance sur le caractère commercial qui est le sien. Pour Eli Nathan, « l'article [12 du traité] touche à maints problèmes du droit international d'une époque qui voit le développement constant des activités commerciales des agences commerciales étatiques avec des pays étrangers ou à l'intérieur de ces pays[26] ». La mission israélienne a en effet une double vocation : « D'une part, [elle] se présente comme un commerçant concluant des contrats avec des firmes allemandes et, d'autre part,

---

[24] Le siège de la mission sera établi quelques mois plus tard à Cologne, avec une annexe à Berlin.

[25] Il ne s'agit en l'occurrence que de négociations directes avec les entreprises, le gouvernement fédéral n'intervient en aucun cas dans le déroulement de ces discussions.

[26] NATHAN, *op. cit.*, p. 390.

comme le bras d'un État souverain revêtu de tous les attributs attachés à la souveraineté opérant dans un pays étranger. » Néanmoins, le traité ne place pas la mission au même niveau que les autres représentations étrangères :

> « Les raisons de ce choix ont été les suivantes : premièrement, en énumérant les différents privilèges et immunités, au lieu de les placer sur un quelconque standard de la nation la plus favorisée, il serait plus facile de les connaître ; deuxièmement, en tenant compte davantage de l'objet même du traité, on pourrait rendre ces privilèges et immunités plus conformes aux buts poursuivis par la mission tels qu'ils étaient mentionnés dans le traité[27]. »

Dans une série de lettres qui figurent en annexe du traité, les deux parties contractantes précisent le contenu du texte. La lettre 5a annonce ainsi la création prochaine en Israël d'un office gouvernemental qui devra se charger « de toutes les questions qui touchent à l'achat de produits et de services ainsi que de toutes les affaires qui sont liées au déroulement du traité[28] ». La mission est le représentant « unique et exclusif » de cet office sur le territoire allemand.

Par ailleurs, dans la lettre 8a, l'État d'Israël exprime « le souhait d'ouvrir la mission en République fédérale d'Allemagne avant même l'entrée en vigueur du traité[29] » ; et cette ouverture précoce doit être accompagnée de l'attribution de conditions de travail préférentielles, « droits, prérogatives, exemptions et avantages ». Ce document montre l'empressement israélien à installer un bureau qui doit s'atteler rapidement à l'établissement des premiers contacts germano-israéliens, pour que les achats puissent à leur tour être effectués dans le plus bref délai. Et une nouvelle fois le caractère spécifique du traité est affirmé, puisque Israël obtient la mise en place d'un véritable organe gouvernemental en Allemagne de l'Ouest avant même la ratification du texte.

---

[27] *Ibid.*, p. 392.

[28] BA, Bundeskanzleramt (Archives de la chancellerie), B 136, Vol. 1129, Texte du traité avec lettres annexées, Lettre 5a, annexe traité, Shinnar, Josephthal, et JELINEK, Y., « Implementing the Luxembourg agreement: The purchasing mission and the Israeli economy », *The Journal of Israeli History*, vol. 18, n° 2-3, Summer-Autumn 1997, p. 191 et suiv.

[29] Lettre 8a, Sharett.

Enfin, une troisième lettre concerne les prérogatives de la délégation en matière de procédures de réparation et de dédommagement. Dans ce domaine, la mission commerciale israélienne a un devoir de soutien et de conseil aux requérants, mais son rôle s'arrête là. En effet, « le gouvernement israélien part [...] du principe selon lequel ces tâches n'incluent pas la représentation de ressortissants israéliens dans des procédures formelles ». Une distinction s'impose donc entre la représentation commerciale qu'est la mission et certaines compétences consulaires qu'elle n'obtient pas, puisqu'elle ne peut pas sortir du cadre strict de conseil aux plaignants israéliens.

Malgré ces restrictions formelles, la mission possède un statut qui peut favoriser en Israël la réflexion sur la fermeture du consulat de Munich. De plus les autorités allemandes interprètent dans un sens large ses attributions. Ainsi, dans la lettre qu'il adresse le 25 novembre à Bachmann, fonctionnaire à la chancellerie, Blankenhorn précise qu'outre son aspect commercial, la mission

> « est la représentation unique et exclusive du gouvernement israélien en République fédérale d'Allemagne. En cette qualité son activité se limite d'ailleurs principalement au déroulement du traité [...]. Toutefois, le gouvernement fédéral a accordé à la mission israélienne, à son personnel — de nationalité israélienne — et à ses locaux une place à part, analogue à ce qui est en général celle des représentations consulaires, après avoir considéré qu'il s'agit ici de la représentation officielle d'un État étranger[30]. »

En pratique, dans la mesure où la mission dispose de droits analogues à ceux des consulats, il faut la considérer comme telle, mais cela implique des contrôles spécifiques. Et si le chef de la mission n'est pas obligé de solliciter un exequatur auprès du gouvernement ouest-allemand, il lui faut tout de même obtenir une autorisation pour exercer son office. Cela signifie que, si cette autorisation est accordée, elle peut aussi être retirée, d'où la réalité d'un contrôle de la part des autorités allemandes.

---

[30] BA, Bundeskanzleramt (Archives de la chancellerie), B 136, Vol. 1129, Lettre de l'AA à Bachmann, Bundeskanzleramt, 25 novembre 1952, Blankenhorn.

Dans la suite de son texte Blankenhorn justifie l'absence d'un pendant allemand en Israël, c'est-à-dire le défaut de la réciprocité, pourtant exigée précédemment par les fonctionnaires de l'AA. Pour ce faire le conseiller d'Adenauer s'appuie sur les fonctions de conseil aux requérants que pourra exercer la mission en matière de réparation et déclare que

> « le point de vue de la réciprocité ne peut pas entrer ici en application, puisqu'il n'y a pas d'intérêts correspondants pour des citoyens allemands en Israël ».

Par cette remarque, Blankenhorn énonce un argument qui permettra de contrer toute récrimination au cours du débat de ratification.

La mission commerciale n'est pas le seul organe institué par le traité germano-israélien. Le texte évoque en effet, à son article 13, une commission mixte, formée de représentants des gouvernements ouest-allemand et israélien, qui se réunit à la demande de l'un de ses membres. Cette commission a pour tâche de concilier les points de vue des deux parties dans le déroulement du traité ; elle est également chargée d'établir les listes de marchandises qu'Israël désire acquérir, conformément à l'article 6.

Enfin, à l'article 14 du traité, conformément aux pratiques du droit international, est prévue la création d'une commission d'arbitrage. Nommée pour cinq ans, cette commission est composée de trois membres, dont deux désignés par chacune des deux parties et le troisième conjointement, ou à défaut par le président de la Cour de justice internationale de La Haye. Dernier recours, cette commission d'arbitrage ne peut intervenir qu'après constatation d'un litige par un juge civil allemand.

3. La fermeture du consulat de Munich et la mise en place de la mission

La fermeture du consulat

Comme on vient de le voir, à la fin de 1952 le contexte des relations entre la RFA et Israël est profondément différent de celui encore constaté quelques mois plus tôt. Pour sa part, le consulat israélien de Munich est en perte de vitesse, ce qui apparaît en particulier dans le fait qu'à aucun moment il n'intervient dans les réflexions sur le traité germano-israélien. De leur côté, les Israéliens envisagent désormais son devenir de manière toute différente : sa situation particulière ne peut plus se justifier au vu de la stabilisation de la position de l'Allemagne de l'Ouest, comme en fonction de l'amorce de normalisation entre les deux pays que constitue le traité.

Au moment où Blankenhorn transmet à la chancellerie son interprétation élargie des fonctions de la mission, le destin du consulat de Munich se précise. Dans une lettre adressée au chef du protocole de la HCA, Livneh annonce en effet sa propre nomination à un poste au sein de la mission qui doit s'établir en RFA[31] ; il informe également l'AA de ce changement, et demande à être agréé par le ministère des Affaires étrangères dans ces nouvelles fonctions[32].

La question du statut qu'il convient d'accorder à Livneh devient à partir de ce moment un problème névralgique pour le ministère des Affaires étrangères. En effet, même si « la collaboration avec [Livneh] s'est avérée tout à fait utile[33] », il faut réfléchir à la possibilité d'accepter sa présence sur le territoire de la RFA dans une fonction double. Car outre le poste au sein de la mission qu'il vient d'obtenir, Livneh conserve son rôle de consul d'Israël étant donné que le consulat de Munich existe encore. Comme l'indique une note du protocole en date du 10 novembre 1952, les réflexions de l'AA portent une nouvelle fois sur des aspects formels[34] : selon ce texte, une réponse à la demande d'agrément présentée par Livneh ne peut se faire que de manière informelle, « puisque, selon l'article 12d de l'accord entre la République fédérale et l'État d'Israël, seul le chef de la mission a besoin d'une autorisation signifiée du gouvernement fédéral pour exercer ses activités ». De plus, « le fait que le Dr Livneh conserve encore sa fonction de consul auprès de la Haute Commission alliée ne justifie pas

---

[31] ISA, 2385/22, Lettre de Livneh au chef du protocole de la HCA, 12 novembre 1952.
[32] PA/AA, Abt. II, Vol. 1680 : Israel-Abkommen, Lettre de Livneh à Frowein, 5 novembre 1952.
[33] *Ibid.*, Note écrite (244.13 II 14 955/52), 8 novembre 1952, Frowein.
[34] *Ibid.*, Note du protocole, 10 novembre 1952.

une interprétation différente de l'affaire [...]. La Haute Commission alliée [...] n'est pas en mesure d'autoriser l'activité du Dr Livneh — si celui-ci agit en tant que membre de la "mission d'Israël". »

Parallèlement, la mise en place progressive de la mission précipite en Israël la recherche d'une alternative au consulat de Munich. Un texte datant de l'été 1952 résume ainsi les divers points de vue et répertorie les solutions de remplacement envisagées[35]. Dans un premier temps, les deux principales fonctions du consulat sont rappelées : représenter les nationaux israéliens en RFA et informer Israël des événements d'Allemagne qui concernent les Juifs. Il découle de ces prérogatives que

> « [l]a fermeture du consulat va donc laisser un double vide qu'il faudra combler. L'affaire a été discutée longuement, et le ministère a abouti aux conclusions suivantes :
>
> 1) Les fonctions consulaires normales qui ne portent en aucun cas sur l'accomplissement de l'accord seront effectuées par un consulat dans un pays voisin, probablement celui de Zurich.
>
> 2) Si l'accomplissement de l'accord nécessite l'exercice de fonctions consulaires vis-à-vis des autorités allemandes, par exemple des visites sur un bateau israélien mouillant à Hambourg pour y charger des marchandises comprises dans l'accord, un membre de la mission recevra une commission consulaire de la part du gouvernement israélien. Toutefois, il n'est pas prévu que cette personne demande un exequatur aux autorités allemandes et la commission consulaire est liée à la législation israélienne qui permet aux représentants consulaires de l'État d'exercer certaines fonctions. »

Dans cette première réflexion relative à la fermeture du consulat, tout est encore pensé pour éviter l'installation à long terme, qui serait soumise à l'assentiment des autorités allemandes, d'un représentant consulaire israélien en RFA. Néanmoins, le texte envisage par ailleurs de doter la mission d'un conseiller de haut rang pour la poursuite des affaires de restitutions. Une solution de ce type permettrait de pallier l'impossibilité de contrôler de telles procédures à partir d'un consulat situé hors d'Allemagne. Mais les responsables israéliens sont conscients

---

[35] ISA, 2385/22, Document sur la fermeture du consulat de Munich et la mise en place de la mission, s. d.

du caractère artificiel de la solution qu'ils envisagent ; car si le moyen prévu éviterait effectivement aux Israéliens de se soumettre à l'acceptation des autorités allemandes, il n'en reste pas moins que toutes les affaires consulaires concernant l'Allemagne ne pourront être réglées par le consulat de Zurich. C'est pourquoi la partie israélienne recherche en parallèle une alternative : une consultation menée avec le ministère israélien de la Justice est évoquée, avec pour but de savoir s'il est possible qu'une personne exerce des fonctions consulaires sans exequatur de la part des autorités d'accueil[36].

Malgré la bonne volonté des autorités ouest-allemandes qui lui accordent encore des privilèges de type diplomatique à la fin de 1952, il apparaît de plus en plus que le consulat de Munich n'a plus sa place en Allemagne. C'est d'autant plus vrai que l'aspect commercial s'affirme comme l'élément caractéristique des relations qui s'instaurent progressivement entre Israël et la RFA[37].

Nonobstant les réflexions israéliennes, la ratification du traité par le Bundestag, le 18 mars 1953, son acceptation par le gouvernement israélien, le 25 mars, et la mise en place effective de la mission de Cologne consacrent la fin prochaine du consulat. Livneh prend alors l'initiative et propose le 25 mars de transférer peu à peu les compétences consulaires de son bureau à la mission. Et le 1er juillet 1953 le consulat de Munich cesse ses activités[38].

---

[36] Extrait d'une lettre adressée à Jacobson (l'un des délégués israéliens à Wassenaar) placé en annexe du document.

[37] Certaines sociétés s'informent dès la fin de 1952 sur la répartition des tâches entre le consulat et la mission. L'Isropa (Israel-Europa-Dienst-GmbH) de Cologne (PA/AA, Abt. II, Vol. 1680 : Israel-Abkommen, Lettre de l'Isropa à l'AA, 30 décembre 1952) précise que « Dans le traité de La Haye il *n'est* pas question que les achats soient effectués par le consulat, d'autant plus du fait qu'en l'absence de relations diplomatiques le consulat n'est pas là pour les Allemands et n'est qu'un reliquat du temps de l'occupation. [...] Pour cela, nous apprécierions d'être informés si la mission de Cologne possède *en fait* un statut officiel (et en ce cas lequel) et comment nous pouvons en informer les firmes qui se sont manifestées. Nous ne pouvons qu'avec peine nous imaginer qu'un bureau consulaire soit présenté aux firmes allemandes 'à la place" de la mission d'Israël prévue dans le traité. » La réponse de l'AA à cette lettre (*ibid.*, Lettre de l'AA à Isropa (700.01.142 Protokoll 186/53), 8 janvier 1953, Soltmann) insiste sur les compétences commerciales de la mission et distinguent ainsi celles de Livneh.

[38] *Ibid.*, Abt. III, Ref. 316, Vol. 173, Lettre de la HCA à l'AA, 28 juillet 1953, W. Schott.

La mise en place de la mission de Cologne

Parallèlement à la fermeture progressive du consulat de Munich, les démarches nécessaires à la mise en place de la mission israélienne s'effectuent avant la ratification du traité, conformément à la demande des autorités israéliennes. Pour son responsable, Felix Shinnar, et pour son équipe, il s'agit alors d'établir les premiers contacts avec les autorités et entreprises ouest-allemandes ; car après toutes les discussions de l'été 1952 sur son statut précis, l'installation effective de la mission nécessite des clarifications. Et au cours de cette période interviennent de nombreuses administrations ouest-allemandes qui ont de la peine à admettre cette institution d'un type nouveau.

Ainsi, après la ratification de l'accord, Shinnar fait une déclaration dans laquelle il énumère les responsabilités de son bureau et annonce son entrée en fonction officielle pour la mi-avril 1953[39]. Il indique également qu'une antenne de la délégation commerciale qu'il dirige sera établie à Berlin, et qu'elle doit se mettre au travail dès que la mission de Cologne aura elle-même débuté ses activités.

Cette première déclaration de Shinnar fait l'objet d'un commentaire critique de la part de l'AA qui se soucie d'éviter à tout prix ce qui pourrait semer la confusion sur le statut de la mission, en particulier la faire passer pour une représentation diplomatique[40]. L'AA reproche ainsi à Shinnar de n'avoir pas été précis dans la dénomination de la mission « qui est affublée des noms les plus divers[41] ». Des précisions sont alors demandées à Shinnar et l'AA en profite pour insister sur l'utilisation de l'appellation établie de manière ferme et définitive par le traité[42].

Malgré ces objections, l'installation de la mission israélienne se poursuit. Après la fermeture du consulat de Munich, il importe notamment que son statut soit définitivement établi afin de lui

---

[39] *Ibid.*, Ref. 210.01/35, Vol. 7, Déclaration de Felix Shinnar à l'occasion de la ratification du traité, 18 mars 1953.

[40] *Ibid.*, Abt. II, Vol. 252, 1950-1954, Note écrite (zu 244.13 II 4155/53), 21 mars 1953.

[41] Shinnar parle en effet dans son texte de « commission d'achat », de « mission d'achat », de « délégation d'achat » et enfin de « commission d'achat d'Israël ».

[42] *Ibid.*, Document de l'Abt. II (zu 244.13 II 4155/53 Ang I), 24 mars 1953.

permettre de travailler immédiatement et sans encombre. Au début juillet 1953, le problème fait l'objet d'une discussion entre le chef de la mission et le ministre ouest-allemand des Affaires étrangères d'une part, entre la mission et le ministère israélien des Affaires étrangères de l'autre. Dans ce cadre Shinnar communique le 9 juillet à Walter Eytan le contenu de l'accord intervenu sur le statut précis de la mission, en particulier sur sa place dans le protocole[43]. Les droits compris dans l'article 12 du traité sont confirmés, avec définition précise de ce qu'ils recouvrent concrètement : la mission est ainsi enregistrée parmi les établissements du corps diplomatique dans la rubrique « autres représentations » ; il ne s'agit donc pas d'une représentation classique, analogue à celles des autres pays, et dans cette catégorie, Israël figure aux côtés de la Finlande et de l'Autriche. Mais le statut de la mission israélienne est encore différent de celui des représentations de ces deux pays, car plus proche de celui des organisations internationales.

La spécificité de la mission israélienne est donc soulignée une nouvelle fois. Et cette solution est finalement acceptée par Herwarth, le responsable du protocole de l'AA, du fait des instructions données dans ce sens par Hallstein, secrétaire général du ministère[44].

L'attribution de prérogatives consulaires à la mission de Cologne

Le 1er juillet 1953, avec la cessation des activités du consulat israélien de Munich, et comme l'avaient prévu les fonctionnaires du ministère israélien des Affaires étrangères, un vide s'installe. Car à cette époque, la mission n'est pas encore implantée de manière définitive, elle ne dispose pas de locaux à long terme et connaît même un retard dans sa mise en place[45]. Il paraît alors nécessaire de parer plus rapide-

---

[43] ISA, Foreign Office, 2385/22, Télégramme de Shinnar à Eytan, 9 juillet 1953, Secret.

[44] Outre les facilités comprises expressément dans le traité, la mission bénéficie de conditions particulières précisées à ce moment (essence à bon marché, suppression de la taxe sur les voitures de fonction, exemption des taxes sur les cigarettes et sur l'alcool, et attribution de papiers à tous les membres de la mission) et acceptées très rapidement par Eytan (*Ibid.*, Télégramme de Eytan à Shinnar, 16 juillet 1953).

[45] CZA, Papiers Goldmann, 718, Lettre de la *Jewish Agency for Palestine*, Munich, à Goldmann, 22 juin 1953, Kreutzberger, qui précise que : « J'espère que la mission d'Israël à Cologne va bientôt commencer son travail. [...] Elle est aujourd'hui encore loin d'avoir trouvé son cadre organisationnel et d'avoir collecté ses premières expériences. [...] La mission n'est pas

ment que prévu à ses faiblesses et d'obtenir pour elle des compétences supplémentaires.

En conséquence, les premiers aménagements au statut de la mission et de ses membres font rapidement l'objet de requêtes israéliennes.

Dans un premier temps, Jacobson, à présent fonctionnaire de la mission, demande l'attribution aux membres de la délégation de papiers officiels qui leur permettraient d'éviter de porter sur eux leur passeport israélien. La demande en question traduit les craintes encore ressenties par le personnel de la mission à l'égard d'un environnement allemand considéré comme hostile. La réponse des services du protocole de l'AA dans ce cas d'espèce est favorable, même si la demande « dépasse au sens strict les privilèges prévus dans le traité[46] » ; et les fonctionnaires des Affaires étrangères n'expriment pas de crainte particulière à l'égard d'un éventuel abus de la part de leurs possesseurs, puisque ces papiers seront soumis à un contrôle constant. En fait, selon eux, la RFA ne peut ni se permettre de refuser cette demande ni de créer des documents particuliers à l'usage des représentants d'Israël en Allemagne de l'Ouest : l'esprit du traité exige une attitude souple et il s'agit d'éviter tout ce qui pourrait apparaître comme une discrimination à l'égard de la mission.

Au-delà de ces détails pratiques, la question de l'extension des prérogatives de la mission est posée dès le mois d'août 1953 par Haïm Yahil, ancien consul israélien à Munich et désormais adjoint de Shinnar. Dans le but d'obtenir des prérogatives consulaires, Yahil propose de développer les compétences de la mission sur la base de la lettre 9a annexée au traité, afin que la mission puisse effectuer des formalités administratives, en plus du soutien qu'elle accorde aux ressortissants israéliens[47]. D'après son correspondant, Abraham Frowein, ancien membre de la délégation ouest-allemande à Wassenaar et fonctionnaire à la Direction des affaires politiques de l'AA (Abteilung II),

---

même à ce jour en mesure de trouver des locaux pour ses bureaux, nonobstant son travail spécifique. »

[46] PA/AA, Abt. II, Vol. 2321 : Ausländische diplomatische und konsularische Vertretungen in Deutschland-Israel - 700.01/35, 1953-1954, Note (700.01 142 Protokoll 5555/53), 30 juillet 1953, Rißmann.

[47] *Ibid.*, Abt. II, Vol. 1683 : Israel-Abkommen, et Abt. III, Ref. 316, Vol. 173, Note écrite (244.13 II 10 882/53), 5 août 1953, Frowein.

l'extension demandée reste limitée[48] ; mais la modification en question doit être effectuée par un échange de lettres entre l'AA et la mission puisque ces compétences nouvelles « dépassent sans aucun doute le cadre de l'accord avec Israël ».

Pour le moment, l'opération proposée n'est qu'un développement sur la base du traité. Mais on notera que la demande en est faite cinq mois seulement après sa ratification, et quelques semaines après la fermeture du consulat de Munich. Il n'en demeure pas moins que cette extension reste encore dans les limites que les Israéliens s'étaient fixées un an plus tôt et qu'il ne s'agit pas encore d'établir une représentation d'Israël prévue pour le long terme avec des compétences étendues.

L'affaire en question fait l'objet d'une réflexion de la part des différentes Directions de l'AA. Dès le 8 août, la Direction géographique[49] réagit tout d'abord en n'émettant pas d'objection à la proposition israélienne[50]. Elle est suivie en cela par la Direction des affaires juridiques[51] qui estime « nécessaire et suffisant » un échange de lettres pour préciser par écrit les nouvelles compétences qui sortent du cadre du traité[52]. Peu après, l'Abteilung III radicalise sa position et souligne, après avoir réfléchi à la question, « que le résultat [d'une concession allemande] serait qu'un office israélien aurait le droit d'exercer en Allemagne des compétences consulaires, mais pas un office allemand en Israël, c'est-à-dire qu'il n'y aurait pas réciprocité ». Il faut donc noter que l'idée d'attributions équitablement distribuées revient alors dans les objections de l'AA. Et même si, en l'occurrence, il ne s'agit que d'un élargissement des compétences sur la base du traité, les Affaires étrangères constatent qu'il n'y a décidément pas d'équilibre entre les deux pays, et qu'une nouvelle fois le principe de la contrepartie n'est pas respecté.

Le problème de l'extension des compétences de la mission israélienne de Cologne refait surface lorsque le haut-commissariat britan-

---

[48] « Prolongation de passeports israéliens pour des ressortissants israéliens et émission de visas d'entrée israéliens. »
[49] *Länderabteilung*, Abteilung III.
[50] *Ibid.*, Abt. III, Ref. 316, Vol. 173, Note écrite (210.03/35 III 16 450/53), 8 août 1953.
[51] *Rechtsabteilung*, Abteilung V.
[52] *Ibid.*, Note écrite (511.03/35 V 6313/53), 2 septembre 1953, von Nostitz.

nique s'adresse à l'AA pour faciliter le travail du consulat anglais de Haïfa, qui représente en Israël les intérêts ouest-allemands[53]. Dans ce cas précis, il s'agit d'une affaire de coopération juridique pour un recours israélien à l'encontre d'un ressortissant allemand. Et si le consulat de Haïfa a bien transmis aux autorités israéliennes les documents demandés, le haut-commissariat britannique ajoute toutefois que

> « nous considérons qu'à l'avenir des recours de cette nature pourraient être traités de manière plus appropriée en établissant des arrangements convenables avec la section consulaire de la mission commerciale israélienne en République fédérale ».

La lettre en question est accueillie avec étonnement par l'AA : elle fait mention d'une « section consulaire » au sein de la mission, qui n'existe pas. Mais la demande britannique a le mérite de mettre le ministère ouest-allemand des Affaires étrangères au pied du mur et de l'obliger à répondre aux requêtes de la Grande-Bretagne.

À la suite de la lettre qui vient d'être évoquée, la Direction des affaires juridiques revient sur sa bonne disposition à l'égard des prétentions israéliennes ; elle affirme désormais, le 3 octobre 1953, que les facilités demandées par la mission « ne peuvent pas être accordées[54] ».

Quels sont les motifs de ce refus ? Ils sont avant tout d'ordre juridique. En effet, selon l'Abteilung V, la mission demande la possibilité d'émettre « des attestations officielles dans les procédures de réparation, de produire des certificats conformes de copies et des signatures, ainsi que d'établir des expertises ». Or, si de telles compétences lui étaient accordées, la mission deviendrait automatiquement juge et partie ; car aux termes de la lettre 9a annexée au traité, elle a un devoir d'assistance aux plaignants. D'un tel état de faits il découlerait qu'on se mettrait « en contradiction avec tous les fondements du droit si un service qui agit comme conseil à une partie était en même temps en droit de produire des expertises officielles pour la partie qu'il soutient ».

---

[53] *Ibid.*, Abt. V, 500.512.03/35, Vol. 107 : Staatsverträge Fremder Länder, Lettre du haut-commissariat britannique (82/6/61/53) à l'AA, 28 septembre 1953, Gilligan.
[54] *Ibid.*, Abt. III, Ref. 316, Vol. 173, Document (511.03/35 V 6967/53), 3 octobre 1953, Janz.

Les réserves de la Direction des affaires juridiques concernent également le domaine des passeports et des visas. Car si de telles compétences étaient accordées aux services de Shinnar, elles les transformeraient *de facto* en une représentation consulaire. Or pareille chose n'est envisageable que sur la base de la réciprocité. Plus qu'une remarque de pure forme, cette objection des fonctionnaires de l'Abteilung V se fonde sur une réflexion à long terme. Ils ajoutent effectivement :

> « Si Israël exerce déjà des prérogatives consulaires [...] la RFA ne disposerait pas, dans des négociations ultérieures sur la création de consulats allemands en Israël, de l'objet de la négociation (c'est-à-dire la réciprocité qu'il faut assurer). »

Mais le problème spécifique des relations germano-israéliennes reste présent à l'esprit des fonctionnaires de la Direction juridique. Selon eux :

> « Mises à part ces objections de nature juridique, la décision sur les questions ici en discussion devrait être prise en fonction d'un point de vue politique ; dans ce domaine l'Abteilung V n'est pas en mesure de prendre position. »

Dans cette discussion, la Direction des affaires politiques adopte quant à elle une attitude somme toute plus souple que l'Abteilung V. Il est donc intéressant de remarquer dès ce moment l'apparition d'un chiasme entre partisans et opposants à un accommodement germano-israélien.

Parmi les personnes favorables à rapprochement, on trouve en particulier Abraham Frowein. Après avoir rencontré une nouvelle fois Haïm Yahil le 9 octobre, celui-ci s'adresse à Blankenhorn le 13 du même mois, et pour lui l'extension des prérogatives de la mission paraît acquise[55]. Il évoque alors l'abandon des objections de la Direction des affaires juridiques tout en soulignant à son tour l'absence de contrepartie en ce qui concerne le domaine des passeports et des visas qui étaient auparavant du ressort du consulat de Munich. En raison de ce manque, il conseille de mentionner le caractère provisoire de

---

[55] *Ibid.*, Note écrite (244.13 II 12 960/53), 13 octobre 1953, Frowein, Confidentiel.

l'arrangement dans l'échange de lettres prévu pour officialiser la modification des prérogatives de la mission. D'après lui, ceci pourrait se faire « par exemple en signifiant que la concession de ces droits constituerait un premier pas provisoire dans la voie de la normalisation des relations entre les deux pays ». La proposition de Frowein est très audacieuse ; car si Yahil s'est déjà prononcé dans ce sens, et en dépit du traité de réparation et des premiers signes de bonne volonté de la part des autorités ouest-allemandes, Israël n'est alors pas du tout enclin à songer à une quelconque formalisation de ses rapports avec la RFA. Du problème juridique émane ainsi une réelle avancée politique, dans le but exprès d'éviter la perpétuation d'une situation de déséquilibre.

Pourquoi Frowein s'exprime-t-il de la sorte ? Ceci s'explique tout d'abord par sa participation aux négociations de Wassenaar. Mais Frowein se permet d'aller aussi loin également du fait de ses convictions profondes attachées à une normalisation rapide des relations germano-israéliennes, ainsi qu'en raison d'échos favorables sur l'évolution des états d'esprit en Israël.

Frowein persiste et signe en précisant sa pensée dans un document rédigé le lendemain, une note adressée aux Abteilungen III et V dans laquelle il indique que l'extension des prérogatives de la mission ne constituerait que la consécration d'un état de fait[56]. C'est d'autant plus vrai que les propositions de Yahil correspondent à la réalité suivante :

> « Toutes les notifications adressées à des personnes se trouvant en Israël qui étaient prises en compte jusqu'à présent par le consulat de Munich (qui a été fermé entre temps) sont déjà transmises depuis un certain temps par la mission d'Israël. »

La réflexion se poursuit encore quand la Direction des affaires juridiques pose la question du fondement de la nouvelle compétence demandée par la mission ; et là, à la différence de la Direction des affaires politiques, plus disposée à entériner la réalité, les juristes de l'AA se préoccupent toujours du respect des formes. Et à travers deux documents ultérieurs, l'Abteilung V précise ses objections en revenant à sa position initiale : selon elle, la solution proposée, c'est-à-dire la

---

[56] *Ibid.*, Abt. II, Vol. 1683 : Israel-Abkommen, et Abt. V, 500.512.03/35, Vol. 107 : Staatsverträge Fremder Länder, Note écrite (244.13 II 13 781/53), 14 octobre 1953, Frowein.

concession de prérogatives consulaires à la mission israélienne de Cologne, doit être fermement rejetée pour des raisons juridiques et de logique politique[57]. Car la RFA accorderait à Israël *de facto* des droits qu'elle lui avait refusés au moment des négociations de Wassenaar.

Quelle est alors la solution ? Il s'agit, selon la Direction des affaires juridiques, de trouver une autre voie qui permettrait un strict respect du droit. Ce qui signifie que, dans l'attente d'une amélioration des relations entre la République fédérale et Israël, il faut agir en vertu du *Deutschlandvertrag* et préserver l'ancien système, c'est-à-dire le passage obligatoire par la HCA pour toutes les affaires consulaires. Les réflexions de la Direction des affaires juridiques s'achèvent toutefois sur une avancée qui découle directement de sa volonté de s'en tenir au droit international ; car tout en refusant l'arrangement favorisé par l'Abteilung II, la Direction des affaires juridiques suggère de ne pas se contenter de demi-mesures et propose le texte suivant :

> « [Le gouvernement fédéral] saluerait toutefois la création d'une autorité consulaire israélienne qui aurait officiellement les prérogatives désirées, comme premier pas vers l'établissement de relations consulaires normales, et serait prêt à entrer sur ce point en négociation avec le gouvernement israélien. »

Plutôt que d'accepter un règlement sujet à caution, l'Abteilung V envisage donc une véritable négociation sur un début de normalisation entre les deux parties. Ce souci l'entraîne à conseiller le rejet catégorique de toute négligence de vocabulaire qui accorderait *de facto* des fonctions consulaires à la mission ; par là même elle rejette les termes de la lettre de la Haute Commission britannique qui parlait de « *Consular section* », expression impropre à désigner le bureau d'assistance en matière de réparations qui a été institué par le traité. Et en conclusion les services de l'AA demandent à Hallstein d'exiger de la mission qu'elle renvoie à leurs expéditeurs les dossiers qu'elle traite afin que les requérants passent par la voie diplomatique, c'est-à-dire par l'intermédiaire de la HCA.

---

[57] *Ibid.*, Abt. II, Texte de l'Abt. V, s. réf., 20 octobre 1953 et Abt. V, Note écrite Abt. V Ref. 2, s. d. (octobre 1953) à Blankenhorn et Hallstein, Grewe.

La Direction des affaires juridiques émet encore des objections au début de novembre mais il semble que sa cause ne soit pas entendue. En effet, en marge du document rédigé par Grewe en octobre, Hallstein a déjà tranché : « des objections contre l'exercice de fonctions consulaires par la mission d'Israël *ne peuvent pas être* soulevées ». Comme l'avait prévu le fonctionnaire de l'Abteilung V, les observations juridiques doivent donc bien reculer devant les intérêts politiques supérieurs, et une nouvelle fois la particularité de la relation entre les deux pays s'affirme et s'impose. Elle permet en l'occurrence à la mission d'obtenir très rapidement, en contradiction avec les usages du droit international, un statut supérieur à celui arrêté dans les clauses du traité de réparations. La voie est désormais ouverte à l'attribution effective de prérogatives consulaires à la délégation commerciale israélienne de Cologne.

Dès le 5 novembre, Frowein annonce en conséquence que les deux parties sont prêtes à l'échange de lettres relatives à l'extension des compétences de la mission[58]. Il ne s'agit alors plus que de définir précisément ses nouvelles attributions[59] ; et à la fin de l'année, Ruppin est nommé à la tête de la nouvelle section consulaire de la délégation commerciale israélienne[60]. Les derniers détails réglés[61], Shinnar peut adresser officiellement sa demande à l'AA le 21 janvier 1954[62] ; elle est acceptée par Hallstein le 3 février[63].

---

[58] *Ibid.*, Abt. V, Vol. 107, Extrait d'une note écrite (244.10 II 14 700/53), 5 novembre 1953, Frowein, et les premiers brouillons israéliens datent de ce moment (ISA, 2519/4).

[59] Ceci fait l'objet de nouvelles rencontres entre Frowein et Yahil (PA/AA, Abt. II, Note écrite (244.13 II 12 960/53), 4 décembre 1953, Frowein).

[60] *Ibid.*, Abt. III, Note écrite (700.01/35 II 17 011/53), 28 décembre 1953, Frowein, Confidentiel. Ruppin est déjà en poste à la mission, ce qui permet à Frowein de prévoir que « la collaboration avec [lui] ne peut être que saluée ». Le titre de consul lui est accordé quelque temps après l'accord sur les prérogatives consulaires (ISA, Foreign Office, 2385/22, Lettre de H. Yahil à Eytan, 4 mars 1954, Secret).

[61] PA/AA, Abt. II, Note écrite (244.13 II 12 960/53), 28 décembre 1953, Trützschler. Ces détails portent notamment sur des problèmes de traduction de termes anglais en allemand, et inversement, et sur une déclaration d'intention sur un éventuel « but commun » que constituerait la normalisation des relations.

[62] *Ibid.*, Vol. 1684 et Abt. VII, Ref. 708, Vol. 1027, Lettre de Shinnar à Hallstein, 21 janvier 1954.

[63] *Ibid.*, Abt. II, Vol. 1683, Lettre de l'AA (206.244.13 1368/54) à Shinnar, 3 février 1954, Hallstein.

En définitive, quelles sont les fonctions consulaires accordées par la RFA à la mission de Cologne ?

Selon l'arrangement du 3 février 1954, la mission d'Israël est désormais en droit de produire des certificats conformes de documents nécessaires à des affaires de restitution ou de réparation. Elle peut en outre transmettre des documents juridiques israéliens dans le même cadre et a la possibilité d'émettre des passeports et d'en assurer la prolongation. Elle peut enfin accorder des visas d'entrée pour Israël. Dans les faits, elle ressemble de près à un consulat habituel.

L'attribution des prérogatives consulaires à la mission israélienne de Cologne témoigne de manière significative d'un changement d'atmosphère dans les relations entre la RFA et Israël. Car il existe désormais une institution israélienne en Allemagne de l'Ouest, pour une durée certes limitée à celle du traité, mais qui dispose de la possibilité d'agir comme un consulat sans avoir dû se plier à une demande d'exequatur auprès des autorités ouest-allemandes. Dans cette mesure, les relations qui s'esquissent conservent toute l'originalité qui avait marqué les premiers contacts. L'attribution de compétences consulaires à la mission constitue néanmoins la première étape d'un processus qui paraît pouvoir être plus rapide que prévu, comme l'indique Shinnar qui veut voir dans cette décision des « mesures [...] qui [...] vont représenter un lien supplémentaire entre nos deux pays[64] ».

La décision de Bonn est également la consécration de l'état d'esprit qui avait prévalu lors des pourparlers de Wassenaar : les considérations matérielles et techniques sont écartées pour que s'imposent des préoccupations à la fois morales et politiques. Et la décision finale de Hallstein met précisément un terme aux objections juridiques des experts de son ministère. On notera toutefois, pour finir, que l'échange de lettres entre le secrétaire d'État et Shinnar comprend également la volonté d'atténuer la portée du geste puisque l'expression de « normalisation des relations entre nos deux pays » proposée dans le brouillon de Shinnar[65] n'est pas reprise dans la version finale[66]. Pour les

---

[64] Lettre de Shinnar à Hallstein, 21 janvier 1954.
[65] Voir document de Trützschler, 28 décembre 1953.
[66] ISA, Foreign Office, Lettre de H. Yahil à Eytan, 21 janvier 1954, qui souligne le rejet par Hallstein et l'AA du terme de « normalisation ».

deux parties le temps ne semble donc pas encore venu de parler d'un quelconque règlement en profondeur du litige.

Instauration de contacts entre les autorités ouest-allemandes et la mission israélienne de Cologne

En parallèle aux débats relatifs à l'extension des compétences de la délégation commerciale israélienne de Cologne, la commission mixte prévue par l'accord de Luxembourg est constituée progressivement. Le traité comprenant dans son texte une liste de marchandises correspondant à la première annuité, cette commission n'a pas à être établie immédiatement. Il faut cependant noter que, dès le départ, l'AA affirme ses compétences et sa volonté de diriger les débats de cette future instance de dialogue. La préoccupation du ministère est ainsi exprimée dès le 11 mars 1953, lorsqu'il s'agit de réfléchir aux attributions de la commission mixte et à sa composition[67]. Et l'AA affirme que son rôle dans la mise en place de cette commission est évident puisque,

> « comme il s'avère [...] que la commission n'a pas à traiter seulement de questions purement techniques et que l'activité de la commission sera d'une signification importante pour le développement des relations politiques entre les parties contractantes, il apparaît souhaitable que l'AA soit représenté de manière permanente dans la commission et que le représentant de l'AA prenne la présidence de la partie allemande ».

Cette commission mixte semble être *a priori* le principal lieu de communication entre les deux pays, en particulier dans la perspective d'une absence prolongée de relations formelles. Les échanges tels qu'ils sont pensés doivent surtout concerner les questions politiques qui apparaîtront inévitablement dans le déroulement du traité, « puisqu'aussi longtemps qu'entre la République fédérale et l'État d'Israël il n'y aura pas de relations diplomatiques, il faudra que toute difficulté politique soit traitée par la commission mixte[68] ».

---

[67] PA/AA, Abt. II, Vol. 1680, Note écrite (zu 244.13 II 3413/53), 11 mars 1953, Kordt « Zusammensetzung der Kommission ».

[68] *Ibid.*, Note écrite (244.13 II 3413/53 Ang I), 25 mars 1953, Trützschler, « Aufgaben der Kommission ».

Par ailleurs, dès la mise en place de la mission israélienne, des contacts sont établis entre l'AA et les bureaux de Shinnar. La solution adoptée dans ce cadre est élaborée pour éviter une fois de plus toute confusion à propos du statut de cette représentation. Car il s'agit pour les deux parties d'éviter le mode de correspondance qui existe habituellement entre un ministère des Affaires étrangères et les missions qui sont accréditées auprès de lui. La préférence pour des lettres personnelles, plus appropriées au statut du service dirigé par Shinnar, découle donc de cet impératif. Cette manière de procéder permet à la mission de remplir de manière satisfaisante ses fonctions, en particulier en ce qui concerne l'assistance aux citoyens israéliens qui exigent de l'Allemagne des réparations[69]. Et en ce sens, le bureau israélien de Cologne se place bien dans la continuité du consulat de Munich[70].

On notera pour finir que le problème du statut réel de la mission se pose également de façon très concrète peu après son entrée en fonction, lorsqu'il s'agit de régler la question de ses publications. Comme institution établie en RFA et dont l'activité est liée à l'économie ouest-allemande, la mission a le droit de faire publier ses avis et bilans dans le *Bundesanzeiger*, le journal officiel de la République fédérale. À cette fin le 6 mai 1953, Yahil s'enquiert de la rubrique dans laquelle ces avis doivent paraître, conformément à l'article 12 du traité[71]. Et le 15 mai, le service du protocole de l'AA constate que

> « les publications à envisager sont une nouveauté dans la mesure où la mission d'Israël n'est ni une représentation diplomatique accréditée auprès de la République fédérale, ni une entreprise industrielle mais,

---

[69] *Ibid.*, Vol. 1350 : Besatzungsangelegenheiten, Lettre de l'AA (241.03/35 II 4457/53) à Shinnar, 3 juillet 1953, Hallstein.

[70] *Ibid.*, Lettre de Shinnar à Frowein, 27 août 1953 : « [Elle] est disposée à transmettre des éclaircissements [en matière de réparation] à des personnes vivant en Israël comme le faisait jusqu'à présent le consulat... » Cette communication, qui concerne tout d'abord des problèmes de réparations et de dédommagements, fait l'objet d'une consultation et de l'accord du gouvernement israélien (*ibid.*, Lettre de Shinnar à Hallstein, 9 juillet 1953 et Lettre de Shinnar à Hallstein, 7 août 1953).

[71] Vogel, *op. cit.*, p. 69, art. 12, al. c, « La mission d'Israël a le statut d'une personne juridique au sens du droit allemand. La mission d'Israël n'a pas à être inscrite au registre du commerce. Les noms des personnes qui représentent la mission doivent être rendus publics et mis à jour dans le *Bundesanzeiger*... »

selon le texte du traité, une "personne juridique au sens du droit allemand[72]" ».

Au printemps 1953 en partie, et de manière définitive au début de 1954, tout est donc en place pour une coopération normale entre les autorités ouest-allemandes et les représentants israéliens sur le territoire de la RFA.

---

[72] PA/AA, Abt. III, Ref. 316, Vol. 172, Annexe au dossier (700.01.142 Protokoll 3315/53), 15 mai 1953.

Deuxième partie

L'évolution des idées israéliennes et juives concernant des relations diplomatiques entre la RFA et Israël De la fin des années quarante au printemps de l'année 1956

A. Évolution de l'attitude israélienne

L'évolution de l'attitude de l'État hébreu à l'égard de la RFA n'est pas uniquement le résultat des exigences de réparations qui viennent d'être mentionnées. Elle constitue aussi l'illustration d'une évolution dans la politique extérieure globale d'Israël.

Dans les premiers mois de son indépendance, Israël adopte une politique de non-alignement alors habituelle parmi les pays qui acquièrent ou recouvrent leur souveraineté. Mais la politique extérieure de l'État hébreu, immédiatement engagé dans le premier conflit israélo-arabe, est aussi l'aboutissement des réflexions et de l'expérience de l'Agence juive. Dans un discours prononcé devant la Knesset le 11 mars 1949, Moshe Sharett, le ministre des Affaires étrangères, énumère ainsi les pôles d'intérêt et d'action de la politique extérieure du jeune État : l'État juif s'engage à respecter la charte de l'ONU et à promouvoir l'amitié envers tous les États favorables à la paix, en particulier envers les États-Unis et l'URSS ; il favorise la coopération israélo-arabe dans le cadre de l'ONU et apporte son soutien à toute mesure renforçant les droits de l'homme. Sharett insiste ensuite pour que tous les Juifs aient la possibilité d'immigrer en Israël. Et il souligne enfin comme but principal de sa politique étrangère la préservation de l'indépendance et de la souveraineté de l'État juif[1].

Ainsi répertoriées, ces règles de conduite pourraient s'appliquer dans une situation mondiale équilibrée, qui ne force pas l'un ou l'autre État à prendre position pour l'un ou l'autre camp. Elles sont énoncées dans de multiples buts : permettre d'assurer la sécurité de la communauté juive sur l'ensemble de la planète ; reconnaître le fait que les deux blocs ont soutenu Israël et permis sa création ; prendre part à la paix mondiale ; maintenir la paix civile et ne pas s'attirer les foudres des partis de gauche ; et, enfin, se donner l'illusion d'une indépendance de choix[2].

La politique annoncée par Sharett permet dans un premier temps de maintenir effectivement des contacts avec tous les acteurs de la scène politique mondiale, en particulier les deux Grands. Et elle peut être menée tant que la situation économique d'Israël ne l'oblige pas à prendre des décisions destinées à couvrir rapidement des besoins en croissance exponentielle.

La politique extérieure d'Israël traduit tout d'abord une préoccupation essentielle : rechercher partout des appuis. Ce souci va de pair avec une tentation neutraliste qui est elle-même le résultat du rejet du communisme, mais aussi celui d'un Occident qui concourt à remettre l'Allemagne sur pied[3].

Cette politique d'équilibre est également le reflet des options du parti israélien dominant, le *Mapaï* (travailliste) de David Ben Gourion, qui envisage un programme à long terme. Ces options sont enfin dues au souci des dirigeants israéliens d'assurer des possibilités d'émigration vers Israël (*alyah*) pour les Juifs du monde entier, en particulier ceux d'Europe de l'Est. Des accords financiers et commerciaux avec les démocraties populaires résultent de cet impératif.

---

[1] Cité *in* KLIEMAN, A. S., « Zionist diplomacy and Israels foreign policy », *Middle East Review*, vol. XI, n° 2, hiver 1978-1979, p. 11 et suiv.

[2] BIALER, U., « *Our place in the world* », *Mapai's Foreign Policy Orientation 1947-1952*, Jérusalem, 1981.

[3] BIALER, U., *Between East and West : Israel's Foreign Policy Orientations 1948-1956*, Cambridge, 1990, et State of Israel, Israel State Archives (Rosenthal, Y., ed.), *Documents on the Foreign Policy of Israel* - Vol. IV May - December 1949, Jérusalem, 1986, n° 280, Sharett à M. Eliash (Londres), 11 septembre 1949.

Très rapidement cependant, les dirigeants israéliens doivent se rendre compte de la difficulté, sinon de l'impossibilité, de maintenir une politique neutre dans un monde où tout s'articule désormais autour de l'affrontement entre les deux camps. Pour Jérusalem cela a pour conséquence d'une part que les contacts avec les pays de l'Est, s'ils peuvent être maintenus dans le domaine économique, deviennent plus difficiles du point de vue politique. En effet, il est de plus en plus compliqué de s'entendre avec des pays dans lesquels le climat et les violences antisémites sont manifestes[4]. D'autre part, Israël est désormais guidé par des soucis financiers qui l'obligent à trouver des solutions au problème de la nécessaire importation de capitaux pour son économie. L'État hébreu favorise, et a toujours favorisé, l'immigration[5] ; mais il arrive à un point où il ne lui est plus possible de la financer, c'est-à-dire d'accueillir dignement les Juifs dont est proclamé le droit au retour[6].

Ces différents éléments amènent l'État hébreu à délaisser la politique de neutralisme, même si les dirigeants gardent à l'esprit l'éventualité d'une reprise de cette option pour une période ultérieure[7]. Ben Gourion quant à lui pense désormais que ce neutralisme, valable pour les débuts, est devenu l'instrument d'une « manœuvre politique communiste » et qu'il s'agit de l'abandonner[8]. Et le 16 avril 1950, Golda Meir, ambassadrice d'Israël à Moscou, déclare qu'elle a

---

[4] Voir POLIAKOV, L. (dir.), *Histoire de l'antisémitisme 1945-1993*, Paris, 1994, pp. 233-240 pour la Pologne, pp. 263-272 pour l'URSS.

[5] Ben Gourion déclare le 12 avril 1949 : « Peut-être pourrions-nous conquérir le Triangle [la partie nord-ouest de la Cisjordanie], le Golan et toute la Galilée ; mais toutes ces victoires ne pourraient pas autant assurer notre sécurité que l'immigration. » cité *in* BIALER, *Between East and West, op. cit.*, p. 59.

[6] Le 5 juillet 1950 la loi du retour autorise automatiquement le droit à l'immigration en Israël de tout Juif. La population passe de 650 000 personnes en 1948 à 2,5 millions de personnes en 1968, et trois cinquièmes de l'immigration se font dans la période 1948-1951 (chiffres cités *in* BRECHER, M., *The Foreign Policy System of Israel : Setting, Images, Process*, Londres-Toronto-Melbourne, 1972).

[7] C'est le cas d'Abba Eban, représentant d'Israël auprès de l'ONU, qui pense pouvoir cumuler le neutralisme et le pro-américanisme. Voir PERLMUTTER, A., « Two new nations : Israel and American foreign policies during the pioneer years », *American Behavioral Scientist*, vol. 35, n° 4-5, mars-juin 1992, p. 541 et suiv.

[8] BIALER, *Between East and West, op. cit.*, p. 225.

définitivement perdu ses illusions sur la disposition des pays de l'Est à aider Israël[9].

La nouvelle tendance s'illustre et s'impose pour la première fois lors du débat aux Nations unies sur l'intervention en Corée. En juillet 1950, il s'agit pour Jérusalem de trouver une place au sein de ce forum international, et il lui paraît difficile de s'abstenir de prendre position. Alors que les représentants israéliens dans les pays de l'Est s'attachent à ce que les relations avec leurs pays de résidence demeurent convenables, leurs collègues en poste dans les pays occidentaux agissent de même[10]. Dans les prises de position des diplomates israéliens en Occident, il apparaît ainsi clairement que toute aide américaine est conditionnée par le choix israélien face au conflit, en conséquence par le contexte de guerre froide.

Au début du mois de juin 1950, les membres du corps diplomatique israélien se rassemblent pour définir la nouvelle ligne de conduite. Mais ce n'est que le 2 juillet, au cours d'une réunion extraordinaire du gouvernement, que la décision de soutenir les USA est prise à l'unanimité[11]. Cette option n'est toutefois pas encore considérée comme une véritable réorientation de la politique extérieure, même si le 16 septembre 1950 Moshe Sharett s'exprime de manière très nette sur les préférences idéologiques :

> « Nous sommes en train d'exposer de manière croissante notre véritable position en politique internationale, position qui est antisoviétique du fait que notre sort est bien plus lié à l'Occident qu'à l'Est[12]. »

La décision israélienne n'est pas uniquement politique. Elle a également des répercussions militaires puisque, à la fin du mois, Ben Gourion assure l'ambassadeur des USA à Tel Aviv que l'armée de l'État hébreu va être équipée de matériel américain. Cette déclaration

---

[9] « Cette romance très brève et très intense est désormais finie, et je crois qu'ils ont déjà choisi les Arabes », cité *in* BIALER, « Our place in the world », *op. cit.*, p. 23.

[10] Comme E. Elath, à Washington, Télégramme d'Elath à Sharett, début avril 1950, cité *in* BIALER, *Between East and West, op. cit.*, p. 213.

[11] Cette décision intervient *in fine* après le gel par les USA d'un prêt destiné à financer l'approvisionnement en eau de Jérusalem.

[12] Cité *in* BIALER, « Our place in the world », *op. cit.*, p. 35.

correspond, elle, à un véritable revirement de la part d'Israël dont la défense était jusqu'alors assurée grâce à des équipements provenant des pays socialistes, en particulier de Tchécoslovaquie. Et la nouvelle orientation a pour résultat l'obtention d'une aide de la part des États-Unis. Malgré tout, les Israéliens n'ont pas encore décidé jusqu'où ils veulent aller dans leur soutien à la politique américaine et occidentale. Ainsi, au début de 1951, l'État hébreu refuse encore l'implantation de bases britanniques sur son territoire pour ne pas faire obstacle à des possibilités d'*alyah* en provenance des pays satellites de l'URSS. Et jusqu'à la fin de 1952 Israël ne veut pas entendre parler d'un pacte stratégique dirigé par la Grande-Bretagne et les USA qui lui ferait perdre sa position préférentielle pour le placer sur un pied d'égalité avec l'Égypte, et lui préfère une coopération bilatérale avec les États-Unis[13]. En raison de l'intransigeance de Ben Gourion et de la volonté britannique d'agir dans un cadre plus large, les contacts en vue d'un rapprochement stratégique avec la Grande-Bretagne sont interrompus.

Au fil du temps, plus précisément dans les dernières semaines de 1952, la situation stratégique d'Israël évolue cependant dans un sens défavorable. Aux États-Unis, Eisenhower remporte les élections américaines et sa victoire met fin à la politique pro-israélienne du Département d'État : dorénavant l'option pro-arabe prime chez les diplomates américains qui reprennent pour le Moyen-Orient l'idée d'un pacte global dont Israël serait exclu. Mais, fait rassurant pour l'État hébreu, au cours des semaines où s'installe la nouvelle administration américaine, les relations diplomatiques entre Jérusalem et Moscou sont rétablies après une brève interruption[14] ; et cette nouvelle donne laisse envisager la possibilité de discuter à nouveau du problème de l'émigration des Juifs à partir du bloc soviétique.

Au début de l'année 1953, Israël est ainsi à un nouveau tournant de sa politique extérieure, avec de multiples options possibles. Mais l'État hébreu doit également faire face à des déceptions et des doutes, et surtout à l'existence de défis à relever pour asseoir sa propre existence.

[13] Admission dans le cadre du *Mutual Defense Assistance Act*, juillet 1952.
[14] Quelques jours après que les gouvernements de Prague et de Varsovie eurent déclaré les représentants israéliens *personae non gratae*, en février 1953, après l'explosion d'une bombe dans le jardin de la légation soviétique à Ramat Gan.

CHAPITRE III
L'évolution de l'attitude israélienne vis-à-vis du problème des relations diplomatiques avec la RFA

1. Avant le traité de réparations

Avant l'entrée en négociations

Les grandes lignes de l'attitude israélienne à l'égard de la RFA avant le traité de réparations ont déjà été évoquées : elle consiste en un refus absolu de tout dialogue avec Bonn et d'une quelconque présence allemande dans les instances internationales. Ce refus porte aussi sur la question des relations diplomatiques, problème évoqué incidemment à cette époque. L'État hébreu multiplie les déclarations par l'intermédiaire du porte-parole de son ministère des Affaires étrangères ; celui-ci insiste sur l'impossibilité d'une relation « diplomatique ou consulaire entre Israël et l'Allemagne[1] » et dénonce l'illusion des

---

[1] *Die Neue Zeitung*, 30 novembre 1949, « ... schwierig-notwendig ».

Allemands de l'Ouest selon laquelle de fortes sommes d'argent pourraient effacer l'hostilité israélienne à leur égard.

En outre, toute rumeur à propos d'un rapprochement germano-israélien est régulièrement démentie : aux yeux des Israéliens, parler à ce moment de relations diplomatiques entre les deux pays tient encore de la provocation pure et simple[2]. Pour certains, cette politique de refus systématique va même de pair avec le rejet de relations avec les États occidentaux[3].

Pour renforcer sa position, Israël exploite alors la mauvaise volonté allemande en matière de réparation et en fait le fondement de ses critiques. Ainsi, le représentant à Paris de l'État hébreu, Maurice Fischer, déclare qu'une attitude ferme à l'égard de l'Allemagne est indispensable et que « la question se poserait peut-être autrement s'il s'agissait d'envisager une reprise des relations avec une Allemagne repentante[4] ». Moshe Sharett quant à lui rejette également toute idée de relation diplomatique avec la RFA tant que n'est pas réglé le problème des réparations[5]. Le comportement des autorités israéliennes est à ce point négatif que

> « en conséquence de la politique actuelle qui ne prévoit aucune relation diplomatique ou économique avec l'Allemagne, le gouvernement israélien n'a rien fait pour soutenir les exigences individuelles que des milliers d'Israélites ont adressées à l'Allemagne[6] ».

---

[2] Par exemple, A. Brusztyn, représentant d'une organisation juive à Berlin, s'empresse en mai 1949 de démentir une information selon laquelle il aurait proposé l'établissement de telles relations (ISA, Foreign Office, 2519/4, Télégramme d'A. Brusztyn au ministère israélien des Affaires étrangères, 6 mai 1949).

[3] Le 6 septembre 1949, Meir Argov, député à la Knesset, déclare en effet (cité in BIALER, *Between East and West*, op. cit., p. 24) : « À l'Ouest quelque chose d'étonnant est en train de se dérouler, quelque chose qui pourrait surprendre l'histoire juive et qui est l'établissement de l'État allemand. Cet Occident ne nous a pas sauvés de l'Holocauste ; il a été un auxiliaire pour le massacre et l'immolation de millions de personnes. Allons-nous établir une relation idéologique avec cet Occident ? »

[4] ISA, Foreign Office, 2519/4, Lettre de Maurice Fischer à Gershom Avner, 1er novembre 1950.

[5] *Die Neue Zeitung*, 17 juillet 1950, « Israel will Beziehungen mit Bonn noch nicht aufnehmen ».

[6] *New York Times*, 28 décembre 1950.

L'attitude hostile d'Israël fait l'objet d'une discussion au sein de l'AA au mois de juillet 1951. Et selon les fonctionnaires de la *Länderabteilung* la situation ne permet pas d'envisager une modification de l'attitude israélienne[7].

On le voit, au moment où les Allemands de l'Ouest recherchent les moyens d'approfondir ce qui a été inauguré par les rencontres du printemps 1951, les Israéliens démontrent avec éclat que, s'ils sont disposés à discuter de réparations, ils ne sont pas prêts à s'engager sur la voie qui mènerait à des relations normales. Ils rejettent l'idée que la RFA puisse devenir un pays comme les autres et protestent avec virulence lorsque les Occidentaux évoquent, au début de juillet 1951, leur souhait de mettre un terme à l'état de guerre avec l'Allemagne. Car si l'État hébreu n'existait pas encore à l'époque des hostilités, il se considère tout de même en état de guerre avec l'Allemagne, en vertu d'une interprétation élargie de l'histoire[8].

Une seule perspective de rapprochement semble exister à cette époque, celle d'une entente économique. Mais, à ce moment, cette éventualité elle-même paraît également peu probable, comme l'indique une déclaration de Felix Shinnar le 27 octobre 1951, un mois après le discours de Konrad Adenauer devant le Bundestag[9].

Malgré tout, une réflexion débute sur des avancées réciproques. Le débat qui s'instaure à partir de 1951 en Israël sur un éventuel dialogue politique avec l'Allemagne crée une profonde fracture au sein de la

---

[7] PA/AA, Abt. II, Vol. 252, 210.01/35-1950-1954, Note (210.01/35 II 8512/51), 23 juillet 1951, Brückner.

[8] Le problème fait l'objet d'un long document de la main de Livneh (ISA, Foreign Office, 2539/1 II, Mémorandum de Livneh, « Remarks as to the "Termination of State of War with Germany" », s. d., Secret). Après avoir pesé les différents arguments, celui-ci aboutit à la conclusion qu'Israël est bien en état de guerre avec l'Allemagne : la Palestine, occupée par les Anglais, était elle-même en guerre contre le IIIe Reich, et des Juifs ont participé directement aux combats dans les rangs de la Légion juive. De cette manière, l'état de guerre subsistant entre les deux pays, il n'est pas possible d'assouplir l'attitude israélienne.

[9] À cette occasion en effet, Shinnar (depuis le 24 mai 1951 responsable de la section du ministère israélien des Affaires étrangères pour « la mise en valeur des revendications du peuple juif contre l'Allemagne ») précise qu'« il s'agit [dans la proposition d'Adenauer] de la question [de négociations directes avec l'Allemagne] et de rien d'autre, ce qui exclut le rétablissement [*sic*] de relations normales... » (SHINNAR, F. E., *Bericht eines Beauftragten*, *op. cit.*, cité p. 109).

population, qu'il s'agisse de discussions en vue de réparations ou d'une perspective de normalisation à plus long terme. Et cette fracture va marquer de façon durable la vie politique de l'État hébreu.

Quels sont alors les acteurs de la vie politique israélienne et leurs options en matière de politique extérieure, en particulier à l'égard de l'Allemagne de l'Ouest ?

Si l'on s'en tient à une brève description droite/gauche du paysage politique israélien, on trouve les groupements suivants.

Dans la période étudiée, « le *Mapaï* [le parti de David Ben Gourion] et le gouvernement ont été [...] virtuellement synonymes en termes de politique étrangère : en général la tonalité a été pragmatique — avec une insistance sur la force et les "intérêts nationaux[10]" ».

À la gauche du *Mapaï* social-démocrate se trouve le *Mapam*, qui fait sienne la vision soviétique du monde, d'où sa crainte de voir renaître le nazisme en Allemagne. Cette attitude se caractérise en particulier par une forte opposition à son réarmement[11]. À la gauche du *Mapam* on a le parti communiste israélien, *Maki*, qui préfère une entente avec la RDA socialiste plutôt qu'avec la RFA capitaliste. De la même manière, le *Aḥdout Ha'avodah* (Union du travail) socialiste est très critique à l'encontre d'une Allemagne de l'Ouest qui se réarme et se renforce avec l'aide des pays occidentaux.

Quant aux partis qui forment la droite de l'échiquier politique israélien, les uns sont en accord complet avec la politique de Ben Gourion : c'est le cas des « sionistes généraux ». Les autres, comme les progressistes, la soutiennent avec des nuances. Un dernier groupe enfin la rejette totalement, c'est le parti *Ḥerout* de Menahem Begin.

L'opposition radicale entre ces partis politiques israéliens n'échappe pas aux fonctionnaires de l'AA[12].

---

[10] BRECHER, *The Foreign Policy of Israel, op. cit.*, p. 163.

[11] *Ibid.*, p. 165.

[12] PA/AA, Abt. II, Vol. 1666, Lettre de l'ambassade de RFA à Londres (212.06 4011/51) à l'AA, 21 novembre 1951, Schlange-Schöningen. Au-delà de l'information qu'il comporte, ce document est intéressant dans la mesure où il inaugure une habitude et une nécessité que l'AA va éprouver tout au long de la période étudiée, dans l'attente de disposer d'une représentation en Israël : aller puiser ses informations sur Israël là où elles sont disponibles, ce qui implique pour lui une grande dépendance et surtout l'obligation de les traiter avec toutes les précautions requises par des renseignements de seconde main.

Au fur et à mesure que se précise la perspective de négociations sur les réparations, le problème des relations avec l'Allemagne de l'Ouest domine de plus en plus le débat politique intérieur israélien. Dans ce contexte, les autorités sont régulièrement obligées de rassurer la population et de montrer que l'acceptation éventuelle de négocier avec la RFA et de recevoir d'elle de l'argent ne signifie pas l'adhésion à l'idée de véritables relations avec ce pays. Au début du mois de janvier 1952, lorsque a lieu à la Knesset le débat sur l'entrée en discussions avec la RFA, Moshe Sharett se voit ainsi dans l'obligation de souligner qu'Israël refuse encore et toujours les relations diplomatiques avec Bonn[13].

Dans les premiers jours de 1952, l'attitude officielle israélienne est résumée par le journal *Ha'aretz*[14]. Elle comporte neuf points qui guident toute la politique allemande du gouvernement de David Ben Gourion. Dans le domaine des rapports avec l'Allemagne de l'Ouest, les options sont les suivantes : les activités du consulat de Munich cesseront au moment du départ des forces d'occupations d'Allemagne ; les négociations entre les deux pays ne se feront pas sous la forme de discussions entre deux États qui se reconnaissent mutuellement ; Israël n'enverra ni ministre, ni haut fonctionnaire, ni parlementaire aux négociations, mais seulement des fonctionnaires subalternes. En outre, Israël continuera à s'opposer à l'adhésion de la RFA à l'ONU, ainsi qu'à l'établissement de relations commerciales de longue durée entre les deux pays ; l'objectif est aussi de refuser l'importation de machines et de biens qui nécessitent des pièces détachées en provenance d'Allemagne de l'Ouest. Enfin les Allemands se verront toujours refuser des visas d'entrée en Israël, sauf s'il s'agit de Juifs allemands qui font valoir leur droit au retour.

L'État hébreu semble ainsi poursuivre une politique de fermeté à l'égard de la RFA. Son but est de maintenir les contacts au niveau minimum et d'éviter que les discussions à venir ne soient la première étape qui mènerait vers l'établissement de relations régulières, ne serait-ce que sur un plan économique.

---

[13] *Jedioth Hayom*, 23 avril 1952, « Vor Schließung des Israel-Konsulates in München ».
[14] Presse u. Informationsamt, 31 janvier 1952, Jérusalem.

À quelles raisons sont dues les réticences israéliennes à l'égard de toute idée de discussions avec la RFA ?

À cette époque Israël, outre le poids du passé et les réticences habituelles face à la mauvaise volonté prêtée à l'Allemagne, continue d'être convaincu que les agissements de Bonn au Moyen-Orient sont essentiellement pernicieux : Jérusalem est en effet persuadé que les Allemands font tout pour accroître la tension dans la région[15], et que leurs démarches ont pour trait commun de semer des ferments de guerre afin de restaurer leur influence culturelle et économique dans cette partie du monde[16]. Une dépêche de presse en provenance d'Israël souligne à cet égard :

> « Une déclaration allemande qui permettrait de dissiper au moins en partie les craintes [israéliennes] de ce genre pourrait être d'une grande utilité pour améliorer les relations entre Israël et l'Allemagne[17]. »

Au moment des négociations de Wassenaar

Au début des négociations sur les réparations, le climat entre les deux pays se détend, ce qui permet aux autorités israéliennes d'adopter des positions moins catégoriques, même si, dans ce domaine, elles pratiquent à cette époque un double langage[18].

En apparence, le gouvernement israélien persiste en effet dans son attitude à l'égard de la RFA. C'est ce que montrent aussi bien les déclarations faites à cette époque à l'adresse du public ou de la HCA

---

[15] Voir State of Israel, Israel State Archives (Freundlich, Y., ed.), *Documents on the Foreign Policy of Israel* - Vol. V 1950, Jérusalem 1988, n° 276, Mémorandum de B. Guriel (chef de la Direction politique - 130.10/2539/1), 12 juin 1950, et M. WOLFFSOHN & U. BROCHHAGEN, « Hakenkreuze unterm Burnus ? Großbritannien und die deutschen Militärberater in Ägypten 1951-1956 », in HEID, L. & KNOLL, J. H. (Hg), *Deutsch-jüdische Geschichte im 19. und 20. Jahrhundert*, Stuttgart-Bonn, 1992, p. 513 et suiv.

[16] Pour la politique moyen-orientale de la RFA à cette époque, voir BERGGÖTZ, S., *Nahostpolitik in der Ära Adenauer, Möglichkeiten und Grenzen, 1949-1963*, Forschungen und Quellen zur Zeitgeschichte, vol. 33, Düsseldorf, 1998.

[17] Presse u. Informationsamt, 8 avril 1952, Tel Aviv.

[18] Pour l'ambivalence de la perception israélienne de la RFA sur toute la période, voir ZIMMERMANN, M., « Chameleon and phoenix: Israel's German image », *Tel Aviver Jahrbuch für deutsche Geschichte*, XXVI, 1997, p. 265 et suiv.

sur le devenir du consulat de Munich, ou celles qui marquent les premières séances de discussions sur les réparations[19]. De même, au moment de l'interruption des négociations, en mai 1952, la presse ouest-allemande rapporte l'opposition israélienne à tout élargissement du domaine des pourparlers et souligne la détermination de l'État hébreu à cet égard[20]. Il est précisé que les négociations ne sont en aucun cas « liées à une reconnaissance de la République fédérale », et qu'il « a été seulement accordé aux Allemands d'avoir l'honneur d'effectuer des paiements à l'adresse d'Israël, mais [que] dans le même temps il n'y a pas de réparation morale ».

Ces propos ne restituent cependant pas toute la réalité. Car, dans le même temps, le gouvernement israélien donne des instructions pour simplifier la procédure et permettre une amélioration du climat des discussions. C'est par exemple le cas lorsqu'il s'agit de préciser le cadre des entretiens de Wassenaar. Dans ce domaine, le chargé d'affaires israélien aux Pays-Bas explique à Du Mont, émissaire ouest-allemand à La Haye, qu'il « a des instructions selon lesquelles il doit se comporter avant et après les négociations comme s'il y avait des relations diplomatiques entre la République fédérale et Israël[21] ». L'AA se rallie à cette position[22].

De la même manière, à l'approche de la conclusion des négociations, on peut remarquer, au sein de la classe politique israélienne, une modification de l'état d'esprit à l'égard de l'Allemagne. La future coopération entre les deux pays est même envisagée avec confiance, comme une forme moderne de « colonisation[23] ». Ainsi les deux États sont en train d'instituer, quasiment sans le vouloir, une nouvelle forme de collaboration économique qui devrait ressembler à une coopération

---

[19] Peu avant l'entrée en négociation, le 11 mars 1952 (PA/AA, Abt. III, Vol. 123/2, Lettre de l'ambassade de RFA à Londres (211.00/35 3031/52) à l'AA, 12 mars 1952, Schlange-Schöningen), Sharett s'exprime de façon très réservée sur le sujet : il souligne une nouvelle fois l'absence de signes de bonne volonté de la part de la RFA, donc l'absence de perspectives positives pour les relations entre les deux pays.

[20] *General Anzeiger*, 21 mai 1952, « Mißverstandene Vollmacht ».

[21] PA/AA, Abt. III, Ref. 210.01/35, Télégramme de l'ambassade de RFA à La Haye (49) à l'AA, 10 mars 1952.

[22] *Ibid.*, Vol. 1676 : Israel-Abkommen, Télégramme de l'AA (244.13 II 3183/52 et 3341/52) à l'ambassade de RFA à La Haye, 10 mars 1952, Blankenhorn.

[23] Dépêche *dpa*, 13 août 1952.

pour le développement. Il n'en reste pas moins que ce travail en commun reste purement économique et n'a, en principe, aucune portée politique.

Au moment de la signature du traité de réparations

De fait, au moment de la signature du traité de Luxembourg, le 10 septembre 1952, toutes les apparences tendent à démontrer qu'Israël n'a pas évolué dans sa position officielle : selon un porte-parole israélien, personne ne peut « dire que ce traité ait quelque lien que ce soit avec des relations politiques entre les deux pays[24] ». Sharett est encore plus précis sur la question : il affirme avoir « déclaré au Dr Adenauer que l'accord ne signifiait pas que des relations normales exist[ent] entre les deux pays[25] ». La question des relations diplomatiques n'est alors pas perçue comme « actuelle par le gouvernement israélien[26] ». Pour lui, il faudra très longtemps pour rééduquer la jeunesse allemande avant qu'un tel pas soit possible. Et d'aucuns en Israël vont encore jusqu'à exclure des relations commerciales avec l'Allemagne[27].

On notera cependant que le fait que Sharett ait fait le déplacement pour signer le traité de réparations tranche avec des mesures de boycott absolu. Ceci permet au *New York Herald Tribune* du 12 septembre d'affirmer que, malgré l'atmosphère de « formalité glacée » qui a prévalu lors de la signature du traité, « l'événement comporte une étincelle d'espoir que les relations entre les deux pays vivront plus tard de meilleurs jours ». La signature du traité est finalement l'occasion de souligner que désormais il existe de véritables bases pour un dialogue

---

[24] *Jerusalem Post*, 11 septembre 1952, « Sharett, Adenauer sign pact in mute, secret 13 minute ceremony ».

[25] *Jerusalem Post*, 12 septembre 1952, « Sharett and Goldmann back from Luxembourg - Relations with Bonn unchanged ».

[26] Presse u. Informationsamt, 17 septembre 1952, « Ausländische Pressestimmen zum deutsch-israelischen Wiedergutmachungsabkommen », *Neue Zürcher Zeitung*, 11 septembre 1952.

[27] *Frankfurter Allgemeine Zeitung*, 12 septembre 1952, « Ein Abkommen mit der Sowjetzone angestrebt ».

entre les deux pays, de même qu'entre la RFA et les Juifs. Cet état de fait est aussi constaté en RFA[28].

L'existence de la nouvelle donne est soulignée en Israël même. Ainsi, à la fin de novembre, le journal *Jedioth Hayom* établit pour la première fois la distinction entre l'Allemagne du passé, l'« Allemagne nazie » qui était l'« ennemi principal » des Juifs, et l'Allemagne de 1952, incarnée par le gouvernement de Bonn[29]. Pour le journal israélien, Bonn est opposé aux ennemis de l'État hébreu et « essaie de remplir [s]es devoirs qui signifient une aide importante pour le développement d'Israël ». C'est donc « une révolution fondamentale dans les rapports entre l'Allemagne et Israël, entre les Juifs et les Allemands » qu'on constate. Le journal poursuit en précisant qu'il faut se rendre compte qu'une « nouvelle époque a commencé » et qu'il existe une nouvelle « constellation, que nous pouvons qualifier d'ironie de l'histoire, mais c'est là la réalité et nous ne pouvons pas ne pas la voir ».

Les débats, déjà signalés, sur le devenir du consulat de Munich dénotent également la réalité du mouvement de rapprochement entre les deux pays ; c'est aussi le cas de l'abolition d'un règlement discriminatoire envers les Allemands qui oblige Israël à engager une négociation politique avec la RFA.

En effet, dans le texte du traité de Luxembourg, il est précisé qu'aucun bateau battant pavillon allemand ne pourra être utilisé pour transporter les marchandises à destination de l'État hébreu. Cette mesure est exigée de la part des négociateurs israéliens qui refusent de permettre à des bateaux ouest-allemands d'entrer dans les ports d'Israël : si le gouvernement Ben Gourion a pu imposer le principe de livraisons de marchandises allemandes, il lui paraît cependant difficile de faire admettre à sa population la vision du pavillon de la RFA ou d'équipages ouest-allemands foulant le sol israélien. Les représentants de l'État hébreu s'appuient sur le fait qu'à cette époque règne encore en Israël la crainte d'attentats contre toute personne favorable à des relations plus étroites avec les Allemands ; *a fortiori* donc à l'encontre

---

[28] Ce point ressort de la lettre que Blankenhorn adresse aux représentations allemandes dans le monde en accompagnement au texte du traité (PA/AA, Abt. II, Vol. 1679 : Israel-Abkommen, Lettre circulaire, 23 septembre 1952, Blankenhorn).

[29] Presse u. Informationsamt, 26 novembre 1952, Tel Aviv, 24 novembre 1952.

d'Allemands de l'Ouest qui seraient en Israël dans le cadre des réparations.

L'interdit israélien provoque de vives protestations en Allemagne de l'Ouest dès la signature du traité, en particulier de la part des armateurs[30] et de W. Kaisen, bourgmestre de Brême[31]. Et ce dernier s'adresse directement à Adenauer en demandant qu'une négociation soit engagée avec la future mission israélienne au sujet du problème du pavillon[32].

Les autorités ouest-allemandes se déclarent disposées à rediscuter le problème[33] et s'avouent confiantes dans le résultat d'une telle négociation[34]. Mais cela n'atténue pas leur prudence : dans une lettre à Hermann Schäffer, vice-président du Bundestag, H. Blankenhorn souligne ainsi qu'il faut s'armer de patience avant d'arriver à la solution de cette question[35]. Et il précise à son correspondant :

> « Il n'apparaît pas opportun de remettre en cause l'évolution qui devrait amener, à mon avis, de manière inévitable tôt ou tard à l'établissement de relations normales entre les deux pays, en exigeant d'Israël dès aujourd'hui l'acceptation du pavillon allemand dans les ports israéliens. »

Soucieux de ménager le gouvernement de Jérusalem, Blankenhorn estime par ailleurs qu'il serait dangereux de provoquer les groupes extrémistes israéliens. Car les incidents que ceux-ci ne manqueraient

---

[30] BA, B 102, Vol. 7017/H2, Lettre de l'Union des armateurs allemands (*Verband deutscher Reeder*) au ministère fédéral des Transports, 20 septembre 1952, Stödter et Lettre du *Verband deutscher Reeder* à Erhard, 26 novembre 1952, Stödter.

[31] PA/AA, Abt. II, Vol. 1690 : Claims Conference, Lettre d'Ernst Müller-Hermann, membre du Bundestag, à Hallstein, 13 novembre 1952.

[32] *Ibid.*, Vol. 1693, Lettre du président du sénat de Brême à Adenauer, 10 décembre 1952, Kaisen.

[33] *Bulletin des Presse- und Informationsamtes der Bundesregierung* (par la suite *Bulletin*), Nr 35, 21 février 1953, « Das Flaggen-Verbot Israels », p. 303.

[34] PA/AA, Abt. II, Vol. 1690, Lettre d'Adenauer (244.15 II 17 138/52) à Kaisen, 31 décembre 1952.

[35] *Ibid.*, Vol. 1680 : Israel-Abkommen, Lettre (244.13 II 14 854/52) à H. Schäffer, 22 novembre 1952, Blankenhorn.

pas de susciter ne pourraient que nuire à l'avenir du traité et des relations germano-israéliennes[36].

Le règlement de ce problème garde toute son acuité au début du mois de février 1953, à l'approche du débat sur la ratification du traité. Une offensive visant à l'élimination de la clause en question est menée à ce moment par l'intermédiaire du Bundesrat. Mais les fonctionnaires de la Direction des affaires politiques de l'AA s'attachent à désamorcer la crise en établissant un lien entre le problème du pavillon et celui des relations diplomatiques : tout est affaire de doigté, pour ne pas provoquer la partie israélienne[37].

L'assurance affichée par Hallstein et Blankenhorn à la fin de 1952 au sujet d'une solution rapide et favorable du problème du pavillon a été tout compte fait prématurée. Car à la veille du débat sur la ratification, on est obligé de constater qu'Israël n'a pas accédé aux vœux ouest-allemands[38]. D'une part, il n'a pas été possible d'obtenir de Jérusalem que soit faite, en parallèle à la ratification de l'accord, une déclaration levant l'interdit sur le drapeau allemand. D'autre part, le gouvernement israélien refuse d'offrir à sa propre opposition des arguments contre lui-même en cédant trop facilement aux demandes allemandes.

Malgré ces difficultés réelles, la question du drapeau est en fin de compte réglée dans un échange de lettres entre Hallstein et Shinnar en date du 3 mars, la veille du débat de ratification au Bundestag[39]. Israël

---

[36] Hallstein répond à peu près dans les mêmes termes à la confédération des armateurs ouest-allemands qui s'est adressée à lui (*ibid.*, Lettre du *Verband deutscher Reeder* à Hallstein, 26 novembre 1952) pour exprimer son inquiétude et sa préoccupation face à son exclusion dans le déroulement du traité. Pour Hallstein (*ibid.*, Lettre de Hallstein (244.13 II 16 607/52) au *Verband deutscher Reeder*, 19 décembre 1952), « La présence de navires allemands dans les ports israéliens ne doit encore être évitée que *de manière provisoire* par égard à l'opinion publique d'Israël. [...] Je suis [...] convaincu que la navigation allemande pourra bientôt avoir la place qui lui revient dans les transports vers Israël. »

[37] *Ibid.*, Vol. 1680, Note écrite (244.13 II 2308/53), 17 février 1953, Trützschler. Pour les affaires politiques, la délégation israélienne n'aurait pas pu prendre la responsabilité « d'arrangements sur le déploiement du pavillon allemand dans les ports israéliens face à l'opinion publique de son pays », dans la même mesure où elle n'a pas pu accepter que les relations diplomatiques soient discutées à Wassenaar.

[38] *Ibid.*, Note écrite. Nr 8, s. d.

[39] BA, Bundeskanzleramt, Vol. 1129, Nachgang zur Drucksache Nr 4141 des Deutschen Bundestags, reproduction de la lettre de Hallstein (3089/53), 3 mars 1953, et *Bulletin*, Nr 44,

autorise alors les navires ouest-allemands à participer aux livraisons de marchandises dans le cadre de l'accord de réparations, mais en leur demandant dans un premier temps de ne pas aborder la côte de l'État hébreu. La motivation principale du revirement israélien semble être d'ordre économique[40].

Ainsi, au début de 1953, la position d'Israël est tout à fait différente de ce qu'elle était quelques mois auparavant. C'est là le résultat d'un pari pris par l'État hébreu à la fois envers sa propre opinion publique et envers sa propre histoire : dans la logique de l'accord, Israël se retrouve ainsi en grande partie en état de dépendance économique à l'égard d'un pays, l'Allemagne de l'Ouest, seulement quelques années après son accession à la souveraineté. Si l'État juif accepte cette situation propre à heurter beaucoup de ses citoyens au plus profond d'eux-mêmes, ce n'est cependant pas sans raisons. Celles-ci trouvent leurs origines dans toutes les difficultés qu'affronte le jeune État. Or il est clair qu'à cette époque Israël ne peut compter que sur une aide limitée de la part d'autres pays, alors que ses besoins sont énormes.

Pour compléter le tableau de la situation d'Israël au début de 1953, on soulignera encore que le pays est dans une situation d'attente et de déséquilibre que seul Ben Gourion peut parvenir à maîtriser. Cette expectative est double : le Premier ministre doit d'une part attendre une stabilisation de la situation parlementaire israélienne pour pouvoir surmonter les derniers obstacles à la nouvelle politique qu'il entreprend ; par ailleurs le gouvernement observe avec attention l'évolution de la coopération économique européenne pour déterminer son attitude face à cette construction, et partant face à la RFA qui en est membre à part entière[41].

---

6 mars 1953, « Die Flaggenfrage geregelt », p. 375. Cet échange de lettres modifie les lettres 6a et 6b annexées au traité.

[40] Les deux parties se mettent d'accord sur l'arrivée de navires allemands seulement à partir de la troisième annuité (State of Israel, Israel State Archives (Rosenthal, Y., ed.), *Documents on the Foreign Policy of Israel* - Vol. VIII 1953, Jérusalem 1995, n° 100, et *Welt der Arbeit*, 18 février 1955, « Das erste deutsche Schiff in Israel - Keine Sensation um die "Pergamon"-Kapitän Schleiff brach das Eis ».

[41] Le 25 juillet 1952 entre en vigueur le traité instituant la Communauté européenne du charbon et de l'acier. À propos de l'attitude de l'État hébreu face aux Communautés européennes, voir GREILSAMMER, I., *Israël et l'Europe - Une histoire des relations entre la Communauté européenne et l'État d'Israël*, Lausanne, 1981. Voir également, pour l'implication

Enfin, le traité de réparations s'inscrit dans l'évolution du cadre général de la politique extérieure israélienne au moment où l'État hébreu est obligé de redéfinir ses principaux centres d'intérêts. Car s'il existe à nouveau des possibilités d'entente avec l'URSS, la méfiance à son égard s'est installée en Israël, en raison des actions antisémites dont le bloc de l'Est est plus que jamais le théâtre.

Le changement de l'attitude israélienne à l'égard de la RFA découle directement de cette situation. Il est en outre provoqué et soutenu par le traité et sa ratification. La veille de celle-ci, les services de presse du gouvernement fédéral s'expriment ainsi sur l'évolution de l'état d'esprit israélien :

> « La rupture des relations d'Israël avec la Russie soviétique n'est pas restée sans influence (tout comme la volonté d'Adenauer de mener à bonne fin le traité). Il est dans tous les cas intéressant de voir que des adversaires jusque-là déclarés de l'établissement de relations avec l'Allemagne de l'Ouest parlent déjà d'une alliance entre Israël et Bonn contre Moscou[42]. »

Le nouveau climat a pour résultat un soutien d'Israël en faveur d'Adenauer en reconnaissance du fait que c'est le chancelier qui impose en Allemagne de l'Ouest l'idée de réparations, malgré les charges considérables que celles-ci entraînent et toutes les autres difficultés que Bonn traverse alors. Selon Jérusalem, continuer de dire « non » à Adenauer, c'est risquer de le déstabiliser, surtout à l'approche des élections législatives ouest-allemandes de 1953. Pour les Israéliens partisans du réalisme politique, il faut donc soutenir ce défenseur des intérêts de l'État hébreu, puisque c'est lui seul qui est capable de permettre la continuation du programme engagé. Et en cas de défaite de la CDU, on doit craindre un glissement de la République fédérale vers la droite et « un gouvernement de droite en Allemagne de l'Ouest

---

des relations germano-israéliennes dans la politique européenne de l'État hébreu, NEUSTADT, A., *Die deutsch-israelischen Beziehungen im Schatten der EG-Nahostpolitik*, Francfort/M., 1983.

[42] Presse u. Informationsamt, 17 mars 1953, « Änderung der israelischen Mentalität gegenüber Westdeutschland ».

[...] saboterait tôt ou tard le déroulement du traité, au détriment non pas des Allemands, mais de l'État d'Israël[43] ! »

La ratification de l'accord de réparations et ses effets sur l'attitude israélienne

La ratification du traité de réparations par le Bundestag a lieu le 18 mars 1953. Pour le gouvernement d'Israël, elle signifie la consécration d'une politique audacieuse menée en dépit de nombreuses oppositions intérieures. Cette ratification est aussi le synonyme de l'ancrage définitif d'Israël dans le camp occidental et le début d'une politique appelée à se préciser au fil des années.

Aux termes du traité, les documents de ratification doivent être échangés « le plus rapidement possible[44] » au secrétariat des Nations unies, à New York. Cet acte, accompli le 27 mars 1953, est l'occasion d'une brève cérémonie entre Israéliens et Allemands de l'Ouest, au cours de laquelle, au nom d'Israël, Arthur Lourie exprime l'espoir « qu'une nouvelle époque va commencer dans les relations [entre] Israël et la République fédérale[45] ».

Le *Jerusalem Post* se place pour sa part sur un tout autre plan lorsqu'il s'appuie sur la Bible pour justifier une modification de l'attitude israélienne après la ratification, dans la continuité de prises de position antérieures[46]. Pour ce journal, il faut bien se rendre compte que le traité qui vient de passer l'épreuve du vote du Bundestag concerne une période de douze années, pendant lesquelles les contacts entre les deux pays vont s'accroître. Et le *Jerusalem Post* de conclure :

---

[43] Presse u. Informationsamt, 17 mars 1953.
[44] Article 17, alinéa b, *in* VOGEL, *op. cit.*, p. 74.
[45] PA/AA, Abt. III, Ref. 210.01/35, Vol. 7, Télégramme de la représentation de la RFA à New York (46 Obs) à l'AA, 27 mars 1953, Riesser. La formule de Lourie est représentative de l'ensemble des déclarations faites à l'occasion de cette ratification, aussi bien du côté allemand que du côté israélien. Voir aussi RIESSER, H. E., *op. cit.*, p. 260.
[46] Le *Jerusalem Post* s'est déjà exprimé en faveur des négociations de Wassenaar et pour un rapprochement entre les deux pays dès avril 1952. Voir Presse u. Informationsamt, 8 avril 1952, Tel Aviv.

« Rien ne corrompt plus que la haine, et pour Israël également il faudrait qu'ait lieu cette sublimation élevée en lieu et place d'années de haine stérile[47]. »

En Israël, après toutes les discussions préliminaires, le débat sur l'avenir des relations et sur leur impact en matière économique et commerciale s'engage finalement de manière très pragmatique. C'est ce qu'atteste un article publié le 7 avril 1953, dans lequel sont évoquées les conversations qui débutent en Israël dans les milieux diplomatiques, politiques, bancaires et économiques : on réfléchit dès cette époque aux « avantages de nature politique et économique qu'Israël pourrait retirer du début de restructuration [que connaissent] ses relations avec la République fédérale[48] ». De son côté, la mission d'Israël installée à Cologne entame une campagne de relations publiques en soulignant, notamment devant les cercles économiques ouest-allemands, l'importance et la réalité de l'état d'esprit d'ouverture dont témoignent les Israéliens à l'égard de la RFA[49].

Mais la disposition de l'État hébreu à penser désormais de manière plus positive ses rapports avec l'Allemagne fédérale ne peut pas cacher qu'en la matière il n'est possible d'aller ni trop vite ni trop loin. C'est ce qui ressort d'un compte rendu du service de presse du gouvernement fédéral daté du 9 avril 1953[50] : on y fait observer en effet que, si le traité permettra de meilleures relations entre les deux pays, il serait beaucoup trop tôt pour parler déjà, ou tenter d'imposer l'idée, de relations diplomatiques. Une telle perspective soulèverait non seulement une grande résistance de la part des groupes extrémistes de droite ; l'instauration de telles relations remettrait également en question le prestige d'Israël et sa place dans la région. Et, pense-t-on,

---

[47] *Jerusalem Post*, 23 mars 1953, « Reparation and after ».

[48] Presse u. Informationsamt, 9 avril 1953, Tel Aviv, 7 avril 1953 : « Israelische Erörterungen über deutsche Reparationen ».

[49] PA/AA, Abt. II, Vol. 286, 211.00/35 : Politische Beziehungen Israels zu dritten Staaten 1952-1954, Note écrite (244.13 II 5527/53), 15 avril 1953, Biermann, évocation d'une déclaration de Haïm Yahil, de la mission, devant la *Wirtschaftspolitische Gesellschaft*, le 14 avril.

[50] Presse u. Informationsamt, 9 avril 1953, Tel Aviv, 7 avril 1953 : « Auswirkungen des deutsch-israelischen Abkommens ».

« un changement fondamental de la position d'Israël à l'égard de la République fédérale ne saurait intervenir qu'un certain temps après la conclusion d'un traité de paix avec les États arabes ».

2. La mise en place de la mission commerciale de Cologne et l'évolution de l'attitude israélienne

L'installation de la mission

Avant même la ratification de l'accord, Israël met en place à Cologne la mission commerciale qui doit lui permettre de régler, en concertation avec les autorités ouest-allemandes, les livraisons de marchandises prévues aux termes du traité. L'installation précoce du bureau israélien correspond à une nécessité économique et à la volonté de mettre en route le processus immédiatement après la ratification. Comme cela a déjà été mentionné, la mission, dont la vocation est en principe purement commerciale, dispose rapidement d'un statut qui dépasse le cadre du traité et prend une dimension plus politique. Cette évolution rapide tient en grande partie à la volonté des décideurs politiques ouest-allemands, en particulier de Hallstein : il s'agit alors de préciser son statut parallèlement à la fermeture du consulat de Munich, afin de faciliter le travail de la mission. La bonne volonté ouest-allemande, conforme aux concessions accordées au moment des négociations de Wassenaar, est remarquée et signalée aux autorités de Jérusalem par les fonctionnaires de la mission[51]. Pour les observateurs israéliens, impressionnés par l'attitude ferme du gouvernement ouest-allemand au moment du débat de ratification, il ne fait pas de doute que Bonn est réellement bien disposé à l'égard de Jérusalem. Il leur semble en conséquence possible d'adopter une position plus conciliante à l'égard de l'Allemagne de l'Ouest.

Mais les conséquences de la signature de l'accord de réparations ne se font pas uniquement sentir sur un plan bilatéral ; car l'entrée en vigueur du traité renforce également la place de l'État hébreu au

---

[51] ISA, Foreign Office, 2385/22, Télégramme de Shinnar à Eytan, 9 juillet 1953.

Moyen-Orient. Comme l'écrit le Premier secrétaire de l'ambassade d'Israël en Turquie, Y. Meroz :

> « En définitive, avec le flux de biens allemands, notre valeur économique au Moyen-Orient s'accroît, et nos potentialités comme (ré)exportateur grandissent [...]. Alors que l'accomplissement de l'accord a bien entendu un effet négatif sur les Arabes, ce n'est pas le cas vis-à-vis du Pakistan, de l'Iran, etc.[52] »

Pour Israël, le traité de réparations offre donc une possibilité de s'intégrer à son environnement proche. En conséquence, une telle perspective ne peut avoir qu'un effet favorable sur la perception de l'Allemagne de l'Ouest par l'État hébreu. Car Bonn lui apparaît alors comme un intermédiaire bienvenu en direction de ses voisins, même si, dans ce cas précis, l'effet évoqué est involontaire.

Les mérites de l'accord avec l'Allemagne de l'Ouest sont constatés par les plus hautes autorités israéliennes. Et l'attitude bienveillante à l'égard de la RFA ne trouve pas seulement sa traduction dans des circulaires confidentielles ou destinées à l'administration : elle ressort également de déclarations publiques, lorsque Sharett exprime sa satisfaction et sa gratitude à l'adresse du gouvernement ouest-allemand[53]. Ses remerciements concernent en particulier l'action d'Adenauer qui, selon ses termes, « a entamé une nouvelle ère dans les relations germano-juives[54] » ; ce qui l'autorise à dire que « nos relations avec le gouvernement allemand actuel sont parfaitement normales et amicales[55] ».

Le jugement de Sharett tranche singulièrement avec son discours de 1950, franchement agressif à l'égard de l'Allemagne de l'Ouest, on s'en souvient. On peut donc voir dans cette progression la confirmation des promesses faites par les Israéliens de reconsidérer leur attitude dès

---

[52] *Ibid.*, 2457/10, Lettre de l'ambassade d'Israël à Ankara (An/364/2228) à Eytan, 29 avril 1953, Meroz.

[53] PA/AA, Abt. II, Vol. 286, 211.00/35 : Politische Beziehungen Israels zu dritten Staaten, 1952-1954, Lettre de l'ambassade de RFA à Buenos Aires (752 1045/53) à l'AA, 29 avril 1953, Terdenge, et Lettre de l'ambassade de RFA à Rio de Janeiro (211.00 946 II/53) à l'AA, 15 mai 1953, von Marchtaler.

[54] Lettre de Buenos Aires.

[55] Lettre de Rio de Janeiro.

que la RFA aura fait preuve de meilleure volonté dans le domaine des réparations. Par ailleurs, les remarques du ministre israélien des Affaires étrangères s'adressent aux Juifs de la diaspora dont Israël tient le plus grand compte pour infléchir sa politique extérieure. Et il semble à ce moment plus aisé de commencer à convaincre cette partie du monde juif car elle peut être, pour beaucoup de raisons, mieux à même que les citoyens israéliens de comprendre l'intérêt d'une modification de l'attitude israélienne à l'égard de l'Allemagne de l'Ouest.

Un peu plus tard, c'est dans des déclarations à l'usage de sa propre opinion publique que le gouvernement israélien évoque la perspective d'une modification de son attitude à l'égard de la République fédérale. Deux articles parus le 14 août 1953 dans le journal israélien d'expression allemande *Neueste Nachrichten — Jedioth Chadashoth* sont importants à ce sujet. Le premier, de la main de la femme de l'adjoint direct de Shinnar, Haïm Yahil, intitulé « Les Allemands vus de nos yeux », présente une description modérée de l'Allemagne de l'Ouest et souligne que les fonctionnaires de la mission peuvent désormais travailler de manière normale en Allemagne[56]. L'impression laissée par ce premier article est renforcée par la reprise en allemand dans le même numéro d'un article de Robert Weltsch, correspondant à Londres du journal *Ha'aretz* : celui-ci souligne le « statut diplomatique *de facto* » de la mission, note que son responsable a le rang d'ambassadeur, accordé à titre personnel, et dispose de véhicules de fonction qui portent la plaque « corps diplomatique[57] ». L'auteur de ce deuxième article insiste également sur l'environnement favorable constitué par la ville de Cologne ; car pour lui, l'installation de la mission israélienne dans la métropole rhénane fait encore mieux percevoir comme une perspective « **inévitable**[58] » l'établissement à terme de relations diplomatiques entre les deux pays.

---

[56] *Neueste Nachrichten - Jedioth Chadashoth*, 14 août 1953, « Deutsche mit unseren Augen gesehen », L. Yahil.
[57] *Ibid.*, « Dr. Weltsch über seine Kölner Eindrücke ».
[58] En caractères gras dans le texte.

Les raisons de l'évolution de l'attitude israélienne

Quelles sont les raisons d'une modification si rapide de l'attitude israélienne envers une Allemagne qui faisait encore il y a peu de temps l'objet d'une hostilité particulièrement prononcée de la part de Jérusalem ?

L'attitude israélienne ne change pas seulement en raison de la bonne volonté de la RFA. Les éléments fondamentaux qui peuvent expliquer un tel changement sont aussi à chercher dans l'évolution de la situation du Moyen-Orient et du monde. Celle-ci oblige en effet les hommes politiques israéliens à envisager de manière radicalement différente la perception de leur environnement et des principales forces politiques mondiales.

Au Moyen-Orient, Israël se sent de plus en plus isolé. Cette situation est perceptible dès la fin des années quarante, au moment de l'offensive lancée par les États arabes contre le jeune État. Au début des années cinquante, l'agressivité arabe ne fait que croître. Si avec des pays proches, mais non directement voisins, comme l'Iran, le Pakistan ou la Turquie, Israël peut envisager des relations, notamment commerciales, avec les États limitrophes un tel espoir est totalement exclu. De plus, le boycott économique, mis en place à l'encontre d'Israël dès sa création et renforcé par l'installation à Damas d'un bureau central, devient de plus en plus efficace[59]. C'est ainsi qu'en septembre 1953 les livraisons de pétrole koweïtien sont stoppées définitivement sous la pression de la Ligue arabe, elle-même très active dans l'application du boycott. Cet événement est significatif d'une emprise de plus en plus grande des États forts de la Ligue, Égypte et Syrie, sur les décisions des plus faibles, tel le Liban, dont l'attitude à l'égard d'Israël n'est pas encore totalement négative.

Avec l'arrivée au pouvoir de Gamal Abdel Nasser en Égypte, la tendance dure s'affirmit encore au sein de l'organisation : concrètement, cela signifie la fin de tout espoir de paix entre Israël et les États arabes. De ce fait, Israël est amené à réorienter sa stratégie en

[59] Après la mise en place du bureau du boycott arabe à Damas, en mai 1948, des listes noires sont dressées à partir de 1950 comprenant les bateaux commerçant avec Israël et dès lors interdits de fréquentation des ports arabes, avec plus tard extension de ces mesures aux avions.

matière de relations extérieures. Comme l'explique M. Brecher, l'État hébreu se trouve définitivement englobé dans un système des relations internationales dont il forme le noyau avec ses cinq voisins arabes directs[60]. À la périphérie de ce centre se situent huit États dont quatre non arabes (Chypre, Éthiopie, Iran et Turquie), eux-mêmes entourés d'un groupe de six États (du Maghreb au Yémen du Sud). L'ensemble dans lequel est placé Israël présente dans la période envisagée des caractéristiques constantes : la volonté de destruction d'Israël de la part des Arabes, le surarmement de l'État juif face à ce danger, une intégration plus ou moins réelle des États arabes entre eux mais aussi une forte instabilité interne de ces pays qui se traduit par de nombreux putschs. Cependant Israël joue pour ces États le rôle d'un ferment d'unité, remède superficiel à leur éclatement.

Dans le contexte mondial, l'obligation pour Israël de se prononcer en faveur de l'Occident, présente dès le vote de l'ONU relatif à l'intervention en Corée, se renforce au cours des années qui suivent[61]. Malgré la mort de Staline, en mars 1953, et l'assouplissement de la politique extérieure soviétique qui en découle, l'évolution vers une division définitive du monde en deux blocs est réelle et inexorable. En Allemagne, l'écrasement des émeutes de Berlin-Est, le 17 juin 1953, confirme cette progression. De plus, l'agressivité des pays communistes à l'encontre des Juifs est confirmée par la révélation du complot dit des « blouses blanches » qui ne fait d'ailleurs que confirmer les craintes exprimées quelques années plus tôt par Moshe Sharett ou Golda Meir. Enfin, l'URSS et ses satellites entament à cette époque une politique pro-arabe qui ne permet plus de croire à l'avenir du non-alignement. Dans cette situation, la nécessité vitale pour Israël de trouver des appuis favorise encore plus un rapprochement définitif avec l'Occident.

Outre ces raisons de nature géopolitique, l'évolution rapide de l'attitude de l'État hébreu à l'égard de la RFA est également due à la logique même du traité de réparations. On a déjà signalé la progression des conceptions israéliennes sur la place et l'importance de la mission commerciale de Cologne au travers du problème des prérogatives consulaires qui lui sont attribuées. La nécessité de trouver

---

[60] BRECHER, M., « Israels außenpolitisches System - Die ersten zwanzig Jahre », *op. cit.*
[61] LEVEY, Z., *Israel and the Western Powers 1952-1960*, Chapell Hill-Londres, 1997.

une solution à ce premier problème constitue un élément de rapprochement entre les deux pays, ne serait-ce que par les discussions qu'il suppose. Mais cet aspect ne doit pas dissimuler une évolution en profondeur qui résulte de l'application même de l'accord germano-israélien, cela même si du côté de Jérusalem l'idée de départ était de le maintenir à l'écart de la politique. La réalité impose de multiples contacts et le développement de relations *de facto*.

Enfin, l'inflexion de l'attitude de l'État juif traduit l'importance grandissante de la *Realpolitik* dans les esprits des décideurs israéliens. La nécessité de cumuler « la révolte du cœur et du sentiment [et] la raison froide, la "ratio" de la communauté politique que nous étions devenue en Israël de par la création de l'État » s'impose encore davantage aux dirigeants israéliens[62].

David Ben Gourion et l'évolution de la politique allemande d'Israël

Si Israël adapte aussi rapidement sa politique étrangère aux conditions du moment, en particulier envers la RFA, c'est également sous l'influence et à l'initiative du Premier ministre et ministre de la Défense de l'époque, David Ben Gourion.

David Ben Gourion, fondateur de l'État d'Israël le 14 mai 1948, prend en main, jusqu'en 1963, les destinées du pays de manière presque ininterrompue[63]. Il appartient au parti social-démocrate, le *Mapaï*, membre de l'Internationale socialiste, au pouvoir en Israël depuis 1948. En raison du système électoral qui empêche la formation de toute majorité stable, il est cependant obligé de diriger le pays à la tête de gouvernements de coalition.

Ben Gourion fait partie des dirigeants juifs installés en Palestine depuis le début du XXe siècle. Il a participé, le plus souvent à des postes de responsabilité, à toutes les étapes de la vie du mandat britannique et de l'État d'Israël dans ses périodes les plus difficiles. À la tête de la puissante centrale syndicale juive *Histadrout* créée en 1920, il a été l'un des pères de l'idéologie socialiste propre à la Palestine et à laquelle on

---

[62] SHINNAR, *op. cit.*, p. 19.
[63] Pour la biographie de David Ben Gourion, voir BAR ZOHAR, M., *Ben Gourion: A Biography*, New York, 1978, et AVI HAI, A., *Ben Gourion - State Builder - Principles and Pragmatism, 1948-1963*, New York-Toronto-Jérusalem, 1974.

doit la mise en valeur du territoire sous la forme des *kibboutzim*. À l'époque du mandat, Ben Gourion confirme ses talents d'homme charismatique et de personnalité pragmatique, en agissant notamment dans le cadre de l'Agence juive dont l'objectif principal est de permettre l'immigration des Juifs en Palestine[64].

La concrétisation de la théorie de Theodor Herzl[65], avec la proclamation de l'État juif en mai 1948, et l'attaque lancée par les Arabes contre le nouvel État, au lendemain même de son indépendance, mettent Ben Gourion directement aux prises avec les réalités politiques du Moyen-Orient. Le dirigeant israélien est alors à rude école puisque celles-ci ne permettent ni de céder ni de sauvegarder une ligne de conduite constante. L'expérience de l'Agence juive accorde à Ben Gourion et aux autres dirigeants de faire face aux événements qui s'abattent sur Israël et de s'adapter au contexte très défavorable. Ainsi il personnifie, aux côtés du premier président de l'État hébreu, Haïm Weizmann, non seulement le destin d'Israël, mais aussi le besoin pour ce pays de maintenir son caractère unique dans des conditions géopolitiques difficiles, circonstances qui lui font adopter une politique militaire hégémonique. Ces impératifs l'obligent en outre à réviser très rapidement les objectifs de politique extérieure fixés par Moshe Sharett en mars 1949.

Très vite, Ben Gourion, qui dès la création de l'État juif assure, en plus de ses fonctions de Premier ministre celles de ministre de la Défense, prend également en main la direction de la politique extérieure de son pays. En effet, sa forte personnalité ne lui permet pas de laisser l'initiative à son seul ministre des Affaires étrangères[66]. De plus, il s'avère que les manières de faire des deux hommes sont

---

[64] À propos de la préhistoire de l'État d'Israël et de l'idéologie des Juifs de Palestine voir STERNHELL, Z., *Aux origines d'Israël - Entre nationalisme et socialisme*, Paris, 1996.

[65] Theodor Herzl, journaliste viennois, fondateur du sionisme, publie en 1896 *L'État des Juifs* qui développe l'idée d'une entité politique pour la nation juive.

[66] Ben Gourion déclare dans ses mémoires (*Gespräche mit Ben Gurion - Erfahrungen, Erinnerungen, Erkenntnisse*, Munich, 1966) que « ... je dis volontiers très ouvertement qu'un Premier ministre israélien doit aussi être son ministre des Affaires étrangères. La politique extérieure et de défense est une des positions clés du gouvernement, la plus petite décision au niveau le plus bas, qu'elle soit correcte ou fausse, peut avoir des effets qui sont inimaginables pour les autres ministères » (p. 150).

radicalement différentes : Sharett préfère la diplomatie réelle, c'est-à-dire la négociation laborieuse, tandis que Ben Gourion favorise des interventions directes et fortes[67]. Mais, malgré cette différence de conception, Ben Gourion et Sharett forment jusqu'en 1956, année du départ définitif du second, un « duumvirat » qui domine la politique étrangère israélienne.

Quelles sont les conceptions de Ben Gourion en politique extérieure ?

La pensée du Premier ministre s'insère dans le schéma que Brecher dresse de la situation géopolitique d'Israël et des orientations que celle-ci impose aux dirigeants du pays. Mais sa politique est aussi fonction de ses convictions personnelles qui s'inscrivent dans la tradition de l'Agence juive.

Le premier élément de réflexion, et d'action, de Ben Gourion découle de l'essence même d'Israël. Celle-ci place en effet le nouvel État dans une situation entièrement différente de celle de tout autre pays, car elle l'oblige à prendre en considération un certain nombre d'éléments qui sont sans commune mesure avec sa modeste assise territoriale. L'État juif a d'abord pour mission de représenter et de défendre les Juifs qui ont échappé à la *Shoah*. En outre Israël ne représente certes qu'une partie d'un peuple présent partout dans le monde, mais il est en même temps le bastion du judaïsme mondial et a des droits et des devoirs qui se fondent sur toute l'histoire juive. Il est également directement dépendant de la communauté juive mondiale pour l'installation des nouveaux immigrés. Enfin, cette diaspora est la seule véritable alliée sur laquelle Israël puisse en principe compter dans tous les cas.

En second lieu, Ben Gourion a le sentiment puissant d'être investi d'une mission. Ce sentiment résulte de ses origines socialistes et se développe plus tard dans sa vision du tiers-monde, dans lequel Israël a un rôle particulier à jouer.

Enfin, Ben Gourion désire construire l'État d'Israël. Cette volonté entraîne de sa part des attitudes plus ou moins radicales et bien

---

[67] Voir BRECHER, *The Foreign Policy System of Israel, op. cit.*, chap. XII, « Ben Gourion and Sharett : Contrasting views of the world ».

évidemment l'opposition absolue des États arabes à ce « corps étranger » dont la constitution politique et religieuse est trop différente de la leur. Pour Ben Gourion, les Arabes sont de véritables ennemis, alors que Sharett ne voit en eux qu'un autre peuple avec lequel il doit être possible de discuter[68].

Les éléments qui viennent d'être évoqués expliquent chez Ben Gourion un souci constant de sécurité. Ils l'amènent aussi à opter pour le rapprochement avec l'Occident, avec une nuance inhérente à sa vision bipolaire du monde : pour lui, celui-ci est en effet divisé entre le monde juif (Israël et sa diaspora), d'une part, et le monde non juif, de l'autre. Et seules les contingences du moment font que c'est l'Occident qui est le mieux à même d'assurer la sécurité du premier des deux ensembles. C'est dans ce cadre que la RFA peut être amenée à jouer un rôle.

Les conceptions de David Ben Gourion en matière de politique étrangère sont ainsi un mélange de réflexion idéologique, sur la base du caractère unique d'Israël, et de constatations pragmatiques qui le poussent à ajouter des éléments de réalisme à l'idéalisme de départ. Mais si c'est souvent le pragmatisme qui l'emporte, il faut parfois attendre pour que les conceptions de Ben Gourion se vérifient dans les faits, notamment en ce qui concerne l'Allemagne. Ainsi au début des contacts entre Israël et la RFA, Ben Gourion énonce déjà des idées sur l'émergence d'une « nouvelle Allemagne », d'une « autre Allemagne ». Il exprime cette foi en dépit de la persistance de faits inquiétants, incidents antisémites ou sondages prouvant que l'état d'esprit démocratique est encore loin d'être définitivement implanté en RFA[69].

---

[68] À propos des divergences d'opinion entre Ben Gourion et Sharett en ce qui concerne les pays arabes, voir SCHLAIM, A., « Conflicting approaches to Israel's relations with the Arabs : Ben Gourion and Sharett, 1953-1956 », *The Middle-East Journal*, vol. 37, n° 2, printemps 1983, p. 180 et suiv. Sharett était notamment prêt à consacrer une partie de l'argent des réparations aux réfugiés palestiniens (JELINEK, Y. (Hg), *Zwischen Moral und Realpolitik, op. cit.*, pp. 64-65).

[69] Voir BEN NATAN, *Dialogue avec les Allemands, op. cit.*, à propos de l'état d'esprit en RFA concernant les réparations aux Juifs, p. 11 : « Non pas que tous ces paiements eussent été populaires ! Un sondage d'opinion, fait en juillet 1949 par l'Institut pour la démoscopie, à Allensbach, avait démontré que 21 % des personnes interrogées n'estimaient pas nécessaire de verser un dédommagement aux Juifs qui avaient survécu aux atrocités. En 1952, interrogés sur le bien-fondé d'un accord de réparation conclu avec Israël, 44 % des personnes questionnées répondirent par la négative ; 24 % se déclaraient favorables au principe des réparations mais

Mais pour lui, comme pour ses proches collaborateurs, quels que soient les difficultés ou incidents passagers, un fait s'impose : « l'Allemagne avait cessé d'être un réel danger et [...] [elle] avait appris sa leçon[70] ».

estimaient trop élevées [sic] les chiffres articulés ; 11 % seulement étaient entièrement d'accord. » Voir aussi DEUTSCHKRON, I., *Bonn et Jérusalem*, Paris, 1973, p. 70 : « Un institut allemand d'opinion publique fut chargé d'un sondage par le haut-commissariat américain en Allemagne. Les réponses à la question : "Les Juifs devraient-ils être indemnisés pour leurs souffrances sous le IIIe Reich" furent publiées le 5 décembre 1951. Sur les personnes interrogées (1 201), 68 % répondirent par l'affirmative, 21 % par la négative, 17 % croyaient que les Juifs n'avaient pas le moindre droit, 11 % ne se prononcèrent pas. »

[70] Pinhas Rosen, ministre de la Justice de Ben Gourion à cette époque, cité par BRECHER, M., *Decisions in Israel's Foreign Policy*, New Haven, 1975, p. 63. En fait ce n'est, pour Walter Eytan, qu'après coup, c'est-à-dire à partir du moment où Adenauer s'exprime en faveur de réparations, qu'il est possible de « se réconcilier avec la réalité d'une "nouvelle Allemagne" » (*ibid.*, p. 103).

CHAPITRE IV
De la mise en place de la mission à l'échec du printemps 1956

1. Évolution favorable des idées gouvernementales israéliennes

Immédiatement après la ratification du traité de réparations, une première modification de l'attitude israélienne favorable à Bonn se produit. Il s'agit alors de conforter l'acceptation de l'accord et de montrer aussi bien à la communauté juive mondiale qu'à l'opinion publique israélienne que ce traité n'est pas un « pacte avec le diable ». D'où, pour le gouvernement Ben Gourion, la nécessité d'emporter l'adhésion de son opinion publique à son initiative. L'un des plus ardents défenseurs des négociations et du traité, le journal *Jerusalem Post*, vient en la matière au secours du Premier ministre en précisant que désormais le réalisme s'impose. En effet,

> « il faut garder à l'esprit le fait que le traité doit s'étendre sur plus de douze années et que, de manière inéluctable, un contact grandissant va se développer pendant ce temps entre Israël et l'Allemagne[1] ».

---

[1] *Jerusalem Post*, 23 mars 1953.

Le journal souligne également l'intérêt d'Israël à voir se stabiliser l'équipe gouvernementale en place en RFA, donc pour la partie israélienne de tout faire pour que le traité s'exécute dans les meilleures conditions :

> « Une chose est sûre : le traité tient et tombe avec la démocratie allemande. Si un jour les forces qui soutiennent la République fédérale en perdent le contrôle, Israël fera partie des premiers qui en ressentiront les effets[2]. »

Le travail du gouvernement israélien

Le gouvernement israélien. On l'a vu, au cours de la période, le gouvernement israélien est dirigé par David Ben Gourion, jusqu'à sa démission subite de la fin de l'année 1953, puis par Moshe Sharett, à partir du 26 janvier 1954. Ben Gourion revient finalement au pouvoir le 3 novembre 1955. Dans ces cabinets, lorsqu'il est à leur tête, Ben Gourion cumule les postes de chef du gouvernement et de ministre de la Défense, tandis que lorsque Sharett est Premier ministre il est titulaire du portefeuille des Affaires étrangères. Et comme chef du gouvernement, Ben Gourion impose ses vues à son ministre des relations extérieures pour ne lui laisser qu'un rôle d'exécutant.

Les changements qui interviennent au poste de Premier ministre d'Israël n'affectent cependant guère la politique étrangère du pays. S'il y a nuance d'un gouvernement à l'autre, celle-ci ne porte que sur les moyens et le style de la politique puisque Sharett se montre plus conciliant que Ben Gourion. C'est dire que l'évolution globale de la politique étrangère d'Israël n'est pas véritablement touchée par ces changements ; et ceci vaut aussi bien pour l'attitude de l'État hébreu vis-à-vis des problèmes mondiaux qu'en matière régionale ou bilatérale.

Pour ce qui concerne les relations entre la République fédérale et Israël, Sharett, comme Ben Gourion, tient aux résultats de la politique de rapprochement entreprise au début des années cinquante. Et Jérusalem se fixe pour but de renforcer ces acquis. Car, malgré les

---

[2] *Ibid.*, 30 mai et 1er juin 1953.

réticences de départ, la politique engagée emporte l'adhésion d'une bonne partie de la société israélienne au principe des réparations.

Néanmoins, il reste encore beaucoup à faire pour que les cercles dirigeants israéliens se persuadent de la nécessité d'entrer dans une phase suivante, celle de véritables relations. De l'avis général, « la coopération économique pratique représente [...] une première étape dont on doit se satisfaire en Allemagne[3] ». Cette opinion révèle un fort décalage entre une RFA, qui n'exclut apparemment pas de précipiter les événements, et Israël où toute prise de position envers les Allemands reste empreinte de réserve et de prudence. L'affaire du pavillon allemand déjà évoquée est une illustration de cette différence d'appréciation : si elle a pu être réglée rapidement du fait des soucis économiques israéliens, il n'est toutefois pas possible d'envisager immédiatement l'arrivée d'équipages ouest-allemands sur le sol israélien. Ces réticences concernent également les visites d'Allemands en général. D'où une exigence de prévenance :

> « Si l'on avance pas à pas, avec patience et tact, alors on arrivera le plus rapidement possible à une normalisation et à un bon climat dans les relations germano-israéliennes. »

Dès cette époque cependant, plusieurs éléments permettent de faire évoluer les esprits plus rapidement qu'on aurait pu le penser.

Négociations sur le problème des biens allemands en Israël. Parmi les facteurs qui peuvent expliquer le changement rapide de l'état d'esprit des Israéliens envers la RFA, figure tout d'abord la négociation qui s'engage entre les deux pays afin de régler certains différends issus de la législation israélienne.

En premier lieu, il s'agit de trouver un arrangement portant sur les biens allemands en Israël nationalisés en 1950, en réaction aux velléités d'exiger leur restitution[4]. Le traité de réparations du 10 septembre

---

[3] ISA, Foreign Office, 2527/12, Dépêche *dpa*, 13 mai 1953.
[4] Par exemple les biens séculiers allemands, comme les terrains des deux anciens consulats allemands en Palestine de Jaffa et Jérusalem (v. PA/AA, Abt. III, Ref. 244.13 : Wiedergutmachungsverhandlungen in Den Haag 1955, Vol. 932, Document du Bundestag (Drucksache 3969), 17 novembre 1952).

1952 est accompagné d'un autre accord relatif à cette question[5]. Celui-ci ne constitue que la promesse d'engager, dans les quatre mois après l'entrée en vigueur du texte, des négociations auxquelles doivent participer les deux gouvernements. Mais pour sa part Bonn insiste sur la nécessité de ne plus appliquer à l'avenir la loi de 1950 pour éviter de gêner le bon déroulement de l'accord du 10 septembre et le développement des relations entre les deux pays[6].

Aux termes de cet arrangement, Israël s'engage, pour les biens allemands nationalisés, à un dédommagement en DM qui sera à verser sur le compte de la mission de Cologne. La nouvelle négociation qui se met en place ne concerne toutefois pas les biens appartenant ou ayant appartenu aux Églises ou à des organisations caritatives et dont le sort doit être réglé par ailleurs. L'État d'Israël promet en outre de faciliter à la partie ouest-allemande l'accès à tous les documents afférents au problème.

Dans ce cas précis, il ne s'agit, répétons-le, que d'une promesse de négociation. Mais cette démarche comporte également, comme le constate l'AA, un engagement qui laisse prévoir des discussions supplémentaires entre les deux pays[7]. Et Adenauer lui-même considère ce premier accord comme une concession de la part du gouvernement israélien[8].

---

[5] BA, Archives de la chancellerie, Vol. 1129, Texte du traité du 10 septembre 1952 avec en annexe ce second accord.

[6] PA/AA, L1, Vol. 174, Document (244.13 II/52), 2 septembre 1952, Hallstein.

[7] Dans le texte du ministère des Affaires étrangères qui accompagne le traité (Konrad Adenauer Stiftung, Sankt Augustin (par la suite = KAS), Papiers Eugen Gerstenmaier (I 210), Vol. 067/2, Texte d'accompagnement du traité, projet, Ref. Dr. Frowein, 25 février 1953), on note que « la conclusion de cet accord gouvernemental est le premier signe tangible d'une modification fondamentale de la relation entre la République fédérale et Israël ».

[8] Car celui-ci s'engage à payer et à respecter des conditions qui ne lui sont pas forcément favorables du fait de la présence prévue d'un médiateur neutre (PA/AA, Abt. II, Vol. 281, Projet de discours d'Adenauer devant le Bundesrat pour le débat sur la ratification (zu 244.13 II 2284/53), 17 février 1953). Les premières discussions ont lieu au mois de juillet 1953 à Luxembourg et à Copenhague (PA/AA, Abt. III, Ref. 316, Vol. 173 a : Deutsches Vermögen in Israel, Télégramme de l'ambassade de RFA à Copenhague (45) à l'AA, 18 juillet 1953), elles se poursuivent au mois de novembre à Bâle (ibid., Note écrite (518.01/35 Kirchengut V 8747/53), pour parvenir à un échange de lettres sur la question le 30 novembre (ibid., 104.01 I Spr. 2607/53, 30 novembre 1953).

Pour leur part, les négociations sur les biens ecclésiastiques aboutissent rapidement[9]. Le 3 mars 1953, un aide-mémoire de la mission israélienne indique à l'AA que le gouvernement de Ben Gourion est disposé à entrer en négociations sur ce problème[10]. Le 23 mars, l'AA informe Israël de la composition de la délégation ouest-allemande et propose la date du 5 mai pour le début des négociations[11]. Après une première phase de discussions à Luxembourg, les conversations se poursuivent à Paris. À ce second stade des difficultés apparaissent certes, mais les autorités fédérales, très soucieuses de leur opinion catholique, font tout pour qu'elles ne deviennent pas insurmontables[12]. De plus, les Israéliens prennent conscience des limites qu'ils ne peuvent pas dépasser, sous peine de se trouver eux-mêmes en position délicate. C'est pourquoi l'État juif assouplit rapidement sa position afin d'éviter un blocage. Ceci explique que le 28 mai ses représentants atténuent leurs exigences pour ne pas mettre en danger les perspectives économiques des relations entre les deux pays[13]. Cette décision marque le fait que Ben Gourion et ses collaborateurs doivent de plus en plus raisonner en termes de réalisme s'ils tiennent à sauvegarder le bénéfice de l'accord de réparations, à profiter de ses retombées économiques et à continuer de bénéficier du soutien d'Adenauer[14].

[9] Le gouvernement ouest-allemand est chargé de négocier au nom du siège épiscopal de Cologne, gestionnaire des biens de l'Église catholique allemande en Terre sainte.

[10] PA/AA, Abt. II, Vol. 1706 : « Deutsches Privatvermögen in Israel », Aide-mémoire de la mission, 3 mars 1953.

[11] *Ibid.*, Aide-mémoire de l'AA (245.03/35 II 3800/53 Ang I), 23 mars 1953. Frowein (Abt. II) et Janz (Abt. V) font partie de cette délégation, les négociations ne débutent en fait que le 19 mai 1953, voir *ibid.*, Note verbale (245.03 II 6410/53) adressée à la nonciature apostolique, 7 mai 1953.

[12] En effet, dès le lendemain de l'annonce de la disposition du gouvernement israélien à négocier, le 4 mars, le numéro deux de l'AA, Walter Hallstein, avait rencontré Felix Shinnar (*ibid.*, Note de l'Abt II, 4 mars 1953, Trützschler) et souligné « de manière très énergique la signification psychologique qui revient à un règlement prochain de cette affaire. Il insista sur le fait que l'accord d'Israël ne pourrait être perçu par la fraction catholique de la population comme un accord de réconciliation que dans le cas d'un règlement satisfaisant du problème de la propriété des catholiques allemands en Palestine. »

[13] *Ibid.*, Télégramme de l'ambassade de RFA à Paris (257) à l'AA, 29 mai 1953, Janz et Walther.

[14] Pour leur part les biens de l'Église luthérienne en Israël font l'objet d'un arrangement séparé signé dès le 29 août 1951 à Genève, sans intervention du gouvernement ouest-allemand (*ibid.*, Abt. III, 420.01/35 : Deutschtum-Volksstum in Israel, Vol. 1).

Il apparaît donc que la politique du gouvernement israélien correspond à une série d'options adoptées de manière contrainte et forcée. Mais elle résulte également de choix volontaires qui eux-mêmes découlent de l'application loyale de l'accord par les autorités ouest-allemandes ; assiduité que Jérusalem salue de manière très précoce[15].

Mise en place de relations économiques et financières en dehors du cadre du traité. Le gouvernement israélien tient par exemple à montrer sa bonne volonté en envisageant la mise en place de relations commerciales normales entre les deux pays. Cette disposition favorable concerne non pas les contacts prévus dans le cadre du traité mais véritablement l'extension des relations économiques et commerciales entre les deux pays, sur la base des échanges déjà existants[16]. Une première preuve de ce souhait israélien est un aide-mémoire rédigé en juin 1953 sur l'utilisation de brevets allemands en Israël[17]. Les dispositions contenues dans ce document, ainsi qu'une information fournie par la mission au mois de juillet, permettent de régulariser progressivement le commerce entre les deux pays[18].

À ces mesures gouvernementales répondent des initiatives qui émanent d'entreprises israéliennes. Dès juin 1953, le journal économique ouest-allemand *Handelsblatt* dresse le bilan des échanges déjà réalisés et des perspectives qui existent dans ce cadre[19]. Le périodique souligne en particulier que des bureaux de firmes allemandes sont installés en Israël et que des sociétés israéliennes s'intéressent à des importations de marchandises fédérales par l'intermédiaire de pays tiers. Enfin, il relève que la délivrance prochaine de licences d'importation ne peut qu'encourager le développement de ce commerce. Dès la fin de l'année

---

[15] Dès avril 1953, Walter Eytan exprime sa satisfaction et son espoir en une nouvelle Allemagne dans un article paru dans le bulletin d'information de la mission (W. Eytan, « Die Außenpolitik Israels », *in Israel Informationsdienst*, Nr 7, avril 1953).

[16] Pour les aspects économiques du traité de réparation, voir JELINEK, « Implementing... », *op. cit.*

[17] PA/AA, Abt. IV (Direction des affaires économiques, *Handelspolitische Abteilung*), Unterabteilung 40, Vol. 41, Lettre du BMJ (3650/1 31 661/53) à l'AA, 10 juin 1953, Haertel.

[18] *Ibid.*, cité in Document du ministère fédéral de l'Économie (Bundeswirtschaftsministerium, par la suite = BWM) (VC 5 40 148/53), 28 juillet 1953, Schöne.

[19] *Handelsblatt*, 29 juin 1953, « Bundesrepublik bald Israels Lieferant Nummer 1 - Geschäftsleute in Palästina bemühen sich um normalen Handelsverkehr ».

1953, ces perspectives sont réalisées car Shinnar annonce la mise en place d'un véritable système de troc entre les deux pays[20].

À un autre niveau encore, dans le domaine financier, des contacts non prévus par le traité sont également rapidement établis. C'est ce que prouve l'accord signé le 22 mars 1954 entre le ministère ouest-allemand de l'Économie et le ministère israélien des Finances[21]. Ce texte, de nature confidentielle, règle la question du transfert de capitaux entre les deux pays « en particulier [en ce qui concerne] les virements de pensions, rentes, réparations et les produits de toute sorte de biens domiciliés sur le territoire de la République fédérale ». À cette fin, la banque Leumi Le Israel BM ouvre un « compte spécial de transfert de capitaux » auprès de deux banques ouest-allemandes. Et après la conclusion de ce premier accord, Israël fait un pas supplémentaire en proposant un arrangement sur les « services et les livraisons de produits autorisées au cas par cas[22] ».

Notons enfin, toujours en matière financière, qu'à la fin de 1954 le gouvernement israélien présente à son homologue ouest-allemand une demande de crédit pour obtenir sur cinq ans la somme de 400 millions de dollars afin de constituer une réserve monétaire[23]. Cette demande directe fait suite à une consultation lancée au printemps par Israël auprès des membres de l'Union européenne des paiements (UEP) au sein de laquelle le compte de la RFA est largement créditeur[24].

Développement de la politique israélienne de rapprochement avec Bonn. À la fin de l'année 1953, au moment où le débat sur l'extension des compétences de la mission de Cologne bat son plein, le climat de

---

[20] *Handelsblatt*, 2 décembre 1953, « Regulärer Israelhandel spielt sich ein - Umfangreiche Lieferungen von Zitrusfrüchten - Aus dritten Ländern weniger ». Shinnar annonce pour 1954 l'échange de 500 000 caisses d'agrumes israéliens contre des produits ouest-allemands.

[21] PA/AA, Abt. V, 500.512.02/35 et 35a, Vol. 84 : Verträge der Bundesrepublik, Lettre circulaire confidentielle du BWM (6/54), 22 mars 1954, et Abt. II, Vol. 1692, Lettre du BWM (V A 14 25 576/54) à l'AA, 14 juin 1954, Berghold.

[22] *Ibid.*, Abt. II, Vol. 1692, Lettre du BWM (V A 14 25 576/54) à l'AA, 19 juin 1954, Stedtfeld.

[23] Conformément à l'article 4, alinéa e du traité, *ibid.*, Abt. III, 210.01/35 E, Document Abt. II (244.16 16 074/54), 20 novembre 1954.

[24] *Ibid.*, Abt. II, Vol. 1692, « Résumée über eine Besprechung beim Herrn Minister wegen Gewährung einer Finanzhilfe an den Staat Israel », 25 mai 1954, Trützschler.

détente entre Bonn et Jérusalem se confirme. Pour le gouvernement hébreu, il semble désormais possible d'aller plus loin dans l'acceptation de l'Allemagne. Cette évolution de l'opinion des responsables de Jérusalem s'appuie sur le résultat des élections ouest-allemandes du 6 septembre : Adenauer peut se maintenir au pouvoir, ce qui garantit la poursuite de la politique qui a permis l'accord de réparations. Cette situation conforte naturellement Ben Gourion dans ses options et atténue encore la tension germano-israélienne.

Plusieurs faits illustrent assez rapidement les ouvertures israéliennes à l'adresse de Bonn. Le premier est évoqué au cours d'une conversation entre Abraham Frowein et Haïm Yahil, le 4 novembre 1953[25]. Pour attester l'évolution du climat en Israël à propos de l'Allemagne, Yahil explique en effet que, lors d'un conseil des ministres, une participation allemande au congrès du Pen Club International en Israël vient d'être acceptée à l'unanimité. Le fonctionnaire israélien souligne en outre qu'au cours de la même discussion il y a eu accord sur la participation d'une délégation fédérale à la réunion de l'Association israélienne des musiciens contemporains. Cette décision est bien le signe du renforcement d'un nouvel état d'esprit : au sein de la coalition gouvernementale on ne rejette plus l'Allemagne de manière systématique.

Dès cette époque cependant, le gouvernement de Ben Gourion exige la reconnaissance de ses efforts par la RFA. C'est ce que révèle également l'entretien entre Yahil et Frowein : pendant cette conversation, le fonctionnaire israélien fait état du souhait de son gouvernement d'accorder le titre de consul au futur responsable de la section consulaire de la mission. Il précise toutefois que « le gouvernement israélien prévoit de rendre cette nomination définitive seulement à partir du moment où on lui fera comprendre que le gouvernement fédéral saluerait ce pas [effectué] dans le sens d'une normalisation des relations ». En aucun cas Ben Gourion et son gouvernement ne désirent donc avancer seuls dans le sens de la normalisation. Et pour pouvoir aller plus loin, il leur faut recevoir de la part de Bonn des échos positifs propres à appuyer la politique engagée. Car ce n'est qu'à cette condition qu'il leur sera possible de rendre crédibles aux yeux de l'opinion

---

[25] *Ibid.*, Vol. 1669, Note écrite (244.10 II 14 700/53), 5 novembre 1953, Frowein.

publique israélienne les sacrifices moraux que suppose cette option nouvelle et nécessaire de la politique extérieure israélienne.

Cette reconnaissance est d'autant plus indispensable que la politique des gouvernements de Ben Gourion et de Sharett ne correspond effectivement pas aux vues de la majorité des citoyens israéliens. Les débats intérieurs que vit le pays illustrent la difficulté qu'éprouvent les autorités de Jérusalem à justifier leurs décisions. Celles-ci font ainsi l'objet de vives attaques de la part des opposants, notamment à la Knesset. La mission de Cologne constitue le principal sujet d'achoppement : pour les adversaires du *Mapaï* c'est là l'incarnation même du mal qui serait en train de se réaliser. Cette mise en cause est par exemple illustrée en mars 1954 par la question que pose le député religieux Gonichovski, qui oblige Sharett à s'expliquer sur les activités de la mission[26]. Au cours de la discussion, le ministre se voit notamment contraint de fournir des explications sur la participation du responsable de la mission, Felix Shinnar, à la traditionnelle cérémonie des vœux du Nouvel An à laquelle est présent l'ensemble du corps diplomatique en poste à Bonn. Reflet d'une attitude bienveillante du chef de la délégation a l'égard de la RFA, largement discutée en Israël[27], Sharett justifie cette participation d'une manière qui permet bien de percevoir le sens de sa politique : il invoque le statut de la mission et « la politesse envers le président Heuss [...] avec le gouvernement duquel le chef de la mission d'Israël est en contact quotidien ». En résumé selon Sharett, la présence de Shinnar n'est que la consécration d'une pratique internationale habituelle et la traduction des relations *de facto* qui existent entre les deux pays.

La déclaration du ministre est importante car elle confirme les tendances de la politique israélienne du moment. Celles-ci sont également attestées par l'absence de protestation des milieux gouvernementaux à la suite des déclarations favorables à des relations

---

[26] *Ibid.*, Vol. 1684 : Israel-Abkommen, Lettre de Yahil à Frowein, 23 mars 1954, Personnel - Confidentiel.
[27] Voir JELINEK, « Implementing... », *op. cit.*, pp. 195-196.

officielles entre Israël et la RFA effectuées par Nahum Goldmann, le président du Congrès juif mondial[28].

L'attitude israélienne traduit aussi la volonté d'établir les meilleurs rapports possibles avec l'Allemagne en général. En ce sens elle découle de la perspective d'un règlement de son statut, et Israël règle son attitude sur la rencontre des ministres des Affaires étrangères des quatre Grands qui a lieu à Berlin en janvier-février 1954 ; car en cas de succès de cette conférence, un gouvernement allemand unifié pourrait être constitué et l'État hébreu devrait avoir avec lui de bons rapports. À l'inverse, en cas d'échec des discussions, Israël doit disposer avec la RFA de relations correctes qui lui permettront ensuite de discuter avec une RDA qui ne s'est toujours pas exprimée sur le problème des réparations.

Dans l'ensemble, au-delà de la recherche de meilleurs contacts avec Bonn, l'intérêt israélien pour l'Allemagne de l'Ouest se développe et dépasse le stade de la simple exécution du traité. C'est ce que prouvent notamment les témoignages de journalistes ouest-allemands autorisés à faire le voyage de Jérusalem. Dans un article du 8 mai 1954, Rolf Vogel décrit par exemple de façon très positive l'état d'esprit des Israéliens à l'égard de Bonn[29]. Selon lui, s'il reste beaucoup à faire pour atteindre des relations proches de la normale entre la RFA et Israël, le désir d'information au sujet de la nouvelle Allemagne manifesté par les personnes qu'il a rencontrées constitue un facteur des plus intéressants pour l'avenir.

L'amorce de relations culturelles. L'évolution de l'attitude du gouvernement israélien à l'égard de Bonn se concrétise également dans le domaine des relations culturelles dont on trouve alors quelques traces. C'est en effet sur ce plan, encore plus que sur celui du commerce et des finances, que Jérusalem marque son rejet définitif d'une politique de refus systématique de l'Allemagne. La nouvelle donne dans ce domaine est aussi la traduction d'une volonté de mieux répondre à la proximité culturelle qui persiste entre les Israéliens d'origine allemande et leur

---

[28] *Mannheimer Morgen*, 2 mars 1954, « Diplomatische Beziehungen zwischen der Bundesrepublik und Israel ? »

[29] *Israel Informationsdienst*, Nr 30, 1ᵉʳ juin 1954, citation de *Kölnischer Rundschau*, 8 mai 1954, R. Vogel.

pays natal. Ceci apparaît par exemple dans une lettre de mai 1954, adressée au gouvernement ouest-allemand par la *Büchergilde Gutenberg* : ce club de livres proche de la confédération syndicale *Deutscher Gewerkschaftsbund* (DGB) évoque ainsi les besoins en ouvrages allemands de la part d'Israéliens qui ne peuvent se les procurer du fait de l'interdiction d'exportation de devises en vigueur dans l'État hébreu[30]. Mais, de manière plus générale, instaurer des contacts culturels signifie aussi gagner à l'idée de la nécessaire acceptation de l'Allemagne de l'Ouest de larges couches de la population de manière à ce qu'elle ne soit plus seulement l'apanage d'une élite éclairée. Au niveau des personnes privées israéliennes, certaines recherchent déjà des contacts scientifiques avec des Allemands, par exemple pour obtenir une assistance au secteur hospitalier de l'État juif, avec reprise de l'idée d'échanges d'étudiants et de coopération livresque[31].

Sur le plan de la culture, la politique israélienne de rapprochement est marquée par plusieurs décisions significatives. Au nombre de celles-ci rappelons tout d'abord l'acceptation de la participation de délégués allemands à des rencontres littéraires ou scientifiques en Israël, en novembre 1953. En 1954, c'est l'échange de jeunes et d'étudiants entre les deux pays qui est évoqué par le représentant de la mission israélienne à Berlin[32]. Ces projets, auxquels on accorde la plus grande importance, font bientôt l'objet de discussions entre la mission et le ministère des Affaires étrangères à Jérusalem, ainsi qu'entre la mission et l'AA. On y voit en effet des gestes significatifs propres à améliorer les relations entre les deux pays. La demande de la *Büchergilde Gutenberg*, qui insiste sur le fait que « [a]vec la possibilité d'une telle expédition de livres [à destination d'Israël, avec le soutien de l'AA] des voies toutes particulières de compréhension pourront se mettre en place, et les idées allemandes anciennes et nouvelles pourront trouver une distribution en Israël dans le sens de l'entente entre les peuples », fait par exemple l'objet d'un échange de lettres entre l'AA et la

---

[30] PA/AA, Abt. IV, Ref. 412, Vol. 138 : Israel, Lettre de la *Büchergilde Gutenberg* à l'AA, 20 mai 1954, Grell.

[31] *Ibid.*, Abt. VII, Vol. 1028, Lettre du Dʳ Wallenstein, Jérusalem, au Dʳ von Hansemann, 12 octobre 1955.

[32] *Ibid.*, Abt. IV, Vol. 41, Lettre du bureau de l'AA à Berlin (209.311 965/54) à l'AA, Bonn, 4 juin 1954, Messmann.

mission ; l'AA proposant de répondre favorablement en utilisant des fonds disponibles grâce au traité de réparation, la mission répondant que le sujet doit être soumis à la réflexion de la commission mixte, après étude en Israël[33].

C'est en 1954 que l'activité de la mission sur le plan culturel se fait la plus intense. On en a la preuve lorsqu'elle monte, en collaboration avec les Amitiés judéo-chrétiennes[34], une exposition itinérante sur le thème « Altneuland Israel » (« Un pays neuf et ancien — Israël », reprise du titre du roman prospectif de T. Herzl) ; et par-delà la simple manifestation culturelle, on trouve là le symbole d'un véritable rapprochement[35].

Au-delà de la RFA, l'État hébreu commence aussi, dès cette époque, à s'intéresser à une collaboration avec l'Europe dans certains domaines scientifiques, par exemple en matière de recherche nucléaire. À cette fin, la mission sert d'intermédiaire pour une consultation destinée à obtenir un soutien ouest-allemand à une participation israélienne à l'accord européen sur la recherche atomique[36]. Ici aussi l'AA et sa Direction des affaires politiques entrevoient immédiatement la portée politique de cette demande.

---

[33] *Ibid.*, Vol. 138, Note (206.244.15 8222/54), 19 juin 1954, Frowein, et, *ibid.*, Lettre de la mission à Brückner, 30 juin 1954, Yahil.

[34] *Gesellschaft für christlich-jüdische Zusammenarbeit* (par la suite = *Gesellschaft*).

[35] *Israel Informationsdienst*, Nr 30, 1ᵉʳ juin 1954. Pour le journal hebdomadaire du *Deutscher Gewerkschaftsbund* (*Welt der Arbeit*, 14 mai 1954, « Deutsche und Juden - Wie es zur Wanderausstellung Alt-Neuland Israel kam », A. J. FISCHER) l'événement est considérable : « Pour la première fois dans l'histoire de l'après-guerre, une exposition itinérante israélienne va voyager à travers le territoire de la République fédérale et à Berlin-Ouest. Humainement, politiquement et du point de vue diplomatique c'est un événement d'une signification particulière. » L'auteur de l'article, le journaliste juif Alfred Joachim Fischer, considère même qu'« avec ce geste, la représentation israélienne franchit lentement un pas de plus dans l'établissement de relations normales ».

[36] PA/AA, Abt. II, Vol. 89, « Etwaiger Beitritt Israels zu dem europäischen Abkommen über kernphysikalischen Forschungen », Document (2/20 020.24 9549/54) à l'Abt. V, 14 juillet, Trützschler. La demande en question concerne le Conseil européen pour la recherche nucléaire fondé en 1952. Pour la politique nucléaire d'Israël à cette époque, voir COHEN, A., « Before the Beginning: The early history of Israel's nuclear project (1948-1954) », *Israel Studies*, vol. 3, n° 1, printemps 1998, p. 112 et suiv.

Le travail de la mission de Cologne et l'œuvre des représentants israéliens à l'étranger

Les relais constitués par la mission de Cologne et les diverses représentations israéliennes dans le monde jouent un rôle important dans l'évolution de l'attitude de l'État hébreu et ses ouvertures à l'égard de Bonn.

La mission de Cologne. En effet, plusieurs des membres de la mission sont favorables au réalisme et à l'amélioration des relations entre les deux pays. C'est en particulier le cas de H. Yahil, dont une lettre de mars 1953 précise les vues[37].

La mission commerciale de Cologne commence à travailler très rapidement, et, comme cela a déjà été indiqué à plusieurs reprises, les tâches qu'elle accomplit dépassent le simple cadre du traité du 10 septembre 1952.

Dès le départ, la mission remplit le rôle d'une véritable centrale d'informations dont le but est de collecter, à l'adresse d'Israël, des renseignements sur l'évolution politique de la RFA. D'où la multiplication des contacts de ses membres avec de nombreuses personnalités ouest-allemandes. La tâche de la mission sur le plan de l'information est également dirigée vers les Allemands de l'Ouest. En la matière, elle est simplifiée par le fait que la délégation commerciale israélienne est inscrite dans la liste des représentations étrangères en Allemagne fédérale, et qu'à ce titre elle peut faire paraître ses bilans d'activités dans le journal officiel, le *Bundesanzeiger*[38].

La mission déploie, en outre, de grands efforts pour publier en Allemagne de l'Ouest des informations sur Israël et diffuse un bulletin intitulé *Israel Informationsdienst*. Les données répandues par cet organe portent non seulement sur le déroulement du traité (arrivée des marchandises en Israël, construction et mise à l'eau des navires destinés à l'État hébreu, construction d'usines en Israël avec des biens d'équipements en provenance de RFA...), mais également sur les diffé-

---

[37] State of Israel, Israel State Archives (Rosenthal, Y., ed.), *Documents on the Foreign Policy of Israel* - vol. VIII 1953, n° 141, Lettre de Yahil (Cologne, 130/02/2417/7) à Sharett, 22 mars 1953.

[38] ISA, Foreign Office, 2385/22, Lettre de Shinnar à Eytan, 9 juillet 1953, Secret.

rents aspects de la vie en Israël (informations politiques intérieures, incidents de frontières avec les pays arabes, actualité culturelle, développement du pays...). De plus ce bulletin reproduit les déclarations des dirigeants israéliens lorsque celles-ci se rapportent à la RFA et au traité. Il présente également des sélections d'articles de la presse ouest-allemande ou israélienne sur l'un ou l'autre des deux pays. En ce sens, cette publication devient vite une source d'information fondamentale pour toute personne ou administration fédérale concernée par le traité et Israël.

Il faut par ailleurs noter que, dès son installation, la mission transmet à l'AA des renseignements complémentaires, et bien sûr très orientés, sur la situation du Moyen-Orient, au moment où la République fédérale rouvre des ambassades dans cette région du monde et se trouve en quête d'informations actualisées[39].

Le travail d'information est incontestablement l'une des tâches les plus importantes que la mission de Cologne ait à accomplir. Car à cette époque les Israéliens craignent encore un retournement de l'attitude de la RFA à leur égard et, partant, l'arrêt des livraisons de marchandises. C'est ce qui explique que la politique de documentation fasse l'objet d'une discussion assez vive au sein de la mission. En effet, au début de l'année 1954, un débat a lieu entre Shinnar et son adjoint Yahil sur la place, le rôle et l'utilité d'une section d'information à Cologne[40]. Shinnar prône en la matière un service très actif, dans le but de créer en RFA un climat favorable à Israël et d'y améliorer la connaissance de l'État juif[41]. C'est pourquoi il reproche à Yahil de n'être pas assez dynamique dans ses contacts avec la presse et les personnalités politiques ouest-allemandes et de ne pas entretenir des relations suivies avec les représentants de la culture et des Églises. Dans cette situation, Shinnar tire quelques directions d'action : il s'agit en particulier de développer les rapports avec la communauté juive

---

[39] Voir par exemple les informations contenues *in* PA/AA, Abt. II, Vol. 245, 210.01/1 1949-1954, Note (210.01/1 II 1993/53 III) à l'Abt. III, 11 février 1953, Trützschler. Voir aussi BERGGÖTZ, S., *op. cit.*, en particulier p. 95 et suiv.

[40] ISA, Foreign Office, 2385/22, Lettre de Yahil au ministre israélien des Affaires étrangères, 17 février 1954, Secret.

[41] *Ibid.*, Lettre de Shinnar à Eytan, 9 février 1954.

d'Allemagne de manière à raviver des relations importantes pour l'atmosphère des réparations.

Le souci constant de Shinnar d'améliorer les relations entre Israël et la RFA apparaît également quand il relance en 1954 la réflexion sur le sujet[42]. L'initiative du responsable de la mission découle alors de l'atmosphère favorable qui règne à Bonn et d'entretiens qu'il a pu avoir lors d'une réception donnée à l'occasion de l'anniversaire du président Heuss. Son sentiment est

> « qu'il va être nécessaire de réévaluer notre position [...] et de déterminer une politique à moyen terme, c'est-à-dire pour le temps où la situation actuelle se poursuit ».

Pour cela, il faut, selon Shinnar, encourager une consultation pour « diriger l'opinion publique [israélienne] en fournissant continuellement des informations sur les progrès [effectués] dans l'accomplissement des réparations ». Et il se fixe pour but de montrer à l'opinion publique de son pays la réalité des faits en lui indiquant les possibilités de rencontre avec les Allemands. En ce qui concerne le travail spécifique de ses services, Shinnar souhaite éviter dorénavant que les fonctionnaires israéliens en poste à Cologne adoptent à l'égard des Allemands de l'Ouest une attitude trop distante. Pour lui, il n'est en effet plus possible de continuer à encourager d'une part les contacts commerciaux entre les deux pays et de multiplier d'autre part les mentions au passé tragique. Afin de parvenir à une véritable détente dans les relations entre Allemands de l'Ouest et Israéliens, Shinnar désire au contraire développer les contacts personnels et entretenir la bonne atmosphère engendrée par le déroulement sans encombre du traité.

Le responsable de la mission émet alors des propositions concrètes et propose par exemple que l'on réfléchisse au séjour de personnalités ouest-allemandes en Israël, proposition qui correspond à une attente de la part de nombreuses personnes qu'il a rencontrées en RFA[43]. De plus, il estime que le sujet de relations concrètes entre représentants ouest-

---

[42] *Ibid.*, Lettre de Shinnar à Eytan, 3 février 1954, Secret.

[43] Il évoque les cas de Franz Böhm, le chef de la délégation allemande à Wassenaar, de journalistes victimes du nazisme (c'est le cas de Erich Lüth, initiateur de l'*Aktion Friede mit Israel*, qu'il ne cite pas nommément), ou d'industriels « au passé propre ».

allemands et israéliens à l'étranger doit être abordé, tout comme celui des rapports entre délégations de RFA et de l'État juif dans les instances internationales.

La mission de Cologne confirme au fil du temps sa fonction de poste avancé dans les relations entre l'Allemagne de l'Ouest et Israël. Ainsi, en février 1954, l'un de ses fonctionnaires, Uri Naor, publie dans le *Freiburger Rundbrief* un article sur « Israël et l'Allemagne[44] ». Dans ce texte, Naor, qui s'exprime ès qualités, souligne la modification de l'attitude israélienne qui va dans le sens d'un intérêt croissant et d'une compréhension plus grande pour l'Allemagne de l'Ouest. Cette évolution découle directement de la place que la République fédérale prend au niveau mondial. Et l'attention portée à la RFA est d'autant plus importante que les États arabes pourraient bénéficier des largesses ouest-allemandes si Jérusalem restait trop réservé à l'égard de Bonn. Pour cet officiel israélien, la question intéresse donc directement l'avenir de l'État hébreu. Car l'accroissement des relations économiques entre les deux États permettra à Israël d'obtenir *in fine* son indépendance économique.

Naor se penche enfin sur un autre aspect du rapprochement germano-israélien : selon lui, si une amélioration des rapports entre les deux pays est nécessaire pour assurer la stabilité d'Israël, elle est indispensable aussi dans la mesure où elle permettrait la stabilisation politique de la RFA. Convaincu de l'importance symbolique de l'État juif, il affirme que resserrer ses liens avec la jeune démocratie ouest-allemande, c'est aussi accorder à celle-ci une reconnaissance *de facto* qui doit aider au renforcement de son système politique.

L'exposition « Altneuland Israel » déjà mentionnée illustre d'une autre manière le rôle de poste avancé qu'occupe la mission de Cologne dans les relations entre les deux pays. Au travers de sa déclaration lors de l'ouverture de l'exposition, H. Yahil, l'adjoint de Shinnar, manifeste à son tour l'intérêt de la représentation israélienne pour un rapprochement. Il indique en effet son souhait

---

[44] Il s'agit de la revue du groupe catholique de Fribourg en Brisgau favorable à de meilleures relations entre Juifs et chrétiens (*Freiburger Rundbrief*, février 1954, U. NAOR, « Israel und Deutschland », p. 10 et suiv.).

« que cette exposition puisse contribuer à accroître la connaissance et la compréhension pour ce pays, la compréhension étant bien le préalable nécessaire pour atteindre le but que votre société [la *Gesellschaft*] s'est fixé : l'Entente[45] ».

Dans l'exposition « Altneuland Israel » transparaît encore un autre aspect des attributions de la représentation d'Israël à Cologne : une vocation pédagogique qui consiste à montrer au peuple ouest-allemand que les Juifs n'ont rien à voir avec les créatures caricaturales du *Stürmer*, mais sont bien capables de construire en peu de temps un État dynamique. Bonn a donc tout intérêt à poursuivre son aide à l'édification de ce pays.

La volonté de la mission d'être sur le terrain et à l'avant-garde de la politique israélienne est également manifeste lorsque Weitzmann, son représentant à Berlin, propose que des étudiants et ingénieurs israéliens viennent séjourner en RFA : cela devrait permettre d'accélérer « l'établissement de relations diplomatiques régulières », possible « dans un temps proche » et qui ne « rencontrerait du côté israélien aucune difficulté[46] ». Et l'optimisme de Weitzmann n'est selon lui que la traduction du climat qui règne dans l'État juif depuis l'entrée en vigueur du traité : le fonctionnaire de la mission souligne en effet que la popularité d'Adenauer en Israël atténue « de manière heureuse » la « réserve psychologique » à l'égard de l'Allemagne encore témoignée il y a peu de temps par les citoyens de l'État hébreu.

Le rôle des représentants israéliens à l'étranger : le cas de Maurice Fischer à Ankara. L'évolution des points de vue israéliens est également illustrée par les contacts noués entre représentants de l'État juif et de la République fédérale à l'étranger. Ces rapports sont le résultat soit d'actions individuelles, soit d'instructions données à certains diplomates de l'État hébreu.

Il vaut la peine de s'attarder ici sur le cas du représentant d'Israël en Turquie, Maurice Fischer. En effet, dans la continuité du rôle important qu'il a joué au début du processus de réparations, celui-ci n'hésite pas à

---

[45] ISA, Foreign Office, 2413/4, « Ansprache von Dr. C. Yahil zur Eröffnung der Ausstellung Alt-Neuland Israel in Hamburg am 2. Mai 1954 ».
[46] PA/AA, Abt. III, Ref. 316, Vol. 173, Lettre du bureau de l'AA à Berlin (209.311 965/54) à l'AA, Bonn, 4 juin 1954.

évoquer très tôt le problème d'un rapprochement entre les deux pays avec son homologue ouest-allemand, Wilhelm Haas. La preuve en est fournie par un télégramme adressé à l'AA au début février 1954, dans lequel Haas précise que son interlocuteur « s'est exprimé de manière répétée auprès du ministre des Affaires étrangères Sharett pour une avancée supplémentaire dans la voie de l'établissement de relations normales avec la République fédérale[47] ».

La prise de position de Fischer rapportée par Haas est intéressante à plusieurs titres : tout d'abord elle n'est postérieure que d'un an à la ratification du traité, ce qui montre que l'évolution israélienne est spectaculaire. Le pas franchi par Fischer semble d'autant plus important qu'il ne correspond pas vraiment aux prises de position antérieures du diplomate et qu'il est « apparemment autorisé par le ministère israélien des Affaires étrangères[48] ».

Après ce premier contact, une nouvelle rencontre a lieu entre Fischer et Haas au début d'avril. Le représentant israélien a alors l'occasion de développer davantage ses idées et de montrer quelles sont les conceptions des Israéliens à l'égard de l'Allemagne. Fischer souligne certes que bon nombre de ses concitoyens sont opposés à tout rapprochement avec l'Allemagne de l'Ouest, mais il précise aussi que

> « nous sommes quelques-uns à estimer que s'il s'agit d'activer l'oubli et de renforcer le souvenir, le premier rôle devrait être réservé aux Juifs et aux Israéliens de bonne volonté et le deuxième [rôle] à tout Allemand conscient de sa dignité[49] ».

---

[47] *Ibid.*, Vol. 172, Télégramme de l'ambassade de RFA à Ankara (22) à l'AA, 9 février 1954, Haas, c'est-à-dire de la même période que la prise de position de Shinnar (v. *supra*). Cette simultanéité peut laisser supposer une consultation et une première série de sondages concertés auprès des diplomates ouest-allemands dans la perspective de relations plus étroites.

[48] Comme d'autres diplomates israéliens, il semble qu'il ait été surpris des possibilités de dialogue qui existent entre les deux pays après le début de l'application du traité, et il se fait le porte-parole de la tendance conciliatrice. Ankara semble de ce point de vue représenter une capitale pilote, comme le révèlent les souvenirs du Premier secrétaire de l'ambassade de l'État juif dans cette ville, Yohanan Meroz (MEROZ, Y., « Erinnerungen an die Frühzeit des Brückenschlags », *Aus Politik und Zeitgeschichte*, 16, 13 avril 1995, p. 3 et suiv., et BAHAGON, S. (Hrsg.), *Recht und Wahrheit bringen Frieden - Festschrift aus Israel für Niels Hansen*, Gerlingen, 1994, p. 173 et suiv.).

[49] ISA, Foreign Office, 2539/4, Lettre de l'ambassade d'Israël à Ankara (An/364/2178) au ministère, 2 avril 1954, Fischer.

L'affirmation de Fischer rapportée ici illustre bien l'évolution des milieux gouvernementaux israéliens envers Bonn. La bonne volonté que ce diplomate estime à présent nécessaire de la part des Israéliens eux-mêmes doit faire partie d'une évolution cohérente, comparable à celle exigée par Shinnar lorsque celui-ci se plaint de devoir rappeler le passé dans tous les discours qu'il prononce en Allemagne de l'Ouest[50]. Pour les Israéliens, il s'agit donc de se tourner dorénavant vers l'avenir tout en conservant à l'esprit le passé. Par ailleurs, quand Fischer évoque la « dignité » nécessaire de la part des Allemands, il a présente à l'esprit une nouvelle Allemagne plus sereine et respectueuse des sensibilités de l'État hébreu. Enfin, il faut souligner qu'ici transparaissent et la stratégie du gouvernement de Jérusalem (une stratégie de petits pas dans la voie de la normalisation) et les difficultés que celui-ci a à maîtriser les sentiments des Israéliens[51].

Mais le fait important demeure que, dès cette époque, il est possible à des représentants israéliens d'exprimer des positions qui dépassent largement les réserves exprimées au moment de la signature du traité. L'État hébreu ne peut plus tenir l'accord de réparations isolé du reste de sa politique, et celui-ci a des effets évidents sur l'évolution globale des relations germano-israéliennes et de l'état d'esprit des responsables de Jérusalem.

Dans la suite de son entretien avec Haas, Fischer confirme l'intérêt avec lequel il suit la progression des relations entre les deux pays. Il affirme sa solidarité avec l'action de Shinnar « qui, auprès du ministre israélien des Affaires étrangères, s'est expressément déclaré favorable à ce que le voyage de M. le chancelier fédéral [en Turquie] soit utilisé, de par la participation de [Fischer] aux manifestations officielles, comme une occasion d'aller un peu plus loin dans les relations avec la République fédérale ».

---

[50] Lettre de Shinnar à Eytan, 3 février 1954, voir *supra*.

[51] La lettre de Fischer n'est pas un cas unique. Le courrier de Haas qui rend compte de cet entretien (PA/AA, Ref. 316, Vol. 172, Lettre de l'ambassade de RFA à Ankara (1152/54 439/54) à l'AA, 7 avril 1954, Haas) reprend les déclarations de Fischer à l'adresse d'Adenauer, lors de son passage en Turquie : « À cette occasion il a exprimé devant le chancelier fédéral *au nom de son gouvernement* [souligné par nous] sa satisfaction face à l'évolution des relations entre Israël et la République fédérale. »

Non content de s'être déjà tant avancé sur le terrain des relations entre Bonn et Jérusalem, Fischer poursuit dans la même veine. En effet, au vu de la tournure favorable que vont prendre les liens entre la RFA et Israël, il en vient même à déclarer que « *malheureusement* beaucoup d'éléments politiques de son pays méconnaissent encore la nécessité d'une normalisation des relations[52] ». L'aveu de ce regret montre clairement quel est désormais son engouement pour la cause du rapprochement germano-israélien.

Pour finir, au-delà de la répétition d'une conviction profonde, les propos de Fischer traduisent aussi la prise en compte d'une nécessité vitale pour l'État hébreu. À ce moment en effet, Israël ne peut pas ne pas se rapprocher de la RFA s'il tient à consolider sa propre existence. Et Fischer est la personne la mieux à même d'exprimer cette préoccupation fondamentale de Jérusalem et d'envoyer dès les premières semaines de 1954 des ballons d'essai en direction du gouvernement de Bonn.

2. Accélération du processus : de la fin 1954 au printemps 1956

Le deuxième semestre 1954

À partir du deuxième semestre 1954, après avoir sondé le terrain, le gouvernement israélien décide d'accentuer le rapprochement avec la RFA. À cette époque, Jérusalem se trouve en effet dans une situation qui l'oblige plus que jamais à trouver des partenaires fiables et constants. Dans ce contexte, l'Allemagne de l'Ouest semble être le pays le plus disposé à se ranger du côté des Israéliens au Moyen-Orient, même si par moment elle donne l'impression d'agir à l'encontre des intérêts de l'État hébreu[53].

---

[52] *Ibid.*, souligné par nous.

[53] Dans une situation d'isolement qui se précise, Israël s'émeut par exemple des rumeurs selon lesquelles la RFA se tiendrait prête à ouvrir un consulat à Jérusalem, dans la partie jordanienne de la ville (depuis le cessez-le-feu de 1949, la frontière entre Israël et la Jordanie traverse Jérusalem de part en part). Cette crainte provoque une demande d'explication de la part d'Uri Naor qui s'entretient à ce propos avec Hermann Voigt, de l'AA, au début du mois de

Les raisons de l'accélération du processus. Quelles sont les raisons de l'accélération de l'évolution de l'attitude israélienne ?

En cette année 1954, les options pro-arabes de l'URSS et des pays du bloc soviétique se précisent ; ce qui provoque une grande déception chez les dirigeants de l'État juif dont beaucoup, rappelons-le, sont originaires de cette région. Par conséquent la politique de Moscou confirme chez les Israéliens non seulement la nécessité de s'ancrer à l'Ouest, mais également la conviction que le non-alignement se transforme de plus en plus en une option politique favorable aux communistes.

Mais en 1954 Israël est également déçu du bloc occidental. Les besoins économiques du pays sont certes en grande partie couverts par l'aide américaine[54], mais les USA semblent ne pas comprendre les impératifs de sécurité propres à l'État hébreu[55]. Ce fait est, pour les Israéliens, d'autant plus grave que, de son côté, la Grande-Bretagne poursuit son aide militaire aux États arabes.

Au printemps 1954, les USA se rapprochent subitement de l'Irak et proposent un pacte régional pour le Moyen-Orient. Israël refuse une telle idée car il se refuse à être mis sur le même plan que les États arabes. Et dans le cadre de sa nouvelle politique Washington va même jusqu'à accorder une aide militaire à Bagdad, ce qui constitue clairement un retournement de la situation en défaveur d'Israël.

Quelques mois plus tard, le contexte moyen-oriental s'aggrave encore pour l'État juif. En effet, après de longues tractations, la

---

septembre 1954 (PA/AA, Abt. II, Vol. 252, 210.01/35, 1950-1954, Note (206.210.01/35 12 685/54), 10 septembre 1954, Voigt, et Abt. VII, Ref. 708, Vol. 1025 : Israel, Note Abt. III (210.02/35 22 586/54), 10 septembre 1954, Voigt). Un mois plus tard, H. Yahil fait appel à Nahum Goldmann pour que celui-ci intervienne directement auprès des autorités ouest-allemandes dans la même affaire (CZA, Papiers N. Goldmann, 888, Lettre de H. Yahil à N. Goldmann, 17 octobre 1954 et lettre de N. Goldmann à H. Yahil, 25 octobre 1954).

[54] Les USA (gouvernement et Juifs américains) représentent 55 % du total des importations de capitaux.

[55] Les Américains ne sont plus disposés depuis la fin de l'année 1953 à soutenir aveuglément Israël et préconisent plutôt des plans globaux pour le Moyen-Orient (PA/AA, Abt. III, 211.00/80, Vol. 7 : Beziehungen zwischen den Vereinigten Staaten und dritten Staaten und zwischen dritten Staaten, Télégramme de l'ambassade de RFA à Washington (692) à l'AA, 13 novembre 1953, Federer, et Compte rendu (211.00 B 2482/53), 16 novembre 1953, Federer).

Grande-Bretagne conclut avec Nasser le 19 octobre 1954 un accord sur l'évacuation des troupes britanniques encore en place dans la zone du canal de Suez. Et le texte en question est signé sans aucune garantie de passage pour les navires israéliens sur la voie d'eau internationale.

Face à cette situation nouvelle, l'inquiétude des Israéliens est très vive. Le 30 juillet 1954, le représentant de l'État juif aux États-Unis, Abba Eban, exprime la préoccupation de son gouvernement face au retrait des troupes anglaises[56]. Car non seulement celui-ci supprime toute barrière entre l'Égypte et Israël mais permet aussi le renforcement du régime de Nasser. En conséquence, selon Eban, Israël se doit d'exiger des assurances de la part de l'Égypte avant qu'elle-même ne puisse être réarmée.

À la fin de l'été, la situation d'Israël paraît encore plus délicate : alors que Jérusalem ne profite d'aucun accord d'assistance avec qui que ce soit, les États Arabes sont liés aux Occidentaux par des pactes de sécurité. Eban fait une nouvelle fois part de son inquiétude aux autorités américaines et souligne l'appréhension sans cesse grandissante suscitée dans son pays par les pays arabes[57]. Et il dénonce l'attitude de Washington qui ne répond pas aux attentes de Jérusalem.

Dans ce contexte, l'État juif doit se lancer dans une politique plus volontariste afin de sauvegarder ses positions. C'est pourquoi, au mois de septembre, Sharett demande un rapprochement concret, c'est-à-dire militaire, avec les USA. Eban explique les raisons de cette requête et achève son intervention auprès des autorités américaines en exigeant le rétablissement de l'équilibre des armements au Moyen-Orient pour assurer la sécurité d'Israël. La demande présentée par l'ambassadeur d'Israël se heurte toutefois à une fin de non recevoir de la part des États-Unis.

Au mois de septembre 1954, l'État hébreu se trouve donc dans une position très inconfortable qui conduit ses responsables à s'interroger sur le devenir même de leur pays et sur les options majeures de sa politique extérieure. Cette conjoncture ne peut qu'amener le gouvernement à

---

[56] ISA, Papiers Abba Eban, 5914/26, Background Talk, 30 juillet 1954.
[57] *Ibid.*, 5914/25, Background Talk, Background remarks by ambassador Eban, 16 septembre 1954, Confidentiel.

faire preuve d'un pragmatisme grandissant vis-à-vis de ses interlocuteurs étrangers, notamment à l'égard de l'Allemagne de l'Ouest.

La conjoncture internationale ne suffit toutefois pas à expliquer comment le processus de rapprochement avec Bonn en est venu à s'accélérer. La dynamique même du traité est un élément non négligeable dans la réflexion israélienne. Sur ce point précis, un article publié par le magazine *World Today* en juin 1954 rappelle qu'au moment de la conclusion de l'accord, les dirigeants israéliens avaient souligné que celui-ci n'avait rien à voir avec la perspective de relations diplomatiques entre Bonn et Jérusalem[58]. Mais l'auteur du texte en question ajoute que cet « argument s'est montré spécieux, pour ne pas dire démagogique, puisque dans de larges domaines les relations se sont établies progressivement entre les deux pays » et « des formes de coopération, qui étaient tout à fait impensables il y a deux ans, sont devenues à présent des faits établis ».

Les formes de l'accélération du processus. Le mouvement est lancé par Moshe Sharett lui-même. C'est ainsi que le jour même où Abba Eban résume les préoccupations israéliennes face à ses interlocuteurs américains, le Premier ministre fait devant la Knesset une communication de politique étrangère[59]. Après avoir pris la précaution de réfuter les rumeurs sur l'instauration d'éventuelles relations diplomatiques avec Bonn, il poursuit en soulignant les réalités de la vie politique internationale qui s'imposent à son pays :

> « [Il] doit être clair pour nous que la puissance croissante et le renforcement de l'Allemagne, ainsi que le fait qu'elle devienne un facteur militaire sérieux, [...] sont des faits de politique internationale que l'État d'Israël ne peut pas ignorer s'il veut vivre sur le terrain de la politique [...] réelle et pas seulement dans son propre monde clos. »

Pour Sharett, Israël ne peut donc pas rester isolé du reste du monde. C'est pourquoi ses responsables doivent être en mesure d'apprécier les évolutions de la scène politique internationale, même si cela doit les amener à réviser certaines positions de principe.

---

[58] PG, « German reparations to Israel », *World Today*, 10 (6) juin 1954, p. 258 et suiv.
[59] ISA, Foreign Office, 2516/8, Addenda à la lettre au ministère israélien des Affaires étrangères du 29 février 1956, 2 mars 1956, Shinnar.

Après cette première déclaration, Sharett est amené à préciser ses idées lors d'un débat de politique extérieure qui a lieu au parlement israélien, le 16 novembre 1954. L'objet des discussions est alors l'opportunité d'une participation de la République fédérale à un congrès de sécurité sociale qui doit se tenir à Jérusalem. Dans son discours, Sharett pose une nouvelle fois la question de savoir si Israël peut se permettre de limiter lui-même son rôle dans le monde[60]. Et il estime que tel serait le cas si son pays se privait d'accueillir des congrès auxquels pourraient participer des délégations ouest-allemandes :

> « Nous ne pouvons tout simplement pas jouer un double jeu : d'une part revendiquer une place dans la communauté des peuples et nous fermer à tout contact avec [les Allemands]. »

Et Sharett poursuit son propos en soulignant qu'en l'espèce c'est également l'image que l'État d'Israël se fait de lui-même qui est en question :

> « Nous devons une fois pour toutes nous décider pour savoir si, en rapport avec notre statut international, nous sommes un État comme tous les autres, et voulons de ce fait prendre en main l'honneur juif et écarter l'humiliation millénaire, ou si nous cédons à nos sentiments qui, s'ils sont certainement justifiés, n'en nuisent pas moins à la place de notre État [...]. »

Le discours de Sharett dépasse les simples relations germano-israéliennes. Son souci majeur, on le voit, est qu'Israël devienne enfin un État comme tous les autres et atteigne la normalité désirée par les penseurs du sionisme[61]. Seule cette normalité peut lui permettre de sortir de la « mentalité d'assiégé » qui régit l'attitude de ses dirigeants depuis sa fondation et leur interdit de reconnaître leurs alliés

---

[60] De manière significative ce discours est repris par le bulletin d'information de la mission de Cologne (M. SHARETT, « Israel und Deutschland », *Israel Informationsdienst*, Nr 35, 14 décembre 1954).

[61] Voir KRIEGEL, M., « La société israélienne et le passé juif », *Le Débat*, n° 82, novembre-décembre 1994, p. 98 et suiv., et DIECKHOFF, A., *L'Invention d'une nation - Israël et la modernité politique*, Paris, 1993.

potentiels[62]. Sharett pense également qu'un tel état d'esprit empêche son pays d'occuper la place qui lui revient au sein de la communauté des nations, c'est-à-dire en fait d'agir au mieux de ses intérêts. C'est donc bien dans ce cadre qu'il convient, selon le ministre, d'envisager un rapprochement avec l'Allemagne fédérale.

Après cette déclaration du Premier ministre, les fonctionnaires du ministère israélien des Affaires étrangères les plus conscients des nécessités énoncées par Sharett peuvent naturellement s'exprimer de manière plus concrète sur l'avenir des relations entre leur pays et la République fédérale.

Walter Eytan le fait dès le mois d'octobre 1954. Il souligne que la RFA devient l'un des États européens les plus importants et que, de ce fait, il serait dommageable pour Jérusalem d'en rester à la perception juive du problème allemand[63]. Cette déclaration est un appel au réalisme qui signifie en clair qu'Israël doit faire preuve de maturité politique et se comporter enfin en État capable d'assumer toutes ses responsabilités et son avenir.

La déclaration d'Eytan ne demeure pas isolée. En novembre 1954, c'est le responsable de la Shilumim Corporation, Hillel Dan, qui s'exprime dans le même sens[64]. Pour lui, la perspective de relations plus étroites avec Bonn découle de manière naturelle du traité[65]. Car il s'agit de prévoir l'arrivée en Israël de techniciens ouest-allemands, notamment pour assurer la maintenance des biens d'équipement mis en

---

[62] Voir BAR TAL, D., ANTEBI, D., « Beliefs about negative intention of the world: A study of Israel siege mentality », *Political Psychology*, vol. XIII, n° 4, décembre 1992, p. 633 et suiv., et BAR TAL, D., « The Masada syndrome: A case of central belief », *in* MILGRAM, N. (ed.), *Stress and Coping in Time of War*, New York, 1986, p. 32 et suiv.

[63] *Jewish Observer and Middle-East Review*, vol. III, n° 45, 5 novembre 1954, p. 11, « Relations with Germany - Dan, Eytan, Shinnar advise new outlook necessary », « Nachrichtenspiegel » du Presse- u. Informationsamt, 30 octobre 1954 et *VWD*, 20 octobre 1954, « Normalisierung der Beziehungen Israels zur Bundesrepublik gefordert ».

[64] La Shilumim Corporation est la société d'État israélienne chargée de la gestion des marchandises allemandes dans le cadre du traité et dont dépend la mission commerciale de Cologne. *Shilumim* est le terme hébreu issu de la Bible, signifiant « dédommagement », choisi par les Israéliens pour désigner les réparations allemandes (voir JELINEK, Y., « Israel und die Anfänge der Shilumim », *in* HERBST, L., GOSCHLER, C. (Hg), *Wiedergutmachung in der Bundesrepublik Deutschland, op. cit.*, p. 119).

[65] *Jewish Observer and Middle-East Review*, vol. III, n° 45, 5 novembre 1954.

place depuis l'entrée en vigueur de l'accord. Ceci nécessite l'implantation permanente d'un représentant commercial ouest-allemand sur le sol israélien « afin de superviser à l'avenir l'accomplissement de l'accord de réparations et pour émettre des autorisations dans les paiements de compensations individuelles ».

Mais parmi toutes les voix qui s'élèvent, c'est celle de Felix Shinnar qui exprime le plus nettement le souhait et la volonté de progresser dans les relations germano-israéliennes. Il est encouragé en cela par des échos positifs reçus de RFA[66]. Dans une déclaration faite à Jérusalem, il appelle à son tour à faire preuve de courage le plus tôt possible pour aborder le problème de manière raisonnable[67]. Son appel se fonde sur des perspectives fructueuses pour les relations économiques entre les deux pays ; car Bonn est en mesure d'aider Israël malgré les modifications progressives du statut de l'Allemagne de l'Ouest et ses futures dépenses militaires[68].

C'est à la fin de l'année 1954 que Shinnar développe les idées les plus audacieuses et les plus précises en s'adressant directement aux fonctionnaires de l'AA[69]. Il déclare en effet que le seul moyen d'améliorer les relations germano-israéliennes est d'installer un représentant ouest-allemand en Israël.

Cette proposition marque une nouvelle phase de la politique israélienne à l'égard de Bonn. C'est la première fois que l'éventualité d'un bureau ouest-allemand en Israël est évoquée explicitement par un Israélien en présence d'un interlocuteur institutionnel. Mais il faut noter encore que, par cette déclaration propre à satisfaire l'exigence de réciprocité exprimée par certains fonctionnaires de l'AA, Shinnar va bien plus loin que les simples sondages effectués au début de l'année :

---

[66] Hallstein et Adenauer s'expriment au cours de l'année 1954 en faveur d'une avancée dans les relations entre les deux pays (v. *infra*).

[67] *Jewish Observer and Middle-East Review*, vol. III, n° 45, 5 novembre 1954.

[68] Après l'échec de la Communauté européenne de défense dont le traité n'est pas ratifié par la Chambre des députés française, le 30 août 1954, les accords de Paris du 23 octobre 1954 accordent à la RFA une entière souveraineté et la possibilité de posséder une armée.

[69] PA/AA, Abt. III, Ref. 316, Vol. 172, Note (30 652/54) à Frowein, 16 novembre 1954, Trützschler. Cette prise de position, contemporaine à la demande directe d'une aide financière de la part de la RFA fait suite à une déclaration à la *Frankfurter Rundschau* du 20 octobre 1954 qui va dans le même sens.

dans le souci de manifester les bonnes intentions israéliennes et tout en soulignant qu'il convient de préserver la prudence de rigueur, il suggère aussi de permettre l'arrivée de bateaux ouest-allemands en Israël. Or cette proposition, qui reflète en outre l'évolution de l'opinion publique israélienne, suppose nécessairement l'existence d'un bureau commercial ouest-allemand. Et Shinnar précise enfin que ce bureau « devrait aussi obtenir le droit d'émettre des visas pour la République fédérale[70] ».

Ainsi, dès la fin de l'année 1954, c'est tout simplement la réciprocité intégrale des relations qui est proposée à Bonn par l'État hébreu. Ce progrès ne s'explique pas seulement par les bonnes dispositions du responsable de la mission israélienne de Cologne, puisqu'il précise qu'il s'appuie sur une consultation effectuée auprès de toutes les parties concernées en Israël. De plus Shinnar insiste sur le fait que cette consultation a pu être menée malgré l'approche des élections générales de juillet 1955 en Israël et les risques d'utilisation politicienne de l'affaire.

En ces dernières semaines de 1954, la presse est particulièrement sensible à la modification en profondeur du climat des relations germano-israéliennes. Ainsi pour le journaliste israélien K. Loewy, il suffit de faire un voyage en Allemagne pour se convaincre qu'il « est [temps] de voir la question des relations entre l'Allemagne et Israël sous un autre jour[71] ». D'où l'appel qu'il lance à ses compatriotes :

> « Une nouvelle attitude d'Israël à l'égard de la République fédérale serait de ce fait plus qu'un geste sans signification. Bien plus, il s'agirait d'une action [...] tournée vers l'avenir. »

Quelles sont les raisons qui conduisent Loewy à lancer cette invitation impérieuse ? Pour lui, comme pour Sharett précédemment, Israël n'a tout simplement pas le droit d'aller à contre-courant de

---

[70] C'est probablement par souci de montrer Israël sous un jour moins négatif, en ne le décrivant pas en situation de demandeur dès cette époque, que Shinnar ne fait pas mention de cette première demande dans ses mémoires. Lorsque l'idée d'une représentation commerciale allemande apparaît dans ceux-ci, ce n'est qu'à partir de la mi-1955, et encore sous l'aspect d'une proposition allemande de la part de Trützschler ; d'après Shinnar, celui-ci en fait la demande afin d'éviter à l'avenir d'avoir à passer par une tierce puissance par exemple dans des affaires de visas (v. SHINNAR, *op. cit.*, chap. « Diplomatische Beziehungen »).

[71] ISA, Foreign Office, 2539/4, *Deutsche Kommentare*, 20 novembre 1954, « Reise nach Deutschland », K. Loewy, Jérusalem.

l'évolution du contexte mondial et de s'opposer à la montée de l'Allemagne de l'Ouest. D'autant plus que l'État juif a clairement besoin de l'aide de ce pays.

Loewy trouve rapidement un écho dans la presse ouest-allemande puisque dans un ordre d'idées identique le *Rheinischer Merkur* s'attache à expliquer l'évolution si rapide du contexte des relations entre les deux pays[72]. Selon l'hebdomadaire catholique, l'exécution loyale du traité par la RFA « conduit de manière inévitable à un rapprochement, qui aboutit lui-même à plus ou moins long terme à des rapports économiques et politiques normaux ». D'où le souhait de voir s'instaurer « une discussion, utile aux intérêts des deux pays, sur [la] difficile et épineuse question [des relations] qui attend depuis longtemps sa solution ».

L'idée d'un bureau commercial ouest-allemand en Israël

Le contexte international et les motivations israéliennes. On le voit, à la fin de l'année 1954, les dirigeants israéliens semblent vouloir préparer leur opinion publique à une décision aussi difficile à prendre qu'à faire accepter. En Israël, le sujet des relations avec l'Allemagne reste en effet toujours délicat du fait du poids du passé mais surtout de l'utilisation qui peut être faite de ce thème à l'approche des élections générales prévues pour juillet 1955. Ce contexte interdit donc toute déclaration trop nette sur la question. La réflexion se poursuit néanmoins et la nécessité d'un rapprochement s'impose un peu plus. Mais au total, si les offres israéliennes se concrétisent aussi rapidement, c'est en particulier grâce au retour de David Ben Gourion d'abord au poste de ministre de la Défense, en février 1955, puis à celui de Premier ministre, le 3 novembre.

En parallèle aux motifs d'ordre interne, c'est également en raison des événements extérieurs qu'Israël passe à une réflexion plus poussée sur la question et avance des propositions concrètes. Il faut dire que des nécessités techniques rendent à ce moment indispensable une amélioration des relations bilatérales. Celle-ci s'impose en effet si l'on veut

---

[72] *Rheinischer Merkur*, 26 novembre 1954, « Folgen des weltpolitischen Szenenwechsels - Vor einem Gesandten-Austausch zwischen Bonn und Israel ? »

gérer le flux sans cesse croissant des marchandises et des équipements destinés à Israël ainsi que le nombre toujours plus grand de demandes de réparations individuelles. En d'autres termes, sans une représentation ouest-allemande sur le territoire de l'État hébreu, il est impossible de venir à bout des lourdeurs administratives dues au système en vigueur[73]. En outre, une mission ouest-allemande pourrait prendre en charge les techniciens qui assurent l'entretien des machines d'origine allemande utilisées par les entreprises israéliennes.

Cependant en 1955, ce ne sont pas les problèmes techniques qui sont déterminants, mais l'évolution politique mondiale elle-même.

Sur ce plan, on assiste tout d'abord au renforcement de l'Allemagne de l'Ouest : la souveraineté ouest-allemande est confirmée lors de l'entrée en vigueur des accords de Paris, le 5 mai 1955. La RFA devient alors « un pays comme les autres », avec un statut internationalement reconnu et une intégration définitive dans le camp occidental[74]. Cette nouvelle amélioration du statut de l'Allemagne fédérale représente pour Israël la fin de l'illusion d'une Allemagne placée sous le contrôle étroit des Puissances. À présent, bien plus encore qu'après la « petite révision » du statut d'occupation du 6 mars 1951 ou qu'après le *Deutschlandvertrag* du 26 mai 1952, la RFA en tant que telle devient un interlocuteur incontournable pour l'État hébreu.

Au même moment, Israël doit constater un échec partiel de sa politique extérieure, en particulier en raison du refus persistant des États-Unis de lui assurer un soutien permanent. La demande d'un pacte d'assistance, renouvelée au début de 1955, est rejetée par les Américains qui confirment que leur objectif est d'agir dans un cadre plus large. À cette époque l'idée des États-Unis est d'établir au Moyen-Orient une organisation militaire qui permette à la fois de contrôler

---

[73] Avec le passage obligatoire par le consulat britannique de Haïfa pour toute demande de réparation. De plus, les Britanniques décident la fermeture prochaine de la section de ce consulat qui est chargée de ces opérations, ce qui rend obligatoire une solution de rechange (*Süddeutsche Zeitung*, 19 octobre 1955, « Das Verhältnis zwischen Israel und Deutschland - Ein Gespräch mit Ministerpräsident Sharett über den mühsamen Weg zur Überwindung der Vergangenheit »).

[74] La République fédérale peut entrer à l'Union de l'Europe occidentale le 7 mai, à l'Otan le 9. Les trois puissances occidentales reconnaissent ce statut en permettant à la RFA d'élever ses missions diplomatiques de Londres, Paris et Washington au rang d'ambassades.

l'URSS et sa frange méridionale, et d'empêcher l'implantation communiste dans la région, sur le modèle de l'Otan ou de l'Otase. Dans cette optique, Washington recherche la collaboration d'un maximum de pays. Et les tensions entre les pays arabes et Israël n'autorisent pas les USA à prendre trop ouvertement le parti de l'État hébreu, car dans pareille hypothèse les Arabes se retourneraient vers le camp socialiste. En clair, le seul moyen pour les États-Unis d'établir le pacte régional de sécurité est finalement de s'appuyer sur les États arabes, ce qui a lieu le 24 février 1955 avec le pacte de Bagdad.

Ajoutons à cet aspect géostratégique que l'administration républicaine, en particulier le secrétaire d'État John Fuster Dulles, adopte en 1955 une attitude de plus en plus dure à l'égard d'Israël, notamment en raison de ses interventions dans la bande de Gaza, alors placée sous administration égyptienne. Car ces opérations destinées à lutter contre des infiltrations en territoire israélien, dégénèrent à intervalles réguliers en incidents de frontières avec l'Égypte.

Dans un premier temps, à la suite du refus que les États-Unis opposent à ses requêtes, Israël se voit obligé d'abandonner l'idée d'un pacte d'assistance. D'où sa demande d'une garantie de ses frontières ainsi que de l'équilibre des armements au Moyen-Orient par les USA. Et Jérusalem, désireux de mettre les États-Unis au pied du mur et d'engager leur responsabilité face au monde, ne garde pas cette requête secrète[75]. La réponse américaine aux exigences ainsi formulées ne satisfait cependant en rien Israël : Washington admet certes les desiderata de l'État juif, mais à la seule condition que celui-ci accepte le principe d'une aide américaine aux pays arabes. Cette position est confirmée au mois d'août 1955, ce qui oblige l'État juif à préférer une aide militaire à une garantie de ses frontières, d'autant plus que l'URSS soutient de plus en plus les pays arabes.

L'espoir, déjà très faible, d'un soutien américain qu'Israël pouvait encore nourrir pendant l'été 1955, est de courte durée. En effet, lors d'une rencontre qui a lieu à Paris, le 30 octobre, Dulles informe Sharett que les USA refusent catégoriquement à la fois de garantir les frontières d'Israël et de lui livrer des armes. La priorité de Washington est alors

---

[75] Sharett s'exprime dans ce sens lors d'un discours à la Knesset le 2 mars 1955 (BIALER, *Between East and West, op. cit.*, p. 267).

plus que jamais d'appuyer les Arabes contre l'URSS, afin d'éviter que ceux-ci ne se rapprochent encore davantage de Moscou. C'est pourquoi le Département d'État ne tient pas à faire un pas qui le conduirait à aller au-delà de la Déclaration tripartite de 1950[76].

En conséquence, devant l'impossibilité de convaincre les États-Unis d'agir en leur faveur, les Israéliens décident d'abandonner provisoirement cette politique et de se tourner vers la France pour garantir leurs approvisionnements en armement.

Alors que les USA persistent à refuser toute assistance à Israël, l'évolution du contexte moyen-oriental a tout lieu d'inquiéter les dirigeants de Jérusalem. En premier lieu, l'URSS appuie de plus en plus les pays arabes et elle ne se contente pas d'établir avec eux des liens économiques. En octobre 1955, en effet, l'existence d'accords militaires entre l'Égypte et la Tchécoslovaquie est révélée. Israël, qui croyait jusque-là disposer d'un avantage certain sur les pays arabes, se retrouve subitement en position d'infériorité. Et le souci de sa sécurité ne peut que l'obliger à rechercher des sources de fournitures sûres en matière d'armements[77].

L'autre facteur qui ne peut qu'accroître l'inquiétude de Jérusalem est l'agressivité grandissante de Nasser à son égard. Celle-ci s'exprime en particulier en avril 1955, lors de la conférence des pays non-alignés de Bandung. Non seulement Israël n'est pas invité à cette rencontre, parce que considéré comme puissance « blanche » ; mais, en plus, l'État hébreu fait l'objet de prises de positions très négatives devant ce premier forum des pays non-alignés[78].

Au regard de tous les éléments qui viennent d'être répertoriés, il est clair que l'instauration de véritables relations avec la RFA ne pourrait

---

[76] Signé en mai 1950 par les États-Unis, la Grande-Bretagne et la France, ce texte garantit les frontières issues de la guerre israélo-arabe de 1948.

[77] Dans son isolement, Israël tente même à la fin de 1955 une opération de rapprochement avec l'URSS, mais la réponse de celle-ci fait dépendre une aide et un assouplissement des restrictions à l'émigration des Juifs soviétiques de l'abandon de la politique pro-américaine d'Israël. Les Juifs américains demeurant les plus généreux donateurs, Israël ne peut se permettre ce nouveau revirement de sa politique extérieure.

[78] Pour Shinnar (PA/AA, Abt. VII, Vol. 1025, Note écrite (206.244.13 5479/55), 9 mai 1955, Frowein), la non-invitation d'Israël à la conférence de Bandung confirme bien l'isolement de l'État hébreu.

pas manquer d'offrir à l'État hébreu des possibilités d'améliorer sa position dans le monde. Les milieux responsables de Jérusalem envisagent ainsi d'avoir recours à l'aide de l'Allemagne fédérale pour établir des contacts avec des pays non-alignés, par exemple en Afrique, de manière à contourner le boycott arabe[79]. Ces milieux considèrent également qu'un rapprochement avec l'Allemagne de l'Ouest permettrait à leur pays, grâce aux relations de Bonn avec les pays arabes, de se faire accepter comme partenaire de négociations en vue d'un règlement global du conflit du Moyen-Orient[80].

Propositions directes d'Israël à l'adresse de Bonn. Dans ce contexte, en 1955 la consultation initiée par Shinnar l'année précédente se poursuit ; elle bénéficie d'une atmosphère favorable qui permet d'imaginer une solution au développement des relations germano-israéliennes.

Selon certains auteurs, les échéances électorales israéliennes n'ont que peu d'influence sur les décisions de politique extérieure, en particulier sur les choix qui concernent les relations avec l'Allemagne fédérale[81]. Mais dans ce cas précis il semble bien que la concrétisation de l'idée lancée par Shinnar à la fin de 1954 soit justement freinée par des considérations de politique intérieure. En effet, la campagne en vue des élections à la Knesset, prévues pour le 26 juillet 1955, pousse le gouvernement israélien à s'abstenir de toute prise de position sur le problème. Dans les documents de l'AA, comme dans ceux du ministère israélien des Affaires étrangères, la question de l'extension des relations avec Bonn est ainsi pratiquement passée sous silence pendant cette période. Une telle réserve mérite d'autant plus d'être mentionnée que pendant les derniers mois de 1954 le processus de rapprochement s'était accéléré[82]. Il reste donc très difficile d'envisager sans passion en

---

[79] GINIEWSKI, P., « Tendances de la politique asiatique et africaine d'Israël », *Politique étrangère*, 22 (24) 1957, p. 463 et suiv.

[80] GINIEWSKI, P., « Israels Eingliederung *in* den Mittleren Osten », *Europa-Archiv*, 15 (2) 1960, p. 360 et suiv.

[81] BRECHER, *The Foreign Policy System of Israel, op. cit.*, chap. VI : « Political structure ».

[82] Le problème d'un report dû aux élections revient régulièrement dans les conversations entre représentants ouest-allemands et israéliens. C'est le cas au mois d'avril 1955, dans un entretien entre le représentant ouest-allemand au Brésil Oellers et son homologue israélien Shaltiel (PA/AA, Abt. VII, Ref. 708, Vol. 1018 : Israël, Lettre de l'ambassade de RFA à Rio de Janeiro (700.00 1164/55) à l'AA, 25 avril 1955, Oellers). Shinnar lui-même évoque le sujet en

Israël l'installation d'un représentant ouest-allemand, quel que soit son titre[83]. Et, pour confirmer cette hésitation le député social-démocrate Otto-Heinrich Greve, de retour d'un séjour dans l'État juif, s'attache à calmer les Allemands en précisant que la RFA doit encore « attendre avec patience que l'opinion publique israélienne puisse supporter d'entretenir des relations normales avec l'Allemagne[84] ».

Si, dans les premiers mois de 1955, en Israël c'est donc la discrétion qui prévaut dans les déclarations publiques relatives aux relations avec l'Allemagne de l'Ouest, celle-ci n'empêche cependant pas les rencontres secrètes et les discussions confidentielles dont le but essentiel est de préciser les missions et le statut d'un bureau ouest-allemand en Israël. C'est finalement en juin et juillet 1955, au cours de rencontres informelles entre Shinnar, Hallstein et Böhm, que les compétences d'une telle délégation sont délimitées dans leurs grandes lignes.

En outre le 19 juillet, Shinnar rencontre une nouvelle fois Frowein. Au cours de la discussion, l'Israélien définit les tâches dont la future représentation ouest-allemande, composée selon lui de trois fonctionnaires, pourrait s'acquitter :

« Cette représentation doit avoir la tâche suivante :

1. Des prérogatives consulaires (émission et prolongation de passeports, émission de visas pour des passeports étrangers, certificats conformes, etc.) ;

2. Compétences qui dépendent du déroulement de l'accord d'Israël (on pense ici surtout à l'assistance à apporter aux monteurs et

---

présence de Trützschler (fonctionnaire à la Direction des affaires politiques de l'AA) le 3 février (ISA, Foreign Office, 2516/8, Addenda à la lettre au ministère israélien des Affaires étrangères du 29 février 1956, 2 mars 1956, Shinnar) et d'Abraham Frowein le 9 mai 1955 (PA/AA, Abt. VII, Vol. 1025, Note écrite (206.244.13 5479/55), 9 mai 1955, Frowein). Il se doit de déclarer immédiatement que la création d'un établissement allemand en Israël devrait être prévue pour une date ultérieure aux élections. Celles-ci conditionnent toute déclaration sur le problème et il est prévu de relancer la consultation lorsqu'elles auront eu lieu (*ibid.*, Note écrite (308.210.02 92.19 1299/55), 19 juillet 1955, von Welck).

[83] Cette difficulté se retrouve par exemple dans le problème, déjà ancien, de la sécurité d'un éventuel représentant ouest-allemand en Israël, avec des menaces de la part des groupes extrémistes de droite (v. PA/AA, Abt. II, Vol. 1680 : Israel-Abkommen, Lettre (244.13 II 14 854/52) à H. Schäffer, vice-président du Bundestag, 22 novembre 1952, Blankenhorn).

[84] *Allgemeine Wochenzeitung der Juden in Deutschland*, 20 mai 1955.

techniciens allemands qui vont dans les prochains temps être envoyés en Israël en nombre important) ;

3. Rédaction d'attestations dans le cadre de procédures de réparation individuelle pour des personnes établies en Israël[85]. »

En apparence la proposition faite par Shinnar demeure dans les limites du traité : il s'agit de créer une représentation ouest-allemande qui soit la réplique exacte de la mission israélienne de Cologne dans le but de faciliter l'exécution de l'accord. Mais on notera aussi avec intérêt que Shinnar dit expressément que la délégation devra disposer immédiatement de compétences consulaires. Ceci confirme que l'objectif israélien semble bien de mettre un terme à la situation de déséquilibre due aux circonstances particulières du traité.

Une dernière remarque de Shinnar est encore plus importante, car elle place sa proposition à un niveau qui n'a pas été atteint jusqu'alors dans les relations entre Bonn et Jérusalem : le responsable de la mission israélienne envisage en effet que soit accordé au responsable de la future représentation ouest-allemande le titre d'ambassadeur[86].

Après les élections de juillet 1955, la réflexion se poursuit du côté israélien, sans donner lieu toutefois à une nouvelle consultation avec les fonctionnaires de l'AA. Et cette interruption est si brutale qu'à partir de l'été 1955 la *Koblenzerstraße* ne croit plus à une initiative israélienne en la matière[87]. Les doutes de l'AA ne sont levés ni par le résultat des élections israéliennes, qui confirment la première place du parti travailliste[88], ni par certaines déclarations du secrétaire général du ministère israélien des Affaires étrangères[89].

---

[85] PA/AA, Abt. VII, Vol. 1025, Note écrite (206.244.13 8476/55), 20 juillet 1955, Brückner. Cette rencontre a lieu un jour après la reprise par le bulletin d'informations de la mission d'Israël d'un article de la *Deutsche Tagepost* du 11 juin 1955 qui fait l'éloge de la ponctualité allemande dans l'exécution du traité tout comme de la qualité des produits livrés (*Israel Informationsdienst*, Nr 41, 18 juillet 1955).

[86] Shinnar lui-même a le titre de ministre plénipotentiaire dans sa fonction de chef de la mission de Cologne.

[87] PA/AA, Abt. VII, Vol. 1025, Notice Ref. 308, 9 septembre 1955, Voigt.

[88] Le *Mapaï* recule en pourcentage des voix (37,3 % des voix le 30 juillet 1951, 32,2 % le 26 juillet 1955) alors que le *Herout* se trouve renforcé (resp. 6,6 % et 12,6 %).

[89] Eytan confie en effet en juillet 1955 au doyen du corps consulaire de Jérusalem qu'Israël a bien l'intention de poser à Bonn la question des relations (*ibid.*, Lettre de l'ambassade de RFA à Amman (210 E 1338/55) à l'AA, 16 juillet 1955, Munzel).

La réflexion israélienne se développe en fait en plusieurs phases.

Dans un premier temps, le 25 août 1955, a lieu à Jérusalem une rencontre qui réunit, autour du chef de la mission de Cologne et de Moshe Sharett, des fonctionnaires du ministère israélien des Affaires étrangères. Elle aboutit à un accord de principe sur l'envoi en Allemagne de l'Ouest d'une délégation pour des négociations et sur « plusieurs moyens destinés à améliorer les liens entre nos représentants et leurs collègues allemands[90] ».

La discussion du 25 août trouve son prolongement dans une autre conférence au ministère israélien des Affaires étrangères présidée le 13 octobre par Walter Eytan[91]. Cette nouvelle rencontre permet de fixer les détails et d'arriver à un accord définitif sur l'envoi d'une délégation chargée de négocier avec Bonn. Et au cours de ces échanges de vues il est bien question de relations diplomatiques entre la RFA et Israël.

Le problème est encore évoqué au cours d'autres entretiens qui ont lieu les 8 novembre et 22 décembre 1955 entre Shinnar et Sharett et au cours des mois d'octobre et de novembre entre Shinnar et Eytan[92]. Et de toute évidence on s'achemine vers un débat sur la question au niveau gouvernemental.

À ce stade des réflexions, la partie israélienne n'est toutefois pas unanime sur le contenu des conversations qui vont s'engager avec Bonn. En effet, des tensions apparaissent au sein des milieux gouvernementaux de Jérusalem. Le rapprochement entre la RFA et Israël est certes le but de tous les responsables concernés, mais des nuances importantes persistent encore entre eux sur la manière de procéder et particulièrement sur la nature du rapprochement.

Ainsi, au mois d'octobre, Abraham Frowein, qui se rend en Israël pour un séjour d'études, apprend que Sharett prévoit d'évoquer la question du rapprochement dès l'entrée en fonction du prochain

---

[90] ISA, Foreign Office, 2516/8, Addenda à la lettre au ministère israélien des Affaires étrangères du 29 février 1956, 2 mars 1956, Shinnar.

[91] Jelinek, *Zwischen Moral und Realpolitik, op. cit.*, n° 105, Compte rendu de la réunion relative à l'Allemagne, 19 octobre 1955, Ilsar.

[92] ISA, Foreign Office, 2516/8, Addenda à la lettre au ministère israélien des Affaires étrangères du 29 février 1956, 2 mars 1956, Shinnar.

gouvernement[93]. Mais il constate que si les Israéliens sont favorables à l'établissement de relations diplomatiques, c'est une démarche progressive qui recueille les préférences[94]. Cela signifie que Bonn doit prévoir dans une première phase l'installation en Israël d'un bureau officiel ouest-allemand dont les caractéristiques correspondraient à ce que Shinnar a décrit quelques mois auparavant. Mais les prérogatives consulaires ne seraient consenties que dans une seconde phase, à la différence de ce que voulait le chef de la mission de Cologne.

Les informations rapportées par Frowein ne rendent toutefois compte que de l'attitude de certains responsables. Car, de leur côté, d'autres fonctionnaires du ministère des Affaires étrangères de Jérusalem se prononcent pour l'établissement immédiat de relations diplomatiques. Ainsi pour Walter Eytan, une telle démarche serait propice à triompher d'un seul coup des oppositions internes, notamment de celles de l'extrême droite[95].

À noter enfin qu'en ce début novembre, les Israéliens ne donnent aucune indication précise sur la date à laquelle serait lancé le processus d'instauration de véritables relations bilatérales germano-israéliennes[96].

---

[93] Le gouvernement issu des élections de juillet entre en fonction, avec Ben Gourion pour Premier ministre et Sharett comme ministre des Affaires étrangères, le 3 novembre 1955. Frowein s'était renseigné sur les possibilités d'un tel voyage destiné à collecter des informations et des impressions sur Israël dès le mois de juin 1954 (v. PA/AA, Abt. II, Vol. 252, Note (206.210.01/35 7485/54), 12 mars 1954, Frowein). Sur place, il peut se rendre compte (il rencontre Lourie [ancien consul général d'Israël à New York qui a échangé avec Riesser les instruments de ratification de l'accord de réparations], Livneh [ancien consul israélien à Munich], Yahil [ancien numéro deux de la mission de Cologne] et Ilsar [chef du département Centre Europe au ministère israélien des Affaires étrangères]) des différentes tendances présentes parmi les cercles dirigeants (PA/AA, Abt. III, Ref. 316, Vol. 172, Note écrite (206.244.13 12 813/55), 8 novembre 1955, Frowein).

[94] Voir aussi ISA, Foreign Office, 2529/2 I, Compte rendu de l'entretien entre Lourie et Frowein, octobre 1955.

[95] Eytan déclare que « il est plus utile d'emprunter un chemin sur lequel la résistance ne se ferait remarquer qu'une fois plutôt que, comme ce serait le cas dans un établissement progressif des relations, de l'appeler sur scène à chaque nouvelle étape » (PA/AA, Abt. III, Ref. 316, Vol. 172, Note écrite, 8 novembre 1955, Frowein).

[96] Dans le meilleur des cas, il s'agit d'attendre le rétablissement du « calme » dans la région et l'effacement progressif du *Herout*. Seul Shinnar évoque l'horizon mars/avril 1956 pour l'accomplissement de la première étape, c'est-à-dire l'érection d'un bureau commercial en Israël, en cas d'accord de Sharett. Lors d'un entretien avec Frowein, le 11 novembre, Livneh

C'est la première option, visant à l'établissement progressif de relations normales, que choisissent finalement les dirigeants israéliens. Ceci ressort d'entretiens entre Shinnar et de hauts fonctionnaires de l'AA, à la fin de l'année 1955[97].

Et au début de 1956, après consultation de l'intégralité des membres du gouvernement, Jérusalem rejette l'idée de s'acheminer trop rapidement vers des relations diplomatiques complètes avec Bonn[98]. Cette décision, qui ne signifie toutefois pas l'abandon total de la politique allemande de Sharett et Ben Gourion, correspond en fait à l'état d'esprit général de la population israélienne à ce moment[99]. Et pour montrer qu'une évolution est toutefois possible, l'établissement d'une représentation commerciale est accepté lors du même conseil des ministres qui, à la majorité, décide d'envoyer une « délégation économique et consulaire » à Bonn. Shinnar est chargé de préparer les négociations[100] ; et le 27 janvier 1956 il rencontre à ce titre le ministre ouest-allemand des Affaires étrangères, Heinrich von Brentano[101].

La proposition israélienne rend cependant hésitantes les autorités ouest-allemandes qui doivent encore mesurer les implications politiques de l'installation d'un consulat ouest-allemand en Israël[102]. Du fait des atermoiements de Bonn, Shinnar est contraint à multiplier les

---

déclare espérer que « l'émission de visas d'entrée allemands pourra bientôt être effectuée en Israël par une autorité consulaire allemande » (PA/AA, Abt. VII, Vol. 1028, Note écrite (206.244.13 13 057/55), 11 novembre 1955, Frowein).

[97] Avec Blankenhorn, représentant de la RFA auprès de l'Otan, à Paris le 28 novembre 1955, avec Grewe, responsable de la Direction des affaires politiques de l'AA, le 7 décembre, entretiens mentionnés dans le document du 2 mars 1956 (v. *supra*).

[98] ISA, Foreign Office, 2529/2 I, Télégramme de Sharett à Shinnar, 16 janvier 1956.

[99] Voir BEN VERED, A. (« Israel und Deutschland - Die Bedeutung der Aufnahme diplomatischer Beziehungen für den jüdischen Staat », in *Europa-Archiv*, 13/1965, p. 481 et suiv., p. 483) : « Jusqu'au début des années cinquante la proposition de procéder à l'échange d'ambassadeurs avec la République fédérale aurait encore conduit au renversement du gouvernement israélien. Par contre au milieu des années cinquante le climat avait beaucoup changé », mais ne permet pas encore d'aller trop rapidement.

[100] PA/AA, Abt. VII, Vol. 1025, Note écrite (308.210.02 92.19 21/56), 5 janvier 1956, von Welck.

[101] *Ibid.*, Vol. 1024, Note écrite de von Brentano, 27 janvier 1956, entretien avec Shinnar.

[102] CZA, Papiers Goldmann, 1111, Télégramme de N. Goldmann à M. Sharett, 13 février 1956, « Le ministère des Affaires étrangères de Bonn veut retarder l'établissement de la Commission économique de quelques mois. »

contacts préliminaires à la venue de la délégation israélienne et cherche à obtenir l'appui de personnalités ouest-allemandes favorables à son pays[103]. Il rencontre une nouvelle fois Brentano le 6 mars, mais ce n'est qu'une semaine plus tard, apparemment du fait d'une intervention d'Adenauer lui-même, que la RFA décide d'étudier attentivement la proposition israélienne. Et le 14 mars 1956, Brentano informe Felix Shinnar de l'acceptation ouest-allemande : la RFA est d'accord sur le principe de l'établissement d'un bureau commercial ouest-allemand en Israël et les détails de son statut feront l'objet de négociations secrètes. En outre, Brentano demande à son correspondant de bien vouloir user de toute son influence pour qu'un accord intervienne rapidement[104].

Comment interpréter la situation des relations germano-israéliennes au cours des premières semaines de 1956 ?

Les premiers mois de l'année 1956 constituent le deuxième temps fort des relations entre la République fédérale et l'État d'Israël, après la signature du traité de réparations, le 10 septembre 1952. La proposition israélienne d'établir une représentation commerciale et consulaire de RFA en territoire israélien, présentée officiellement au ministre ouest-allemand des Affaires étrangères le 27 janvier 1956, est l'aboutissement d'un long processus. Entamé dès l'acceptation israélienne de négocier avec l'Allemagne fédérale, le 9 janvier 1952, ce cheminement traduit une évolution fondamentale de l'attitude de l'État juif envers un pays que beaucoup d'Israéliens ne peuvent toujours pas accepter et avec lequel l'état de guerre n'est théoriquement pas encore levé. La progression favorable des relations bilatérales, inéluctable malgré les illusions de départ, connaît une accélération très rapide. Elle est le fruit du pragmatisme de dirigeants israéliens qui songent à placer leur État à égalité avec les autres pays du monde ; mais elle se déroule aussi sous la pression des événements internationaux, surtout à partir du deuxième semestre 1954.

La démarche effectuée le 27 janvier 1956 est l'aboutissement de l'avancée israélienne en direction de la RFA. Et il faut souligner ici que

---

[103] Shinnar rencontre le secrétaire général de l'AA, Walter Hallstein, le 6 février 1956, Franz Böhm le 7, Herbert Blankenhorn les 22 et 23, le secrétaire général du Parti social démocrate (SPD) Erich Ollenhauer le 27.
[104] SHINNAR, *op. cit.*, p. 113.

d'après les archives c'est bien Israël qui s'avance le plus quand la question d'un consulat ouest-allemand est soulevée, malgré les allégations de Shinnar dans ses mémoires[105]. C'est en effet l'État hébreu qui, le premier, émet cette idée et délimite les prérogatives du consulat dès le début des consultations. Par ailleurs, si le gouvernement israélien freine l'évolution du processus en proposant tout d'abord simplement l'installation d'une mission commerciale sur laquelle pourraient se greffer un consulat et, à terme, une ambassade, les dirigeants de l'État juif dans leur majorité sont très favorables à l'établissement de relations normales avec Bonn[106].

Le 14 mars 1956, au moment où Brentano fait part à Shinnar de son acceptation de l'idée israélienne, les deux pays atteignent un degré de proximité plus fort que jamais, mais qui montre aussi que ces relations sont encore très fragiles. L'acceptation ouest-allemande est en effet la consécration, pour les deux États à la fois, du dépassement du passé et du début de nouvelles relations formalisées. Mais, comme le prouvent les pages qui suivent, tous sont encore conscients du fait que cette formalisation proposée par Jérusalem ne peut en aucun cas signifier la normalisation des relations germano-israéliennes ; tout au plus ne peut-il s'agir que d'une « sécularisation » de ces rapports, pour utiliser l'expression de Moshe Dayan[107].

De son côté, en 1956, la RFA ne peut pas accepter de but en blanc la proposition des autorités israéliennes. Sa réponse dépend en effet du contexte international et intérieur : celui-ci s'impose à l'équipe gouvernementale israélienne et lui fait prendre des décisions qui ne correspondent pas aux données de départ de sa politique. Il place aussi les dirigeants et l'administration ouest-allemands dans une logique qui, quelques semaines plus tard, rend caducs les termes du courrier de Brentano à Shinnar.

---

[105] Qui tendent à démontrer que l'initiative est allemande, comme cela a déjà été signalé (SHINNAR, op. cit., chap. « Diplomatische Beziehungen »).

[106] C'est ce que constate le député chrétien-démocrate von Spreti au cours d'un séjour en Israël à cette époque (PA/AA, Abt. VII, Vol. 1025, Lettre à Hallstein, 29 février 1956, von Spreti, accompagnée d'un rapport sur son séjour en Israël).

[107] Cité par Tom SEGEV in « Der Holocaust gehört in seinen konkreten historischen Kontext », Universitas, I, 1996, p. 79 et suiv., p. 91.

3. Persistance des réticences israéliennes

Persistance des réticences israéliennes au sein du gouvernement

En 1956, comme en témoignent les nombreuses déclarations favorables à un rapprochement avec Bonn, le gouvernement israélien semble en apparence avoir évolué vers une optique radicalement différente de ses premières prises de position. Il n'en reste pas moins qu'au cours de la période en question certaines affirmations illustrent encore le refus de tout ce qui pourrait être perçu par l'opinion publique israélienne comme une normalisation des relations entre les deux pays.

Les différentes démarches qui symbolisent le rapprochement entre la RFA et Israël, par exemple la mise en place des premières relations culturelles, économiques ou financières, se déroulent ainsi d'une manière qui atteste la retenue du gouvernement de l'État hébreu. En effet, dans les différentes prises de position et consultations qu'elles suscitent, l'impression générale est toujours à la gêne : on a le sentiment que sont loin d'être oubliées les instructions insistant sur la « communication sans relation » adressées en leur temps au consul Livneh. À plusieurs reprises, le gouvernement de Jérusalem rappelle aussi que les contacts germano-israéliens doivent demeurer dans le cadre fixé par le traité. De même les discussions sur l'avenir des relations doivent exclusivement avoir lieu au sein de la commission mixte instituée par le texte. Le cabinet reste par exemple assez réticent à une libération intégrale des échanges commerciaux entre les deux pays et tient à en préserver le contrôle[108]. Et lorsque Israël désire obtenir une aide financière de la part de la RFA, il s'adresse en premier lieu aux pays

---

[108] C'est le cas au sujet de l'installation de représentants de firmes ouest-allemandes en Israël toujours retardée, malgré les promesses de départ. Voir *Handelsblatt*, 6 janvier 1954, « Vertreter in Israel zulässig », *ibid.*, 1ᵉʳ juillet 1954, « Wann sind Vertreter in Israel möglich ? Die deutsche Regelung und die Vorschläge von drüben », *ibid.*, 2 août 1954, « Umstrittene Israel Vertreter », *ibid.*, 3 novembre 1954, « Demnächst neue Warenliste für Israel - Voraussichtlich mehr Maschinen - Die leidige Vertretersfrage » et *ibid.*, 20 décembre 1954, « Streit um Israel-Vertreter geht weiter ».

membres de l'UEP afin certes d'obtenir un résultat favorable mais surtout d'éviter des consultations directes avec l'Allemagne[109].

Signalons aussi que Sharett s'empresse de diminuer l'impact du rapprochement avec la RFA tant que cela lui est permis. Répondant à un parlementaire religieux, en mars 1954, il précise que la participation de Shinnar à des cérémonies officielles ouest-allemandes ne signifie pas pour autant l'abandon des réserves à l'égard de Bonn[110]. Selon lui, les relations avec l'Allemagne fédérale sont réelles mais restent superficielles : la forme est là, mais pas le fond. Cette réponse illustre bien l'atmosphère de l'époque et les difficultés du cabinet israélien à imposer ses vues : il existe bien un état de fait qui tend à une certaine régularisation des relations, mais le gouvernement de Jérusalem doit rester attentif aux sentiments de sa population face à ses efforts de conciliation avec l'Allemagne de l'Ouest. Et la personne incriminée, Felix Shinnar, est en parfait accord avec son Premier ministre sur ce point[111].

La réserve israélienne à l'égard des relations avec Bonn est également perceptible dans les déclarations de responsables de l'État juif à l'étranger. Ainsi, lorsqu'en 1954, au cours d'un séjour en Argentine, le ministre israélien des Postes, J. Burg, est interrogé sur d'éventuelles relations diplomatiques, il déclare qu'aucune décision n'a pour le moment été prise et que lui-même ne peut s'exprimer sur la question[112]. Cette retenue pousse également les autorités israéliennes à

---

[109] Dans le cas d'espèce, le gouvernement de l'État juif ne s'adresse directement à celui de l'Allemagne fédérale qu'après réflexion, quelques mois plus tard (Abt. II, Vol. 1692, « Résumée über eine Besprechung beim Herrn Minister wegen Gewährung einer Finanzhilfe an den Staat Israel », 25 mai 1954, Trützschler).

[110] PA/AA, Abt. II, Vol. 1684 : Israel-Abkommen, Lettre de Yahil à Frowein, 23 mars 1954, Personnel - Confidentiel.

[111] En l'occurrence, Shinnar indique que, invité par le nonce apostolique en République fédérale, il a tenu à préciser le statut particulier de la mission : « je n'ai laissé place à aucun doute permettant de croire que nous avons des relations normales avec l'Allemagne » (ISA, Foreign Office, 2385/22, Lettre de Shinnar à Eytan, 3 février 1954, Secret, citation de sa lettre au nonce apostolique de Bonn : « Je prie Votre Excellence de bien vouloir m'excuser pour toute la gêne créée, d'autant plus que, comme vous le savez, à cause de notre statut spécial, je participe [à la réception] en tant qu'invité et non comme membre du corps diplomatique »).

[112] PA/AA, Abt. VII, Vol. 1047, Lettre de l'ambassade de RFA à Buenos Aires (752 507/54) à l'AA, 22 mars 1954, Terdenge.

réagir vivement lorsque certaines voix juives s'élèvent en faveur de l'établissement de relations diplomatiques[113].

En mai 1955, c'est au tour de l'ambassadeur israélien à Rangoon, David Hacohen, d'exprimer l'opinion de son gouvernement et du parti travailliste majoritaire au cours d'un entretien avec son homologue ouest-allemand Kopf[114]. Cette déclaration mérite la plus grande attention car elle donne une idée nette des hésitations israéliennes deux années après la ratification de l'accord sur les réparations. En effet, Hacohen précise que si pour M. Sharett le problème des relations diplomatiques est d'actualité,

> « [l]'homme fort au sein du gouvernement est toutefois Ben Gourion, et [qu'on] ne peut rien dire sur son opinion actuelle sur ce sujet. [Hacohen] déclare que les opinions au sein du gouvernement et du parti *Mapaï* sont très partagées ; il n'est pas sûr qu'une consultation au sein du *Mapaï* obtienne à l'heure actuelle un résultat positif. Il y a eu certes un changement fondamental dans les trois dernières années, mais sur toute l'affaire pèsent encore très lourdement les sentiments personnels des députés qui ont perdu des parents en Allemagne. »

Les exemples cités mettent à nouveau en lumière les lignes de force de la politique israélienne à l'égard de l'Allemagne de l'Ouest. D'une part, Israël insiste à de multiples reprises sur la valeur du traité et se félicite de son application loyale par la partie ouest-allemande. Mais, d'autre part, l'État hébreu semble maintenir le cap d'une collaboration limitée, conformément aux déclarations qui ont suivi la signature et la ratification de l'accord. Et s'il paraît possible pour Jérusalem de coopérer dans le cadre de la *Wiedergutmachung*, il ne semble pas envisageable d'accélérer le mouvement et de s'engager dans une formalisation des relations dix ans à peine après la fin de la Seconde Guerre mondiale.

---

[113] Par exemple après la parution, dans le journal juif américain d'expression allemande *Aufbau-Reconstruction*, d'un article favorable aux relations diplomatiques (8 octobre 1954, K. R. GROSSMANN, « Die Normalisierung deutsch-israelischer Beziehungen », pp. 7-8), réaction du gouvernement israélien *in* ISA, Foreign Office, 2539/4, Lettre de la mission au ministère israélien des Affaires étrangères, 1ᵉʳ novembre 1954.

[114] PA/AA, Abt. III, Vol. 173 a, Lettre de l'ambassade de RFA à Rangoon (150/55) à l'AA, 19 mai 1955, Kopf.

Cependant il convient de relativiser la portée des déclarations qui viennent d'être mentionnées. Dans un système politique où doit primer le compromis, elles paraissent avant tout destinées à désarmer les critiques et à atténuer la tension intérieure dans le but de mieux préparer l'étape des relations véritables entre les deux pays.

Par ailleurs, il est nécessaire de souligner que si, au début des années cinquante, Israël se rapproche de plus en plus de l'Occident, il n'en demeure pas moins soucieux de préserver son indépendance. Cette volonté apparaît notamment dans ses votes aux Nations unies où l'État juif tient, chaque fois que cela lui est possible, à se distinguer des États-Unis qui aident à la renaissance d'une Allemagne de l'Ouest souveraine et autorisent son réarmement. C'est aussi le cas lorsque Israël s'abstient au moment du scrutin sur l'entrée de la RFA à l'Association internationale des transports aériens en juin 1955.

Au total donc, si l'attitude du gouvernement israélien à l'égard de Bonn est guidée d'une part par des considérations d'ordre fondamental, elle est d'autre part l'expression de réflexions plus pragmatiques qui l'obligent à écarter une action rapide et à préférer à celle-ci la patience imposée par des contraintes intérieures. Car la vie politique israélienne ne permet pas toujours au gouvernement de Jérusalem d'agir à sa guise, et le problème des relations avec l'Allemagne fait partie des sujets sensibles qui enflamment la scène politique du pays.

C'est en premier lieu le cas à la Knesset, en particulier au moment du débat relatif à l'entrée en négociations avec l'Allemagne mais aussi à d'autres occasions[115]. Cette situation est décrite très clairement par la partie israélienne à l'adresse de fonctionnaires de l'AA : c'est par exemple le cas au moment où Shinnar multiplie, quelque temps avant les élections de juillet 1955, les consultations sur l'établissement d'un bureau ouest-allemand en Israël. Au cours d'un entretien avec un représentant de l'AA, le délégué de la mission à Berlin indique que

« Malheureusement la politique est en Israël [...] fortement influencée par les sentiments ; la prise en considération des électeurs devrait pour

---

[115] EISENSTADT écrit (*Israeli Society*, Londres, 1967) que « les relations d'Israël avec l'Allemagne ont continuellement fourni matière à controverse publique ou politique » (p. 329) et que « des affaires de politique extérieure [...], et en particulier celles qui avaient trait aux relations avec l'Allemagne, devinrent les sujets de débats houleux » (p. 340).

cela rendre impossible pour le gouvernement israélien d'entrer encore avant 1955 en relations diplomatiques avec la République fédérale d'Allemagne ; on pourrait cependant compter sur un rétablissement [*sic*] prochain des relations diplomatiques après les élections de 1955[116] ».

Ainsi, les efforts de Shinnar, exigés par son propre gouvernement, ne sont-ils destinés à rester, provisoirement, que des sondages supplémentaires puisque la proximité de l'échéance électorale empêche toute solution rapide au problème d'un bureau fédéral dans l'État hébreu. Shinnar est lui-même amené en mai 1955 à demander que l'éventuel établissement d'un tel bureau soit repoussé à une date postérieure aux élections de juillet. Il justifie cette requête en soulignant qu'il « faudrait évidemment éviter que les discussions à ce propos offrent de la matière pour la campagne électorale, ainsi elles ne doivent être officiellement entamées qu'après les élections[117] ». De surcroît, à ce moment, le gouvernement du *Mapaï* a d'autant moins intérêt à fournir des arguments à ses adversaires que les vives discussions consécutives au procès mettant en cause Rudolf Kasztner, porte-parole du ministère du Commerce et de l'Industrie, soulèvent le problème du rôle de l'Agence juive face à la *Shoah*, et placent ses principaux anciens responsables, dont Ben Gourion et Sharett, dans une fâcheuse posture[118].

Au sein des partis d'opposition

L'opposition à la politique de Ben Gourion puis de Moshe Sharett est principalement le fait des partis extrémistes israéliens, de gauche comme de droite. Souvent elle s'exprime violemment, comme à l'occasion du débat qui a lieu à la Knesset au début du mois de janvier 1952.

---

[116] PA/AA, Abt. II, Vol. 252, Lettre du bureau de l'AA à Berlin (209.210.84/54 g 694) à l'AA, Bonn, 10 novembre 1954.

[117] *Ibid.*, Abt. VII, Vol. 1025, Note écrite (206.244.13 5479/55), 9 mai 1955, Frowein.

[118] Voir SEGEV, T., *op. cit.*, chap. « C'est bien difficile pour nous, juges d'Israël » et « Son âme au diable », p. 307 et suiv., WEITZ, Y., « Changing conceptions of the Holocaust: The Kasztner case », *Studies in Contemporary Jewry*, 10, 1994, p. 211 et suiv., et du même auteur « The Holocaust on trial: The impact of the Kasztner and Eichmann trials on Israeli society », *Israel Studies*, vol. I, n° 2, automne 1996, p. 1 et suiv.

À l'extrême droite, le parti *Herout* est conduit, rappelons-le, par Menahem Begin, ancien activiste des cercles les plus radicaux du mouvement sioniste au temps du mandat britannique en Palestine[119]. De ce passé il a gardé quelques caractéristiques qui se retrouvent dans ses conceptions de politique extérieure, telles la volonté d'expansion territoriale ou l'utilisation de la force. Le *Herout* s'oppose à Ben Gourion sur l'attitude à adopter quant à la portée morale des relations entre la RFA et Israël : alors que, selon le Premier ministre, il doit être possible, pour le moins, de discuter avec l'ex-ennemi pour obtenir des réparations ; pour Begin le dialogue est absolument à proscrire. Cette attitude le conduit à créer, au mois de novembre 1951, une « Ligue pour le boycott de l'Allemagne » ; et, à cette occasion, il agit à l'encontre des intérêts de son propre pays, au moins dans le domaine économique[120]. Expression de son radicalisme, au cours des émeutes qui menacent directement le bâtiment de la Knesset, dans les journées du 7 au 9 janvier 1952, il déclare :

> « Ce sera une guerre à mort. Les milliers de personnes qui se tiennent ici sous la pluie battante montrent que la colère populaire a éclaté à plein. Il n'est pas un Allemand qui n'ait pas assassiné nos pères. Adenauer est un meurtrier. Tous les Allemands sont des assassins[121]. »

Au cours des négociations de Wassenaar, le *Herout* poursuit une opposition absolue à la politique de Ben Gourion. Il critique une initiative qui, d'après lui, va éloigner Israël de la France, et il apporte son soutien à la politique anti-allemande de l'URSS. Mais pour Begin, il s'agit avant tout de dénoncer toute démarche qui amènerait à accepter de l'argent entaché de sang, car par là on déshonorerait la mémoire des millions de victimes juives dont le *Herout* se veut le représentant.

---

[119] Voir SCHATTNER, M., *Histoire de la droite israélienne - De Jabotinsky à Shamir*, Bruxelles, 1991.

[120] PELEG, F., « The foreign policy of Herut and the Likud », *in* REICH, B., KIEVAL, G. R. (ed.), *Israeli National Security Policy - Political Actors and Perspectives*, New York-Westport-Londres, 1988, p. 55 et suiv.

[121] Cité *in* ORLAND, N., « Die deutsch-israelischen Beziehungen aus der Beurteilung von Begin», *Orient - Zeitschrift für Politik und Wirtschaft des Orients*, 24 (3), septembre 1983, p. 458 et suiv.

Après la signature du traité de Luxembourg, Begin prolonge son action contre les contacts avec la RFA. Il entreprend par exemple une série de conférences aux États-Unis dans le but d'éveiller la solidarité des Juifs américains avec ses idées. Et il s'oppose naturellement à la venue d'Allemands en Israël, symbole même du rapprochement honni entre les deux pays[122].

Les protestations de Begin rencontrent un écho très favorable en Israël. Le caractère passionné des discours qu'il prononce traduit en effet les sentiments profonds d'une opinion publique en grande partie originaire d'Europe et dont beaucoup ont connu directement les horreurs commises par les nazis. Begin met en jeu la fibre émotionnelle et se sert de ce moyen pour contrecarrer la *Realpolitik* des Premiers ministres du *Mapaï*[123]. Et l'agitation permanente qu'il provoque contraint le gouvernement israélien à envisager un éventuel départ de Shinnar de Cologne[124].

Mais l'activisme du *Ḥerout* à l'encontre de la politique de Ben Gourion et du *Mapaï* semble ne pas répondre seulement à des impératifs idéologiques nobles et défendre l'honneur des Juifs exterminés par les nazis. En effet, l'affaire des réparations et le rapprochement progressif avec l'Allemagne de l'Ouest lui offre une occasion unique de reconquérir des suffrages, après un passage à vide à la fin des années quarante et au début de la décennie suivante. Sa dénonciation violente des réparations fait partie de cette stratégie de reconquête, et Begin n'hésite pas alors à contredire ses opinions passées : à la fin des années quarante il avait lui-même été favorable à des réparations en provenance de l'Allemagne et il avait même été jusqu'à reprocher au *Mapaï* la « modestie » des revendications israéliennes[125].

---

[122] C'est ainsi qu'il dénonce celle d'Abraham Frowein, fonctionnaire de l'AA et ancien négociateur à Wassenaar, à la fin de 1955 (PA/AA, Abt. III, Ref. 316, Vol. 172, Note écrite (206.244.13 12 813/55), 8 novembre 1955, Frowein).

[123] Il déclare ainsi à propos de la réaction anti-israélienne et anti-allemande du Caire, après la signature du traité : « L'action du général Néguib contre les réparations est la punition de la providence divine contre le fait de la signature de l'accord honteux par Israël », *Presse u. Informationsamt*, 26 novembre 1952, « Die Presse Israels zum arabischen Vorstoß ».

[124] PA/AA, Abt. III, Ref. 316, Vol. 172, Note écrite (700.01/35 II 10 425/53) à Hallstein, 25 juillet 1953, Frowein.

[125] SEGEV, T., *op. cit.*, chap. « Du gaz contre des juifs », p. 255 et suiv.

De plus, aux yeux de Ben Gourion, le Herout n'est absolument pas intéressé par une amélioration de la situation intérieure du pays : s'il crée une agitation permanente en prenant pour argument la question des relations germano-israéliennes, c'est parce qu'il voit dans le chaos la meilleure façon d'accéder au pouvoir[126]. Et depuis les manifestations organisées au début de janvier 1952, ce parti est effectivement soupçonné de vouloir changer le système politique israélien par la force. Les revirements politiques du parti de Menahem Begin et son alliance tacite avec le *Mapam*, en dépit des divergences idéologiques entre les deux formations, ne peuvent que renforcer cette opinion.

À gauche de l'échiquier politique israélien se trouve le *Mapam*, parti socialiste de gauche, également opposé à tout rapprochement avec l'Allemagne de l'Ouest. Ses raisons sont toutefois différentes de celles du Herout[127]. Si pour lui l'Allemagne fédérale n'est pas un partenaire acceptable, cela tient surtout à ses options idéologiques qui le rapprochent de la RDA. Pour le *Mapam*, dont la position exprime l'esprit de la guerre froide, il s'agit d'opposer un veto au rapprochement avec une Allemagne de l'Ouest qui n'a pas encore totalement abandonné le nazisme. Et d'après lui, la politique allemande de Ben Gourion et de Sharett n'est en fait que l'une des illustrations de l'option occidentale adoptée par Israël depuis son soutien aux États-Unis au moment de la guerre de Corée.

L'opposition du *Mapam* à la politique du gouvernement se manifeste par exemple au mois de mars 1954 lors de la visite en Israël de Franz Böhm, ancien responsable de la délégation ouest-allemande à Wassenaar. Dans un article de son organe *Al Hamishmar*, le parti dénonce ce séjour comme l'utilisation du passé antinazi de Böhm, destinée à faire croire à une visite innocente. Pour lui,

> « cette circonstance doit bien plus servir à faire oublier la signification politique de cette visite, et on peut supposer que Böhm est venu en

---

[126] Voir ORLAND, *op. cit.*, p. 461.
[127] Voir BARZEL, N., « Les attitudes du Mapam à l'égard de l'Allemagne de l'Est sur fond de Shoah », *Dappin le-sheker - tkoufat ha-Shoah*, vol. XI, Haïfa, 1993, p. 151 et suiv. (en hébreu).

Israël au su et peut-être même à la demande du gouvernement d'Adenauer[128] ».

Et le journal d'ajouter qu'il faut lutter contre de telles visites dont la finalité est de préparer la « stabilisation » des relations entre les deux pays. Car la venue de Böhm ressemble à ses yeux à un véritable séjour officiel : le fait qu'un fonctionnaire du ministère israélien des Affaires étrangères voyage avec lui au travers du pays prouve bien que Böhm n'est pas seulement l'invité de la mission d'Israël en RFA.

Enfin, au moment où Moshe Sharett exprime la volonté de pratiquer une politique plus réaliste, à partir de septembre 1954, les deux extrêmes de l'échiquier politique israélien se retrouvent dans une commune opposition à toute avancée vers l'Allemagne de l'Ouest. Ils en donnent une preuve définitive par la protestation qu'ils émettent à la suite d'une déclaration sur l'installation d'un consulat ouest-allemand en Israël[129].

Au sein des milieux économiques

L'accord de réparations et le rapprochement entre l'État hébreu et la République fédérale provoquent aussi en Israël des oppositions pour des raisons économiques. Quelques remarques de ce type émanent de représentants de l'industrie : là on craint l'étouffement de l'économie du pays sous l'afflux des marchandises issues des réparations.

La méfiance des milieux industriels israéliens est surtout présente au moment des négociations de Wassenaar. Elle traduit la peur d'une trop grande dépendance à l'égard de l'économie fédérale, dépendance déjà vérifiée avec un boycott des produits ouest-allemands de plus en plus

---

[128] Cité *in Die Neue Zeitung*, 24 mars 1954, « "Aktion Franz" oder deutscher Besuch in Israel ».
[129] PA/AA, Abt. II, Vol. 1686, Note écrite (308.210.01 E 25 550/50), 9 octobre 1954, Voigt. À la fin de la période en question les deux principaux partis d'opposition reviennent encore sur leur refus de relations avec Bonn. C'est en particulier le cas au moment où il est question d'un rapprochement plus concret, à la fin de l'année 1955, comme le décrit à Buenos Aires le président de la section des Affaires étrangères du parti des « sionistes généraux », Georg Flesch (PA/AA, Abt. VII, Vol. 1047, Lettre de l'ambassade de RFA à Buenos Aires (211 3901/55) à l'AA, 21 décembre 1955, Terdenge).

inefficace[130]. Le président de l'Association industrielle pour Israël, Arie Schenkar, déclare par exemple à la fin de l'année 1952 que « personnellement [...] [il] n'autorisera [...] pas l'importation de produits finis allemands en Israël » afin de protéger une industrie en plein développement. C'est pourquoi les entreprises israéliennes qui nouent des liens avec des sociétés ouest-allemandes sont dénoncées pour leur peu de conscience[131]. Cette attitude se retrouve dans le fait qu'à cette époque l'homme de la rue israélien semble ne pas comprendre l'intérêt de son pays pour les futures livraisons ; et cet état d'esprit le pousse à les rejeter puisqu'elles n'ont rien à voir avec une quelconque réconciliation et ne peuvent aboutir ni au pardon ni à l'oubli[132].

Les récriminations israéliennes dues à des raisons économiques, en fait déjà peu nombreuses au départ, disparaissent rapidement grâce au bon déroulement de l'accord de réparations et à l'essor qu'il provoque dans l'économie israélienne[133].

Au sein de l'opinion publique israélienne

Comme on peut l'imaginer, les principales réticences au rapprochement germano-israélien initié par les autorités de Jérusalem émanent de l'opinion publique de l'État juif. Ce refus n'est cependant pas uniforme et il n'est pas constant au fil de la période étudiée. Il est fait, pour utiliser les termes de l'historienne israélienne Neima Barzel, de « respect, haine et souvenir »[134].

Ces sentiments expliquent tout d'abord qu'une partie de l'opinion publique ait pu répondre à l'appel virulent de M. Begin au début du mois de janvier 1952. Les incidents qui marquent les discussions sur l'engagement de négociations avec la RFA sont la traduction dans les faits de la violence exprimée sur les banderoles des manifestants. Mais

---

[130] Presse u. Informationsamt, 29 juillet 1952, Tel Aviv, 28 juillet 1952 et *VWD*, 29 juillet 1952, « Einfuhren deutscher Waren nach Israel gegenüber 1951 fast verdoppelt », *Arbeiter Zeitung* (Bâle), 12 août 1952. Malgré les mesures de restriction, les échanges commerciaux se montent en 1952 à 739 000 dollars (chiffre cité *in VWD*, 29 juillet 1952).

[131] *dpa*, 15 juillet 1952, « *Jedioth Hayom* gegen "würdelose Reparationsgeschäfte" ».

[132] *Der Tagesspiegel*, 8 octobre 1952, « Israel will nicht vergessen ».

[133] Voir JELINEK, « Implementing... », *op. cit.*, p. 265.

[134] BARZEL, N., « Respect, hatred and remembrance in the debates over the reparations from Germany », *Yad Vashem Studies*, 1994, p. 247 et suiv.

ces paroles sont plus dirigées contre le gouvernement Ben Gourion que contre l'Allemagne de l'Ouest. Constituant de fortes prises de position, elles marquent les souvenirs des personnes qui ont écrit sur la question[135], comme les analystes qui s'y sont intéressé. C'est cet état d'esprit qui marque les consciences. Par conséquent Israël garde alors, dans la droite ligne des dernières années du mandat britannique, la réputation d'être un pays dangereux, dans lequel les Allemands ne doivent pas se risquer. Les comptes rendus de l'époque reflètent précisément cette atmosphère délétère : poursuite des actions dirigées contre l'accord, que ce soit avant ou après la ratification[136].

Malgré cette fermeté initiale, l'opinion israélienne doit rapidement se faire une raison, à l'instar de son gouvernement : il n'est pas possible à l'État hébreu de rester isolé, des contacts sont nécessaires pour permettre la stabilisation de l'économie du pays. Cette évolution pragmatique donne lieu à la persistance d'un décalage entre émotions et nécessités réalistes parmi la population. Comme l'analyse l'ambassadeur français à Tel Aviv, le 20 août 1953 : « L'homme de la rue n'en hait pas moins l'Allemagne, mais il a compris que les sommes versées par la République fédérale étaient aujourd'hui d'une importance vitale pour l'État d'Israël[137]. »

Les années qui suivent ne permettent pas de repérer précisément l'attitude de l'opinion publique israélienne à l'égard du rapprochement avec la RFA. Aucune crise profonde n'amène en effet la population à s'exprimer directement là-dessus, à l'instar des incidents antisémites en Allemagne, à la fin de la décennie, ou du procès Eichmann, au début des années soixante. Mais s'il faut croire le soutien qu'apportent les Israéliens au *Mapaï* lors des élections de juillet 1955, on doit y voir l'approbation de sa politique, en particulier de ses initiatives en direction de Bonn.

---

[135] Voir PRIMOR, A., *op. cit.*, pp. 51-53.

[136] Voir les analyses de l'ambassade de France à Tel Aviv, Archives du ministère des Affaires étrangères, Paris (par la suite = Quai d'Orsay), Direction Europe, Allemagne, carton 439, Lettres de l'ambassade de France à Tel Aviv au ministère des Affaires étrangères (MAE), (346/AL) 12 mars, Debroise, (576/AL) 16 avril et (595/AL) 22 avril 1953, Gilbert.

[137] *Ibid.*, Lettre de l'ambassade de France à Tel Aviv à MAE (1642/AL), 20 août 1953, Gilbert.

Au sein de cette population, les nouveaux Israéliens d'origine allemande adoptent une attitude globalement similaire. Ayant directement connu et souffert de la barbarie nazie, pour eux le trouble est plus profond encore. Il est évidemment fonction du sentiment éprouvé à l'égard d'un pays dans lequel ils s'étaient trouvés parfaitement intégrés, qui les a brutalement rejetés, et même organisé leur extermination. Le souvenir de l'« autre Allemagne » reste toutefois profondément inscrit dans les esprits de ces personnes, d'où leur possibilité d'accepter, malgré tout, des avancées en direction de Bonn. Et même les *Yekkes*, comme les appellent les Israéliens, deviennent par moment les focalisateurs de la réconciliation[138]. Leur évolution est telle que, parallèlement à l'amélioration de la situation des Juifs et à la stabilisation de la démocratie d'Allemagne fédérale, nombreux sont les candidats au retour dans la mère patrie[139].

4. Les hésitations de l'État juif face aux contacts entre représentants ouest-allemands et israéliens

Au total, l'évolution d'Israël dans ses relations avec la RFA, avec ses avancées et ses hésitations, peut également être étudiée au travers du problème des contacts entre représentants des deux pays dans le monde[140].

La situation de départ

Dans les premiers temps, on l'a vu, l'attitude israélienne est généralement empreinte d'une grande réticence, sinon d'un refus complet de tout rapport entre diplomates des deux pays. Car de tels contacts pourraient être considérés comme l'acceptation de l'existence de

---

[138] BARZEL, N., « The attitude of Jews of German origin in Israel to Germany and Germans after the Holocaust, 1945-1952 », *in Leo Baeck Institute Year Book*, 1994, p. 271 et suiv.

[139] Quai d'Orsay, Direction Europe, Allemagne, carton 439, Lettre du haut-commissariat de France à Bonn (1960) à MAE, 22 septembre 1953, Bérard.

[140] À ce propos voir l'étude de JELINEK, Y. et WOLFFSOHN, M., « Berührungsängste und Rollenwechsel. Eine Miszelle zu den ersten deutsch-israelischen Diplomatenkontakten, 1952-1955 », *Orient - Deutsche Zeitschrift für Politik und Wirtschaft des Orients*, 2, juin 1988, p. 282 et suiv.

l'Allemagne fédérale, donc comme sa reconnaissance, ce qui reste impensable[141].

La RFA agit néanmoins rapidement pour encourager des rencontres entre ses représentants et leurs homologues israéliens dans les pays tiers. En agissant de la sorte, elle met le plus souvent les diplomates de Jérusalem dans l'embarras ; c'est ce que révèle le courrier des représentants de l'État hébreu à leur ministère des Affaires étrangères dès l'été 1950[142]. Ces lettres sont à la fois une mine d'informations et une somme de questions sur la conduite à tenir dans le cas de rencontres. Les diplomates israéliens doivent alors faire face à un dilemme : respecter la politique du refus ou se conformer aux usages diplomatiques. Le ministère des Affaires étrangères ne répond tout d'abord que de manière imprécise aux interrogations de ses représentants[143]. Très rapidement, toutefois, la nécessité de définir une ligne de conduite uniforme s'impose. À cette fin, au mois d'août 1950, une circulaire est diffusée pour préciser l'attitude à adopter[144] : il y est précisé que si un diplomate ouest-allemand manifeste le souhait d'établir des contacts, ses homologues israéliens sont priés de rester distants, de ne pas répondre à d'éventuelles lettres, de refuser toute entrevue et d'écourter toute rencontre organisée par un tiers. Car il importe de montrer aux représentants de Bonn qu'il est encore beaucoup trop tôt pour envisager des relations officielles[145].

Le problème des contacts dans les pays tiers est à nouveau présent au moment des négociations de Wassenaar. Ainsi, dans un courrier de juillet 1952, l'ambassadeur d'Israël à Londres, E. Elath, indique que Schlange-Schöningen, représentant de Bonn dans la capitale britannique,

---

[141] Voir l'exemple, déjà cité, de la protestation du consul d'Israël à Amsterdam contre la présence de son homologue ouest-allemand lors d'une réception.

[142] ISA, Foreign Office, 2539/7a, Lettre de Tolkovsky, Berne, à Eytan, 27 juillet 1950, Lettre de l'ambassade d'Israël à Rome au ministère des Affaires étrangères, 5 mars 1951, ou Lettre du ministère des Affaires étrangères à l'ambassade d'Israël à Bombay, 3 juin 1951.

[143] *Ibid.*, Lettre d'Avner à Eytan, 20 août 1950.

[144] *Ibid.*, 2413/2a, Circulaire d'Eytan aux représentations diplomatiques à l'étranger et aux différentes sections du ministère, 31 août 1950.

[145] Le cas des indications adressées à Tolkowsky est éloquent. Dans une lettre que lui envoie Avner le 14 mars 1951 (ISA, Foreign Office, 2539/7a), il est précisé que le diplomate israélien doit « dans son attitude [effectuer] une démonstration du mépris de son peuple pour la nation allemande » (cité *in* JELINEK/WOLFFSOHN, *op. cit.*, p. 283).

désire l'inviter à des fins personnelles[146]. Pour Elath, qui répond par la négative, cette invitation fait partie d'une véritable campagne ouest-allemande en direction des Israéliens, « destinée à établir, si ce n'est des relations officielles entre nos deux gouvernements, au moins alors des relations informelles entre nos représentants dans les diverses capitales dans lesquelles ils sont accrédités ». Pour corroborer ses dires, Elath cite les cas d'Abba Eban et de Maurice Fischer qui aux États-Unis et à Paris ont fait l'objet de telles approches ; et il termine son propos par une mise en garde contre toute réponse positive.

Il fallait mentionner ici la prise de position négative d'Elath car elle confirme bien les hésitations israéliennes dans le problème en question. En effet, le diplomate s'inscrit en faux par rapport à l'initiative d'autres représentants israéliens à Londres qui, peu après la proposition de négociations faite par Adenauer devant le Bundestag, avaient spontanément pris contact avec Schlange-Schöningen[147]. Cette déclaration d'Elath va certes dans le sens d'un raidissement de l'attitude israélienne, mais elle montre aussi très clairement que les représentants israéliens à l'étranger sont loin d'adopter une attitude unique face à l'Allemagne.

Tentative d'adaptation à l'évolution du contexte

Après la signature et la ratification de l'accord germano-israélien, l'État hébreu tente d'adapter à la nouvelle donne diplomatique la ligne de conduite édictée en août 1950. Mais cela se fait avec beaucoup de réticences. Ainsi, dans une circulaire secrète du 30 septembre 1952, le ministère des Affaires étrangères donne une nouvelle fois pour instruction d'éviter tout contact avec les diplomates ouest-allemands[148].

---

[146] ISA, Foreign Office, 2539/3 a II, Lettre de l'ambassade d'Israël à Londres au ministère des Affaires étrangères, 8 juillet 1952, Elath, Secret.

[147] Schlange-Schöningen avait lui-même qualifié cette initiative de « remarquable » (voir *supra*). À l'époque de cette première initiative de rapprochement, Elath est encore en poste à Washington.

[148] State of Israel, Israel State Archives (FREUNDLICH, Y., ed.), *Documents on the Foreign Policy of Israel* - vol. VII 1952, n° 472, Lettre d'Eytan (130.02/2413/12) aux représentations israéliennes dans le monde, 30 septembre 1952. Cette circulaire est modifiée le 26 octobre 1953 (ISA, Foreign Office, 3099/26, Lettre de l'ambassade d'Israël à Bangkok (T/4321) au ministère des Affaires étrangères, 31 décembre 1956, Jacobsohn).

Toutefois il précise que des rencontres ne peuvent être envisagées sans examen préalable du passé des éventuels interlocuteurs.

Le problème en question n'est pas sans importance car il est amené à se présenter très souvent du fait des sollicitations des diplomates ouest-allemands. Ainsi, seulement quelques semaines après l'envoi de la lettre circulaire du ministère, le représentant israélien à Athènes, Moissis, s'adresse à Jérusalem pour solliciter un avis. Cette interrogation fait suite à une déclaration du chargé d'affaires ouest-allemand, Knoke, en faveur de relations normales entre les deux pays, donc entre leurs représentants[149].

La multiplication des rencontres dans des pays tiers, ou même la simple éventualité de celles-ci, oblige progressivement Jérusalem à réagir de façon réaliste. Dans sa réponse à un courrier du représentant israélien à Sydney, Walter Eytan tente par exemple d'envisager les solutions possibles dans pareil cas[150]. À son avis, « [le] problème des relations avec les diplomates allemands ne peut plus faire l'objet d'une réglementation globale », mais « [la] règle de base est qu'il ne devrait pas y avoir de fraternisation démonstrative[151] ». Si le diplomate qui sollicite un contact a un passé plus ou moins teinté de nazisme, il est clair pour Eytan que toute relation est *ipso facto* exclue. En revanche, si l'interlocuteur potentiel a un passé hors de tout soupçon, alors le ministère n'a pas d'objection à formuler contre des relations personnelles. Eytan demande toutefois que ne soit pas oublié un élément fondamental qui doit guider le comportement de tout diplomate israélien à l'étranger et écrit : « Faites attention aux Juifs ! » Chacun doit donc avoir à l'esprit que, s'il est le représentant d'un pays, il est aussi responsable de son comportement face à la communauté juive de son lieu de résidence[152].

---

[149] *Ibid.*, 2539/7 a, Lettre de l'ambassade d'Israël à Athènes au ministère des Affaires étrangères, 4 novembre 1953, Moissis.

[150] *Ibid.*, 2413/7a, Lettre de Nurock (consul d'Israël à Sydney) à Walter Eytan (4071/6065/S/11 147), 30 novembre 1953, Confidentiel.

[151] *Ibid.*, Lettre de W. Eytan à M. Nurock, 15 décembre 1953, Secret.

[152] À ce propos voir INBAR, E., « Jews, Jewishness and Israel's foreign policy », *Jewish Political Studies Review*, vol. II, n° 3-4, automne 1990, p. 165 et suiv. Si Eytan voue une telle attention aux communautés juives des pays concernés, cela s'explique par le fait qu'il connaît leur sensibilité, dont il est lui-même la cible lorsqu'il avance publiquement ses idées en

Quelle est la conclusion de Walter Eytan ?

« Personnellement je suis absolument insensible aux Allemands (aussi longtemps que je n'ai pas à les rencontrer ou à visiter leur pays) mais vous savez comme moi comment la majorité des Juifs et Israël pensent à leur propos, et ainsi vous comprendrez les limites prudentes que ce sentiment impose au comportement des représentants d'Israël. »

Dans cette lettre, Eytan s'affirme comme le représentant réaliste d'une politique qui a pour finalité de montrer qu'Israël est un État indépendant et moderne. Son objectif essentiel est en effet de voir s'accroître le nombre des États amis d'Israël de par le monde. Mais, au total, au vu du caractère sensible de l'affaire discutée, Eytan conclut à l'impossibilité provisoire des contacts évoqués par Nurock.

La discussion se poursuit pendant des mois au sein de l'administration israélienne des Affaires étrangères. Elle traduit bien, du fait de son intensité, les hésitations de l'État hébreu face à l'idée d'une quelconque formalisation des relations avec Bonn. Mais elle se déroule à un moment où dans ce domaine une véritable dynamique est en marche : c'est celle-ci qui s'impose.

Le rapprochement entre diplomates comme symbole du rapprochement entre les deux pays

En 1954, une discussion, déjà signalée, entre les représentants israélien et ouest-allemand à Ankara permet de relancer le problème et de faire le point sur l'état d'esprit en Israël. Et d'après des observations personnelles, l'ambassadeur de la République fédérale en Turquie, W. Haas, estime alors que le climat au ministère des Affaires étrangères de Jérusalem semble progresser dans la voie d'un rapprochement. Il indique en effet à l'AA, au début de février 1954, que le nouvel ambassadeur israélien Maurice Fischer agit avec le

---

matière de politique extérieure réaliste. C'est ainsi que le magazine juif anglais *Jewish Observer and Middle-East Review* (vol. III, n° 45, 5 novembre 1954, p. 8, « Germany and Israel: Normal relations ? », et p. 11, « Relations with Germany - Dan, Eytan, Shinnar advise new outlook necessary ») réagit de manière vive à ses déclarations en faveur d'un rapprochement avec la RFA. De même le magazine juif américain *Jewish Frontier* (ISA, Foreign Office, 2413/3 b, Lettre d'Eytan à *Jewish Frontier*, New York, 1ᵉʳ février 1955).

consentement de son ministère dans ses contacts avec les Allemands[153] ; qu'il s'agisse pour lui de participer aux réceptions organisées par le gouvernement turc lors de la visite officielle d'Adenauer, ou d'accepter une invitation de l'ambassadeur de la RFA à une réception du corps diplomatique[154].

Ce qui se passe à Ankara n'est pas un exemple unique, comme le prouvent d'autres témoignages : des discussions entre représentants des deux pays ont lieu à Ottawa[155], à Rio de Janeiro[156] et surtout à Londres où Elath parvient peu à peu à dépasser ses réticences à l'égard de son homologue ouest-allemand. Dans le cas de la capitale britannique, il s'agit même de véritables contacts professionnels entre les deux légations, au moment où la représentation de la République fédérale change de chef de mission[157]. L'affaire est discutée entre Elath et Eytan, avec les mêmes soucis que dans les courriers précédents, notamment en ce qui concerne la communauté juive britannique[158]. Et le rapprochement prend même un tour spectaculaire quand le nouvel ambassadeur ouest-allemand, Jonny von Herwarth, va jusqu'à serrer la main d'Elath, geste dont il connaît la portée en tant qu'ancien responsable du protocole de l'AA. L'ambassadeur israélien suggère certes d'être discret sur cet épisode[159] ; mais il estime qu'il ne faut pas non plus revenir en arrière puisque « tout autre comportement ne ferait que provoquer une amertume qui n'est pas nécessaire et n'aurait aucun effet sur nos relations *de facto* avec l'Allemagne ». Fait significatif

---

[153] PA/AA, Abt. III, Ref. 316, Vol. 172, Télégramme de l'ambassade de RFA à Ankara (22) à l'AA, 9 février 1954, Haas.

[154] Cet entretien n'est pas isolé puisque les archives de l'AA et celles du ministère israélien des Affaires étrangères comportent d'autres traces de rencontres entre les deux personnages (voir *supra*). Et la relation *de facto* qui existe à Ankara se poursuit (*ibid.*, Vol. 173 a, Lettre (565/55), 22 février 1955) et se développe pour atteindre le niveau de relations de travail (à l'occasion de cette nouvelle rencontre Fischer aborde en effet ses « problèmes et préoccupations » en matière de politique extérieure israélienne en général).

[155] ISA, Foreign Office, 2400/15, Lettre de l'ambassade d'Israël à Ottawa (2172/123/44) à Eytan, 3 janvier 1955, Comay.

[156] PA/AA, Abt. VII, Ref. 708, Vol. 1018 : Israel, Lettre de l'ambassade de RFA à Rio de Janeiro (700.00 1164/55) à l'AA, 25 avril 1955, Oellers.

[157] ISA, Foreign Office, 2413/7 b, Lettre d'Elath (EE/35/22 711) à Eytan, 9 mai 1955, Confidentiel.

[158] *Ibid.*, Lettre d'Eytan à Elath, 22 mai 1955.

[159] *Ibid.*, Lettre d'Elath (EE/228.38) à Eytan, 15 juin 1955.

encore : Elath prend pour argument la comparaison entre sa situation à Londres et celle de Felix Shinnar à Bonn pour encourager de meilleures relations de son côté[160].

Dans sa correspondance avec le ministère israélien des Affaires étrangères, Elath poursuit l'évocation de ses difficiles contacts avec la représentation ouest-allemande à Londres. Car son homologue multiplie les déclarations de bonne volonté et les vœux pour une amélioration des relations entre les deux pays[161]. Et malgré son peu d'inclination pour de tels contacts, Elath pense qu'il faut assouplir les relations personnelles avec des hommes qui ont les dispositions d'esprit de Herwarth. En effet ceux-ci sont « en mesure d'être utiles pour nous dans le futur, que ce soit en ce qui concerne la Shilumim ou d'autres domaines de contacts entre les deux pays ».

En proposant d'analyser dans des termes nouveaux les rapports entre les représentants de Bonn et de Jérusalem, Elath provoque ainsi une discussion sur le sujet au ministère israélien des Affaires étrangères[162]. Shinnar est en effet consulté lors d'un entretien tenu « sous la présidence du *Sar*[163] sur les problèmes que soulèvent les relations avec les représentants ouest-allemands, maintenant que la souveraineté de l'Allemagne de l'Ouest a été reconnue par les Puissances » alliées. Dans les premiers mois de 1956 pourtant, la question est loin d'être réglée : elle dépend des discussions germano-israéliennes sur l'ouverture éventuelle d'un bureau ouest-allemand en Israël. Les évocations du problème et les interrogations de la part des représentants israéliens se

---

[160] *Ibid.*, « Shinnar, en tant que ministre plénipotentiaire accrédité officiellement auprès du gouvernement allemand, remplit toutes les fonctions diplomatiques, et il nous paraît plutôt irrationnel de conserver ici une attitude de boycott. »

[161] *Ibid.*, Lettre de l'ambassade d'Israël à Londres (EE/101/23 018) à Lourie, 19 août 1955, Elath, Très secret.

[162] *Ibid.*, 2413/7 b, Lettre de Lourie à Elath, 30 août 1955.

[163] Terme hébreu désignant le ministre.

font toutefois plus rares à mesure que les contacts effectifs se font plus nombreux[164].

---

[164] JELINEK et WOLFFSOHN écrivent à ce propos (*op. cit.*, p. 288) : « En l'espace de cinq années, Israël avait accompli un revirement fondamental de sa politique allemande : on ne boycottait plus tout ce qui était allemand, l'Allemagne ou la diplomatie de l'Allemagne fédérale ; on entretenait des relations ouvertes et presque normales avec les représentants de Bonn et leur pays. » Nurock revient sur le sujet à cette époque tardive (ISA, Foreign Office, 2539/4, Lettre de l'ambassade d'Israël à Sydney (6065/S/34) au ministre des Affaires étrangères, 26 janvier 1956, Nurock, Confidentiel) : il demande en effet des éclaircissements sur l'application de la circulaire de septembre 1952 et désire simplifier ses relations avec la représentation allemande afin de communiquer avec elle autrement que par voie téléphonique ; une correction paraît pour lui d'autant plus nécessaire qu'« apparemment les Allemands n'ont pas d'ordre de bannissement diplomatique pour la correspondance avec Israël comme nous en avons avec eux ». Malgré l'évocation d'une consultation destinée à régler le problème des rapports entre représentants ouest-allemands et israéliens à l'étranger, la solution n'est pas acquise aussi rapidement que certains l'auraient désiré. En effet, dans une lettre de la fin de l'année 1956 (*ibid.*, 3099/26, Lettre de l'ambassade d'Israël à Bangkok (T/4321) au ministre des Affaires étrangères, 31 décembre 1956, Jacobsohn), l'ambassadeur israélien à Bangkok s'interroge sur la validité de la circulaire d'interdiction d'octobre 1953. La méconnaissance manifeste de l'ambassadeur israélien en Thaïlande s'explique probablement par la déception et le trouble israéliens consécutifs au recul ouest-allemand du début de l'année. Car le retrait de Bonn sur la question des relations diplomatiques (voir *infra*) ne permet pas de clarifier les rapports avec la RFA et ses représentants.

B. La communauté juive et le problème des relations germano-israéliennes

Élément apparu jusqu'ici en filigrane, la communauté juive mondiale joue un rôle important dans les relations entre Bonn et Jérusalem. Du fait d'une solidarité intense avec le jeune État d'Israël, ses prises de position sont en effet fréquentes. En son sein, deux groupes sont particulièrement dignes d'intérêt : d'une part la puissante communauté des Juifs d'Amérique et d'autre part la petite, mais symbolique, communauté juive d'Allemagne de l'Ouest[1].

---

[1] L'étude porte, en particulier pour les Juifs allemands de New York, sur l'évocation d'opinions émises par certaines personnalités remarquables ou publiées dans des périodiques. Il est bien évident que l'analyse de ces prises de position ne permet pas de rendre compte de l'avis des communautés concernées dans son ensemble et qu'il convient de se garder de généralisations abusives. Dans le cas de la RFA, l'évocation des idées du journaliste Karl Marx, responsable de l'*Allgemeine Wochenzeitung der Juden in Deutschland*, nécessite la même réserve préliminaire.

Pour ce qui concerne les USA, l'action de l'*American Jewish Committee* (par la suite = AJC), délibérément laissée ici de côté, a été étudiée précisément par TEMPEL, S., *Legenden von der Allmacht - Die Beziehungen zwischen amerikanisch-jüdischen Organisationen und der Bundesrepublik Deutschland seit 1945*, Francfort, 1995, mais surtout par SHAFIR, S., « Die amerikanischen Juden und Deutschland - ein ambivalentes Verhältnis », *in* BAHAGON, S., *op. cit.*, p. 251 et suiv., ou du même auteur *Ambiguous Relations, op. cit.*

CHAPITRE V
La communauté juive américaine

Groupe important aux États-Unis, les Juifs sont organisés en de multiples associations et exercent, dès cette époque, une certaine influence sur la politique menée par la Maison Blanche. Les Juifs américains sont au fait des problèmes de restitution, en particulier parce que l'Amérique du Nord a ouvert ses portes à une partie des Juifs d'Allemagne au cours de la période nazie ; leur attitude vis-à-vis de l'Allemagne en général, et de la RFA en particulier, est donc conditionnée par l'ampleur de la persécution vécue par nombre d'entre eux[1].

Après la fin de la Seconde Guerre mondiale, les Juifs des États-Unis sont représentés en Allemagne où certaines de leurs organisations ont suivi les forces armées alliées. Ces organisations deviennent très rapidement les interlocuteurs privilégiés des puissances occupantes ; elles sont chargées de gérer les biens juifs en déshérence ou de créer le contact entre d'éventuels héritiers et les administrations en place en Allemagne. Enfin, le but essentiel de ces organismes est de faciliter le départ, en particulier vers la Palestine, des Juifs d'Europe regroupés pour la plupart dans les camps de « personnes déplacées[2] ».

---

[1] L'exigence de réparations de la part des organisations juives américaines est très précoce : le CJM encourage cette idée lors de ses conférences de Baltimore (novembre 1941) et d'Atlantic City (novembre 1944).
[2] Voir WEBSTER, R., « American relief and Jews in Germany... », *op. cit.*

Si les organisations juives américaines se retrouvent souvent en position de concurrence et ont généralement des problèmes de cohésion, l'Allemagne représente pour elles un catalyseur efficace. En effet, une forte antipathie commune les rassemble et leur intransigeance à l'égard de l'Allemagne est dans les premiers temps assez forte pour empêcher de régler les problèmes en suspens. En cela ces organisations s'alignent sur l'attitude des autorités israéliennes qui, comme cela a déjà été signalé, refusent tout dialogue avec l'Allemagne dans l'immédiat après-guerre[3]. Cette attitude vaut non seulement à l'égard des autorités fédérales conservatrices, qui leur apparaissent comme les héritières directes des potentats nazis, mais aussi à l'égard des responsables du parti social-démocrate, dont certains ont pourtant subi les mêmes avanies et tortures que les Juifs[4].

L'évolution du contexte mondial et la nécessité de régler le problème des réparations obligent cependant les organisations juives américaines à modifier sensiblement leur comportement vis-à-vis de l'Allemagne. Alors qu'il leur avait été précédemment possible d'influencer la politique de Washington et de contribuer à noircir encore l'image de l'Allemagne aux États-Unis, elles doivent à présent tenir compte du fait que la guerre froide induit une attitude nouvelle de la part des autorités américaines : de vaincu écrasé, l'Allemagne doit devenir, aux yeux des USA, un partenaire fiable et fort pour faire face aux ambitions soviétiques sur le continent européen. En raison de cette nouvelle situation, il n'est plus possible à ces organismes de maintenir le cap adopté jusque-là : leurs mises en garde sont de moins en moins entendues à Washington et continuer à dénoncer le renforcement de l'Allemagne fédérale, c'est, dans le contexte du maccarthysme,

---

[3] Les organisations juives, comme Israël à cette époque, pratiquent une politique anti-allemande dans le but d'échapper autant que faire se peut à la logique de la guerre froide et de préserver des contacts avec les communautés juives d'Europe de l'Est (ainsi le CJM, dans ses assemblées plénières, adopte des motions résolument anti-allemandes - à Montreux en 1948 et à Paris en 1949, voir SHAFIR, S., « Der Jüdische Weltkongreß und sein Verhältnis zu Nachkriegsdeutschland 1945-1967 », in SCHOEPS, J. H. (Hg), Menora - Jahrbuch für deutsch-jüdische Geschichte, op. cit., p. 210 et suiv.).

[4] SHAFIR, S., American Jews and Germany After 1945, op. cit., et du même « Eine ausgestreckte Hand ? Frühe amerikanisch-jüdische Kontakte zu deutschen Sozialdemokraten in der Nachkriegszeit », in Internationale wissenschaftliche Korrespondenz zur Geschichte der deutschen Arbeiterbewegung, 25. Jg, juin 1989, H. 2, p. 174 et suiv.

s'exposer au risque de se voir accusé de collusion avec le communisme. Néanmoins, les Juifs américains maintiennent une certaine pression pour contribuer au processus de démocratisation de l'Allemagne avec la rééducation nécessaire de son peuple.

Au début des années cinquante, les organisations juives américaines se retrouvent donc dans une situation délicate où il leur est difficile de choisir une orientation stable à l'égard de l'Allemagne. Tentées par une coopération avec les forces progressistes, notamment le SPD, elles se méfient toujours des soubresauts qui peuvent survenir dans le pays. C'est pourquoi elles considèrent comme risquée la politique libérale engagée par la Maison Blanche à l'égard de l'Allemagne et demandent des garanties[5].

Ici, leur attitude est encore une fois à comparer à celle des autorités israéliennes : au même moment, la propension de Jérusalem à dialoguer avec l'Allemagne est plus grande, mais Israël ne peut pas accepter plus longtemps le silence des autorités de Bonn sur le problème des réparations. Aux yeux des organisations juives, en ce début des années cinquante, la seule possibilité de relancer le dialogue entre l'Allemagne et les Juifs du monde entier est de solliciter des autorités allemandes, c'est-à-dire à la fois de Bonn et de Berlin-Est, le paiement de réparations. Et si les Juifs et l'État d'Israël considèrent au départ qu'il est possible de recevoir de l'Allemagne des dédommagements en exigeant de celle-ci des sommes précisées au travers de notes adressées aux grandes puissances[6], il apparaît rapidement nécessaire de s'engager dans une négociation directe pour obtenir réparation.

---

[5] C'est le cas de l'AJC, dont le président, Jacob Blaustein, est informé par ses conseillers, avant une rencontre avec le président Truman, que la modification du statut d'occupation de l'Allemagne (accord du Petersberg) peut renforcer les nationalistes allemands et affaiblir les modérés ; c'est aussi l'opinion des anciens combattants juifs partagés entre leur militantisme et le soutien à la politique extérieure de l'administration américaine ; c'est enfin le cas des réfugiés juifs d'Allemagne et d'Europe centrale regroupés autour du journal juif d'expression allemande *Aufbau-Reconstruction*.

[6] Résolutions du CJM (voir GOLDMANN, N., *Mein Leben als deutscher Jude*, op. cit., chap. « Vorbereitungen für die Nachkriegsepoche »), notes du gouvernement israélien adressées aux puissances d'occupation...

1. Le cas de Nahum Goldmann

Dans les pourparlers entre la RFA, Israël et les organisations juives, la personnalité de Nahum Goldmann mérite d'être amplement évoquée. En effet, dans ses écrits, Goldmann insiste régulièrement sur le rôle du chancelier Adenauer dans le bon déroulement et la réussite des négociations de Wassenaar. Mais sans lui il n'aurait pas été possible de parvenir si rapidement au renouveau du dialogue judéo-allemand et à l'instauration d'un dialogue israélo-allemand[7].

Né en Lituanie, Nahum Goldmann a grandi en Allemagne. Président du CJM à partir de 1951, et à ce titre très au fait des problèmes de dédommagement, Goldmann est en contact permanent avec les autorités ouest-allemandes et israéliennes. En outre, sa personnalité et la foi qu'il a en la justesse des revendications juives envers les Allemands lui permettent de dépasser les sentiments personnels pour se placer sur le plan des intérêts matériels. Et pour lui des relations nouvelles entre les peuples allemand et juif sont d'autant plus importantes que le second dispose désormais d'un État. Pour lui, « les relations germano-israéliennes [ne sont] pas seulement un problème moral[8] ».

Très tôt, l'absence de contacts entre les autorités israéliennes et allemandes apparaît aux yeux de Goldmann comme un défaut qui empêche le règlement de nombreux problèmes, en particulier en matière de dédommagement et de versement de pensions à des personnes établies en Israël. De même, l'absence de cohésion entre les organisations juives le pousse à prendre les devants et à inciter leur regroupement en vue des nécessaires pourparlers à mener avec l'Allemagne de l'Ouest. Cette décision conduit, le 25 octobre 1951, à la création de la *Conference* dont N. Goldmann prend la tête.

---

[7] Voir l'éloge d'Adenauer *in* GOLDMANN, N., « Adenauer und das jüdische Volk », *in* BLUMENWITZ, D. (Hg), *Konrad Adenauer und seine Zeit, op. cit.*, p. 427 et suiv. Dans ses mémoires (ADENAUER, K., *Erinnerungen - 1953-1955, op. cit.*), Adenauer salue lui-même l'action de Goldmann. Pour un résumé de l'action de Goldmann, voir PATAI, R., *Nahum Goldmann: His Missions to the Gentiles*, Alabama, 1987, p. 169 et suiv.

[8] SHAFIR, S., *Ambiguous Relations, op. cit.*, p. 111.

Goldmann représente en principe exclusivement les institutions juives ; cependant, son rôle prend très rapidement une autre dimension. Intervenant déjà avant les négociations de Wassenaar au profit des intérêts israéliens, le président du CJM devient progressivement un intermédiaire privilégié entre la RFA et l'État hébreu[9]. Son action permet d'infléchir l'attitude du gouvernement de Jérusalem qui accepte, finalement, de discuter avec Bonn. Dans le même temps, la perspective d'un éventuel accord, pour importante qu'elle soit aux yeux de Goldmann, ne permet cependant pas d'envisager immédiatement une normalisation des relations germano-israéliennes[10]. Dans ce domaine encore, l'opinion du président du CJM, partagée par d'autres responsables juifs américains, est parfaitement en accord avec celle des autorités de Jérusalem.

Peu avant le début des négociations de Wassenaar, Goldmann précise sa pensée sur l'ensemble des problèmes en suspens dans un article publié par le *Zionist Quarterly*[11]. Après avoir fait l'inventaire des questions à traiter et établi une nette distinction entre les relations germano-juives d'une part, et germano-israéliennes d'autre part, il exprime son opinion sur ces deux sujets. L'avis qu'il émet alors est franc et sans appel puisque pour lui, « comme je l'ai répété souvent, [le] grand problème historique et moral [des relations germano-judéo-israéliennes] n'est pas encore [suffisamment] mûr pour que soit trouvée une solution ». Selon Goldmann, si aucun parlement, « quelle que soit sa représentativité », ni aucun comité ne peut résoudre ce problème, seul le temps peut le faire. Mais à l'opposé des déclarations faites à l'époque en Allemagne, comptant sur une modification de l'état d'esprit israélien pour améliorer les relations entre les deux peuples et les deux États, Goldmann, lui, exige que ce soit le peuple allemand qui trouve la voie de la conversion. Car, selon lui, seule cette transformation de la mentalité allemande permettra aux Israéliens d'atténuer l'amertume

---

[9] C'est ainsi que lors de sa rencontre avec Adenauer le 6 décembre 1951 Goldmann s'exprime au nom du gouvernement israélien.

[10] Voir SAGI, N., « Die Rolle der jüdischen Organisationen in den USA und die Claims Conference », *in* HERBST, L., GOSCHLER, C. (Hg), *Wiedergutmachung in der Bundesrepublik Deutschland, op. cit.*, p. 99 et suiv.

[11] GOLDMANN, N., « Direct Israel-German relations? Yes », *The Zionist Quarterly*, 1952, vol. I, n° 3, p. 9 et suiv.

née des crimes perpétrés par les nazis, puis de se préparer à une normalisation, c'est-à-dire à l'établissement de relations diplomatiques entre Bonn et Jérusalem.

En quoi consiste le changement de l'état d'esprit qui doit s'opérer en Allemagne ?

Selon lui, deux conditions doivent être réunies pour qu'on puisse conclure que l'évolution désirée a bien eu lieu : l'implantation de la démocratie sur le sol allemand doit être définitive ; et cette démocratie doit trouver son corollaire dans un rejet absolu de l'antisémitisme.

Goldmann y adjoint une troisième condition. Il souligne en effet que si un jour une normalisation doit être décidée entre Bonn et Jérusalem, celle-ci ne pourra pas être simplement l'affaire d'un petit nombre de responsables israéliens : elle devra concerner l'ensemble du peuple juif qui a naturellement voix au chapitre.

Dans la suite de son article, Goldmann se garde toutefois de formuler des vues utopiques. Il se veut en effet le promoteur réaliste de discussions avec l'Allemagne de l'Ouest. Ainsi l'absence momentanée d'un changement de la mentalité allemande ne doit pas empêcher de négocier avec le gouvernement fédéral, dans la continuité du travail déjà effectué au niveau des différents *Länder*. Ce réalisme tient à la nature même des pourparlers germano-judéo-israéliens qu'il faut envisager, qui doivent permettre de récupérer les biens, ou l'équivalent des biens, que les Allemands se sont appropriés après 1933. De tels pourparlers sont donc incontournables. C'est pourquoi Goldmann réprouve l'attitude de ceux qui, en Israël, dénoncent de telles discussions de crainte d'encourager le retour sur la scène mondiale et le réarmement de l'Allemagne ; et il condamne également l'attitude de ceux qui estiment que Bonn ne paiera pas. Pour Goldmann, au total, négocier est bien le seul moyen d'empêcher les Allemands de garder ce qu'ils ont volé aux Juifs.

Responsable pragmatique, Goldmann sait donc faire la distinction entre les aspects moraux et matériels de l'opération qui doit s'engager. Son intervention régulière, son influence sur Ben Gourion et Adenauer, ainsi que sa forte résolution à l'égard du judaïsme mondial, pas toujours d'accord avec ses idées[12], fermeté associée à celle de Shinnar et de Böhm, permettent la signature de l'accord de Luxembourg, le 10 septembre 1952.

Goldmann voit dans la réussite des négociations entre Bonn, Jérusalem et les organisations juives un événement de premier ordre. On parvient en effet à un accord de droit international entre d'une part deux pays qui n'entretiennent pas de relations diplomatiques, et d'autre part un État souverain et une *Conference* qui n'a pas de statut juridique international. Par ailleurs, pour le responsable de la *Conference*, les pourparlers et le traité qui en découle constituent les bases fondamentalement nouvelles de relations en partie apurées entre Allemands et Juifs, de même qu'entre Bonn et Jérusalem. Ces éléments représentent une première concrétisation de l'exigence exprimée dans son article du début 1952, avec une Allemagne de l'Ouest dirigée par Adenauer qui s'inscrit progressivement parmi les pays démocratiques. De plus, à son avis, par l'engagement pris à Luxembourg, Bonn devient l'allié principal de Jérusalem dans la construction du nouvel État juif et, par là même, celui de nombreux Juifs qui souhaitent y bâtir une nouvelle vie. Cependant, s'il peut remercier le chancelier pour l'action qui a permis la conclusion de l'accord, Goldmann doit encore souligner le délai nécessaire à une éventuelle normalisation des relations ; car celles-ci dépendent encore pour une large part de facteurs psychologiques qui ne pourront être maîtrisés qu'avec le temps[13].

Au cours de la période qui sépare la signature de l'accord germano-israélien de sa ratification au Bundestag, Goldmann se voit contraint de poursuivre son engagement en faveur des réparations : il s'agit pour lui de faire face aux hésitations de l'Allemagne de l'Ouest. Il est alors en permanence en RFA afin de suivre de près l'évolution des choses et, à ce titre, il est régulièrement consulté et informé par les services de l'AA qui le considèrent comme un véritable émissaire d'Israël[14]. Les

---

[12] « En ce qui concerne les relations germano-israéliennes, il était bien plus visionnaire que nombre de ses collègues » (SHAFIR, S., *Ambiguous Relations*, op. cit., p. 114).

[13] *Neue Zeitung*, 9 octobre 1952, « Nahum Goldmann dankt dem Kanzler für Bereitschaft zur Wiedergutmachung ».

[14] Goldmann est par exemple informé lorsque Bonn songe à soumettre l'accord à l'approbation de l'ONU afin de calmer les récriminations arabes (PA/AA, Bureau du secrétaire

contacts qu'il entretient dans la capitale fédérale lui permettent avant tout d'exprimer au plus haut niveau ses inquiétudes et celles d'Israël envers les solutions imaginées par l'AA face à la menace arabe ; par ailleurs il propose l'accélération de la ratification de l'accord de Luxembourg[15].

En raison de la persistance des hésitations ouest-allemandes, et au moment où une délégation commerciale est envoyée par Bonn au Caire[16], Goldmann rencontre le haut-commissaire américain en Allemagne pour lui demander de faire pression sur le gouvernement Adenauer[17]. Et lorsque s'engage de façon définitive le processus de ratification de l'accord, le président du CJM confirme et renforce son rôle de médiateur non seulement entre la RFA et le monde juif, mais également entre Bonn et Jérusalem ainsi qu'entre l'Allemagne de l'Ouest et les USA[18].

Après la ratification du traité germano-israélien, Goldmann introduit, toujours en accord avec les autorités israéliennes, une nuance supplémentaire dans sa façon de caractériser le rapprochement entre la RFA et Israël. Il considère en effet que s'il peut y avoir désormais formalisation des relations germano-israéliennes, celle-ci ne s'apparente toutefois pas à leur normalisation. Cette distinction, qui peut apparaître comme un obstacle de plus imposé aux Allemands dans leur marche vers leur réhabilitation, comporte aussi un aspect plus positif. Car, alors que la chose n'avait pas été envisagée au cours des négociations de Wassenaar, il est désormais possible de parler de relations formelles entre les deux pays.

---

général [Büro Staatssekretär, par la suite = Büro Sts], Vol. 184, Note écrite, préparation à rencontre avec N. Goldmann le 29 novembre 1952, 28 novembre 1952).

[15] Dans un télégramme envoyé à Blankenhorn (CZA, Papiers N. Goldmann, 697, Télégramme de N. Goldmann à Blankenhorn, 8 décembre 1952), Goldmann mentionne les craintes nées du projet de contrôle par l'ONU qui apparaîtrait comme un affaiblissement de la position ouest-allemande.

[16] Voir *infra*.

[17] *Die Neue Zeitung - Die amerikanische Zeitung für Deutschland*, 28 janvier 1953, « Amtierender US-Hoch-Kommissar empfängt Nahum Goldmann».

[18] Goldmann est ainsi pressenti par l'AA pour faire une déclaration après la ratification afin de souligner l'importance du geste ouest-allemand pour la réconciliation germano-juive (PA/AA, Büro Sts, Vol. 245, Note Presse u. Informationsamt (274/80 III 1416/53) pour Blankenhorn, 5 mars 1953, Schirmer et Projet de lettre à Nahum Goldmann, 5 mars 1953).

La ratification de l'accord de réparations marque pour Goldmann le début d'un processus inéluctable qui répond à ses vœux et l'amène à s'impliquer encore plus dans les relations politiques entre la RFA et Israël. Le responsable juif se fait alors l'initiateur d'un mouvement qui pousse le CJM à adopter une position plus souple envers l'Allemagne fédérale. Cette évolution apparaît notamment lors de l'assemblée générale du congrès qui a lieu à Genève en août 1953 : une motion condamnant le réarmement ouest-allemand y est ainsi rejetée malgré l'opposition des représentants des partis israéliens *Hérout* et *Mapam*, entre autres[19].

Après le 18 mars 1953, l'amélioration du climat entre Bonn et Jérusalem confirme les prévisions de Goldmann : le temps semble faire son œuvre. Le responsable de la *Conference* constate avec satisfaction que l'Allemagne fédérale honore ses engagements envers Israël et que cela permet d'envisager une progression rapide du rapprochement[20]. Mais Goldmann ne se contente pas d'observer l'évolution de ces relations ; par son action personnelle inlassable il participe directement à leur renforcement et se transforme par la même occasion en ardent défenseur de la cause israélienne auprès des autorités de Bonn. Grâce à la poursuite de l'entraide inaugurée par l'accord de réparations, il espère que les rapports entre les deux pays pourront devenir encore plus étroits. Et il ne perd pas une occasion pour insister sur le caractère vital que présente pour Israël l'aide ouest-allemande[21].

À partir de cette époque, Goldmann se sent de plus en plus responsable du devenir de l'État d'Israël à travers une entente avec la RFA, et son influence va grandissante dans ce domaine. Il propose non seulement ses services pour venir en aide à l'État hébreu, mais celui-ci

---

[19] *Ibid.*, Abt. II, Vol. 310, Antisemitismus, Lettre du consulat de Genève (497.022.00 1647/53 III) à l'AA, 17 août 1953, rapport sur le 3ᵉ congrès du CJM, 4-11 août 1953.

[20] Mais il doit par ailleurs constater, comme d'autres, que les réparations individuelles sont négligées, avec le retard pris par la loi fédérale sur les dédommagements (BEG) (*ibid.*, Lettre de l'HCA, s. réf., à l'AA traduction, 21 juin 1954, Loewenthal).

[21] Goldmann intervient par exemple directement auprès du ministre fédéral de l'Économie, Ludwig Erhard, afin de soutenir la demande israélienne d'un prêt de 100 millions de dollars destiné à stabiliser la monnaie israélienne (*ibid.*, Vol. 1692, Lettre de Goldmann à Erhard, 23 avril 1954). Selon lui, une aide ouest-allemande permettrait à l'État hébreu de sortir définitivement de la précarité qui domine depuis sa création.

le sollicite également lorsqu'il s'agit d'intervenir rapidement et d'user de son influence sur les autorités de Bonn[22]. Actions volontaires et bénéfiques à la cause du rapprochement entre les deux pays, les interventions de Goldmann sont également intéressantes par les idées personnelles à plus long terme qui les sous-tendent[23]. Ce sont bien elles qui l'amènent à intervenir dans le débat intérieur israélien[24].

L'évolution du contexte et l'amélioration constante des relations *de facto* entre Bonn et Jérusalem permettent à Goldmann de s'avancer encore plus en faveur de la cause qu'il défend ; mais la position qu'il adopte alors est toujours parfaitement en phase avec celle du gouvernement israélien. La fin de l'année 1954 est particulièrement éloquente à cet égard. Ainsi, quelques semaines avant la déclaration de Sharett devant la Knesset du 16 novembre, Goldmann se prononce clairement en faveur du réalisme à l'égard de Bonn et utilise une argumentation qui sera reprise par le chef du gouvernement israélien. À une autre occasion, dans une déclaration vivement contestée par certains représentants de la diaspora[25], le responsable de la *Conférence* raisonne en termes de *Realpolitik* : s'il ne désire pas s'exprimer directement sur

[22] À propos de l'affaire des 100 millions de dollars, Goldmann s'adresse ainsi aux responsables israéliens concernés pour leur prodiguer des conseils permettant d'obtenir de l'Allemagne de l'Ouest la somme en question (CZA, Papiers N. Goldmann, 888, Lettre de N. Goldmann à D. Horowitz, directeur général du ministère israélien des Finances, 14 août 1954 et Lettre de N. Goldmann à L. Eshkol, ministre israélien des Finances, 13 février 1954). De son côté, au mois d'octobre 1954, l'adjoint de Shinnar demande à Goldmann d'agir afin d'empêcher que Bonn implante un consulat de RFA dans la partie arabe de Jérusalem (*ibid.*, Lettre de H. Yahil à N. Goldmann, 17 octobre 1954). Goldmann promet son assistance, mais ne garantit pas le résultat du fait du caractère sensible de l'affaire (*ibid.*, Lettre de N. Goldmann à H. Yahil, 25 octobre 1954).

[23] Dans la lettre expédiée à Eshkol (voir *supra*), Goldmann propose en effet un plan qui ramènerait la durée d'exécution du traité à 4 ou 5 ans (au lieu de 12) en consacrant une partie des fonds au règlement du problème des réfugiés arabes. Par cette proposition, Goldmann préfigure son engagement politique ultérieur en Israël qui se distinguera par des initiatives audacieuses en direction des Arabes.

[24] *Ibid.* Goldmann recommande par exemple de maintenir Shinnar en place au moins jusqu'au 1er octobre 1954 pour qu'il s'occupe du prêt de 100 millions de dollars, alors que le retour du responsable de la mission israélienne de Cologne est depuis quelque temps en discussion à Jérusalem.

[25] CZA, Papiers N. Goldmann, 863, Lettre de N. Goldmann à J. M. Rich, *South African Jewish Board of Deputies*, Johannesburg, 20 septembre 1954. Le président du CJM répond ici à une lettre enflammée de la communauté juive d'Afrique du Sud du 10 septembre 1954.

le problème des relations diplomatiques germano-israéliennes, il demande à ce qu'on réfléchisse sur l'évolution du contexte mondial. Or celui-ci tend bien à démontrer que les États-Unis attendent l'occasion favorable pour accorder la souveraineté à une République fédérale, qui n'est déjà plus l'État complètement sous tutelle qu'elle était deux années auparavant. De ce fait, une fois que Bonn aura obtenu la liberté de manœuvre propre à tout État, « Israël devra prendre une décision sur la qualité de ses relations avec l'Allemagne ». L'idée de Goldmann apparaît ici clairement : l'accession à la souveraineté de l'Allemagne de l'Ouest doit être une occasion pour aller plus loin dans le sens de la formalisation des relations entre les deux pays.

Au cours des huit premiers mois de 1955, Goldmann continue à s'exprimer au même rythme que les responsables israéliens. Il sait qu'il s'agit d'éviter de prendre position sur le sujet des relations germano-israéliennes pour ne pas donner d'arguments aux adversaires de Sharett. Mais parallèlement, il continue de soutenir Israël dans sa quête de la stabilité économique et financière. De même il s'efforce de mettre fin au sentiment anti-allemand, très vif encore dans l'État hébreu ainsi que dans les cercles juifs américains[26].

De concert avec la réserve des autorités de Jérusalem, le responsable de la *Conference* attend le début de septembre 1955 pour s'exprimer une nouvelle fois officiellement à propos des relations germano-israéliennes. Il le fait après que le *Mapaï* eut confirmé sa prépondérance dans l'État juif. Le succès du parti le plus favorable à un rapprochement avec Bonn n'entraîne toutefois pas Goldmann à faire preuve d'une plus grande audace qu'à la fin de 1954. Pour le moment en effet, le président du CJM se limite à noter dans ses déclarations, sans

---

[26] Au printemps 1955, Goldmann s'adresse à Hallstein (PA/AA, Abt. IV, Ref. 412, Vol. 138, Lettre de N. Goldmann à Hallstein, 31 mars 1955) pour que la RFA veuille bien accorder à l'État juif un paiement en devises à concurrence de 400 millions de DM : une telle opération faciliterait la situation financière d'Israël qui, conformément à l'accord de réparations, redistribue à la *Conference* sa part en devises. Dans sa réponse (*ibid.*, Lettre de W. Hallstein (206.244.15 E 4559/55) à N. Goldmann, 22 avril 1955), Hallstein indique qu'il a donné pour instruction d'accélérer la réflexion. Et en 1955, s'il ne peut empêcher qu'un avertissement soit lancé par le CJM contre le réarmement ouest-allemand, Goldmann arrive toujours à démontrer aux plus méfiants que les partis qui font la « nouvelle Allemagne » sont libéraux et démocratiques, qu'Adenauer est solide et que toute généralisation est abusive.

commentaires, que le *statu quo* est maintenu[27]. En s'exprimant ainsi, il s'attache à démentir toutes les rumeurs qui évoquent des « pourparlers avec des représentants allemands » et le fait que l'Allemagne de l'Ouest exerce une pression sur Israël dans ce sens. Si Goldmann précise que l'État hébreu devra ultérieurement « établir des relations diplomatiques avec l'Allemagne, non seulement à cause des dédommagements mais surtout parce que l'Allemagne est une grande puissance qui a une grande influence dans le monde », cette affirmation ne diffère pas d'autres prises de position israéliennes du moment. Au-delà de cette constatation, un fait est toutefois à noter : la déclaration du président de la *Conference* est la preuve d'une implication de sa part encore plus ferme qu'auparavant dans le domaine des relations germano-israéliennes. Car si on lit correctement ce texte, force est de constater que Goldmann se comporte de plus en plus comme un personnage de la vie publique israélienne qui dispose d'une information très poussée sur les différents aspects des relations entre Bonn et Jérusalem[28].

À partir de l'automne 1955, il apparaît donc clairement que N. Goldmann est favorable sans réserve à l'établissement de relations diplomatiques entre la RFA et Israël[29]. Mais la question de la date d'instauration de ces relations lui semble accessoire car il sait que la conjoncture imposera assez rapidement une décision.

L'implication du président de la *Conference* dans les affaires germano-israéliennes s'intensifie à la fin de cette année. Encouragé par les options de Jérusalem, mais également alerté par certains événements comme la révélation des livraisons d'armes tchécoslovaques à l'Égypte, Goldmann s'engage encore davantage aux côtés d'Israël : il se rend de plus en plus compte du besoin toujours plus pressant pour le jeune État

---

[27] Dépêche *dpa*, 7 septembre 1955, *Jerusalem Post*, 2 septembre 1955, « Dr. Goldmann über die deutsch-israelischen Beziehungen ».

[28] De plus, la volonté affichée d'étouffer tout débat sur la question, avec l'invocation de relations diplomatiques inéluctables mais pour le moment refoulées, fait partie intégrante de la préparation de la discussion concernant ce problème. Dans cette mesure, toute polémique publique doit être évitée pour encourager un climat serein favorable au règlement du problème des relations officielles entre la RFA et Israël. La déclaration de Goldmann ne provoque en effet pas de grand débat en Israël, comme l'indique une dépêche *dpa* de Jérusalem en date du 12 septembre 1955.

[29] Il le répète dans une interview accordée au rédacteur en chef de *dpa*, F. Sänger (CZA, Papiers N. Goldmann, 1019).

d'avoir des soutiens et des alliés solides[30]. C'est pour cette raison qu'il intervient directement auprès des autorités de Bonn après que Shinnar eut lancé, le 27 janvier 1956, son invitation à négocier la mise en place d'une représentation commerciale de RFA sur le territoire israélien.

Comment le président du CJM agit-il ?

Dans un premier temps, Goldmann s'adresse par écrit à Adenauer au début de février 1956[31]. Après avoir établi l'état des lieux des discussions concernant les relations germano-israéliennes et rappelé les solutions envisagées dans l'immédiat[32], Goldmann souligne qu'il lui paraît important de prendre l'initiative. Il estime en particulier que l'indécision affichée par l'AA depuis la démarche entreprise par Shinnar est regrettable. Cette hésitation ne représente pas seulement une faiblesse face aux objections arabes ; elle est d'autant plus à déplorer que la proposition du gouvernement israélien ne représente que la formalisation d'un état de fait. Pour appuyer son intervention auprès du chancelier, Goldmann rappelle également que l'existence d'une représentation ouest-allemande en Israël est devenue indispensable à l'exécution des tâches routinières qui résultent de l'accord de réparations. Par-delà cette nécessité, l'hésitation des Allemands de l'Ouest risque de susciter dans l'État juif à la fois le débat et la suspicion, et, à terme, de déstabiliser non seulement le gouvernement Ben Gourion mais également celui d'Adenauer. C'est pour cela que Goldmann prie le chancelier de bien vouloir intervenir auprès de Brentano pour qu'on avance sur la voie de la formalisation des relations.

La lettre adressée par Goldmann à Adenauer le 7 février 1956 constitue un premier avertissement à l'adresse de Bonn. Mais son ton demeure celui d'un document qui tente d'expliquer sereinement l'intérêt qu'il y a à franchir le pas proposé par Israël. À l'inverse, les prises de position ultérieures de Goldmann, une semaine à peine après son courrier au chancelier, représentent, elles, de véritables coups de

---

[30] C'est ainsi qu'il exige des États-Unis qu'ils rétablissent l'équilibre militaire au Moyen-Orient en livrant à leur tour des armes à l'État juif, alors que la Grande-Bretagne se désolidarise d'Israël (*ibid.*, 1105, « Jewish Agency head returning from Israel warns West must check explosive situation or face Middle-East war », 5 janvier 1956).

[31] PA/AA, Abt. IV, Ref. 412, Vol. 137, Lettre de N. Goldmann à K. Adenauer, 7 février 1956.

[32] Établissement progressif de relations diplomatiques, avec d'abord installation d'une représentation commerciale ouest-allemande en Israël.

semonce à l'intention du même destinataire. Face aux réticences prolongées de l'AA, Goldmann change de tactique en raison même du mécontentement que provoquent chez lui les entretiens qu'il a à Bonn avec diverses personnalités[33] ainsi que les informations qu'il reçoit[34].

Tout cela l'entraîne à évoquer l'affaire directement avec Adenauer le 13 février. Au cours de cet entretien, Goldmann commence par répéter au chancelier ses vifs regrets au sujet de l'attitude hésitante de l'AA, en particulier de celle de Brentano[35]. Puis, passant à un registre plus ferme encore, le responsable de la *Conference* menace de se servir d'une arme déjà utilisée au moment des négociations de Wassenaar et du débat sur la ratification de l'accord germano-israélien : si rien n'est fait pour apporter satisfaction à la partie israélienne, il rendra l'affaire publique. Après avoir obtenu d'Adenauer la promesse d'une pression sur le ministère des Affaires étrangères, Goldmann va même jusqu'à proposer des noms de personnalités susceptibles de prendre en charge la direction de la représentation ouest-allemande qui pourrait s'ouvrir en Israël[36].

Cette intervention de Goldmann au plus haut niveau ne demeure pas lettre morte : elle contribue à accélérer la réponse ouest-allemande à l'invitation israélienne. Et, non sans fierté, le président du CJM peut

---

[33] *Ibid.*, Lettre de N. Goldmann à M. Sharett, 13 février 1956 : Goldmann évoque des rencontres avec Brentano et Hallstein. Le responsable juif a également, conjointement avec Shinnar, un entretien avec un haut fonctionnaire du ministère fédéral de l'Économie (BA, B 102, Vol. 58 957, Note sur Israël (VC), 10 février 1956, von Mahs).

[34] Dans les dossiers de l'AA figure le projet d'une réponse de Brentano à la lettre de Goldmann du 7 février 1956 (PA/AA, Abt. IV, Ref. 412, Vol. 137) dans laquelle le ministre ouest-allemand des Affaires étrangères donne son idée d'une représentation de RFA en Israël et mentionne le mois de mai comme échéance des réflexions ouest-allemandes. Hallstein va même jusqu'à parler de la fin de l'année.

[35] Alors que celui-ci lui avait promis, en décembre 1955, l'envoi prochain d'une mission ouest-allemande en Israël. Goldmann décrit l'esprit parfois indécis du ministre dans ses mémoires (*Mein Leben als deutscher Jude*, op. cit., p. 432).

[36] Il mentionne ainsi Franz Böhm (qui ne s'est déclaré prêt à endosser cette responsabilité qu'à partir du début de 1957) et Max Brauer, ancien maire SPD de Hambourg (Goldmann connaît Brauer depuis l'exil de celui-ci aux États-Unis pendant la période nazie et sa collaboration avec le CJM, et il le qualifie d'« excellent candidat sous tous les rapports », Lettre de N. Goldmann à M. Sharett, 13 février 1956). Comme Brauer est disposé à prendre en charge l'éventuelle représentation allemande dès la fin de l'année, Goldmann propose qu'il le fasse en attendant que Böhm prenne son relais. Adenauer refuse nettement les propositions du responsable de la *Conference*.

informer Sharett, avant Shinnar, que Bonn accepte le principe de négociations visant à régler les modalités de l'installation en Israël d'un bureau commercial dans le cadre du traité de réparations[37].

Mais on sait que la réponse définitive du gouvernement ouest-allemand, formulée après une période de réflexion supplémentaire, réduit à néant les efforts de Goldmann. Elle met donc provisoirement fin à ses espoirs d'obtenir la formalisation des relations germano-israéliennes[38].

2. Les Juifs allemands aux États-Unis : le cas de Kurt R. Grossmann

Le cas de Kurt Grossmann est différent de celui de N. Goldmann. Cependant il est également d'un grand intérêt en ce qui concerne l'évolution du point de vue juif sur les relations entre la RFA et Israël. Les deux hommes sont certes tous deux issus de l'espace germanique ; mais alors que Goldmann représente, par ses fonctions, une grande partie des Juifs dans le monde, Grossmann, installé aux États-Unis depuis 1939, est plutôt représentatif de ce groupe spécifique que constituent les émigrés juifs allemands de New York : rejetant l'Allemagne pour le nazisme qu'elle a engendré, ces émigrés ont cependant trop de liens avec leur pays d'origine pour abandonner complètement sa culture et notamment sa langue[39].

Du fait de l'attachement à leur pays d'origine et de leur conscience de l'injustice commise à leur égard, les Juifs allemands de New York

---

[37] CZA, Z6, 1111, Télégramme de N. Goldmann à M. Sharett, 13 mars 1956.

[38] Après ce premier échec, Goldmann reprend en fait très rapidement son travail d'intermédiaire entre la RFA et Israël. Dès l'été 1956, le sujet des relations est à nouveau abordé dans sa correspondance avec Ben Gourion (*ibid.*, Lettre de N. Goldmann à Ben Gourion, 26 juillet 1956) et avec le nouveau ministre israélien des Affaires étrangères, Golda Meir (*ibid.*, Lettre de N. Goldmann à G. Meir, 26 juillet 1956).

[39] Les émigrés juifs allemands de New York se retrouvent par exemple dans les journaux en langue allemande qui paraissent là : *Aufbau-Reconstruction* (juif) et *New York Staatszeitung und Herold* (non juif). Comme le dit Lion Feuchtwanger, écrivain allemand installé en Californie (*Aufbau*, 25 novembre 1949, « "Aufbau"-Abende an der Westküste ») : « Nous, pour lesquels écrit Manfred George [le rédacteur en chef d'*Aufbau*], nous pensons en Allemands, nous ressentons en Juifs et nous vivons en Américains. »

s'intéressent de près à l'évolution de l'Allemagne après la Seconde Guerre mondiale. La préoccupation de réparations ou de dédommagements n'est pas le moindre de leur souci et elle conditionne l'image qu'ils se font en particulier de la RFA[40]. Par ailleurs, il faut noter que la naissance de nouveaux États sur le territoire allemand et l'évolution de ceux-ci rencontrent la suspicion des Juifs allemands installés aux États-Unis, dont l'attitude en la matière ne se distingue guère de celle des Juifs américains[41].

La prise de contact au début des années cinquante entre l'Allemagne fédérale d'une part, Israël et des organisations juives d'autre part, de même que certains signes en provenance d'Allemagne suscitent tout d'abord la réserve puis l'intérêt de ces personnes. À leurs yeux, cette évolution représente non seulement la manifestation d'une « nouvelle Allemagne » dont on espère qu'elle pourrait rompre avec le passé nazi ; mais elle constitue aussi pour beaucoup la concrétisation d'espoirs et la perspective d'être dédommagé ou de recevoir ne serait-ce qu'une faible pension de la part de la RFA[42]. Et on constate qu'à partir de cette épo-

---

[40] À propos du journal *Aufbau* et des réparations, voir BAUER-HACK, S., *Die jüdische Wochenzeitung Aufbau und die Wiedergutmachung*, Düsseldorf, 1994.

[41] SHAFIR, S., *American Jews and Germany, op. cit.*, p. 17. Signalons ici par exemple que l'opinion négative des membres du cercle regroupé autour du journal *Aufbau* est due, comme dans le cas des Juifs américains, au silence allemand sur le passé tragique, à l'absence de repentir, aux obstacles mis au paiement de dédommagements adressés aux victimes du nazisme (*Aufbau*, 2 décembre 1949, « Attentat auf die Restitution », 23 décembre 1949, « *Aufbau* enthüllt : Verschlechterung des Entschädigungsgesetzes », 2 avril 1950, « Neues Attentat auf die Wiedergutmachung ») et au maintien en fonction de nombreux fonctionnaires impliqués dans le nazisme. *Aufbau* consacre ainsi de nombreux articles à la dénonciation du personnel nazi encore en place dans les administrations de Bonn, en particulier à l'AA : 7 octobre 1949, « Aufmarsch der Nazi-Diplomaten », 14 octobre 1949, « Deutschland ohne Maske », R. W. KEMPNER (suite *in Aufbau*, 21 et 28 octobre, 4, 11, 18 et 25 novembre), 2 décembre 1949, « Adenauers Sekretär war Nazidiplomat », 10 février 1950, « Der Chef der Judenreferenten in Bonn », 28 avril 1950, « Deutsche Außenpolitik in Nazihänden », 12 mai 1950, « Adenauers erste Ausland-Diplomaten », 19 mai 1950, « Nazi-Botschafter Chef des Bonner Konsularkorps », 28 mars 1952, « Der Diplomaten-Skandal von Bonn - Das Auswärtige Amt - eine "Hochburg der Handlanger des Dritten Reiches" ».

[42] Voir l'intérêt des gens d'*Aufbau* pour l'appel de l'*Aktion Friede mit Israel* (*Aufbau*, 21 septembre 1951, « Die ersten Stimmen in der deutschen Wüste - Friede mit Israel », R. KÜSTERMEIER), la déclaration d'Adenauer devant le Bundestag (5 octobre 1951, « Bundeskanzler Adenauer bekennt : "Wir sind mitschuldig" »), ou les premiers contacts entre les autorités ouest-allemandes et des représentants israéliens ou juifs...

que les milieux juifs allemands de New York multiplient les contacts avec les représentants de Bonn aux États-Unis[43]. Leur engagement est complet afin qu'un accord soit trouvé. La campagne ainsi entamée dispose d'un relais important : le journal *Aufbau* déjà évoqué[44].

L'action de K. Grossmann illustre parfaitement l'engagement du cercle d'*Aufbau*[45]. Ancien secrétaire général de la Ligue allemande des droits de l'homme, Grossmann est habitué aux campagnes du type de celle qu'il entreprend. Journaliste et fin connaisseur de la vie et des acteurs politiques allemands, il sait quels moyens employer et quelles personnes contacter pour donner plus d'écho à ses prises de position. Pour ce faire, Grossmann ne se contente pas d'observer ou de solliciter des actions à partir de New York : dès 1948, il est présent presque chaque année en Allemagne pour y tenir des conférences sur le sujet des réparations, et il y est établi pendant la plus grande partie des négociations engagées aux Pays-Bas.

Grossmann n'agit pas seulement pour que les Juifs exilés obtiennent des pensions de Bonn. Il se déclare également très tôt en faveur d'une amélioration des contacts entre Juifs et Allemands ainsi qu'entre l'Allemagne fédérale et Israël. Il s'exprime dans ce sens au moment où, pour d'autres, il est encore trop difficile d'imaginer l'étape qui devrait suivre la conclusion de l'éventuel accord de réparations. Dès le début de juillet 1952, Grossmann soumet ainsi à N. Goldmann une série de réflexions issues d'un séjour en Allemagne[46]. De celles-ci il

---

[43] La RFA dispose à New York d'un consulat général et d'une mission d'observation auprès de l'ONU appréciés par les émigrés juifs allemands de New York (*Aufbau*, 9 février 1951, « Westdeutsche Konsuln stellen sich vor - Ein guter Anfang »). Pour leur part, ces représentations recherchent également le contact avec ces personnes (voir par exemple le contact qui existe entre Riesser, du consulat de New York, et Manfred George, PA/AA, Abt. III, 212.06, Vol. 1, Lettre de Washington (244 B 1736/51), 14 novembre 1951, Riesser) et RIESSER, *op. cit.*, p. 225 et suiv., en particulier p. 229.

[44] Le journal publie régulièrement des appels à l'Allemagne fédérale visant à la concrétisation des promesses d'Adenauer et à la réalisation de la « nouvelle Allemagne » (19 octobre 1951, « Antwort an Bonn », L. BAECK). Le journal en appelle également au courage des Juifs et des Israéliens qui doivent, selon lui, négocier avec la RFA (28 décembre 1951, « Mut zur Wahrheit - Sollen Israel und die Juden mit Deutschland verhandeln ? », K. MARX).

[45] Voir BAUER-HACK, *op. cit.*, chap. « Kurt R. Grossmann - der "PR-Mann der Wiedergutmachung" », p. 78 et suiv.

[46] CZA, Papiers N. Goldmann, 1019, Lettre de K. Grossmann à N. Goldmann, 1er juillet 1952.

ressort qu'il ne craint pas d'aller à contre-courant de l'opinion générale et d'envisager, déjà, une réconciliation et une collaboration pratique, que ce soit entre Juifs et Allemands ou entre Israéliens et Allemands. Afin d'atteindre un tel but, il suggère en particulier la diffusion en Allemagne de l'Ouest d'informations sur la vie des Juifs et l'ouverture rapide d'un « bureau de relations publiques pour les affaires juives », afin de contrer efficacement les manœuvres des adversaires du futur accord de réparations.

Mais Grossmann ne se borne pas à émettre des propositions pour le court terme, car il souligne que l'office envisagé permettra de dédramatiser la situation en devenant pour Israël « le poste d'écoute neutre en Allemagne tant désiré ». Le bureau imaginé par Grossmann doit naturellement agir aussi en direction de l'État hébreu afin qu'on y découvre la « nouvelle Allemagne » grâce à cette source d'information directe[47]. Et au-delà de cette volonté d'informer, Grossmann estime que l'opération qu'il suggère contribuera à simplifier « considérablement la question complexe des relations diplomatiques avec l'Allemagne[48] ».

Il va de soi que les idées de Grossmann sont très en avance sur celles de la plupart de ceux qui s'intéressent alors à un renouveau des relations germano-juives. Cependant, le contexte même de l'époque, l'état d'esprit des Juifs et celui de l'opinion publique israélienne rendent tout à fait inconcevable la concrétisation rapide des solutions avancées par le collaborateur d'*Aufbau*. Pour ces raisons, Grossmann doit faire machine arrière et se borner dans l'immédiat à soutenir les pourparlers de Wassenaar.

Dans ce domaine précis, Grossmann agit alors de plusieurs manières. En premier lieu, dans la logique de l'idée soumise à Goldmann, il effectue un important travail d'information, en particulier à destination

---

[47] Cette proposition de Grossmann constitue également une pique envoyée aux Juifs d'Allemagne de l'Ouest, comme il le confirme par la suite : elle doit contribuer à supprimer le monopole d'information sur l'Allemagne dont ils désirent disposer.

[48] Grossmann évoque également la mise en place de camps de jeunes Allemands (idée discutée avec E. Lüth, l'initiateur de l'appel *Friede mit Israel*) afin de les rééduquer et d'éliminer l'antisémitisme qui persiste en eux ; il propose enfin de faire connaître aux Juifs américains les noms et actions de Erich Lüth, Rudolf Küstermeier et Gertrud Luckner (animatrice du groupe de réflexion du *Freiburger Rundbrief*) et d'inviter F. Böhm aux USA.

des Juifs américains dont il connaît les réticences à l'égard de l'Allemagne. Il publie régulièrement un bulletin intitulé *Digest on Reactions to Claims against Germany*[49] qui comporte deux parties distinctes : d'une part des extraits d'articles tirés de la presse ouest-allemande relatifs aux réparations, et d'autre part des commentaires de la plume de Grossmann. Le bulletin, publié en langue anglaise, doit convaincre ses lecteurs de la réalité des changements en cours et du renforcement d'une « nouvelle Allemagne » avec laquelle il est possible de dialoguer. Sa fonction est également de contribuer à la conclusion favorable des négociations de Wassenaar.

La publication du *Digest* ne s'arrête toutefois pas avec la signature du traité germano-israélien, le 10 septembre 1952. Pour Grossmann, en effet, il reste nécessaire de poursuivre une information régulière sur l'amélioration des relations *de facto* entre Bonn et Jérusalem et les prises de position favorables à cette entreprise[50].

Par ailleurs, Grossmann s'attache à entretenir en Allemagne même une atmosphère propice aux négociations germano-judéo-israéliennes : il fait paraître des prises de position dans la presse[51], et il entretient des contacts avec les élites fédérales[52]. Son activisme dans ce domaine est particulièrement net à partir du moment où les autorités de Bonn tardent à faire ratifier l'accord de Luxembourg par le Bundestag. Expert pour les dédommagements de la section américaine de l'Agence juive et responsable des relations publiques de la *Conference*, le collaborateur d'*Aufbau* souligne ainsi l'impact de la signature du traité de réparations aux États-Unis pour montrer aux Allemands que le geste concédé par la RFA y a été perçu à sa juste valeur[53]. Et lorsqu'à la fin de l'année 1952 il s'avère que la ratification est toujours reportée

---

[49] Par la suite = *Digest*.

[50] Voir par exemple *Digest* n° 49 du 21 novembre 1952 avec une citation de la *Westdeutsche Rundschau*, 29 octobre 1952, « Martin Buber desires cultural relations with Western Germany ».

[51] Voir par exemple *Frankfurter Rundschau*, 26 janvier 1953, GROSSMANN, « Laßt Euch Euren Sieg nicht nehmen ».

[52] Qu'il s'agisse de membres de la classe politique ou de personnalités dont il connaît l'intérêt pour le problème en question (il est par exemple en contact avec W. Dirks, de la revue proche de la social-démocratie *Frankfurter Hefte*, voir FEST, Papiers W. Dirks, Allgemeine und persönliche Korrespondenz 1952 Gn-Hi, Lettre de K. Grossmann à W. Dirks, 18 août 1952).

[53] *Ibid.*, Lettre de K. Grossmann à W. Dirks, 14 octobre 1952.

sine die, Grossmann multiplie les initiatives afin de solliciter l'attention des hommes politiques ouest-allemands. C'est pourquoi il expédie des dossiers d'information à diverses personnalités, de façon à les mettre en garde contre toute faiblesse face aux menaces arabes[54]. Et dans ces courriers, Grossmann ne perd naturellement pas une occasion de demander à ses destinataires d'agir pour accélérer le processus en cours[55].

L'activisme de Grossmann porte en définitive ses fruits ; car d'une part il peut effectivement diffuser ses idées[56], et d'autre part il contribue à renforcer un climat favorable à l'examen du texte du traité par le parlement ouest-allemand.

L'issue positive du processus de ratification, au bout de quelques mois d'attente, provoque évidemment la satisfaction de K. Grossmann qui la considère comme un succès dû à son engagement personnel. Mais pour le journaliste la sanction du Bundestag ne représente pas un aboutissement : à ses yeux il ne s'agit que d'une étape sur la voie de la normalisation des relations entre les deux pays[57].

---

[54] Dans l'un de ces dossiers (par exemple présents dans les papiers de T. Dehler, alors ministre de la Justice, à la Friedrich-Naumann-Stiftung, dans ceux de W. Dirks ou de C. Schmid, à la Friedrich-Ebert-Stiftung) figure la brochure publiée par la mission israélienne de Cologne *Arabische Boykott-Politik*, s. d.

[55] Il diffuse par exemple l'article, déjà signalé, publié par la *Frankfurter Rundschau* le 26 janvier 1953. Il soutient également une pétition du même type que celle lancée par Erich Lüth au même moment et diffuse de la documentation devant permettre à ses correspondants de publier des articles de fond allant dans le sens qu'il encourage (FEST, Papiers W. Dirks, Allgemeine und persönliche Korrespondenz 1953 Ga-Hel, Lettre de K. Grossmann à W. Dirks, 21 janvier 1953 et FNS, Papiers Th. Dehler, Vol. 1196, Lettres de K. Grossmann à Th. Dehler, 21 janvier et 26 février 1953). Grossmann désire par ailleurs entreprendre une campagne plus populaire que ses appels aux élites ouest-allemandes avec l'idée de la diffusion de vignettes spéciales par l'administration des postes, mais l'investissement qu'il réclame alors paraît impossible à concéder aux yeux de Bonn (PA/AA, Abt. II, Vol. 1672, Lettre de l'AA (244.10 II 16 345/53) au BM für Post- und Fernmeldewesen, 8 janvier 1953, Blankenhorn, et *ibid.*, Vol. 1667, Lettre du Bundesministerium für das Post- und Fernmeldewesen (Min/St/I H 2041 OB) à Grossmann, 22 janvier 1953, Schuberth).

[56] FEST, Papiers W. Dirks, Allgemeine und persönliche Korrespondenz 1953 Ga-Hel, Lettre des *Frankfurter Hefte* à K. Grossmann, 8 janvier 1953, Bubenheim, qui annonce à Grossmann la parution d'un de ses articles dans la revue.

[57] *Ibid.*, Papiers C. Schmid, Vol. 634, Lettre de K. R. Grossmann à C. Schmid, e. a., 21 avril 1953.

De retour aux États-Unis au printemps 1953, Grossmann s'empresse d'exposer les éléments marquants de la période qu'il vient de vivre en Allemagne de l'Ouest et de développer les idées rassemblées à cette occasion. Ses explications, principalement destinées à la communauté juive allemande de New York, ont d'abord pour but de montrer, à des personnes qui la refusent encore, la réalité d'une « nouvelle Allemagne » dans laquelle les Juifs peuvent compter de nombreux alliés[58]. Si Grossmann sait qu'il existe encore en Allemagne de nombreuses personnes soit hostiles, soit indifférentes à Israël[59], il envisage pourtant avec optimisme la suite des événements. Et il tient à contribuer au renforcement des espoirs nés de l'accord de Luxembourg ; car celui-ci et la visite triomphale d'Adenauer aux États-Unis au début du mois d'avril sont à l'origine d'une amélioration sensible de l'état d'esprit de la communauté juive allemande de la côte est, évolution qu'il s'agit encore de conforter.

Par ailleurs, Grossmann désire agir sur l'opinion ouest-allemande. Car l'accord germano-israélien ne représente qu'un aspect de la nécessaire métamorphose d'une Allemagne qui doit surmonter définitivement son passé nazi. C'est pourquoi Grossmann exige à présent des autorités de Bonn à la fois une législation fédérale sur les réparations individuelles, la prise en compte des réfugiés dans cette législation, le développement d'une campagne d'explication sur le contenu du traité, un travail d'éducation du peuple allemand et surtout le renforcement de la démocratie en République fédérale[60].

Après la ratification de l'accord germano-israélien, K. Grossmann poursuit également la publication de son *Digest*. Dans les numéros parus en 1953, il insiste particulièrement sur les articles de presse qui font état de l'amélioration des relations *de facto* entre Bonn et Jérusalem ; il

---

[58] *Aufbau*, 24 avril 1953, « Der Kampf um den Israel-Vertrag - Kurt R. Grossmann Vortrag im *Aufbau*-New World Club - Adenauer verspricht baldiges Gesetz über individuelle Wiedergutmachung ». Grossmann rend grâce en particulier à l'action du SPD, du DGB, d'E. Lüth et des journaux qui ont servi sa cause.
[59] Il souligne la tiédeur du patronat, en particulier de son responsable, Fritz Berg.
[60] FNS, Papiers Th. Dehler, Vol. 1196, Lettre de K. Grossmann à Th. Dehler, ministre de la Justice, 21 avril 1953.

fait ainsi écho à des comptes rendus parus en RFA[61], en Israël[62] ou aux États-Unis[63]; et sa volonté de mettre en valeur l'évolution favorable des rapports germano-israéliens contribue elle-même renforcer cette évolution[64].

À partir de la fin de 1953 et du début 1954, à l'instar de Grossmann, *Aufbau* et ses collaborateurs paraissent définitivement acquis au rapprochement entre la République fédérale et Israël. La conviction du journal transparaît par exemple dans une série de questions adressée en janvier 1954 à H. von Brentano, président du groupe chrétien-démocrate au Bundestag[65]. Moins d'un an après la ratification de l'accord de réparations, cette interview porte sur l'évolution des relations *de facto* entre Bonn et Jérusalem. Au-delà du bilan que le journal vise à établir, Brentano doit en fait, par ses réponses, dévoiler clairement les visées et l'état d'esprit ouest-allemands. Les questions de Manfred George, rédacteur en chef du journal, sont en effet formulées de telle sorte que Brentano ne peut que répondre dans le sens voulu par son interlocuteur, c'est-à-dire en faveur d'un rapprochement entre Bonn et Jérusalem ; elles sont relatives à l'accord germano-israélien lui-même[66], aux perspectives qui se dégagent en ce début 1954[67], à l'importance d'Israël comme

---

[61] *Digest*, n° 56, 5 mai 1953, avec un article tiré du périodique chrétien *Christ und Welt*, 9 avril 1953.

[62] *Digest*, n° 62, 21 octobre 1953, avec des échos à l'article de G. Landauer publié dans l'organe de l'association israélienne des Juifs originaires d'Europe centrale *Irgoun Olej Merkatz Europa*.

[63] *Digest*, n° 56, 5 mai 1953, *Aufbau*, 24 avril 1953.

[64] C'est aussi le cas sa brochure sur l'accord publiée en 1954, *Germany's Moral Debt - The German-Israel Agreement*, op. cit.

[65] PA/AA, Abt. II, Vol. 252, Lettre d'*Aufbau* à von Brentano, 18 janvier 1954, transmise par l'ambassade de RFA à Washington.

[66] En ce qui concerne l'influence du traité sur les relations germano-israéliennes, *Aufbau* demande expressément si elle a été bonne ; de même, la question portant sur l'état d'esprit ouest-allemand quant au traité suppose que celui-ci est forcément intéressé...

[67] Dans quel sens, selon Brentano, se dirigerait une éventuelle extension des relations germano-israéliennes ? Et comment rendre ces relations encore plus détendues ? Va-t-on dans le sens de relations diplomatiques normales, vu que les Juifs y paraissent de plus en plus favorables ?

partenaire diplomatique[68], ainsi qu'à la place qu'occupent les États arabes dans les préoccupations ouest-allemandes[69]. Au total, le fait d'interroger Brentano représente bien l'occasion d'une prise de position du journal en faveur de relations plus étroites entre la RFA et l'État juif.

Un pas supplémentaire est franchi quelques mois plus tard par ce qui apparaît *a posteriori* comme l'une des contributions les plus importantes de K. Grossmann au rapprochement entre Allemands de l'Ouest et Israéliens : son article du 8 octobre 1954, intitulé « La normalisation des relations germano-israéliennes[70] ». Par ce texte, Grossmann répond en fait à un signal émis par Bonn trois semaines plus tôt : le 14 septembre, le chancelier Adenauer avait été interrogé par le journal *Die Welt* à l'occasion du deuxième anniversaire de la signature de l'accord germano-israélien ; à une question sur l'éventualité de relations diplomatiques avec Israël, il avait répondu qu'il « saluerai [t] [...] [le fait] que l'accord [...] puisse s'avérer le premier pas dans la voie de la normalisation des relations entre la République fédérale et l'État d'Israël[71] ». Dans cette réponse de circonstance, le journaliste voit une occasion unique de reprendre le cours de ses réflexions et d'insister une nouvelle fois sur l'importance qu'il attache au problème germano-israélien. Car à présent, il est clair que le chancelier ouest-allemand considère que « l'action curative du temps », qu'il avait évoquée au mois de mars 1953, a fait son effet. Pour Grossmann, cela signifie qu'il faut passer à une nouvelle étape.

Cet appel du journaliste n'est pas adressé aux Allemands car il sait que les réticences les plus vives ne viennent pas, en principe, de Bonn. Les destinataires des lignes rédigées par Grossmann ne sont pas non

---

[68] Brentano ne pense-t-il pas que l'État hébreu a des atouts du fait de sa situation géographique et de la qualification de ses habitants ? N'y a-t-il pas tout à gagner dans la coopération entre les deux pays ?

[69] Quel est l'impact de l'action des pays arabes sur la politique extérieure ouest-allemande ? Pourquoi ont-ils une telle influence en RFA ?

[70] *Aufbau*, 8 octobre 1954, K. R. GROSSMANN, « Die Normalisierung deutsch-israelischer Beziehungen ».

[71] *Die Welt*, 14 septembre 1954, « Politik der Versöhnung - Der Bundeskanzler über das Verhältnis zum jüdischen Volk ».

plus, ou pas tant, les Juifs allemands de New York que les Israéliens eux-mêmes.

Grossmann en appelle tout d'abord au réalisme politique de l'État hébreu dont il suppose qu'il est déjà à l'œuvre. Pour lui, les Israéliens, en particulier leurs responsables politiques, doivent surmonter une fois pour toutes les obstacles qu'ils ont eux-mêmes placés sur la voie de la normalisation des relations avec la RFA. Et ses remontrances les plus sévères concernent les partis d'opposition qu'il voue aux gémonies pour leur opportunisme. De fait, selon le journaliste, une politique réaliste, qui passe outre aux sentiments, est la seule qui puisse répondre aux besoins véritables de l'État hébreu. Car Israël doit se rendre à l'évidence : il ne dispose pas de beaucoup d'amis dans le monde et sa position se trouve encore affaiblie avec l'arrangement anglo-égyptien sur la question du canal de Suez. De cette constatation dramatique et sans nuance, Grossmann tire une conclusion sans détour :

> « Tous ceux qui ne sont toujours pas prêts à en venir à des relations diplomatiques normales avec l'Allemagne d'Adenauer négligent une série d'éléments qui figurent dans tout manuel de diplomatie. »

Par la suite, Grossmann précise sa pensée : selon lui, reconnaître un État, ce n'est pas admettre sa doctrine politique mais son gouvernement. Suivant cette logique, une éventuelle reconnaissance de la RFA n'implique donc pas une adhésion aux thèses en vigueur à Bonn ; le geste qu'il préconise ne serait que la constatation d'un état de fait contre lequel Israël et les Juifs ne peuvent rien. Grossmann revient ensuite sur le thème d'une politique extérieure qui serait dirigée par les sentiments, telle qu'elle est prônée par les opposants au réalisme de Sharett : il déclare alors que si une telle politique était pratiquée, Israël ne devrait pas entretenir de relations avec les pays d'Amérique du Sud dont on sait qu'ils abritent d'anciens nazis. Le journaliste insiste enfin sur les nombreux avantages qu'apporteraient aux deux pays des relations diplomatiques.

Après s'être demandé si l'on veut « vraiment, au regard de cette situation, continuer [...] à considérer l'Allemagne de l'Ouest comme un État ennemi », Grossmann exige d'Israël une décision nette, c'est-à-dire la formalisation de l'état de fait. Un tel acte serait un signal de confiance envoyé à Bonn, une reconnaissance officielle de la présence en

RFA d'hommes de bonne volonté et un encouragement à leur action. Pour conclure, Grossmann en appelle à un geste immédiat : Israël doit faire preuve de courage et ne pas prendre pour prétexte les élections à venir pour reporter sa décision.

Accueilli favorablement par les diplomates ouest-allemands en poste aux États-Unis[72], l'article de Grossmann marque une avancée sensible de la part d'une communauté longtemps intransigeante à l'égard de l'Allemagne. Mais, soucieux de renforcer la crédibilité de Bonn aux yeux des Juifs, ainsi que d'Israël, et préoccupé de voir ses propres thèses vérifiées, il demeure vigilant envers les autorités et la presse fédérales. Le journaliste regrette de ce fait le fléchissement de l'élan qui avait pu être observé en Allemagne de l'Ouest au cours des négociations et du processus de ratification[73]. De même il s'inquiète de la présence persistante dans le gouvernement ouest-allemand de nombreux opposants au traité de réparations[74]. Cette situation le pousse donc à rappeler régulièrement aux dirigeants de Bonn les engagements pris et toujours en suspens deux ans plus tard[75].

Malgré leur fermeté, les critiques de Grossmann sont toujours accompagnées de nouvelles sollicitations adressées aux parties ouest-allemande et israélienne. L'approche des élections à la Knesset de juillet 1955 donne ainsi l'occasion au journaliste de passer des reproches visant le gouvernement Adenauer à des protestations contre celui de Sharett, n'hésitant pas à faire preuve d'une certaine injustice à l'égard des autorités de Jérusalem. Selon Grossmann, malgré le développement des relations économiques et commerciales entre les

---

[72] PA/AA, Abt. II, Vol. 1684, Lettre de l'ambassade de RFA à Washington (210.01 2522/54) à l'AA, 21 octobre 1954, Krekeler.

[73] CZA, Papiers N. Goldmann, 1020, Lettre de K. Grossmann à N. Goldmann, 17 mai 1954.

[74] *Ibid.* Il cite les noms de F. J. Strauß (ministre sans portefeuille), Th. Oberländer (ministre des Expulsés, Réfugiés et Victimes de la guerre), H. C. Seebohm (ministre des Transports) et F. Schäffer.

[75] Il doit ainsi signaler à Adenauer, en juillet 1955, que la promesse de régler le problème des réparations individuelles n'a toujours pas été réalisée, alors que le chancelier avait annoncé, au mois de mars 1953, qu'une loi fédérale sur les dédommagements serait votée pendant la même législature (*Welt der Arbeit*, 8 juillet 1955, « Wiedergutmachungspraxis ist skandalös », K. Grossmann).

deux pays, le gouvernement israélien reste totalement inactif[76]. Pour le journaliste, l'échéance électorale demeure un prétexte, alors que selon lui il est plus que temps de « consolider [Israël pour qu'il puisse faire face à sa] faiblesse actuelle », c'est-à-dire de passer à l'établissement de relations diplomatiques entre Bonn et Jérusalem. Et selon Grossmann, en cette année 1955, la voie du rapprochement ne peut être trouvée que par une réflexion commune qui doit conduire les deux parties à faire preuve de bonne volonté.

À la différence de N. Goldmann, le collaborateur d'*Aufbau* n'est pas informé des développements de la fin de 1955 et du début 1956. S'il peut observer l'évolution des idées du gouvernement israélien, qui répond, sans qu'il s'en doute vraiment, à ses appels, Grossmann ne peut pas connaître le degré d'intensité des contacts entre Bonn et Jérusalem à la fin de la période en question. On peut s'imaginer que des signaux positifs en provenance de RFA et d'Israël auraient pu l'entraîner à s'engager une nouvelle fois. Cependant, sans informations précises sur des pourparlers démentis officiellement, Grossmann ne se manifeste plus dans le domaine des relations germano-israéliennes[77].

En résumé, il apparaît certain que, par ses prises de position précoces et franches, Grossmann a beaucoup contribué à l'évolution favorable de la communauté juive à l'égard de la RFA et du problème des relations diplomatiques germano-israéliennes. Et ce que ce soit parmi la communauté juive allemande des États-Unis ou parmi les lecteurs qu'*Aufbau* compte en Israël.

---

[76] Alors que Bonn donne progressivement aux relations *de facto* un statut officiel correspondant à la réalité des faits. Grossmann cite l'exemple de la classification effectuée peu de jours auparavant par l'Office fédéral de presse qui rangeait la mission israélienne de Cologne parmi les représentations diplomatiques.

[77] Il faut attendre novembre 1956 et la tension due à l'affaire de Suez pour que Grossmann aborde à nouveau le problème dans sa correspondance avec Goldmann (CZA, Papiers N. Goldmann, 1020, Lettre de Grossmann à N. Goldmann, 3 novembre 1956) et juin 1957 pour qu'un article de sa plume reprenne le sujet (*Aufbau*, 21 juin 1957, « Deutsch-israelische Annäherung wächst - Die ersten deutschen Gesellschaften reisen nach Israel », K. R. GROSSMANN).

CHAPITRE VI

La communauté juive ouest-allemande : le *Zentralrat der Juden in Deutschland*, Karl Marx et l'*Allgemeine Wochenzeitung der Juden in Deutschland*

La communauté juive ouest-allemande s'exprime également sur les relations germano-israéliennes. Malmenés entre « le souvenir et le refoulement[1] », confrontés à d'énormes problèmes d'identité et de survie dans un environnement ressenti comme hostile[2], les quelques Juifs qui demeurent en Allemagne après la Seconde Guerre mondiale se sentent naturellement concernés par le problème. C'est ce que révèlent aussi bien les prises de position du « Conseil central des Juifs en Allemagne » que celles de l'hebdomadaire du journaliste Karl Marx, *Allgemeine Wochenzeitung der Juden in Deutschland*.

---

[1] BURGAUER, E., *Zwischen Erinnerung und Verdrängung - Juden in Deutschland nach 1945*, Hambourg, 1993. Voir également BRODER, H. M., LANG, M. L. (Hg), *Fremd im eigenen Land - Juden in der Bundesrepublik*, Francfort/M., 1979.
[2] Voir BRENNER, « Wider den Mythos der "Stunde Null"... », *op. cit.* et OUAZAN, F., *Ces juifs dont l'Amérique ne voulait pas 1945-1950*, Bruxelles, 1995, p. 35 et suiv.

1. Le *Zentralrat der Juden in Deutschland*

Les Juifs qui se retrouvent sur le territoire allemand en 1945 ne s'apparentent que de très loin à la nombreuse communauté d'avant-guerre[3]. Coupés de leurs racines après de multiples déportations, ils sont le plus souvent regroupés dans des camps de « personnes déplacées » ouverts par les autorités militaires d'occupation ; pour leur majorité d'origine étrangère, ces Juifs attendent un éventuel départ, généralement pour la Palestine. L'émigration, encouragée par les forces d'occupation et avant tout par les organisations juives accréditées auprès de celles-ci, est alors comprise comme le résultat de l'Holocauste. Elle correspond à la prédiction du rabbin Leo Baeck selon laquelle la *Shoah* a mis fin à l'histoire millénaire des Juifs d'Allemagne et les « Juifs ne vont pas se réinstaller dans le pays où le massacre des Juifs d'Europe a été conçu[4] ».

En 1948, la communauté juive qui s'organise peu à peu et, malgré la persistance de l'indifférence à son égard, accepte de rester en Allemagne, salue la création d'Israël. Dès cette époque, toutefois, les relations entre cette communauté et le reste de la diaspora, comme avec les Juifs installés en Israël, sont très difficiles ; car ceux qui vivent à l'étranger, notamment ceux qui ont fui l'Allemagne, ne peuvent pas comprendre qu'il soit possible à un Juif de rester dans ce pays. Le mépris est souvent la traduction de cette incompréhension[5].

Malgré ce décalage durable, les Juifs d'Allemagne soutiennent sans faille le droit à l'existence de l'État d'Israël. En effet pour ces personnes, qui ne sont pas prêtes à quitter le continent européen pour rejoindre

---

[3] Forte de 500 000 membres avant 1933, la communauté juive d'Allemagne compte environ 30 000 personnes après 1945.

[4] Les faits ne vérifient cependant pas l'augure de Baeck dans la mesure où l'Allemagne ne voit pas la totalité des Juifs quitter ses frontières. Entre 1945 et le début des années soixante, 12 000 « personnes déplacées » choisissent de rester, 6 000 Juifs reviennent en Allemagne après 1945, auxquels s'ajoutent 2 000 personnes qui rentrent après une expérience malheureuse de l'émigration, dans l'espoir d'accélérer le processus de restitution ou pour profiter de la prospérité économique de la RFA.

[5] Voir WOLFFSOHN, M., *Meine Juden - Eure Juden*, Munich, 1997, p. 167 et suiv. Encore en janvier 1996, lors d'une visite officielle en RFA, le président d'Israël Ezer Weizman s'est exprimé de la même manière (*Die Zeit*, 19 janvier 1996, « Als Jude hier ? Ein Widerwort an Israels Präsidenten Ezer Weizman », D. COHN-BENDIT).

un État juif dont l'avenir reste aléatoire, Israël constitue malgré tout un refuge potentiel dans le cas d'une résurgence de l'antisémitisme en Allemagne. Et c'est précisément dans ce cadre qu'il convient de comprendre la faveur rapidement apportée par les Juifs d'Allemagne à une amélioration des relations entre Bonn et Jérusalem : la perspective de meilleurs contacts entre les deux capitales représente la possibilité d'accélérer la stabilisation de l'État juif.

Après quelques années, cette communauté poursuit ses efforts d'organisation en se dotant d'un « Conseil central » destiné à représenter ses intérêts[6]. Sous la conduite du premier président du *Zentralrat*, Hendrik van Dam, les Juifs d'Allemagne de l'Ouest confirment leur attachement à des relations plus étroites entre la RFA et Israël ainsi que leur désir de voir s'achever l'isolement international de l'Allemagne de l'Ouest. Ils soutiennent naturellement aussi avec force les revendications juives et israéliennes de réparations. À ce titre il importe de rappeler qu'avant même la création officielle du Conseil central, van Dam rédige un mémorandum adressé au ministère israélien des Finances[7]. Au-delà des précisions juridiques qu'il apporte à l'État hébreu, ce texte est important car il représente un véritable appel lancé aux Israéliens par les Juifs d'Allemagne de l'Ouest : van Dam encourage en effet la partie israélienne à abandonner ses réticences et à engager des négociations directes avec la RFA dans le but d'obtenir des réparations. Par ailleurs, ce document prouve le désir de la communauté juive d'Allemagne de l'Ouest de s'ériger en intermédiaire incontournable entre Bonn et Jérusalem, comme de susciter un véritable dialogue entre les deux capitales.

Au moment où la perspective de négociations sur les réparations aux Juifs se précise, le *Zentralrat* ne s'exprime cependant pas de façon trop appuyée. Soucieux de préserver son caractère original au sein de la

---

[6] Par la suite = *Zentralrat*. Voir BURGAUER, E., *Zwischen Erinnerung und Verdrängung, op. cit.*, pp. 35-36, et LICHTENSTEIN, H., « Die Minderheit der 30 000 Juden in der Bundesrepublik », in HEID, L. & KNOLL, J. H. (Hg), *Deutsch-jüdische Geschichte im 19. und 20. Jahrhundert, op. cit.*, p. 337 et suiv. L'appellation de « Conseil central des Juifs *en* Allemagne » reflète la réalité des choses : pour la majeure partie d'entre eux, les Juifs qui sont désormais en Allemagne ne sont pas originaires du pays, ne sont pas des Juifs allemands.

[7] « Das Problem der Reparationen und Wiedergutmachung für Israel », texte *in* VOGEL, *op. cit.*, p. 22 et suiv.

communauté juive mondiale, il refuse par exemple de faire partie de la *Conference* et donc d'intervenir directement dans les pourparlers qui débutent à Wassenaar à la fin de mars 1952. Mais, par ailleurs, les Juifs ouest-allemands font savoir qu'ils sont prêts à renoncer à leur part des réparations pour permettre à Israël de profiter au maximum des paiements fédéraux.

En apparence contradictoires, les positions du *Zentralrat* traduisent en fait une double volonté. D'une part les Juifs de RFA, qui incarnent la possibilité de maintenir une présence juive en Allemagne après Auschwitz, tiennent à sauvegarder leur différence et leur autonomie. Pour cela ils refusent de perdre leur identité en s'intégrant au sein d'un ensemble plus vaste, tel la *Conference* : selon eux, y adhérer signifierait renoncer à contrôler leur propre destin[8]. D'autre part cependant, les Juifs du *Zentralrat* désirent rompre l'isolement qui leur est imposé par les organisations juives, en particulier par celles représentées en Allemagne et reconnues par les forces d'occupation[9]. Et le meilleur moyen de procéder paraît alors pour eux de faire preuve de bonne volonté à l'égard d'Israël.

Pour ce qui concerne la question même des relations diplomatiques entre Bonn et Jérusalem, il n'est pas possible de dire, au vu des prises de position affichées à cette époque, que le *Zentralrat* se soit engagé pleinement dans une campagne visant à l'officialisation des rapports entre les deux pays. Après l'initiative de van Dam qui, entre autres sollicitations, permet de lancer le dialogue entre Israéliens et Allemands, le *Zentralrat* semble se retirer de la scène politique ; son principal objectif est alors de se concentrer sur la reconstruction de la vie juive en RFA et de renforcer une communauté destinée à rappeler constamment les Allemands à leur devoir.

L'influence qu'exerce le Conseil central dans le débat sur l'ouverture de relations officielles entre Bonn et Jérusalem n'est en fait qu'indirecte. En effet, à l'époque envisagée, les dirigeants de la communauté juive de RFA s'efforcent avant tout de jouer un rôle de

---

[8] Le *Zentralrat* adopte la même attitude vis-à-vis du CJM, qui a lui-même du mal à accepter les Juifs d'Allemagne, et il n'en devient membre qu'à partir de novembre 1954.

[9] En particulier la JRSO qui forment avec les autres organisations un « front du refus » (BURGAUER, *op. cit.*, p. 59).

représentation : représentation des Juifs et d'Israël en RFA, en concurrence avec la mission israélienne, et représentation de l'Allemagne fédérale à l'étranger. De ce dernier point de vue, les autorités de Bonn constatent avec satisfaction que les responsables juifs rendent crédible l'image d'une « nouvelle Allemagne[10] ». Par ailleurs, par leurs interventions, les Juifs ouest-allemands offrent à Ben Gourion et Sharett la possibilité de conforter la politique engagée lors des négociations de Wassenaar. Mais au-delà de cette instrumentalisation de leurs démarches, leur aspiration constante est bien d'agir comme médiateurs, sur un plan modeste, mais non négligeable, entre la République fédérale d'Allemagne et Israël.

2. Karl Marx et l'*Allgemeine Wochenzeitung der Juden in Deutschland*

L'*Allgemeine Wochenzeitung der Juden in Deutschland* n'est pas le porte-parole du *Zentralrat der Juden in Deutschland*. Mais les points de vue de ces deux structures fondamentales de la vie juive dans l'Allemagne de l'après-guerre sont très voisins.

L'idée de créer après 1945 un journal juif en Allemagne revient à Karl Marx, journaliste originaire de Düsseldorf. D'abord intitulé *Jüdisches Gemeindeblatt für die britische Zone*, puis, à partir de 1948, *Allgemeine Wochenzeitung der Juden in Deutschland*, l'hebdomadaire fondé par Marx à l'automne 1946 se fixe pour but de créer un lien entre les Juifs présents sur le territoire allemand et d'informer les non-Juifs sur la vie de la communauté[11].

Très tôt en effet, le créateur de l'*Allgemeine* a le souci d'établir sur de nouvelles bases les relations entre les Juifs et leur environnement : il souligne la légitimité de la demande de réparations mais également le

---

[10] C'est ainsi que l'AA prévoit, sur les conseils de K. Marx, de faire écho au séjour de H. van Dam aux États-Unis immédiatement après la signature de l'accord germano-israélien (PA/AA, Büro Sts, Pressereferat, Vol. 242, Note adressée à Diehl, 19 septembre 1952, Schern).

[11] Voir VOGEL, R. (Hg), *Der deutsch-israelische Dialog - Dokumente eines erregenden Kapitels deutscher Außenpolitik*, Munich, 1987-1989, vol. 7, 3ᵉ partie : culture, 1990, chap. « Juden und Judentum in der Bundesrepublik », « 1. Vom "Jüdischen Gemeindeblatt für die britische Zone" zur "Allgemeinen Jüdischen Wochenzeitung" », p. 206 et suiv.

souhait des Juifs de s'intégrer le plus possible à la nouvelle démocratie allemande[12]. À ce titre son journal devient rapidement la tribune à laquelle s'expriment des personnalités favorables au dédommagement et contribue ainsi à la relance d'un dialogue judéo-allemand, et, à terme, israélo-allemand[13].

Grâce aux informations diffusées dans son journal, K. Marx contribue à la normalisation progressive des relations entre Juifs et non-Juifs à l'intérieur même de l'Allemagne ; c'est ainsi qu'opposé à la thèse d'une culpabilité collective des Allemands, le journaliste souhaite aller au-delà des sentiments et ressentiments et privilégier l'avenir[14]. Par ailleurs, par l'intérêt qu'il porte au jeune État hébreu dès sa proclamation, l'*Allgemeine* participe au développement de l'information sur Israël en Allemagne de l'Ouest[15]. Mais l'œuvre la plus importante de Marx est certainement sa participation à la diffusion de l'image de la « nouvelle Allemagne » auprès des lecteurs de langue allemande dans le monde entier[16].

En outre, après avoir favorisé l'esquisse du dialogue judéo- et israélo-allemand, K. Marx se pose en intermédiaire incontournable dans les relations entre Bonn et Jérusalem. Toutefois ce rôle, accepté par l'administration ouest-allemande, en particulier par Adenauer, ne rencontre pas l'assentiment de toute la communauté juive : à l'instar de la majeure partie des Juifs demeurés en Allemagne, Marx fait l'objet de la suspicion des organisations américaines présentes en RFA. Son activisme dérange énormément, tout comme ses relations avec les plus hautes autorités ouest-allemandes[17].

---

[12] « Wir, die deutschen Juden », art. du 27 novembre 1946, cité par VOGEL, p. 206.

[13] K. Marx publie ainsi le 17 février 1947 une interview de K. Schumacher, responsable du SPD, favorable aux réparations. L'interview de K. Adenauer par Marx, le 11 novembre 1949, avec l'offre d'un dédommagement matériel et l'acceptation de l'État d'Israël comme porte-parole des Juifs persécutés, constitue, on l'a vu, l'une des étapes fondamentales du processus de rapprochement.

[14] Voir H. van DAM, « Jüdische Presse im Nachkriegsdeutschland », in VOGEL, *Der deutsch-israelische Dialog*, op. cit., p. 212.

[15] LEVY, H., « L'hebdomadaire *Allgemeine Wochenzeitung der Juden in Deutschland* », *Documents*, 22 (3/4) mai-juillet 1967, p. 182 et suiv.

[16] « Zum Tod von Karl Marx », in VOGEL, *Der deutsch-israelische Dialog*, op. cit., p. 216.

[17] Un représentant d'une organisation juive, le *United Restitution Office* écrit ainsi au ministre des Réfugiés, Hans Lukaschek (Adenauer Haus, Lettre de l'*United Restitution Office* à

Quels sont les moyens d'action dont dispose K. Marx ?

Dans une certaine mesure, Marx et l'*Allgemeine* deviennent les porte-parole du gouvernement Adenauer auprès de la communauté juive, ouest-allemande ou étrangère. Soucieuse de forger d'elle-même une image résolument différente de celle de l'Allemagne nazie, la RFA a alors besoin du concours de toutes les personnes prêtes à servir sa cause, et Marx est du nombre. Grâce à ce statut, il bénéficie de l'assistance financière de l'Office fédéral de presse. De plus il est en contact direct avec les dirigeants de Bonn auxquels il peut soumettre l'une ou l'autre idée susceptible de contribuer à la campagne engagée par l'Allemagne fédérale[18].

Le domaine d'activité principal de Marx reste cependant le travail de pionnier qu'il effectue par le biais de son journal. Les pages de l'*Allgemeine* renferment ainsi de nombreux articles relatifs au rapprochement germano-israélien. Et après les interviews de Schumacher et Adenauer qu'il publie, Marx développe encore son action et transforme sa publication en un authentique interprète de la tendance conciliatrice.

Dans ce cadre l'*Allgemeine* se révèle pour la RFA un partenaire de poids. Mais le journal est également un observateur vigilant qui n'hésite pas à rappeler à Bonn les responsabilités qui résultent du passé allemand

---

Lukaschek, 3 avril 1950, Schindler, Confidentiel) : « Je considère comme mon devoir d'attirer votre attention sur le fait que M. Marx n'est *persona grata* ni en Israël ni dans les milieux juifs d'Allemagne et que toute discussion sur des questions juives seraient gênées s'il y a risque que M. Marx en prenne connaissance. Je sais que M. Marx se pose en représentant de cercles juifs et israéliens sans en avoir eu l'autorisation de qui que ce soit. Pour cela, je vous saurais extraordinairement gré de bien vouloir vous soucier que M. Marx n'ait pas l'occasion de prendre connaissance de quelque négociation confidentielle que ce soit parce qu'il utiliserait cette connaissance à des fins d'intrigue et pour son propre avantage. » Le député juif Jakob Altmaier est également très méfiant vis-à-vis de K. Marx, notamment en raison de son rôle perturbateur dans les relations entre les organisations juives américaines et le gouvernement de Bonn (voir WEBSTER, R., « American relief and Jews in Germany, 1945-1960... », *op. cit.*, pp. 298-299).

[18] Ainsi, lorsqu'en mars 1951 Marx envisage une journée spéciale de commémoration pour les victimes juives en RFA, dans le but d'avoir un argument pour assouplir la position des Israéliens, sa proposition est transmise directement à Adenauer par le ministre de l'Intérieur, Robert Lehr (Adenauer Haus, Lettre de R. Lehr à Adenauer, 5 mars 1951, Très confidentiel, et *ibid.*, Lettre d'Adenauer à R. Lehr, 9 mars 1951). Cette proposition est toutefois rejetée par le chancelier.

tout comme de la situation particulière de l'Allemagne de l'Ouest. Le journal de Marx est également attentif aux échos que reçoit en Israël l'évolution du statut de Bonn. Ainsi, lorsque durant l'été 1951, à l'opposé de la majorité des pays occidentaux, l'État hébreu refuse de prononcer la fin de l'état de guerre avec l'Allemagne, l'*Allgemeine* insiste sur la multiplication des signaux négatifs en provenance de Jérusalem et appelle la RFA à rompre le silence[19]. Une action de la part de la République fédérale lui paraît d'autant plus indispensable que la majorité de la communauté juive mondiale reste très hostile à Bonn[20] et que les initiatives d'associations ouest-allemandes comme la *Gesellschaft* demeurent méconnues[21].

Après le discours d'Adenauer devant le Bundestag, le 27 septembre 1951, l'*Allgemeine* intensifie encore son engagement en faveur des réparations à accorder aux Juifs[22]. Mais au-delà d'une action qui est en soi évidente de la part d'un journal juif, l'hebdomadaire prône l'approfondissement immédiat des contacts germano-israéliens[23]. Selon l'organe dirigé par K. Marx, Israël doit en effet se garder d'imposer des limites au dialogue avec l'Allemagne au moment où l'on avance sur le problème des réparations. Car une telle attitude reviendrait à rester campé sur les positions antérieures. Et le fait que l'État juif soit mieux disposé à l'égard de pays dont le passé est également trouble, comme la Pologne ou l'Autriche, ne manquerait pas de susciter des questions à Bonn. C'est pourquoi Marx demande à Israël de faire preuve de souplesse et de ne définir son attitude qu'en fonction

---

[19] *Allgemeine*, 11 août 1951, E. Friedländer, « Warum Israel ? », cité *in* GIORDANO, R. (Hg), *Narben, Spuren, Zeugen - 15 Jahre Allgemeine Wochenzeitung der Juden in Deutschland*, Düsseldorf, 1961, p. 123 et suiv.

[20] *Allgemeine*, 16 novembre 1951, à propos de l'attitude de la communauté juive de Grande-Bretagne.

[21] *Ibid.*, 22 février 1952, « Erkenntnis - Ein Weg der Versöhnung ». À propos de cette organisation, voir STERN, F., « Wider Antisemitismus - Für christlich-jüdische Zusammenarbeit - Aus der Entstehungszeit der Gesellschaften und des Koordinierungsrats », *in* SCHOEPS, J. H., *Menora - Jahrbuch für deutsch-jüdische Geschichte - 1992, op. cit.*, p. 182 et suiv.

[22] *Aufbau*, 28 décembre 1951, « Mut zur Wahrheit - Sollen Israel und die Juden mit Deutschland verhandeln ? », K. MARX.

[23] Cette volonté est notamment manifeste à partir du moment où l'État hébreu accepte d'entrer en négociations avec la République fédérale (GIORDANO, *Narben, Spuren, Zeugen, op. cit.*, p. 211, « Israels Beziehungen zu Deutschland »).

du déroulement des négociations à venir[24]. Si le journaliste se montre ici aussi pressant à l'égard de l'État juif, c'est en fin de compte parce qu'il est convaincu que la normalisation des relations germano-israéliennes est inéluctable. De plus, il est persuadé que de véritables relations, qui supposent de la part des autorités ouest-allemandes une prise de position ferme face aux résurgences du nazisme, contribueront à stabiliser la paix mondiale.

Les négociations de Wassenaar et leur issue heureuse satisfont naturellement K. Marx. Achèvement d'un long processus auquel il a directement participé, la signature de l'accord germano-israélien représente pour lui le début d'une nouvelle étape qui doit aboutir à un véritable rapprochement politique. Après avoir exprimé cet espoir à l'occasion de la brève cérémonie de Luxembourg, Marx met tout en œuvre pour parvenir à la réalisation d'une telle perspective[25]. Son travail passe alors plus que jamais par la démonstration de la réalité de la « nouvelle Allemagne », qui n'est pas, selon lui, le seul fait de certains dirigeants[26].

Dans cette logique, le souci d'arriver à la réconciliation judéo-israélo-allemande est inséparable du désir de K. Marx de propager ses propres idées. C'est pourquoi, à l'occasion de contacts avec des fonctionnaires de l'administration ouest-allemande, il propose une collaboration et la diffusion de son journal dans les pays les plus éloignés[27]. Selon lui, cette expédition de l'*Allgemeine* aux

---

[24] L'occasion de cette prise de position est fournie par une déclaration de A. Eban qui annonce qu'« Israël n'a pas l'intention d'établir avec l'Allemagne des relations d'ordre général comme il en entretient avec d'autres pays » (*ibid.*, p. 213). Le journal de Marx avoue comprendre ce jugement mais précise (*ibid.*) qu'« une telle attitude est analogue à une politique des yeux et des oreilles fermés ».

[25] *Allgemeine*, 12 septembre 1952.

[26] Marx publie à ce titre le texte de Th. Heuss lu lors de l'inauguration du monument élevé à la mémoire des morts du camp de Bergen-Belsen (*Allgemeine*, 5 décembre 1952, « ... um Deinetwillen, um unserer aller Willen »). C'est aussi K. Marx qui propose que l'attaché de presse du consulat général de RFA à New York accueille H. van Dam lors du premier séjour de celui-ci aux États-Unis (PA/AA, Büro Sts Presseref., Vol. 242, Note adressée à Diehl, 19 septembre 1952, Schern). Par ailleurs Marx fait écho à l'action de Erich Lüth qui s'engage pour la ratification de l'accord germano-israélien (*Allgemeine*, 10 octobre 1952, « Erich Lüth sprach in Offenbach »).

[27] PA/AA, Büro Sts Presseref., Vol. 248, Lettre K. Marx à Diehl, 24 avril 1953.

représentations ouest-allemandes permettrait de sensibiliser les communautés juives germanophones de l'étranger à l'évolution en cours et de les amener à assouplir leur attitude envers la RFA[28]. La proposition de Marx, qui répond à un besoin exprimé par certaines légations[29], est suivie d'effet dès juin 1953[30].

Les articles relatifs aux relations germano-israéliennes publiés au cours de cette période par l'*Allgemeine* concernent trois domaines distincts.

En premier lieu, le journal s'intéresse aux résurgences du nazisme, en Allemagne ou ailleurs. Il dénonce ainsi le « brouillard nazi » qui envahit la politique ouest-allemande[31], ou la « réhabilitation du crime[32] ». Face à l'antisémitisme et au néo-nazisme qui sont les « armes secrètes de la guerre froide[33] », utilisées à l'instar du mythe des « sages de Sion[34] », l'*Allgemeine* se dit effrayé du « sommeil de la Belle au bois dormant [des] démocraties[35] ». Et dans ce contexte, tout comme face au réarmement progressif de l'Allemagne de l'Ouest, l'*Allgemeine*

---

[28] Marx peut se targuer des résultats obtenus jusqu'alors : « Ces envois ont contribué fondamentalement au revirement de l'état d'esprit. Vous savez que jusqu'il y a deux ans j'étais tout seul et en opposition à quasiment toutes les organisations [juives] du monde. [...] Je crois que le contenu de mon journal doit être pris aujourd'hui dans son intégralité pour pouvoir répliquer à une propagande anti-allemande à l'étranger » (*ibid.*).

[29] *Ibid.*, Lettre du consulat général de RFA à La Nouvelle-Orléans (600.01 17/53) à l'AA, 20 juin 1953, Böx.

[30] *Ibid.*, Lettre du service de presse de l'AA (*Pressereferat*) (Sts 1021/53 III) à K. Marx, 29 juin 1953, Diehl : annonce de neuf nouveaux abonnements (La Haye, Washington, Chicago, Atlanta, San Francisco, Detroit, Seattle, Los Angeles et la Nouvelle Orléans) en plus de ceux déjà contractés (New York, Londres, Stockholm et Zurich). En retour, K. Marx permet à l'occasion à l'administration ouest-allemande de profiter de ses contacts en Israël pour diffuser des informations relatives à la « nouvelle Allemagne » (l'*Allgemeine* et la Direction des affaires culturelles de l'AA s'entendent par exemple en août 1954 pour l'expédition vers Israël d'exemplaires du numéro spécial du journal *Das Parlament* consacré à l'État juif (*ibid.*, Abt. II, Vol. 1670, Lettre de l'*Allgemeine* à l'AA, 16 août 1954).

[31] GIORDANO, *Narben, Spuren, Zeugen, op. cit.*, p. 189, « Nazistische Einnebelung », janvier 1953.

[32] *Ibid.*, p. 191, « Rehabilitierung des Gewaltverbrechens », décembre 1953.

[33] *Ibid.*, p. 196, « Geheimwaffe des Kalten Krieges », art. de H. van DAM.

[34] *Ibid.*, p. 194, « Die Weisen von Zion sind schuld », à propos du procès Slansky en Tchécoslovaquie et du complot des « blouses blanches » en URSS.

[35] *Ibid.*, p. 287, « Demokratischer Dornröschenschlaf », 1955.

partage les craintes de l'État hébreu et de l'ensemble de la communauté juive mondiale[36].

L'hebdomadaire de K. Marx ne s'intéresse naturellement pas qu'aux aspects négatifs de l'Allemagne d'Adenauer car ce qu'il peut publier de positif sur la RFA sert tout compte fait ses propres objectifs. D'où l'attention avec laquelle il suit le problème des restitutions et des dédommagements. Sans se cacher les difficultés rencontrées par la législation sur les dédommagements[37], l'*Allgemeine* se réjouit de la « victoire du droit » qui permet malgré tout d'avancer dans la réparation des injustices commises et trop longtemps restées sans solution[38]. Et il prône la patience[39] tout en s'efforçant de tracer la voie qui permettra de régler tous les litiges en suspens[40].

Le troisième sujet abordé par l'*Allgemeine* concerne plus directement les contacts entre Bonn et Jérusalem. En effet, tout en soulignant d'une part les progrès effectués dans les relations *de facto* entre les deux pays[41], le journal se fait de façon de plus en plus nette l'avocat d'un rapprochement, voire d'une officialisation des relations germano-israéliennes. Il évoque cette possibilité aussi bien à l'occasion d'articles sur la situation politique israélienne[42] que lorsqu'il se fait l'écho de déclarations de responsables juifs[43]. Par ailleurs, Marx encourage dans les articles qu'il signe les contacts entre personnes de bonne volonté des

---

[36] *Ibid.*, p. 294, « Israel und die deutsche Wiederbewaffnung », novembre 1954.

[37] *Ibid.*, p. 298, « Die Sackgasse des fiskalischen Denkens », 1954.

[38] *Ibid.*, p. 296, « Ein Sieg des Rechts », juillet 1953.

[39] *Ibid.*, p. 300, « Jubiläum der Geduld », janvier 1955.

[40] *Ibid.*, p. 302, « Wohin geht der Kurs », mai 1955. Dans l'ensemble, K. Marx peut s'estimer satisfait et faire chorus avec N. Goldmann qui souligne, en octobre 1955, les grands progrès déjà effectués et à venir dans le domaine des réparations (*ibid.*, p. 303, « Ein großer Fortschritt », octobre 1955).

[41] *Allgemeine*, 15 janvier 1954, « Einigung über Transport von Wiedergutmachungs-lieferungen » ; « Deutsche Bücher in Israel gefragt », 12 juin 1953 ; « Deutsche Ärztin in Israel - Zur Untersuchung der überlebenden Opfer medizinischer Experimente », 15 janvier 1954 ou « Deutsche Bücherspende für die Hebräische Universität », 11 juin 1954.

[42] *Ibid.*, 20 mai 1955, entretien avec O. H. Greve (MdB/SPD), de retour d'un séjour en Israël.

[43] GIORDANO, *Narben, Spuren, Zeugen, op. cit.*, p. 303, « Ein großer Fortschritt », octobre 1955, à propos d'une prise de position de Goldmann.

deux pays et soutient ceux qui s'engagent pour un rapprochement germano-israélien[44].

Les relations diplomatiques germano-israéliennes font aussi l'objet de textes ou de déclarations de K. Marx lui-même, dans le prolongement de ses idées antérieures. Si, par moment, il lui est délicat de parler du sujet, le responsable de l'hebdomadaire juif sait cependant aussi s'exprimer dans des contextes difficiles. Ainsi, lorsque débute la campagne pour les élections générales israéliennes de l'été 1955, alors que tous les partis de l'État hébreu préfèrent passer sous silence l'éventuelle formalisation des relations entre Bonn et Jérusalem, Marx encourage sans détour un règlement rapide[45]. Et il formule ce point de vue tout en ayant conscience que les Israéliens sont réticents à analyser en profondeur et sereinement le problème que leur pose l'Allemagne. La timidité israélienne pousse finalement Marx à prendre clairement parti : il souhaite clamer ce que la majorité pense et expliquer les raisons qui lui font adopter une option que beaucoup refusent encore. C'est pourquoi, après avoir affirmé que son analyse repose « exclusivement [sur] des points de vue juifs et israéliens » et que lui-même laisse de côté sa sensibilité de citoyen ouest-allemand, Marx déclare être convaincu que des relations diplomatiques avec l'Allemagne de l'Ouest sont « pour Israël et son avenir une question vitale ».

Quelles sont, d'après Marx, les raisons qui rendent indispensables de telles relations ?

Selon lui, et il ne s'exprime pas autrement qu'en 1952, le problème concerne en premier lieu l'avenir même de l'Allemagne de l'Ouest : entretenir des relations normales avec elle, c'est renforcer sur son sol la

---

[44] Il encourage également les efforts convergents de collègues israéliens : c'est ainsi qu'il soutient la demande du journaliste israélien Azriel Carlebach, collaborateur de *Ma'ariv*, d'interroger Adenauer, Schäffer, Böhm et Heuss. Il s'en explique auprès de Frowein (PA/AA, Abt. II, Vol. 1684, Lettre de K. Marx à A. Frowein, 4 mai 1954) : « M. le Dr Carlebach est un Juif allemand qui fait partie des personnes qui sont à présent convaincues qu'on doit faire avancer les relations diplomatiques entre la République fédérale d'Allemagne et l'État d'Israël. C'est pour cette raison qu'il serait souhaitable de répondre à ses vœux. » La demande est transmise à Hallstein après un entretien entre Trützschler et Yahil (*ibid.*, Note écrite (206.244.13 6439/54), 14 mai 1954, Trützschler).

[45] *Sumamim* (organe du parti progressif bourgeois israélien), 19 novembre 1954, « Karl Marx schlägt Aufnahme geregelter Beziehungen mit Bonn vor ».

démocratie face aux résurgences du nazisme. De plus, des relations diplomatiques peuvent avoir des conséquences sur le débat relatif à la prochaine armée fédérale ; car « si l'Allemagne nouvelle entretient des relations amicales avec Israël il sera tout bonnement impossible que des éléments [antisémites] se retrouvent dans l'armée allemande ».

À ces considérations qui répondent au souci de renforcer la démocratie de Bonn, Marx ajoute un élément de *Realpolitik*. En effet selon lui, après les accords de Paris, la RFA va faire partie de l'Otan, et Israël a tout avantage à disposer d'un partenaire supplémentaire au sein de cette organisation.

Par la suite, Marx poursuit son plaidoyer en évoquant le contexte moyen-oriental. Le risque d'une opposition des Arabes au processus qu'il envisage existe certes ; mais, selon le journaliste, le gouvernement Adenauer est parfaitement à même d'expliquer aux États du Moyen-Orient que des relations germano-israéliennes constituent un facteur de paix supplémentaire et répondent en priorité au souci de dédommager les Juifs. À cela s'ajoute, selon lui, la possibilité pour la RFA d'entreprendre une médiation entre Israéliens et Arabes, « mais pour cela on a à nouveau besoin des relations diplomatiques ».

Afin d'encourager les dirigeants de Jérusalem à s'engager dans la voie qu'il préconise, K. Marx mentionne encore les récents signes de bonne volonté émanant de RFA, avec un réel intérêt pour le devenir d'Israël[46]. Mais, au-delà de tous ces arguments, il rappelle que c'est à l'État hébreu de se faire à l'idée qu'un rapprochement avec Bonn est inéluctable, ne serait-ce qu'au sein d'organisations internationales[47]. Et par-delà le réalisme auquel il convie les autorités israéliennes, Marx rappelle en conclusion la portée historique du choix qui se présente :

---

[46] Marx rappelle que, lorsqu'au cours du séjour d'Adenauer aux États-Unis la mort du président du Bundestag Hermann Ehlers lui fut annoncée, le chancelier a annulé tous ses rendez-vous, *sauf* celui avec N. Goldmann « pour montrer officiellement son souhait d'améliorer les relations germano-israéliennes ». Marx cite en outre l'intérêt rencontré en Allemagne de l'Ouest par l'exposition « Alt Neuland Israel » ou par le compte rendu de R. Vogel publié à son retour d'Israël.

[47] Et Marx reprend ici l'image déjà utilisée en janvier 1952 : « On ne peut pas tendre la main pour recevoir les réparations et la retirer lorsqu'il s'agit de l'établissement de relations diplomatiques purement formelles. »

> « Le problème de nos relations avec l'Allemagne est le plus difficile et troublant problème qui se soit jamais posé aux hommes d'État d'un peuple. Plus encore que d'un problème de la présente génération, il s'agit d'un problème de portée historique. »

Pendant toute la période, K. Marx reste donc en phase avec l'évolution du problème des relations germano-israéliennes. Ses premières déclarations sur le sujet ont visiblement, de l'avis des Israéliens, un caractère très (trop ?) précoce. Cependant, à la fin de 1954, son état d'esprit correspond dans l'ensemble à celui de Shinnar ou de Sharett, à cette seule différence près que le journaliste, « spectateur engagé », peut évoquer ouvertement la nécessité de relations diplomatiques alors que les responsables politiques israéliens doivent demeurer attentifs aux réactions de leur opinion publique.

Comme Grossmann, Marx est tenu à l'écart des développements concrets de la fin de l'année 1955 et des premiers mois de 1956. Mais cette période cruciale des relations germano-israéliennes ne reste pas sans écho dans l'*Allgemeine* : c'est en fait, et en partie, par hasard que le sujet est évoqué au début de 1956 dans les colonnes de l'hebdomadaire, à l'occasion du dixième anniversaire de la publication. Le rappel de l'action menée depuis 1946 permet en effet à Marx de revenir sur sa contribution à l'établissement de relations entre Bonn et Jérusalem[48]. À cette occasion il rappelle une nouvelle fois son combat pour une « Allemagne pacifique et démocratique, [...] [véritable] nécessité pour le monde », mais dénonce en même temps toutes les manœuvres qui ont conduit à l'isolement de l'Allemagne. Il souligne sa propre lutte perpétuelle contre les « rideaux artificiels [...] de fer ou d'ivoire » qui lui sont toujours apparus comme de « catastrophiques erreurs diplomatiques ». Et la dernière accusation prononcée par Marx concerne implicitement l'État hébreu auquel il reproche de faire preuve d'immobilisme. D'où le vibrant appel à la raison qu'il lance en s'appuyant à la fois sur le passé, le présent et surtout l'avenir :

> « Le journal a toujours prétendu que, de même que des relations étaient possibles entre Israël et l'Autriche, cela devait être aussi le cas entre Israël et l'Allemagne. Il n'a jamais négligé les objections

---

[48] GIORDANO, *Narben, Spuren, Zeugen, op. cit.*, p. 310 et suiv., « Die erste Dekade », Nr 1, XI. Jg.

historico-philosophiques. Cependant il ne pouvait pas non plus les faire siennes, comme il a approuvé et encouragé l'existence d'une communauté juive en Allemagne. On ne peut pas rendre nul et non avenu le désastre horrible que la barbarie nazie a apporté au monde, mais on ne peut pas non plus le rendre éternel par le maintien d'une aliénation permanente. »

Appel au réalisme qui correspond, sans qu'il le sache vraiment, à une certaine réalité des faits.

Troisième partie

*L'évolution des idées ouest-allemandes concernant des relations diplomatiques entre la RFA et Israël
De la fin des années quarante au printemps de l'année 1956*

A. L'attitude ouest-allemande vis-à-vis du problème des relations diplomatiques avec Israël jusqu'au traité de réparations

Comme en Israël, la question des relations diplomatiques entre Bonn et Jérusalem est abordée en République fédérale de façon précoce. Mais ici le problème ne comporte pas la charge émotionnelle qui existe du côté israélien.

Au début des années cinquante, la RFA n'est pas souveraine en matière de politique extérieure. Dès le départ il existe, certes, des options adoptées par le chancelier Konrad Adenauer et partagées par ses proches collaborateurs, au sein du service des Affaires étrangères installé à la chancellerie[1]. Mais les choix définitifs dépendent encore des puissances occupantes représentées par la Haute Commission alliée. Adenauer et l'équipe dirigeante reçoivent alors des directives précises de la part des administrateurs occidentaux[2].

---

[1] *Dienststelle für auswärtige Angelegenheiten*, créée le 1ᵉʳ avril 1950, en attendant un véritable ministère des Affaires étrangères.

[2] Voir à ce propos les comptes rendus des discussions entre Adenauer et les hauts-commissaires alliés, SCHWARZ, H. P. (Hg), *Adenauer und die Hohen Kommissare 1949-1951*, *op. cit.*

Les conceptions de politique étrangère des gouvernants ouest-allemands de cette époque résultent à la fois de constatations et de leçons tirées du passé ainsi que de considérations issues de la situation postérieure à la Seconde Guerre mondiale.

Dans ce domaine, quatre grandes leçons dirigent les réflexions et les actes des responsables de la RFA[3]. C'est d'abord la leçon négative de la politique de puissance mondiale de Hitler, qui s'était elle-même placée dans la continuité de la politique du Reich allemand de 1871 (*Weltmachtpolitik*). Il s'agit ensuite de la leçon négative d'une politique d'équilibre entre l'Est et l'Ouest (Rapallo), et de celle tirée de la démission des démocraties occidentales face à l'expansionnisme de la puissance totalitaire allemande (Munich). Enfin, la quatrième leçon résulte de la guerre froide qui s'impose à partir de 1947 et s'accentue au début des années cinquante.

Outre ces leçons négatives, certains enseignements positifs influencent les prises de position fondamentales des dirigeants de Bonn. C'est en premier lieu l'image historique du Reich allemand, base de réflexion pour la volonté de réunification de l'Allemagne. Par ailleurs, les expériences du passé fondent la politique de la RFA dans sa dimension européenne.

Ce sont ces expériences, cette dépendance à l'égard des puissances occidentales, mais aussi son propre réalisme en matière de conduite de l'État, ainsi que son souci personnel de donner rapidement à la République fédérale une place dans le concert des nations, qui inspirent Adenauer. Le chancelier tient à mener une politique qui favorise l'intégration de son pays au camp occidental et le rétablissement le plus rapide possible de sa souveraineté. Et sur ce plan il obtient assez rapidement quelques succès. Ainsi, dès 1949, la République fédérale voit sa situation s'améliorer, principalement sous le parrainage des États-Unis : le 31 octobre elle entre à l'Organisation européenne de coopération économique (OECE) et le 22 novembre les accords du Petersberg l'autorisent à établir des relations consulaires avec les États

---

[3] D'après SCHWARZ, H. P., « Die westdeutsche Außenpolitik - Historische Lektionen und politische Generationen », *in* SCHEEL, W. (Hg), *Nach dreißig Jahren - Die Bundesrepublik Deutschland - Vergangenheit, Gegenwart, Zukunft*, Stuttgart, 1979, p. 145 et suiv.

occidentaux et à adhérer à des organisations internationales[4]. À la suite de cette amélioration rapide du statut de l'Allemagne de l'Ouest, Adenauer demande, dans un mémorandum du 29 août 1950, une modification des relations entre la RFA et les puissances occupantes. Cette révision du statut d'occupation est accordée, à petite échelle, le 6 mars 1951[5].

Il faut également souligner que, dès le départ, la politique d'Adenauer s'accompagne du refus absolu de ce qui pourrait entériner la situation issue de la création de deux États sur le territoire allemand. De ce rejet découle pour le chancelier le droit de la RFA à l'*Alleinvertretung*, c'est-à-dire à l'exclusivité de représentation, déniant toute prérogative dans ce domaine à une RDA non reconnue comme État. La revendication dont Adenauer se fait le défenseur n'est pas propre au seul parti chrétien-démocrate ou à la droite ouest-allemande en général ; elle est partagée par les sociaux-démocrates et leur chef, Kurt Schumacher. De cette conception résulte naturellement la volonté de réunification de l'Allemagne.

---

[4] Le 8 août 1950 elle devient membre associé du Conseil de l'Europe, le 21 juin 1951 elle entre à l'Unesco, et le 1ᵉʳ octobre de la même année elle devient membre du Gatt.

[5] La RFA est alors autorisée à créer un ministère des Affaires étrangères et à ouvrir des ambassades.

CHAPITRE VII
L'attitude de la RFA à l'égard des relations diplomatiques avec Israël

1. Avant l'entrée en négociations avec Israël

Le problème des relations avec Israël ne semble pas être, au départ, une préoccupation essentielle des nouveaux dirigeants ouest-allemands. De la même manière, Israël et le génocide des Juifs ne sont pas mentionnés dans les premiers discours des responsables de Bonn. Et ce silence est remarqué, vivement regretté et critiqué par les Juifs[1].

Par ailleurs, il existe encore à ce moment un fort décalage entre les deux pays ; entre une RFA qui songe surtout à son propre avenir et peut profiter de l'aide occidentale pour construire celui-ci plus rapidement, et un État hébreu qui doit construire son présent mais reste otage d'un passé tragique[2]. Si cette explication du silence ouest-allemand peut paraître superficielle et a tendance à trop facilement absoudre la RFA,

---

[1] Réaction du Congrès juif mondial le 18 mai 1950, DEUTSCHKRON, I., *Bonn et Jérusalem*, op. cit., p. 39.
[2] Voir la thèse de WOLFFSOHN, M., *in Deutsch-israelische Beziehungen - Umfragen und Interpretationen - 1952-1983*, Munich, 1986, p. 9.

il n'en reste pas moins que l'Allemagne de l'Ouest est effectivement plongée dans l'atmosphère de la guerre froide immédiatement après avoir vu le jour. Elle doit alors songer à se stabiliser, ce qui implique l'adoption d'une doctrine politique centrée sur le temps présent et qui ne permet pas un retour sur le passé[3]. À l'inverse, Israël, par respect de l'idéologie qui le fonde et de l'héritage des années de l'Holocauste, ne peut pas encore prendre le recul qui lui permettrait de trouver rapidement la voie du dialogue avec les Allemands. C'est ce qui le pousse alors à rejeter toute reconnaissance du nouvel État et à s'opposer vivement au retour de l'Allemagne sur la scène mondiale, comme on l'a vu.

Malgré ce décalage, une réflexion est déjà en cours en RFA sur d'éventuelles relations avec Israël. La RFA est alors soucieuse d'améliorer son image de démocratie en devenir, et le passage par de meilleurs rapports avec l'État juif paraît obligatoire à cet effet. La portée d'un éventuel geste ouest-allemand est ainsi régulièrement soulignée dans les documents relatifs aux réparations à accorder aux Juifs et à Israël ; elle concerne l'orientation que le chancelier Adenauer donne à la politique extérieure de la RFA et peut l'aider dans son orientation favorable à l'Ouest. En ce sens, au mois de juin 1950 le ministère ouest-allemand des Finances insiste sur l'impact politique de réparations en déclarant qu'

> « en matière de relations politiques, des exportations allemandes vers Israël pourraient laisser dans l'opinion publique mondiale une impression favorable [à l'Allemagne], un accord qui leur serait lié assainirait nos relations avec l'État israélien et en fin de compte les normaliserait[4] ».

De même, le service des Affaires étrangères de la chancellerie n'ignore pas, dans un texte du même mois, qu'il « faut prendre note du fait que, en parallèle à l'amélioration des relations entre l'Allemagne

---

[3] Deutschkron (*Bonn et Jérusalem, op. cit.*) qualifie cette situation ouest-allemande de « piège du réalisme ».

[4] PA/AA, Abt. III, Ref. 206.0/35, Vol. 7/149, Document de cabinet (R 1307 a 15/50) du BMF, juin 1950, adressé au secrétaire d'État à la Chancellerie, Granow.

et Israël, le crédit politique et moral de la République fédérale s'accroît sensiblement[5] ».

On perçoit ici nettement que les administrations ouest-allemandes songent avant tout à l'impact qu'un accord entre la RFA et Israël aurait sur l'opinion publique mondiale, en particulier sur celle des États-Unis.

À l'inverse, au sein de ces administrations d'autres personnes s'intéressent davantage à un apurement des relations entre Bonn et Jérusalem. C'est pourquoi ces fonctionnaires ne privilégient pas, quant à eux, le contexte international, le gain politique que pourrait espérer Bonn, mais se préoccupent plutôt de sortir de la situation figée qui domine depuis la création des deux États[6].

Toutefois, les services de la chancellerie, comme les autres administrations ouest-allemandes, butent toujours sur le même problème : si les revendications israéliennes et juives de réparations ne sont pas satisfaites, à terme toute normalisation des relations entre la RFA et Israël est exclue[7].

En réponse aux efforts ouest-allemands qui laissent entrevoir la perspective d'une négociation sur les réparations, à la suite des rencontres qui ont lieu en 1951 et du discours d'Adenauer devant le Bundestag, le 27 septembre, les Israéliens semblent disposés à entamer un dialogue direct. C'est cette modification apparente de l'état d'esprit de Jérusalem qui permet à l'AA de penser plus concrètement à des relations diplomatiques. Ainsi, selon un document du 12 octobre 1951, des négociations germano-israéliennes devraient s'ouvrir « dans peu de temps » et permettre de surmonter les obstacles qui « bloquaient la voie d'un rétablissement [sic] de relations normales entre l'Allemagne et Israël[8] ». Très tôt donc, l'AA voit dans le règlement du contentieux entre Bonn et Jérusalem le moyen d'arriver à une formalisation, voire

---

[5] *Ibid.*, Ref. 210.01/35, Vol. 123/1, Vermerk betr. Wiedergutmachungsansprüche von Bürgern des Staates Israel, Abt. II, 20 juin 1950, Kox.

[6] Voir le document de la fin 1950 adressé au ministre des Finances par Steg, de la section des Affaires étrangères de la chancellerie (*ibid.*, Bundeskanzleramt, Dienststelle für auswärtige Angelegenheiten (210.01/35 III b), 21 décembre 1950, Steg).

[7] *Ibid.*, Info. du service des Affaires étrangères sur Israël et ses relations avec la RFA adressée à Adenauer, Abt. III b, 8 janvier 1951, Steg.

[8] *Ibid.*, Abt. II, Vol. 1665, Lettre AA (zu 244.10 II 11 799/51), 12 octobre 1951, Strohm.

une normalisation complète des rapports entre les deux pays dans un avenir relativement proche.

La Direction des affaires politiques de l'AA s'exprime également dans ce sens au mois de février 1952[9]. Pour elle, le choix des membres de la délégation ouest-allemande chargée de négocier avec Israël, en particulier du responsable de celle-ci, est vital pour atteindre les buts ultimes de la négociation et respecter les espoirs de la partie israélienne :

> « Comme le but principal des négociations est l'établissement de relations normales avec l'État d'Israël, ou au moins de créer les préalables à de telles relations [...], je crois qu'il faudrait s'attacher absolument à la nomination prévue du professeur Böhm de Francfort au poste de responsable de la délégation, parce que cette nomination est déjà connue par la partie juive qui l'a approuvée de manière spontanée. Je crois que toute modification dans la nomination du chef de la délégation serait accueillie avec la plus grande défiance du côté juif. »

Le ton adopté ici tranche résolument avec le pragmatisme et le calcul froid des textes évoqués précédemment qui visaient à tirer profit du futur accord pour améliorer la situation de la RFA. Pour la Direction des affaires politiques au contraire, la discussion qui doit s'engager avec les Juifs et Israël est indépendante de tout autre problème, elle a son importance propre. Cette Direction espère vraiment le succès de la négociation et préconise en conséquence l'établissement des meilleurs préalables. Mais il existe encore, entre cette déclaration de bonne volonté et les discours israéliens de l'époque, un décalage qui justifie l'expression de « gouffre infranchissable » utilisée pour décrire l'écart entre les deux pays.

2. Au moment des négociations de Wassenaar

À partir du moment où Jérusalem accepte d'entrer en négociations avec la RFA, le 9 janvier 1952, la perspective de véritables relations entre les deux pays devient plus réelle. Dans cette optique, les services de l'AA cherchent alors à obtenir le maximum d'informations sur la

---

[9] *Ibid.*, Note écrite (244.10 II 2262/52) à Hallstein, 16 février 1952.

communauté juive mondiale et sur Israël[10]. Aux renseignements fournis de manière officieuse par le consulat israélien de Munich, l'AA ajoute alors les renseignements tirés de la presse[11] ou de son réseau de représentations à l'étranger[12]. Par ailleurs, le ministère adapte son organisation à la nouvelle donne : dès le début des négociations de Wassenaar, une section spécialement consacrée au problème des réparations aux Juifs et à Israël est créée, avec pour responsable Abraham Frowein, membre de la délégation ouest-allemande à Wassenaar[13].

L'AA reste toutefois conscient de la différence entre les négociations en cours et des discussions sur l'établissement de relations diplomatiques. C'est pourquoi la Direction des affaires politiques respecte les réticences israéliennes sur la question. À ce titre, lors de l'interruption des pourparlers, en mai 1952, Frowein adresse à Blankenhorn et Hallstein un rapport dans lequel il précise son point de vue :

> « Il n'est pas prévu du côté allemand de lier des aspects *politiques* (par exemple l'établissement de relations diplomatiques entre la République fédérale et Israël) à la conclusion d'un éventuel accord[14]. »

---

[10] Ces domaines leur demeurent en effet en grande partie inconnus depuis la fin de la Seconde Guerre mondiale et la création de l'État hébreu, comme le montre un échange de lettres entre l'AA et Londres. À une demande d'information de la représentation, (PA/AA, Abt. III, 212.06, Vol. 1, Lettre de l'ambassade de RFA à Londres, s. réf., à l'AA, 4 octobre 1951, Holleben), le Département se voit obligé de répondre (*ibid.*, Lettre de l'AA (III 5634/51) à l'ambassade de RFA à Londres, 12 octobre 1951, Velhagen) en indiquant que : « Nous n'avons ici que relativement peu de matériel sur Israël, puisque ce matériel n'a été placé en archives que depuis 1950 et que les archives n'ont pu être organisées jusqu'à il y a peu de temps que de manière très lacunaire » ; d'où son conseil d'aller plutôt chercher des renseignements auprès de l'*Aktion Friede mit Israel* à Hambourg ou de la *Gesellschaft* à Brême.

[11] PA/AA, Abt. III, Vol. 123/1, Note écrite (210.01/35 III 11 225/52) à Frowein, 8 août 1952, Melchers. Pour se tenir au courant, l'AA pratique la lecture régulière de journaux de langue anglaise comme le *Jerusalem Post* (Jérusalem), le *Jewish Observer* (Londres) et le *Jewish Chronicle* (Londres).

[12] *Ibid.*, Abt. II, Vol. 1665, Lettre de l'ambassade de RFA à Londres (212.06 4011/51) à l'AA, 21 novembre 1951, Schlange-Schöningen, Vol. 1666, et Lettre de l'ambassade de RFA à Londres (210.01/35 3558/51) à l'AA, 10 octobre 1951, Schlange-Schöningen. C'est la représentation ouest-allemande de Londres qui fait parvenir à la délégation de Wassenaar les journaux britanniques cités dans la note précédente.

[13] *Ibid.*, Abt. III, Vol. 123/1, Note (35/52.100.06 I Org 4144), 8 avril 1952.

[14] *Ibid.*, Abt. III, 210.01/35 E, Vol. 1, Note écrite (244.13 II 6026/52) à Hallstein, 7 mai 1952, Frowein.

Mais selon le fonctionnaire de l'AA, rien n'empêche des implications à plus long terme puisque

> « nous pouvons supposer évidemment qu'une conclusion réussie des négociations avec Israël aura des effets dans le domaine politique ».

Il faut noter qu'une fois de plus, la portée politique mentionnée par Frowein n'est pas identique à celle que d'autres services de l'AA envisagent. Elle se cantonne en effet aux relations entre les deux pays, et elle ne fera pas l'objet des discussions de Wassenaar puisque, selon Frowein, lier des problèmes politiques aux négociations irait « à l'encontre [du] caractère [de ces pourparlers] ». Cet avis est partagé par la Direction géographique de l'AA qui précise, au mois de juin 1952, que « l'établissement de relations diplomatiques [avec Israël] ne semble pas possible pour le moment[15] ».

Dans l'ensemble, à ce stade, les avis de l'AA paraissent donc unanimes sur la réserve à observer à l'égard d'éventuelles relations avec Israël. Et il importe de procéder à une mise au point dans ce domaine. En effet, contrairement à ce qui est communément admis par les auteurs qui ont travaillé sur la question[16], cette réserve marque également sans nuance l'état d'esprit des négociateurs allemands à Wassenaar. Selon les historiens, ceux-ci, en particulier leur responsable, Franz Böhm, auraient déjà proposé l'établissement de relations diplomatiques au moment des conversations sur les réparations. Les émissaires ouest-allemands disposent certes d'une grande marge de manœuvre, réclamée avant le début des pourparlers et obtenue de fait puisque l'opération ne suit aucun modèle et n'est pas une négociation de réparation classique[17].

---

[15] *Ibid.*, Vol. 1/153/1, Deutsche diplomatische und konsularische Vertretungen im Ausland, Note écrite (210.02 III 8795/52), 25 juin 1952, Melchers.

[16] Par exemple *in* WEVER, H., « Die deutsch-israelischen Beziehungen : Ende oder Neubeginn ? », *Frankfurter Hefte*, 1963, H. 7, p. 455 et suiv., WOLFFSOHN, *Deutsch-israelische Beziehungen...*, introduction, R. A. BLASIUS, « Geschäftsfreundschaft », *op. cit.*, p. 154 et suiv., ou encore récemment BERGGÖTZ, S., *op. cit.*, p. 432.

[17] Et d'après Adenauer lui-même (ADENAUER, *op. cit.*), la seule instruction qu'il ait donné à Böhm a été de respecter la note israélienne du 12 mars 1951 et son propre discours du 27 septembre. Au départ Böhm est même troublé par le peu de précision des indications qu'il reçoit (voir BÖHM, F., « Das deutsch-israelische Abkommen 1952 », *in* BLUMENWITZ, D. (Hg), *Konrad Adenauer und seine Zeit*, *op. cit.*, p. 437 et suiv.). Cette liberté de manœuvre explique notamment la confrontation du 14 mai 1952 entre Böhm et Abs (voir *infra*, et voir JELINEK, Y.,

Cependant, malgré cette liberté, il n'apparaît à aucun endroit que le responsable de la délégation ouest-allemande ait outrepassé les quelques indications reçues et proposé dès ce moment à Israël une formalisation des relations[18].

Et en définitive, malgré l'impossibilité d'établir immédiatement des relations diplomatiques, l'AA, on l'a vu, admet l'ouverture d'une mission commerciale israélienne en RFA.

Le rôle de Konrad Adenauer dans la solution au problème des réparations

Le rôle joué par le chancelier et ministre des Affaires étrangères Adenauer dans le processus des réparations et l'ébauche du rapprochement entre la République fédérale et Israël est fondamental ; car il permet de comprendre non seulement les volontés ouest-allemandes mais aussi la réponse d'Israël et de Ben Gourion[19]. On peut

« Die Krise der Shilumim/Wiedergutmachungs-Verhandlungen im Sommer 1952 », *Vierteljahrshefte für Zeitgeschichte*, 1/1990, p. 113 et suiv. et JENA, *op. cit.*).

[18] On peut procéder par élimination à partir de la lecture des documents de l'époque. Ainsi, un dossier rassemblant les différents éléments essentiels (PA/AA, Abt. II, Vol. 1680, Note écrite Nr 8, s. réf., dossier sur la préparation du débat au Bundestag) indique à propos de l'affaire du pavillon allemand : « La tentative d'amener la délégation israélienne à faire une déclaration selon laquelle l'interdiction sera levée au moment de la ratification du traité n'a pas pu avoir lieu parce que la question du pavillon *comme l'établissement de relations diplomatiques* (souligné par nous, D. T.) sont des questions purement politiques qui n'étaient pas l'objet des négociations de La Haye. » La délégation ouest-allemande, en la personne de Trützschler, pose certes la question de la réciprocité et d'une éventuelle délégation commerciale de RFA en Israël (*ibid.*, Abt. V, Vol. 78, « Niederschrift über die Sitzung des Rechts- und Redaktionsausschusses im Oud Wassenaar », 25 juin 1952, Bünger), mais la réciprocité n'est pas du tout entendue ici comme l'éventualité de relations diplomatiques. De même, pour R. Pauls (interview du 1er décembre 1993), le sujet des relations diplomatiques n'est pas du tout abordé au cours des négociations de Wassenaar. L'unique élément qui mentionne une proposition de relations diplomatiques par la partie ouest-allemande dès la négociation de Wassenaar émane de Böhm lui-même, mais il ne semble pas très fiable. Il fait partie du texte manuscrit d'une conférence tenue en 1965 en Israël (KAS, Papiers Franz Böhm [I 200], Vol. 006 V, Texte manuscrit de Böhm, 1965), n'apparaît ici que de manière subreptice et surtout semble marqué par l'air du temps, à une époque où la thèse officielle en RFA attribue le retard pris par l'établissement de relations entre les deux pays à l'« occasion ratée » par Israël à la fin de 1952 (voir *ibid.*, « Aktennotiz, 13. Dezember 1963, Sitzung des Arbeitskreises der CDU/CSU für Außenpolitik am Dienstag, den 10. Dezember 1963 »).

[19] Voir GOLDMANN, « Adenauer und das jüdische Volk », *in* BLUMENWITZ, *op. cit.*, p. 427 et suiv. et SCHWARZ, H. P., *Adenauer- Der Aufstieg 1876-1952*, Stuttgart, 1986.

ainsi dire que par ses initiatives Adenauer permet à l'Allemagne de sortir du silence de l'après-guerre ; c'est lui qui ouvre officiellement le débat sur les réparations et suscite une discussion directe entre les deux pays ; c'est aussi à lui que revient la tâche d'accélérer ou de sauver la négociation quand celle-ci se heurte à des difficultés ; et enfin c'est lui qui permet à l'accord signé à Luxembourg d'entrer en vigueur après la ratification du texte par le Bundestag.

Il ne s'agit pas de revenir ici sur les propos du chancelier ouest-allemand relatifs aux réparations[20]. Il faut davantage souligner le rôle des paroles et de l'action d'Adenauer dans le processus de rapprochement entre les deux pays, afin de mieux en comprendre la teneur et les prolongements, en particulier les effets sur les décideurs israéliens.

Avant le début des négociations : la déclaration devant le Bundestag et ses suites. Depuis la fin de la Seconde Guerre mondiale, Konrad Adenauer songe à une action en faveur des Juifs, mais il n'exprime qu'assez tardivement ses pensées sur la question. Au départ, ses prises de position ne répondent pas aux revendications juives ou israéliennes et ne représentent qu'une éventualité imprécise. Il faut attendre sa déclaration devant le Bundestag en septembre 1951, puis sa rencontre avec Nahum Goldmann, le 6 décembre de la même année, pour que son offre se précise et se concrétise[21].

Au-delà du débat sur l'origine de l'initiative ouest-allemande, il faut souligner qu'à partir du moment où il se montre favorable aux réparations, Adenauer s'investit résolument dans les discussions et tient à réaliser les promesses contenues dans le discours du Bundestag[22].

---

[20] Éléments déjà évoqués en début de première partie et accessibles dans la bibliographie disponible (voir VOGEL, *Deutschlands Weg nach Israel*, op. cit., ou SCHWARZ, op. cit., ou la brochure de M. W. KREKEL, *Wiedergutmachung - Das Luxemburger Abkommen vom 10. September 1952*, Rhöndorfer Hefte, Publikationen zur Zeitgeschichte, Rhöndorf, 1996, très laudative envers la personne du chancelier).

[21] Il est alors à l'écoute de proches conseillers, comme Herbert Blankenhorn, qui insistent sur l'intérêt politique et moral de répondre favorablement aux exigences israéliennes (v. BLANKENHORN, H., *Verständnis und Verständigung - Blätter eines politischen Tagebuchs 1949 bis 1979*, Francfort/M., 1980).

[22] Le débat de la fin des années quatre-vingt porte sur la question de la motivation d'Adenauer et de son gouvernement (initiative propre ou pression occidentale ?), von JENA,

Très rapidement, le chancelier connaît la situation d'Israël et l'état de ses relations avec la République fédérale. Il peut de ce fait mesurer l'ampleur des efforts nécessaires à un rapprochement avec l'État hébreu. En outre, il sait que les puissances occidentales s'intéressent aux dispositions que la RFA va prendre dans le domaine des réparations[23]. Et il compte, de plus, ne pas décevoir les espoirs éveillés par sa déclaration.

Dès cette époque, le but de K. Adenauer semble de parvenir à transformer l'obligation morale de l'Allemagne envers Israël et les Juifs en un impératif juridique. Par ailleurs, une telle opération contribuerait à la stabilisation dans un sens favorable de l'image d'une démocratie ouest-allemande encore en formation[24].

Dans un premier temps, Adenauer se dégage des limites imposées par les considérations pragmatiques qui avaient empêché jusqu'alors l'Allemagne fédérale d'accéder aux demandes de l'État juif. C'est pourquoi, dans sa déclaration du 27 septembre 1951, il engage sa parole en s'appuyant sur les termes de la note israélienne du 12 mars ; selon lui, pour parvenir à surmonter le gouffre qui sépare les deux pays, il ne s'agit plus de marchander ou d'imposer une révision à la baisse des exigences de Ben Gourion : une réponse favorable à l'ensemble de celles-ci apparaît au chancelier comme la condition *sine qua non* pour esquisser un dialogue.

« Versöhnung mit Israel ? Die deutsch-israelischen Verhandlungen bis zum Wiedergutmachungsabkommen », *op. cit.* et WOLFFSOHN, « Die Wiedergutmachung und der Westen - Tatsachen und Legenden », *op. cit.* À la suite de cette discussion, Y. Jelinek a essayé de faire le point *in* « Political acumen, altruism, foreign pressure or moral debt - Konrad Adenauer and the "Shilumim" », *Tel Aviver Jahrbuch für deutsche Geschichte*, 19 (1990), p. 77 et suiv. Pour sa part, l'historien israélien Frank Stern est revenu à plusieurs reprises sur le sujet en insistant sur les considérations de politique extérieure qui l'emportent sur les raisons morales ou le sentiment de culpabilité (voir par exemple STERN, F., *Im Anfang war Auschwitz - Antisemitismus und Philosemitismus im deutschen Nachkrieg*, Gerlingen, 1991, p. 325, et « The historic triangle : Occupiers, Germans and Jews in postwar Germany », *Tel Aviver Jahrbuch für deutsche Geschichte*, 19 (1990), p. 47 et suiv.).

[23] SCHWARZ, *Adenauer und die Hohen Kommissare*, *op. cit.*, « Anlage Nr 18 : Aufzeichnung Hallsteins der Besprechung Adenauers mit den Alliierten Hohen Kommissaren vom 25. Oktober 1951 », p. 558.

[24] GILLESSEN, G., « Die Bundesrepublik und Israel - Wandlungen einer besonderen Beziehung », *in* KRONECK, F. J., OPPERMANN, T. (Hg), *Im Dienste Deutschlands und des Rechts - Festschrift für Wilhelm G. Grewe zum 70. Geburtstag am 16. Oktober 1981*, Baden-Baden, 1981, p. 59 et suiv.

Adenauer rejette alors les recommandations de ceux qui voient dans les chiffres invoqués par les Israéliens la seule raison à l'impossibilité d'un dialogue. En prenant une telle option, Adenauer ne choisit pas la voie de la facilité. Car il s'oppose notamment à son ministre des Finances, Fritz Schäffer, effrayé par le coût démesuré de l'opération pour l'économie ouest-allemande.

Dans ce domaine, le chancelier s'inscrit dans la logique de réconciliation qui pousse certains représentants de la société civile ouest-allemande à exiger ces réparations et un rapprochement avec Israël. Il en est ainsi de Erich Lüth et de son *Aktion Friede mit Israel*, qui présente, au début du mois de septembre 1951, une retentissante offre de paix à l'État hébreu ; un appel qui a un fort écho dans l'opinion publique de RFA et qui est considéré comme l'une des principales motivations d'Adenauer lorsqu'il prononce son discours du 27 septembre, à l'occasion du Nouvel An juif[25]. C'est aussi le cas de la *Gesellschaft für christlich-jüdische Zusammenarbeit* : cette manifestation éloquente du *mea culpa* des Églises d'Allemagne veut instaurer un nouveau dialogue judéo-chrétien, et par là germano-israélien[26]. Elle agit notamment par le biais de la « Semaine de la Fraternité », illustration d'un philosémitisme qui tend à se généraliser dans

---

[25] Cette requête est publiée le 31 août dans le journal des forces américaines en Allemagne de l'Ouest (*Die Neue Zeit*, 31 août 1951, « Wir suchen Frieden mit Israel ») et le lendemain sous une forme différente dans les colonnes de *Die Welt* (1ᵉʳ septembre 1951, « Friede mit Israel ») grâce au rédacteur en chef de ce quotidien, Rudolf Küstermeier. L'article paraît aussi dans le quotidien berlinois *Telegraf* sous le titre « Wir bitten Israel um Frieden ». Voir les mémoires de Lüth (LÜTH, E., *Viele Steine lagen am Weg - Ein Querkopf berichtet*, Hambourg, 1966) et l'historique de son action (LÜTH, E., *Die Friedensbitte an Israel 1951 - Eine Hamburger Initiative*, Hambourg, 1976).

[26] À propos de l'attitude des Églises après la Seconde Guerre mondiale, voir RENDTORFF, R., HENRIX, H. H. (Hg), *Die Kirchen und das Judentum - Dokumente von 1945-1985*, Paderborn-Munich, 1987, ainsi que HERMLE, S., *Evangelische Kirche und Judentum - Stationen nach 1945*, Göttingen, 1990. En ce qui concerne l'*Aktion Friede mit Israel*, la *Gesellschaft* et leurs idées relatives aux relations germano-israéliennes, on se reportera à l'analyse développée dans la thèse de doctorat dont est issu le présent ouvrage, TRIMBUR, D., *La Question des relations germano-israéliennes (1949-1956) - Réflexions, idées et controverses au sujet d'une officialisation difficile*, université de Metz, 1995, p. 329 et suiv.

l'Allemagne de l'Ouest du début des années cinquante, qui sert de relais aux hommes politiques s'exprimant dans ce sens[27].

Après l'acceptation de Jérusalem d'entrer en pourparlers, Adenauer persiste et signe : il confirme qu'il ne tient pas à proposer autre chose que ce qui est déjà contenu à la fois dans la note israélienne et dans son discours devant le Bundestag. Et il procède, sur les conseils de Hallstein, à la nomination de Franz Böhm à la tête de la délégation ouest-allemande. Pour engager cette négociation d'un type original, Adenauer choisit donc une méthode peu classique : Böhm est un professeur d'économie de Francfort, étranger aux milieux politiques et diplomatiques, sans expérience en matière de pourparlers internationaux[28]. Mais il est bien plus le garant de la bonne volonté qu'Adenauer tient à afficher à l'adresse des Juifs et d'Israël et il s'est déjà exprimé à de multiples reprises en faveur de réparations[29]. Böhm se voit adjoindre Otto Küster, un avocat chargé des dédommagements dans le *Land* de Bade-Wurtemberg.

Par cette nomination, le chancelier désire également montrer que le rapprochement avec Israël n'est pas qu'une affaire de chiffres réglée par des spécialistes de négociations commerciales[30]. Adenauer souhaite en outre montrer que l'absence de relations diplomatiques entre Bonn et Jérusalem ne constitue en rien un obstacle à une réponse favorable aux revendications israéliennes. L'engagement du chancelier signifie enfin l'acceptation de participer non seulement à l'édification mais, en raison des difficultés que celui-ci doit alors affronter, au sauvetage de l'État juif. Ce n'est que sur ces bases qu'il doit être possible de rétablir le dialogue avec les Juifs et le pays qui les représente.

---

[27] STERN, F., « Entstehung, Bedeutung und Funktion des Philosemitismus in Westdeutschland nach 1945 », *in* BERGMANN, W., ERB, R., *Antisemitismus in der politischen Kultur nach 1945*, Opladen, 1990, p. 180 et suiv.

[28] Membre de l'« École de Francfort », école économique qui prône l'« ordolibéralisme », Franz Böhm, entre autres, est à l'origine de l'« organisation sociale du marché » chère à la CDU.

[29] Voir BÖHM, F., *Reden und Schriften*, Karlsruhe, 1960. Böhm fait également partie de la direction de la *Gesellschaft* de Francfort depuis ses origines et il est membre de la CDU.

[30] ADENAUER, *Erinnerungen*, *op. cit.*, p. 132, « Notre bonne volonté pouvait surtout être exprimée au travers d'une aide matérielle. Nous devions toutefois dans le même temps éviter de donner l'impression selon laquelle on pouvait seulement faire pénitence du mal commis par le don de biens matériels. Celui-ci ne pouvait être que l'aspect extérieur de notre volonté de réparer. »

Les négociations de Wassenaar.

La première phase. Malgré les multiples préoccupations du moment, Adenauer tient à suivre personnellement l'évolution des négociations et à s'impliquer dans leur progression. Son intervention est rendue plus nécessaire par la contemporanéité des nombreux règlements d'après-guerre et la mise en place de nouveaux éléments dans la vie internationale. Ces facteurs ne laissent pas beaucoup de marge de manœuvre à des négociateurs ouest-allemands qui n'ont même pas les moyens de respecter les promesses d'Adenauer. Les difficultés viennent en particulier du fait qu'en même temps que les conversations de Wassenaar se tient à Londres la conférence sur la dette allemande à laquelle participe, pour le compte de Bonn, le banquier Hermann Josef Abs, un proche du chancelier[31]. Dans la pratique, Abs tient à maintenir un lien étroit entre les deux négociations : il n'est pas possible selon lui d'être trop généreux envers les Israéliens et Juifs à Wassenaar au moment où lui-même tente de limiter les frais à Londres. Le point de vue défendu par Abs est évidemment rejeté par les Israéliens ; il l'est également par Böhm et Küster. Et il suscite l'inquiétude des Américains qui, d'ailleurs, ne demeurent pas longtemps silencieux[32].

Au début d'avril 1952, les trois négociateurs ouest-allemands, Abs, Böhm et Küster, se retrouvent à Bonn et discutent de l'affaire en présence de John McCloy[33]. Au cours de l'entretien, de sérieuses divergences sur l'évaluation des capacités financières de la République fédérale se confirment[34]. Au lendemain de cette discussion houleuse, Adenauer écrit à Abs[35] : il affirme ne pas comprendre la confrontation qui a eu lieu entre les deux délégations et insiste pour qu'un compromis soit trouvé. Pour appuyer son exigence, le chancelier met en relief un

---

[31] Voir ABS, H. J., *Entscheidungen 1949-1953. Die Entstehung des Londoner Schuldenakbommens*, Mayence, 1991.

[32] SCHWARZ, *Adenauer und die Hohen Kommissare*, op. cit., Vol. II, Nr 40, « Verlaufsprotokoll der Sitzung vom 4. April 1952 », p. 34 et suiv.

[33] Adenauer Haus, Papiers K. Adenauer, Vol. 10.20, Lettre de H. J. Abs à K. Adenauer, 7 avril 1952.

[34] Abs considère que la RFA n'est pas en mesure de payer plus de un milliard de dollars, et surtout qu'elle ne peut pas le faire aussi rapidement que l'exigent les Israéliens, alors que c'est le chiffre de trois milliards de dollars qui est évoqué par Böhm et Küster.

[35] Adenauer Haus, Vol. 10.20, Lettre d'Adenauer à Abs, 8 avril 1952.

aspect que le banquier Abs est à même de saisir : seule une solution aux malentendus actuels permettra d'obtenir la bienveillance des dirigeants de la communauté juive américaine et ainsi de bénéficier d'une aide économique accrue de la part des États-Unis.

Le 23 avril 1952, devant la persistance des difficultés, Böhm s'adresse à Adenauer pour exiger de lui une définition exacte des sommes à accorder à Israël[36]. Le responsable de la délégation ouest-allemande insiste auprès du chancelier sur les inquiétudes israéliennes face à des tergiversations qui risquent de réduire à néant les espoirs initiaux ; et il réclame une réponse rapide pour montrer que la RFA tient à respecter sa parole. Car selon lui, l'Allemagne de l'Ouest se doit de se montrer généreuse si elle tient à renforcer sa crédibilité dans le monde ; elle doit aller au bout de ses possibilités pour démontrer son souci réel de réparer les fautes des Allemands et de satisfaire des exigences juives et israéliennes qui sont sans commune mesure avec l'ampleur des crimes commis. Enfin, Böhm souligne que si la RFA veut assurer son avenir, elle doit surmonter sa mauvaise réputation et prendre l'initiative, même s'il est nécessaire qu'elle sollicite le concours financier des alliés.

Dans la conclusion de sa lettre au chancelier, Böhm souligne la portée de ce qui doit être réalisé à Wassenaar : il est clair que l'accord en cours de négociation concerne non seulement les relations futures avec les Juifs et l'État d'Israël, mais bien aussi avec toute la communauté internationale.

Böhm profite donc de l'interruption des négociations de Wassenaar pour dresser un bilan alarmant des premières séances de discussion et des perspectives qui existent un mois après le début des pourparlers. Mais malgré le ton grave adopté par le responsable de la délégation ouest-allemande, Adenauer semble ne pas prendre immédiatement la mesure exacte du péril. Car d'une part il maintient sa confiance en des émissaires qui doivent tenir compte d'impératifs contradictoires ; et d'autre part il porte son attention sur d'autres développements de la politique extérieure ouest-allemande[37]. C'est pourquoi dans

---

[36] VOGEL, *Deutschlands Weg nach Israel*, op. cit., p. 49.

[37] Avec la dernière main mise à la Communauté européenne de défense (CED) à Paris. Car la CED représente pour le chancelier une étape encore plus pressante et concrète de la réhabi-

l'immédiat, Adenauer laisse à ses collaborateurs le soin de traiter l'affaire sans intervenir personnellement ; et le chef de la délégation ouest-allemande à Wassenaar se retrouve seul face à Schäffer et Abs qui laissent libre cours à leur opposition à ce qu'ils jugent être une générosité excessive.

Interruption des négociations, crise et aboutissement. Au mois de mai 1952, les divergences entre les négociateurs de Londres et de Wassenaar s'accentuent. Au début du mois, Abs tente de retarder la décision sur les réparations afin d'éviter que la bienveillance exprimée à Wassenaar n'influence les discussions de Londres. Il prend par ailleurs conseil, comme Schäffer, auprès de banquiers opposés à des réparations aux Juifs, ce qui le renforce dans ses convictions. Abs fait ensuite des suggestions à la baisse à l'adresse des observateurs israéliens de Londres et accroît ainsi leurs inquiétudes.

Pour sa part, Böhm souligne le 16 mai que des propositions de réparations trop faibles auront immanquablement pour conséquence une rupture des pourparlers avec Israël et les Juifs. Et le fait qu'Adenauer reprenne à son compte le projet de Abs pousse Böhm à proposer, comme Küster, sa démission.

C'est finalement face aux remous provoqués en Allemagne fédérale et à l'étranger par l'annonce du retrait de Böhm qu'Adenauer décide de repousser le projet élaboré par Abs. Il cède également après avoir reçu, le 19 mai, une lettre menaçante du responsable de la *Conference*, N. Goldmann[38]. Il se replace ainsi dans la continuité de sa déclaration de septembre 1951 et dissipe les craintes relatives à la persistance d'un fort antisémitisme en Allemagne. Le chancelier renonce donc définitivement à tout lien entre les discussions de Londres et de Wassenaar pour respecter son engagement de s'en tenir au point de vue moral et de ne pas laisser des considérations économiques guider l'action ouest-allemande.

---

litation de son pays : elle est la possibilité d'obtenir très rapidement l'embryon d'une armée, symbole du recouvrement progressif de la souveraineté.

[38] VOGEL, *Deutschlands Weg nach Israel, op. cit.*, p. 52 et suiv. Goldmann, après avoir souligné son inquiétude face à la situation de blocage et à l'oubli des termes de la note israélienne du 12 mars 1951, menace Adenauer de rompre définitivement les discussions si l'opinion de Abs continue à primer et évoque des troubles anti-allemands dans le monde entier.

À partir de ce revirement, Adenauer ne cesse de répéter qu'il est urgent de relancer les négociations et de trouver une solution au problème. Il s'oppose alors à son ministre de la Justice, Thomas Dehler, qui considère que, relevant du domaine de la morale, les exigences d'Israël n'ont pas de poids véritable d'un point de vue politique. Le chancelier, à l'inverse, insiste une nouvelle fois sur la nécessité d'une reprise des contacts et souligne la portée politique de la crise[39]. C'est pourquoi il décide d'accélérer immédiatement le processus et convoque Böhm pour écouter ses doléances : après avoir donné la priorité aux considérations morales, celui-ci emporte l'adhésion du chef du gouvernement qui l'envoie à Paris[40].

L'action de Böhm, en accord cette fois avec Adenauer, et sa rencontre avec Goldmann dans la capitale française permettent de renouer le contact et de rassurer définitivement Israël[41]. Ce que Böhm peut dire à Goldmann est confirmé par Adenauer lui-même qui a l'occasion de s'entretenir avec le responsable de la *Conference*[42] : outre la volonté commune de mener à terme les négociations, le chancelier

---

[39] Compte rendu d'une rencontre du 20 mai 1952, *in* GOTTO, K., HOCKERTS, H. G., MORSEY, R., SCHWARZ, H. P. (Hg), *Forschungen und Quellen zur Zeitgeschichte*, vol. 11, GOTTO, K., KLEINMANN, H. O., SCHREINER, R. (Bearbeiter), *Im Zentrum der Macht - Das Tagebuch von Staatssekretär Lenz 1951-1953*, Düsseldorf, 1989, p. 340, et Adenauer Haus, Vol. 10.05, Lettre d'Adenauer à Abs, 21 mai 1952.

[40] Adenauer sait à ce moment établir un lien entre le climat international favorable (perspective des accords de Bonn et de Paris - signés les 26 et 27 mai resp.) et la reprise des négociations avec Israël pour mettre un terme à la période de flottement inaugurée au début d'avril.

[41] Au cours d'une rencontre à Paris avec les différentes parties concernées, le 23 mai 1952, Böhm propose, d'abord à titre personnel dans le but de sonder le terrain, différentes idées en phase avec les exigences israéliennes et juives : livraisons en nature à hauteur de 200 millions de DM par an, 3 milliards de versement total sur une durée de huit années au minimum, de douze années au maximum. L'entretien du 23 mai permet de mettre en place les principaux fondements du futur traité. C'est également au cours de cet entretien que Böhm négocie avec les représentants israéliens, Giora Josephtal, Felix Shinnar et Gershom Avner, la question de paiements pour partie en devises, dont Israël a un besoin énorme, et celle d'une augmentation des premières annuités versées par l'Allemagne fédérale. Ces deux questions sont alors considérées par les délégués israéliens comme la condition *sine qua non* de la reprise des discussions.

[42] Voir MORSEY, R., SCHWARZ, H. P. (Hg), *Adenauer - Rhöndorfer Ausgabe*, KÜSTERS, H. J. (Bearbeiter), *Adenauer Teegespräche 1950-1954*, Berlin, 1984, Nr 28, 28 mai 1952, Tee-Empfang.

annonce une proposition concrète dans le domaine des réparations[43]. Et le 31 mai, dans une lettre à son ami Robert Pferdmenges, il réaffirme sa détermination à « régler l'affaire juive[44] ».

Grâce à son intervention de la fin du mois de mai, Adenauer sauve donc un processus qui menaçait de s'interrompre sans solution. Sa décision finale respecte les engagements moraux énoncés dans le discours du 27 septembre 1951 mais aussi participe de la recherche très pragmatique d'une réhabilitation de la RFA. Il est certain que ce choix constitue, au vu de la situation financière et économique du moment, un véritable pari sur la stabilité à venir de l'Allemagne fédérale. Et au total, en se montrant disposé, par la promesse de versements considérables, à imposer une charge réelle à l'économie de son pays, Adenauer parvient à créer une confiance solide en sa bonne volonté[45]. Il confirme aussi le bien-fondé des allégations de Ben Gourion sur l'existence d'une « nouvelle Allemagne ».

La deuxième phase des négociations et la conclusion du traité. L'intervention d'Adenauer dans le cours des négociations permet la reprise des discussions et leur aboutissement. Le 28 juin 1952, au moment où les deux délégations se retrouvent à Wassenaar, il ne reste plus qu'à rédiger un préambule et à préciser le contenu des listes de marchandises que la RFA doit livrer à Israël. Et ce dernier point institue entre les deux pays une coopération qui permet à Bonn de contribuer à la construction de l'économie israélienne[46]. Le texte du traité est prêt le 28 août.

---

[43] La proposition est effectuée le 10 juin, lors d'une rencontre à Bonn entre Shinnar et Goldmann d'une part, et Hallstein et Abs de l'autre, avec précision chiffrée sur les prochains versements à Israël (3,5 milliards de DM, livraisons en nature pour 400 millions de DM avant le 31 mars 1954, puis dix annuités de 250 millions de DM chacune après 1954). Elle est approuvée par le gouvernement de Bonn le 17 juin 1952.

[44] MORSEY, R., SCHWARZ, H. P. (Hg), *Adenauer - Rhöndorfer Ausgabe*, MENSING, H. P. (Hg), *Adenauer - Briefe 1951-1953*, Berlin, 1987, Nr 211, Lettre d'Adenauer à R. Pferdmenges, 31 mai 1952, p. 225.

[45] La RFA ne s'engage toutefois pas à la légère puisque l'article 10 du traité comporte une clause de sauvegarde qui s'applique en cas d'aggravation de la situation économique et financière fédérale.

[46] Outre les listes de marchandises, la deuxième partie des négociations porte aussi sur des livraisons de pétrole par la Grande-Bretagne à Israël à régler par la RFA. Ces livraisons représenteront 30 % de la somme globale des réparations.

Au cours de cette deuxième phase, Adenauer doit cependant encore faire face à des critiques qui émanent de sa majorité. Elles sont principalement le fait du ministre des Finances Fritz Schäffer et de Franz-Josef Strauß, tout deux membres de la CSU. Ceux-ci persistent alors dans leurs attaques et contraignent le chancelier à leur répondre une nouvelle fois[47]. Ainsi à Strauß qui souligne les effets négatifs du traité sur les pays arabes, le chancelier réplique de manière pragmatique en insistant sur l'importance encore plus grande de la position des USA en la matière[48].

Jusqu'au dernier moment, Adenauer doit donc faire de son mieux pour défendre ce qui, depuis la fin du mois de mai, est devenu pour lui une cause personnelle. Encore au début du mois de septembre, il lui faut souligner, en la regrettant, la persistance d'un certain antisémitisme en RFA, en particulier au sein de la CDU[49]. Et il donne à sa plaidoirie une dimension tout autre en répétant à cette occasion, que s'il n'y a pas obligation juridique de signer le traité, des impératifs « moraux très forts » lui dictent cette décision, seule conforme en fin de compte aux intérêts ouest-allemands.

Le texte de l'accord germano-israélien est approuvé, avec difficulté, par le gouvernement de Bonn le 8 septembre 1952, deux jours seulement avant sa signature à Luxembourg.

La mise en avant de l'argument arabe avant la conclusion de l'accord

L'objection soulevée le 18 août 1952 par F. J. Strauß, qui fait intervenir le facteur arabe dans la discussion, objection répétée peu

---

[47] GOTTO, K., KLEINMANN, H. O., SCHREINER, R., *op. cit.*, Réunion du 18 août 1952, p. 412.

[48] D'autres partagent les craintes de la CSU et le thème est repris le 29 août par le vice-chancelier Franz Blücher, du parti libéral (FDP) (*ibid.*, Réunion du 29 août 1952, p. 420).

[49] Le 4 septembre, au moment d'une réunion de la présidence du groupe CDU/CSU au Bundestag, « Des objections ont été émises uniquement à l'encontre de *l'accord avec Israël* » (KAS, Compte rendu de la présidence du groupe au Bundestag, VIII-001, Vol. 1501/3, « Aktennotiz zur Vorstandssitzung vom 4. September 1952 »). Voir aussi le compte rendu d'une réunion de la présidence de la CDU qui a lieu le 5 (*in* GOTTO, K., HOCKERTS, H. G., MORSEY, R., SCHWARZ, H. P. (Hg), *Forschungen und Quellen zur Zeitgeschichte*, vol. 8, BUCHSTAB, G. (Bearbeiter), *Adenauer :"Es mußte alles neu gemacht werden" - Die Protokolle des CDU-Bundesvorstandes 1950-1953*, Stuttgart, 1986, Réunion du 5 septembre 1952, p. 131 et suiv.). Voir enfin GOTTO, K., KLEINMANN, H. O., SCHREINER, R., *op. cit.*, Réunion du 6 septembre 1952, p. 429.

avant la signature de l'accord, révèle un problème qu'il s'agit d'aborder à présent. Car l'attitude des pays arabes à l'égard des discussions germano-israéliennes demeure un problème au cours de toute la période observée.

Très tôt, les fonctionnaires du service des Affaires étrangères de la chancellerie ou de l'AA prennent conscience qu'un éventuel accord germano-israélien ne pourra que susciter des protestations de la part de ces pays. Ainsi, au début de l'année 1951, le rédacteur d'un dossier d'information sur les relations entre la RFA et Israël indique qu'

> « il ne faut pas fermer les yeux sur le fait que par l'absence de relations avec Israël, la République fédérale dispose dans le monde arabe d'une position de départ favorable[50] ».

Il apparaît ainsi que, dès le moment où la RFA constitue ses réseaux dans le monde et alors qu'elle n'entretient pas encore de relations diplomatiques avec les pays arabes, le réalisme est de mise : l'opinion exprimée dans le document cité traduit le souci de Bonn de ne pas voir les pays du Moyen-Orient s'opposer à la RFA en raison d'une politique trop favorable à l'État hébreu.

Les mises en garde du service des Affaires étrangères de la chancellerie n'ont rien d'irréaliste. C'est ce que confirment les messages que les capitales arabes adressent à la RFA dès que la perspective de négociations entre Bonn et Jérusalem se précise, ainsi que tout au long des discussions de Wassenaar. En conséquence, l'Abteilung III insiste sur le fait que la RFA doit être attentive non seulement à Israël et aux Juifs, mais également aux pays arabes qui « sont nos amis[51] ».

En outre, au moment où il est encore question de versements en espèces à Israël, les Arabes s'inquiètent des risques d'une utilisation militaire des fonds obtenus. Les États du Moyen-Orient envisagent par ailleurs de demander aux Allemands que soient couplées les

---

[50] PA/AA, Abt. III, Ref. 210.01/35, Vol. 123/1, Note d'information du service des Affaires étrangères sur Israël et ses relations avec la RFA, Abt. III b, 8 janvier 1951, Steg.
[51] *Ibid.*, Ref. 210.01/35 E, Vol. 1, Document (020.17 III 3506/52), s. d., avril 1952, Kordt.

négociations de Wassenaar et d'éventuelles discussions israélo-arabes sur des dédommagements à accorder aux réfugiés palestiniens[52].

Lors de la reprise des pourparlers entre Bonn et Jérusalem, quand les deux parties s'accordent sur le principe de réparations exclusivement sous la forme de livraisons de marchandises, les Arabes expriment leur approbation. Ils exigent en outre que le but de l'opération soit purement « humanitaire et caritatif[53] ». Dans la même optique, ils n'ont rien à objecter à des négociations ou à des relations d'ordre économique entre la RFA et Israël.

Il reste toutefois à noter que la Syrie et l'Égypte ne lâchent pas prise et essaient de mettre un terme aux discussions germano-israéliennes, ou tout au moins d'obtenir la garantie d'une compensation. Ne désirant pas s'adresser directement à Israël, les États arabes lancent par exemple une campagne en direction de la RFA dans le but de faire pression sur son opinion publique, ses entreprises et certains membres de son gouvernement. Ainsi, au mois de juillet 1952, le ministre syrien des Affaires étrangères Zafer Rifaï souligne que les versements ouest-allemands à Israël ne pourront que provoquer un choc dans l'esprit des Arabes et qu'il faut s'attendre « certainement » à ce qu'ils provoquent la rupture des « bonnes relations entre les deux nations[54] ».

Rifaï est ainsi le premier homme politique arabe à se déclarer directement opposé à un rapprochement entre la RFA et Israël. Sa prise de position inaugure une série de protestations auxquelles les Allemands ne demeurent pas insensibles[55]. Car les Arabes rappellent à

---

[52] Il s'agit des personnes qui ont quitté, de gré ou de force, le territoire d'Israël en 1948. Cette demande est déjà présente dans une note de la Syrie et du Liban du 20 avril 1952, reprise dans une note verbale du gouvernement jordanien (*ibid.*, Abt. II, Vol. 1685). Elle est toutefois rejetée par l'AA (*ibid.*, Ref. 210.01/35 E, Vol. 1, Note écrite (210.01/E 9306/52), 3 juillet 1952), le problème des réfugiés ne concernant que les Arabes et Israël. La Jordanie recueille alors plus de 250 000 réfugiés, l'Égypte (qui gère la bande de Gaza) 180 000, le Liban environ 100 000. Au total, le nombre des réfugiés palestiniens se monte en 1949 à quelque 600 000 personnes.

[53] *Rhein-Neckar Zeitung*, 18 juin 1952.

[54] PA/AA, Abt. III, 210.01/35 E, Vol. 1, Lettre de W. Krause (Damas) à Eckardt, 22 juillet 1952.

[55] Un mémorandum syrien est ainsi adressé à Bonn le 19 août 1952 (*ibid.*, Abt. II, Vol. 1685). Les informations sur l'état d'esprit arabe sont reprises par le service de presse du

Bonn ses obligations à leur égard et n'hésitent pas à envisager de réviser leurs bonnes relations avec la République fédérale. En outre, ils attribuent aux Allemands la responsabilité d'une dégradation qu'ils disent regretter et dénoncent le renforcement du potentiel militaire israélien qui pourrait résulter de l'aide de Bonn. Et à l'approche de la conclusion de l'accord, les États arabes durcissent encore leur attitude et rejettent même en bloc le principe de livraisons de marchandises à Israël.

Les prises de position des États arabes ne restent pas sans conséquence. C'est ce qui ressort en particulier d'un document destiné à Hallstein dans lequel l'Abteilung III rassemble tous les arguments arabes et insiste sur les dommages que peut causer pour la RFA son rapprochement avec Israël. Après avoir souligné les exigences formulées par les Arabes et insisté sur la manière dont celles-ci sont justifiées par leurs auteurs, le rédacteur du document en tire des conclusions qui sont encore plus intéressantes et révélatrices[56]. De cette analyse il ressort qu'une partie de l'AA estime que l'Allemagne de l'Ouest ne doit pas courir le risque de perdre l'amitié des pays arabes. Et l'on précise ensuite que ces États pourraient fort bien décider un boycott semblable à celui dont est victime Israël depuis 1948.

Quelle est, d'après l'AA, l'importance des risques encourus par la RFA. ?

« Le sérieux des remontrances arabes ne peut pas être méconnu. » Pour appuyer sa thèse, Hasso von Etzdorf, le rédacteur du document en question, indique que les Arabes sont encouragés dans leur action par la Grande-Bretagne soucieuse d'écarter un rival au moment où sa propre position politique et économique au Moyen-Orient est menacée. Par

---

gouvernement ouest-allemand (*Presse u. Informationsamt*, 22 août 1952, *dpa*, 21 août 1952, « Arabische Stimmen zu den deutsch-israelischen Verhandlungen »).

[56] *Ibid.*, Büro Sts, Vol. 184, Arabische Proteste gegen Israel-Vertrag, Note écrite (210.01 E III 12 863/52), 5 septembre 1952, Etzdorf. Les Arabes demandent à la RFA de ne pas reconnaître les exigences israéliennes, de lier des réparations à Israël au problème des réfugiés palestiniens, de bloquer les fonds accordés à Israël ou de les confier à une commission internationale, et enfin, dans tous les cas, de ne pas accorder de fonds à Israël tant qu'il ne se sera pas prononcé en faveur de l'indemnisation des réfugiés. Pour les Arabes, Israël n'est pas en droit de représenter les Juifs qui ont souffert du nazisme, les Juifs ont déjà perçu des réparations dans le cadre de la législation allemande, Israël n'existait pas au moment des faits et surtout est responsable du problème des réfugiés palestiniens.

ailleurs, les États-Unis ont déclaré à plusieurs reprises ne pas exercer de pression sur la RFA : ceci ne peut donc que renforcer les États arabes dans la conviction que les Allemands de l'Ouest agissent de leur propre gré et ne tiennent pas compte des réserves qu'ils ont fait valoir. De plus, l'AA insiste sur le fait que les conséquences économiques d'une tension avec les Arabes peuvent être graves puisque « le commerce extérieur [de la RFA] avec ces pays a pris un élan très rapide dans la période de l'après-guerre[57] ».

La situation amène Etzdorf à déclarer que cette « évolution favorable va connaître [...] une rupture sensible du fait de l'accord germano-israélien ». C'est pourquoi il propose de prendre des dispositions permettant de mieux contrôler les livraisons à Israël, de manière à éviter à l'avenir toute récrimination de la part des États arabes ; ce qui passe par exemple par la création d'une centrale d'achats regroupant les firmes concernées par les exportations vers Israël[58].

Les soucis de l'Abteilung III sont partagés par d'autres services de l'AA Ainsi, la Direction des affaires économiques[59] craint pour sa part que le traité provoque des conséquences commerciales désastreuses, notamment en ce qui concerne les échanges avec les pays de la Ligue arabe[60]. Et cette Direction fait alors siennes les objections du ministre

---

[57] La progression la plus importante, en comparaison aux chiffres de l'avant-guerre, concerne les pays qui sont les plus menaçants dans leurs revendications. C'est le cas de l'Égypte vers laquelle les exportations allemandes se montent à 125 millions de DM en 1951, contre 43 millions de marks en 1936, et de la Syrie, avec des chiffres de 32,5 millions de DM et 5,5 millions de marks respectivement.

[58] Le lendemain, la *Länderabteilung* se manifeste à nouveau pour apporter quelques compléments à cette proposition (PA/AA, Büro Sts, Vol. 184, Note écrite (210.01 E III 12 914) 6 septembre 1952, Etzdorf). L'idée de regrouper les firmes d'exportation est abandonnée pour lui préférer l'envoi dans les pays arabes d'une mission de bons offices. Etzdorf cite le nom de l'ancien ambassadeur Curt Prüfer, arabiste de l'ancien AA apprécié dans les pays arabes, comme tête de la délégation à mettre en place (il est remarquable qu'à cette occasion les services de l'AA envisagent de recourir aux bons offices d'un diplomate assimilé aux relations douteuses du III᷾ Reich avec les leaders extrémistes arabes (voir McKALE, D. M., *Curt Prüfer: German Diplomat from the Kaiser to Hitler*, Kent, Ohio, 1987, et du même auteur, *Rewriting History - The Original and Unrevised World War Diaries of Curt Prüfer, Nazi Diplomat*, Kent, Ohio-Londres, 1988).

[59] *Handelspolitische Abteilung* (Abteilung IV).

[60] *Ibid.*, Abt. III, 210.01/35 E, Vol. 1, Note écrite (244.00/35 IV 16 295/52), 5 septembre 1952.

des Finances quant aux effets funestes de l'accord sur les tarifs allemands à l'exportation[61].

3. Le problème de la ratification de l'accord de réparations

L'accord de réparations conclu entre la RFA et Israël est le premier acte de droit international d'une République fédérale qui jouit depuis peu d'une souveraineté limitée en matière de relations extérieures. Comme tout acte paraphé au nom de l'Allemagne de l'Ouest par son gouvernement, il doit être soumis à l'approbation du Parlement.

Entre le 10 septembre 1952, date de sa signature, et le 18 mars 1953, jour de sa ratification par le Bundestag, l'accord fait l'objet en République fédérale d'une discussion passionnée. La vivacité de ces échanges est avant tout une conséquence des controverses qui ont vu le jour lors des conversations de Wassenaar, ainsi que de l'intervention directe des États arabes dans le processus de la négociation.

Pour toutes les parties intéressées, le délai qui sépare la signature du traité de sa ratification constitue la dernière occasion de s'exprimer, avant que l'accord n'entre en vigueur et s'applique pour une période de douze années. C'est donc le choix politique induit par la démarche du gouvernement qui va se trouver au centre des débats. Car il n'échappe à personne que le texte élaboré à Wassenaar représente véritablement « la pierre de touche de la démocratie allemande[62] » et que de lui dépend aussi la confirmation de l'orientation de la RFA vers le camp occidental.

Pour ces raisons, il convient d'insister à présent sur un certain nombre d'éléments qui représentent les préalables à la discussion qui va s'instaurer ultérieurement au sein de l'AA et du gouvernement fédéral à propos de l'ouverture de relations diplomatiques entre Bonn et Jérusalem.

---

[61] *Ibid.*, Note écrite (244.00/35 IV 15 994/52), 1ᵉʳ septembre 1952.

[62] Expression utilisée par John McCloy en 1949 pour qualifier l'attitude future de la nouvelle Allemagne à l'égard des Juifs (voir VOGEL, *Deutschlands Weg nach Israel, op. cit.*, pp. 275-276).

L'acceptation des objections arabes par l'AA

Confirmation et renforcement de l'argument arabe après la signature de l'accord. L'intervention des États arabes observée au moment des négociations de Wassenaar se poursuit, et les doutes qu'elle suscite parmi les fonctionnaires de l'AA se confirment. Cette évolution, dont les autorités ouest-allemandes semblent à un moment perdre le contrôle, explique les difficultés auxquelles se heurte la ratification de l'accord et le retard avec lequel s'effectue cette procédure.

En premier lieu, les États arabes accentuent la pression sur les responsables ouest-allemands. Ils y sont d'ailleurs encouragés par des échos reçus de RFA qui insistent à la fois sur l'impossibilité pour les Allemands d'échapper à l'influence américaine[63] et sur leur souci de réconciliation avec les pays arabes[64].

L'intervention des États arabes se fait, dans un premier temps, au travers de la presse des pays concernés, par exemple en Arabie Saoudite, en Égypte ou en Syrie[65]. Il s'agit alors d'appels au réveil de l'amitié germano-arabe dans le but d'éviter à avoir à boycotter la RFA, une opération qui aurait pour les économies arabes des effets dévastateurs[66].

---

[63] Wageh Atek (*in* ATEK, W., « Der Standpunkt Ägyptens zur westdeutschen Wiedergutmachung an Israel », *Orient*, 24 (3), septembre 1983, p. 470 et suiv.) évoque ainsi une rencontre entre Adenauer et le Syrien Mamum al-Hamawi, le 8 septembre 1952, pendant laquelle le chancelier ouest-allemand aurait déclaré que l'accord était le fruit d'une pression américaine et que, dans un souci de compensation, la RFA allait mettre en œuvre une campagne de soutien économique aux pays arabes.

[64] *Diplomatische Korrespondenz*, 12 septembre 1952, citée par A BEDISEID, M., *Die deutscharabischen Beziehungen - Probleme und Krisen*, Stuttgart, 1976, p. 69.

[65] *Presse u. Informationsamt*, 1ᵉʳ octobre 1952, *dpa*, 29 septembre 1952, « Saudisches Regierungsblatt fordert Boykott Westdeutschlands », 2 octobre 1952, « Arabisches Protest gegen das Adenauer-Sharett Abkommen », et *Die Tat*, 2 octobre 1952, « "Das deutsch-israelische Abkommen ist ein Novum in der Weltgeschichte" - Interview mit dem syrischen Außenminister Rifai ».

[66] Atek (*op. cit.*, p. 483) cite une lettre de Fakoussa, secrétaire général de la Ligue arabe, au ministre égyptien des Affaires étrangères du 28 septembre 1952 : « La porte de l'Égypte devrait rester ouverte au commerce allemand et à l'industrie allemande si nous voulons renforcer notre bien-être. La rupture des relations économiques créerait plus de dégâts qu'elle nous apporterait d'avantages. »

Pour exprimer leurs revendications, les États arabes se servent également des courroies de transmission que constituent les diplomates de Bonn. Par exemple la correspondance en provenance de Damas permet de constater que, tout en désirant continuer à commercer avec la RFA, la Syrie rejette la ratification du traité germano-israélien parce que celle-ci aurait un impact négatif sur son opinion publique. En outre, Damas craint que le renforcement d'Israël consécutif au traité ne contribue à l'accroissement de l'insécurité dans la région[67].

Mais la voie indirecte, pour laquelle les Arabes avaient d'abord opté, se révèle infructueuse. C'est pourquoi ils envoient à Bonn, à la fin du mois d'octobre, une délégation investie d'une triple mission : prendre contact avec de hauts responsables, faire pression sur les milieux parlementaires pour reporter, ou annuler, la ratification du traité, et insister, à l'adresse des cercles économiques, sur les risques d'un boycott arabe à l'égard de la RFA[68]. Cette délégation rencontre à trois reprises Walter Hallstein, ainsi que des parlementaires et des représentants de la vie économique, mais ses démarches échouent. C'est pourquoi elle passe à une critique d'une autre dimension : au lieu de se contenter, comme jusqu'alors, de critiquer la partialité des Allemands et l'injustice que constituait le traité, c'est la nature même de l'accord que les Arabes dénoncent.

La première preuve de ce changement de tactique est contenue dans le mémorandum adressé à Adenauer par la délégation arabe[69] : au centre de celui-ci il y a en effet une attaque frontale contre le statut de la mission israélienne de Cologne, en raison des protections officielles dont elle dispose avant même la ratification de l'accord. En outre, dans le cadre de cette argumentation juridique, les Arabes dénoncent l'attitude qui permet

---

[67] PA/AA, Abt. II, Vol. 1685, Télégrammes de l'ambassade de RFA à Damas (7), 15 octobre 1952, et (12), 20 octobre 1952, von der Esch.

[68] Cette délégation est dirigée par l'ambassadeur du Liban à Paris, Ahmed el-Daouk, choix significatif pour indiquer que même un pays apparemment modéré comme le Liban est solidaire des États de la région.

[69] PA/AA, Abt. III, 210.01/35 E, Vol. 1, « Memorandum der Delegation der arabischen Staaten Ägypten, Irak, Jemen, Jordanien, Libanon, Saudi Arabien und Syrien an die Regierung der Bundesrepublik Deutschland », envoyé à Adenauer le 31 octobre 1952.

« à un État d'apparaître comme l'ayant droit de personnes qui n'étaient pas ses citoyens mais étaient seulement de la même confession que le nouvel État, sans qu'aujourd'hui tous les membres de la même confession soient [...] des ressortissants de ce nouvel État ».

À propos de la particularité juridique qu'ils relèvent, les membres de la délégation arabe n'excluent pas de soumettre l'accord à la commission d'arbitrage des Nations unies, qui pourrait décider l'annulation du texte[70].

Après l'échec des discussions de Bonn, les États arabes reconsidèrent également la question de leurs relations diplomatiques, ou de la perspective de telles relations, avec l'Allemagne fédérale[71]. Et ils n'hésitent pas à cette occasion à mettre en avant des aspects juridiques formels plutôt que leurs intérêts.

Par la suite, la menace arabe à l'égard de Bonn se concrétise. C'est ce dont témoignent en particulier les télégrammes de Günther Pawelke, l'ambassadeur ouest-allemand au Caire, une capitale qui confirme son rôle central dans la campagne menée contre la RFA. Le représentant ouest-allemand évoque en effet des rencontres entre membres du comité politique de la Ligue arabe organisées pour décider de mesures de rétorsion[72]. Il fait aussi état de négociations que réclameraient les Arabes afin de ne pas mettre à exécution leur menace de boycott[73]. Et dans chacun de ces messages, Pawelke insiste sur le caractère ferme et exceptionnel de l'unité dont font preuve les Arabes, donc sur le risque de réactions concertées de leur part. À la fin du mois de novembre, la

---

[70] *Ibid.*, Abt. II, Vol. 1685, Télégramme de l'ambassade de RFA au Caire (16) à l'AA, 1er novembre 1952, Pawelke.

[71] *Ibid.*, Télégramme de l'ambassade de RFA au Caire (11) à l'AA, 30 octobre 1952, Pawelke, Télégramme de l'ambassade de RFA à Damas (19) à l'AA, 3 novembre 1952, von der Esch, et, Abt. III, Vol. 1/191/1, Ausländische diplomatische und konsularische Vertretungen in Deutschland - Ägypten, Lettre de l'ambassade de RFA au Caire (210.03 35) à l'AA, 11 novembre 1952, Pawelke.

[72] *Ibid.*, Abt. II, Vol. 1685, Télégramme de l'ambassade de RFA au Caire (34) à l'AA, 11 novembre 1952, Pawelke.

[73] *Ibid.*, Télégramme de l'ambassade de RFA au Caire (39) à l'AA, 13 novembre 1952, Pawelke.

pression s'amplifie encore avec l'exigence formulée par les Arabes d'un contrôle du traité germano-israélien par l'ONU[74].

L'attitude de l'AA en réaction à la pression arabe : la recherche de la conciliation. Au lendemain de la conclusion de l'accord, Adenauer lui-même semble, en apparence, réceptif à la pression arabe. On peut en voir une preuve dans la promesse qu'il fait, devant un haut fonctionnaire du ministère des Affaires étrangères de Damas, d'établir des relations diplomatiques avec tous les pays arabes non encore reconnus par la RFA[75]. De plus, cette déclaration du chancelier s'accompagne d'un engagement à réactiver le commerce de l'Allemagne avec les pays du Moyen-Orient[76]. Le 16 septembre, l'établissement de relations diplomatiques entre Bonn et les États arabes est ainsi décidé, en même temps que l'organisation d'une campagne dans la presse de ces pays, « afin de faire comprendre [le] point de vue [ouest-allemand] [...] au monde arabe[77] ». À cet effet l'AA se propose de « souligner la vieille amitié germano-arabe, les relations culturelles et économiques » entre l'Allemagne et les pays arabes en suscitant la publication d'articles écrits par « des personnes connues, dont le nom a une résonance particulière, spécialement dans l'Orient arabe ».

Quelles sont les fondements de la « vieille amitié germano-arabe » évoquée de part et d'autre dès cette époque ?

Ce thème, utilisé par intérêt économique et politique, ou pour s'opposer à Israël et aux Juifs, a pour source une certaine interprétation de l'histoire des relations entre l'Allemagne et les Arabes. Cette théorie résulte d'une confusion opérée entre les Arabes et les Turcs ; on connaît en effet l'histoire du chemin de fer de Bagdad (*Bagdad-Bahn*), ainsi que celle des relations entre l'Empire ottoman et l'Allemagne de Guillaume II avant et pendant la Première Guerre mondiale. C'est en vertu de ce passé adapté aux circonstances que la *Diplomatische*

---

[74] *Presse u. Informationsamt*, 26 novembre 1952, « Syrien erwägt Abbruch ».

[75] PA/AA, Abt. III, 210.01/35 E, Vol. 1, Note écrite (210.01/35 III 13 192/52), 11 septembre 1952, Etzdorf.

[76] Adenauer fait cette promesse même si l'AA estime que « au vu de la solidarité des pays arabes qu'il ne faut pas surestimer, le danger d'un boycott des produits allemands n'est pas considéré comme imminent » (*ibid.*, Note écrite (210.01/E III 13 455/52), 12 septembre 1952).

[77] *Ibid.*, Document du 16 septembre 1952, s. réf.

Korrespondenz peut écrire que les Arabes comptent parmi « les plus anciens et plus constants » amis de l'Allemagne dans le monde[78].

La théorie se fonde également sur une histoire plus récente qui explique l'absence dans les pays arabes d'une image de l'Allemagne aussi négative que dans d'autres parties du monde : à la différence de la France ou de la Grande-Bretagne, l'Allemagne n'a pas de passé colonial[79]. Il existe en outre une certaine communauté de destin entre les Allemands et les Arabes car les deux conflits mondiaux les ont placés dans le camp des vaincus[80]. Pour d'autres enfin, les liens germano-arabes sont forts depuis la collaboration avec le IIIᵉ Reich encouragée en son temps par Hadj Amin al-Husseini, le Grand Mufti de Jérusalem[81].

En vertu de cela, il apparaît clairement que Bonn se trouve confronté à un dilemme particulièrement délicat : il lui faut respecter à la fois Israël et les États arabes[82]. La difficulté semble évidente lorsque l'on observe l'évolution de la réflexion de l'AA sur les mesures à prendre face à la menace arabe. L'idée d'une délégation de bons offices lancée au début septembre est écartée afin de ne décevoir ni les Juifs ni Israël. Mais le retrait de cette proposition est aussi dû à la nécessité d'éviter de voir les Français et les Anglais critiquer l'attitude de Bonn au Moyen-Orient. Par ailleurs, alors que l'envoi d'une délégation ouest-allemande pourrait être interprété comme le signe d'une soumission à la volonté arabe, à l'inverse Bonn doit en même temps se montrer attentif à ses partenaires moyen-orientaux.

Quelle est alors la conclusion de l'AA ?

---

[78] Voir Böhm, A., « Neutralität-doppelbödig - Über "Beziehungen besonderer Art" », *Die politische Meinung*, 1973, H.151, p. 6 et suiv., et *Diplomatische Korrespondenz*, 12 septembre 1952.

[79] Voir Büttner, F., Hünseler, P., « Die politischen Beziehungen zwischen der Bundesrepublik Deutschland und den arabischen Staaten - Entwicklung, Stand und Perspektiven », in Kaiser, K., Steinbach, U. (Hg), *Deutsch-arabische Bestimmungsfaktoren und Probleme einer Neuorientierung*, Munich-Vienne, 1981, p. 111 et suiv.

[80] Ce qu'entretiennent souvent les Allemands installés en Égypte depuis la fin de la Seconde Guerre mondiale (*Welt am Sonntag*, 23 novembre 1952, « Deutsche "Berater" in Kairo schnüren gegen Bonn »).

[81] Voir Gensicke, K., *Der Mufti von Jerusalem, Amin el-Husseini, und die Nationalsozialisten*, Francfort, Berne, New York-Paris, 1988.

[82] PA/AA, Büro Sts, Vol. 184, Texte recommandation, s. réf., 16 septembre 1952, Etzdorf.

Pour le ministère, il s'agit de concilier les diverses préoccupations évoquées ci-dessus : d'où la décision d'envoyer des représentants dans les pays arabes, tout en procédant à la ratification de l'accord germano-israélien, afin d'éviter des pressions sur le vote au Bundestag. Et si de leur côté les Arabes envoient une délégation en Allemagne, il s'agira de la recevoir « de façon honorable » et « avec une amabilité appuyée ».

En fonction de ces multiples impératifs, l'AA est aussi fortement tenté d'accepter la requête arabe relative au report de la ratification. Il s'agit là de l'autre aspect de la politique imposée par le dilemme constaté à la mi-septembre. En effet, le ministère des Affaires étrangères considère que si la fidélité à l'accord germano-israélien doit primer, il n'en reste pas moins que les États arabes ont aussi droit à des égards de la part de la RFA.

L'AA réfléchit alors aux différents problèmes posés et élabore un programme d'envergure.

Dans un premier temps, la RFA agit par l'intermédiaire de ses représentants dans les pays arabes.

Ainsi, Günther Pawelke, qui connaît bien ces pays, est mis à contribution dès son arrivée au Caire. Alors même que son ambassade n'est pas encore réellement implantée, sa première tâche consiste en effet à mettre fin à la crise qui se noue entre la République fédérale et l'Égypte. Sa mission prioritaire est de convaincre les Égyptiens, par une campagne de presse, des dommages qui résulteraient d'un boycott de l'Allemagne[83]. Et Pawelke obtient rapidement des résultats qui vont dans le sens des attentes de Bonn, même si le général Néguib, qui est encore l'homme fort du pays, reste à convaincre.

Pawelke n'agit pas seulement en faveur de son propre pays ; car progressivement il se fait aussi le relais des exigences arabes, en particulier à l'époque où la perspective de la visite d'une délégation ouest-allemande au Caire est à nouveau d'actualité[84]. C'est pourquoi il reprend l'idée de reporter la ratification du traité germano-israélien à une date postérieure au règlement du contentieux entre Bonn et les

---

[83] *Ibid.*, Abt. II, Vol. 1685, Télégramme de l'ambassade de RFA au Caire (20) à l'AA, 3 novembre 1952, Pawelke.

[84] *Ibid.*, Télégramme (26), 7 novembre 1952.

Arabes[85]. Dans ces circonstances, il ne fait aucun doute que Pawelke se trouve dans une situation très inconfortable lorsque, le 10 novembre, la Ligue arabe, réunie au Caire, s'achemine vers un boycott de la RFA[86].

Pawelke et l'AA n'ont pas besoin d'attendre longtemps pour mesurer l'aggravation de la situation de l'Allemagne fédérale dans le monde arabe. Le 11 novembre 1952, ces États annoncent la rupture de leurs relations économiques avec la RFA[87]. Cette rupture, programmée pour le lendemain, rend encore plus nécessaire une négociation germano-arabe. Et le diplomate remarque que, au vu de l'unanimité dont ont fait preuve les États arabes, une réaction concertée de leur part est à craindre en cas de ratification de l'accord germano-israélien.

Pendant cette période le représentant ouest-allemand au Caire accentue donc la pression et prône une négociation avec les Arabes. Il est suivi par l'AA qui recherche la conciliation avec toutes les parties plutôt que de ratifier sans condition le traité de Luxembourg.

L'AA marque son accord avec l'idée d'une négociation dès novembre, lorsque les États arabes évoquent puis relancent l'idée d'un contrôle de l'accord de réparations par l'ONU. Le ministère se montre donc moins intransigeant qu'Adenauer[88] : un document daté du 5 novembre propose une stratégie destinée à faire baisser la tension et attribue aux différentes Directions des tâches bien définies :

> « 1. Rappel de la délégation Lupin[89] (secrétaire général, Direction des affaires économiques, ministère de l'Économie) ;
> 2. Réponse formelle à Daouk[90] pour son mémorandum (Direction géographique) ; préparation de la réponse à diffuser par la voie diplomatique (Direction des affaires politiques) ;

---

[85] *Ibid.*, Télégramme (32), 9 novembre 1952, et pour cela, il conseille à Adenauer de faire une déclaration en ce sens (idée soutenue également à Damas - *ibid.*, Télégramme de l'ambassade de RFA à Damas, (24) à l'AA, 9 novembre 1952, von der Esch).

[86] *Ibid.*, Télégramme de l'ambassade de RFA au Caire (33) à l'AA, 10 novembre 1952, Pawelke.

[87] *Ibid.*, Télégramme (34), 11 novembre 1952.

[88] Au moment où est préparée la réponse ferme au mémorandum de la délégation arabe du 3 novembre.

[89] La délégation Lupin est alors en Arabie Saoudite pour maintenir en l'état les contacts commerciaux.

[90] Le chef de la délégation arabe.

3. Analyse des problèmes en rapport avec la soumission à l'ONU et la ratification (Direction des affaires politiques) ;

4. Contacts avec Israël (Direction des affaires politiques) ;

5. Action sur l'opinion publique, avec éventualité d'une interpellation au Bundestag (secrétaire général, Direction des affaires politiques) ;

6. Préparation d'une note de protestation contre le comportement de la délégation arabe en Allemagne (Direction des affaires politiques et section géographique) ;

7. Analyse des possibilités de miner par des voies économiques un éventuel boycott arabe et d'amoindrir son efficacité (Direction des affaires économiques)[91]. »

Ce texte laisse nettement apparaître toutes les inquiétudes de l'AA, il fait bien ressortir que la RFA est placée au centre d'une multitude d'intérêts divergents et doit répondre à des sollicitations certes fondées mais difficiles à concilier. La liste des mesures évoquées traduit la volonté du ministère ouest-allemand des Affaires étrangères de contenter toutes les parties, d'entamer un dialogue avec tous ses interlocuteurs afin de ne blesser la susceptibilité de personne et surtout de trouver des solutions propres à limiter les dégâts.

Mais la politique de conciliation prônée par l'AA représente aussi une série d'obstacles à la ratification du traité. Car il apparaît de plus en plus évident que le ministère freine le processus en cours[92].

Si au début du mois de novembre l'hypothèse d'une consultation de l'ONU n'est encore qu'au stade de la réflexion, elle est sérieusement envisagée vingt jours plus tard, le 25[93]. Cette évolution s'explique par le fait que, dans l'intervalle, l'AA reçoit de ses représentants dans les deux principales capitales arabes, Le Caire et Damas, des nouvelles relatives à un raidissement des États de la Ligue. La réflexion menée

---

[91] PA/AA, Büro Sts, Vol. 184, Note écrite, s. réf., Besprechung über die arabische Frage am 5. November 1952.

[92] Ainsi, l'un des collaborateurs d'Adenauer à la chancellerie doit évoquer les difficultés qui émanent des Affaires étrangères au moment de la préparation de la loi de ratification du traité (BA, Archives de la chancellerie, Vol. 1129, Note du Dr Bachmann, 6 novembre 1952).

[93] PA/AA, Büro Sts, Vol. 184, « Aufzeichnung über eine Besprechung betreffend die nächsten Maßnahmen der Bundesregierung in der Frage der arabischen Protesten », 25 novembre 1952.

par les services de l'AA progresse rapidement : au cours d'une réunion, les fonctionnaires du ministère en sont ainsi à préparer un entretien avec le responsable de la *Conférence*, N. Goldmann, afin de faire accepter par celui-ci un contrôle du déroulement du traité par les Nations unies[94]. Et dans l'ensemble les comptes rendus des discussions sont tout à fait explicites : l'AA semble céder à la pression des Arabes et oublier la fermeté de son ministre[95].

Ainsi, à la fin du mois de novembre, l'AA paraît s'orienter vers une politique qui se veut réaliste, pragmatique et soucieuse de l'avantage immédiat de la RFA. Pour les diplomates, la tâche morale qu'Adenauer a assignée à la République fédérale est peu à peu passée au second plan.

Après une pause dans les réflexions, l'idée de la conciliation est reprise à partir de la mi-décembre, alors que la mission israélienne de Cologne dément la réalité des menaces arabes[96].

Pawelke reprend sa correspondance sur le sujet et peut se targuer, le 18 décembre, de voir son opinion sur le risque réel d'un boycott arabe partagée par l'ambassadeur américain au Caire[97]. Selon lui il existe certes des possibilités de faire pression sur l'Égypte par le biais de la presse ou des milieux industriels, mais Néguib reste attaché à l'idée d'une négociation. Après quelques jours, l'idée d'une consultation de

---

[94] *Ibid.*, Note écrite, préparation à la rencontre avec Nahum Goldmann le 29 novembre 1952, 28 novembre 1952.

[95] Le ministère prévoit ainsi un discours lénifiant à l'adresse d'Israël ; car Bonn veut expliquer que cette éventuelle saisine de l'ONU ne signifie pas la remise en cause de ses engagements (puisque l'Organisation ne doit se prononcer que sur la réalité d'un effet du traité sur la sécurité des pays arabes). Par ailleurs, l'AA atténue l'impact d'un refus éventuel du traité par les Nations unies, puisque dans un tel cas, « au maximum seuls des dommages à hauteur d'une annuité [...] pourraient être payés aux États arabes» (*ibid.*).

[96] Shinnar expédie à l'AA le 17 novembre un mémorandum sur d'autres tentatives arabes d'intimidation (cité *in* PA/AA, Abt. II, Vol. 1685, Note écrite (244.13 E II 17 220/52), 16 décembre 1952, Trützschler). D'autre part la mission publie une brochure intitulée *Arabische Boykott-Politik*, *op. cit.* De même, Shinnar effectue des déclarations destinées à démontrer que les Arabes ne sont pas prêts à un boycott et doivent réviser leurs prétentions à la baisse (PA/AA, Büro Sts, Vol. 184, Télégramme de l'AA (19) à l'ambassade de RFA au Caire, 20 janvier 1953, Hallstein, Secret).

[97] *Ibid.*, Abt. II, Vol. 1685, Télégramme de l'ambassade de RFA au Caire (66) à l'AA, 18 décembre 1952, Pawelke.

l'ONU est délaissée à son tour, et les Arabes lui préfèrent désormais celle de la venue sur place d'une délégation ouest-allemande.

Aux yeux de l'ambassadeur ouest-allemand au Caire, et conformément à ses vœux, l'évolution au cours des premiers jours de 1953 permet d'espérer un déblocage de la situation[98]. C'est pourquoi il prône une nouvelle fois l'envoi rapide en Égypte d'une délégation pour éviter de décevoir les Arabes. Et finalement, le 4 janvier, Pawelke peut envisager des perspectives prometteuses non seulement pour le problème en question mais aussi dans d'autres domaines (relations culturelles, restitution des biens allemands...).

D'ultimes tergiversations de la part des États arabes ne remettront pas en cause ce que Pawelke peut concevoir, car il se voit confirmer que les négociations germano-arabes à venir se limiteront aux problèmes économiques et ne concerneront pas le traité de Luxembourg[99]. Et pour éviter un échec de dernière minute, le diplomate fait tout pour éviter que Bonn n'envoie sa délégation au Caire au moment du débat au Bundesrat sur la ratification du traité germano-israélien[100].

Après que la médiation de Pawelke au Caire eut porté ses fruits, le ministère ouest-allemand des Affaires étrangères envisage plusieurs solutions pour écarter définitivement tout danger. C'est pourquoi ses

---

[98] Pawelke peut voir se réaliser son souhait dans ce sens exprimé encore à la fin de décembre dans une lettre adressée au responsable du *Nah- und Mittelostverein* de Hambourg, R. Hüber (*Nah- und Mittelostverein*, Hambourg (par la suite = Numov), Dossier Israël, Lettre du 29 décembre 1952). Et dans plusieurs télégrammes adressés à Bonn (PA/AA, Abt. II, Vol. 1680, Télégrammes (1), 2 janvier 1953 et (5), 3 janvier 1953) Pawelke évoque la perspective d'une solution prochaine répondant aux souhaits de la RFA.

[99] *Ibid.*, Abt. II, Vol. 1686, Télégramme de l'ambassade de RFA au Caire (24) à l'AA, 17 janvier 1953, Pawelke.

[100] *Ibid.*, Télégramme (26), 21 janvier 1953. De son côté l'AA est également très réceptif à ce qui pourrait embarrasser ou échauffer les États arabes. C'est ainsi que ses diverses Directions déconseillent de publier dans le *Bulletin*, journal officiel du gouvernement fédéral, l'article de l'*Aktion Friede mit Israel* sur la disposition de 4 000 entreprises allemandes à livrer des marchandises à Israël dans le cadre du traité. Selon le ministère, toute initiative de cette sorte ruinerait les négociations futures (*ibid.*, Büro Sts, Pressereferat, Vol. 245, Note aux différentes sections de l'AA sur l'*Aktion Friede mit Israel*, 10 janvier 1953, Note dactylographiée de l'Abt. IV sur un autre exemplaire de la note Pressereferat, 10 janvier 1953, 30 janvier 1953, Note Abt. III, 16 janvier 1953, Note manuscrite de Frowein, 14 janvier 1953).

services envisagent tout d'abord d'agir afin que soit reportée la ratification du traité germano-israélien[101].

Par la suite, conformément à l'avis des représentants ouest-allemands, une délégation économique, placée sous la responsabilité d'un haut fonctionnaire du ministère de l'Économie, L. Westrick, est effectivement envoyée au Caire au début février 1953 ; sa mission consiste alors à proposer aux Arabes un crédit de 300 millions de dollars. Les discussions engagées semblent au départ satisfaisantes, mais le climat se détériore très rapidement[102]. En outre, les négociations sont rendues plus difficiles par l'arrivée au Caire d'une délégation commerciale de RDA[103] ; cette concurrence importune de l'autre État allemand entraîne une protestation de Pawelke malgré des excuses maladroites des autorités égyptiennes[104].

Après quinze jours de discussion, Pawelke doit se rendre à l'évidence : la mission Westrick n'a pas permis de régler le problème[105]. Le départ effectif du Caire de la délégation ouest-allemande au début du mois de mars confirme cet échec et celui de la conciliation tentée par les groupes « pro-arabes » de l'AA. Ces personnes ne désarment toutefois pas. C'est pourquoi, au début mars,

---

[101] PA/AA, Abt. III, 210.01/35, Vol. 6, Note écrite (244.13 II 646/53) à Hallstein, 16 janvier 1953, Frowein. L'avis de l'AA est suivi par le gouvernement qui réfléchit au début de février sur le problème et s'entend sur une position : « La remise [du traité] au Bundesrat [pour sa ratification] ne doit pas être rendue publique avant que les négociations avec le général Néguib ne le permettent » (in Die Kabinettsprotokolle der Bundesregierung, Herausgegeben für das Bundesarchiv, von BOOMS, H., Vol. 6, 1953, bearbeitet von ENDERS, U., und REISER, K., Boppard/Rhein, 1989, Réunion du cabinet du 3 février 1953, Nr 273, p. 153).

[102] Les Égyptiens s'avouent déçus de la faiblesse des offres de Bonn et refusent un accord-cadre (PA/AA, Abt. III, 210.01/35, Vol. 6, Télégramme de l'ambassade de RFA au Caire (Del 6) à l'AA, 10 février 1953, Westrick et General Anzeiger, 12 février 1953, « Unter fremder Flagge »).

[103] General Anzeiger, 11 février 1953, « Bonn ist reichlich erstaunt ».

[104] PA/AA, Abt. II, Vol. 1686, Télégramme de l'ambassade de RFA au Caire (44) à l'AA, 15 février 1953, Pawelke.

[105] Le 19 février déjà (ibid., Télégramme 52), l'ambassadeur ouest-allemand au Caire doit parler d'un échec des pourparlers et évoque la gêne des États arabes les plus modérés face à la radicalisation des officiers égyptiens. Et la compensation envisagée dix jours plus tard, avec la perspective d'un protocole d'accord sur une participation allemande aux travaux du barrage d'Assouan (ibid., Télégramme de l'ambassade de RFA au Caire (58) à l'AA, 2 mars 1953, Pawelke) ne paraît être qu'une vague consolation.

Pawelke reprend l'idée de la nomination d'un médiateur qui permette d'apurer le contentieux germano-arabe et un accord semble effectivement en vue[106]. Mais les démarches envisagées par le diplomate présentent à partir de ce moment un caractère moins urgent ; car il apparaît de plus en plus que les États arabes abandonnent l'idée d'un boycott de la RFA, et avouent en quelque sorte leur échec dans la partie qu'ils ont engagée[107].

On le voit, même si le mot est soigneusement évité dans les papiers de l'AA et dans la presse arabe, les États du Moyen-Orient opèrent au début de mars 1953 un véritable recul[108]. Après quatre mois de protestations et d'agitation anti-allemande et anti-israélienne, ils doivent en effet se résoudre à sauvegarder simplement leurs intérêts économiques et accepter le traité de Luxembourg. La voie de la ratification est désormais libre. Par ailleurs, si les représentants ouest-allemands dans les pays arabes multiplient les avertissements à l'adresse de Bonn, les courriers qu'ils envoient dénotent également une autre réalité : l'indécision, l'opinion changeante des États arabes et l'absence d'unité entre eux.

Mais les hésitations marquées par les Allemands de l'Ouest, la disposition à négocier à tout prix manifestée par leurs diplomates, l'apparition au grand jour d'un certain nombre d'éléments qui blessent la susceptibilité de la RFA, fournissent aux États arabes autant d'atouts pour exercer ultérieurement une nouvelle pression sur Bonn.

---

[106] *Ibid.*, Büro Sts, Vol. 245, Télégramme de l'ambassade de RFA au Caire (59) à l'AA, 3 mars 1953, Pawelke.

[107] *Ibid.*, Abt. III, 210.01/35, Vol. 6, Télégramme de l'ambassade de RFA au Caire (56) à l'AA, 26 février 1953, Pawelke.

[108] Dès la fin de 1952, Néguib demande à Pawelke que le gouvernement fédéral fasse pression sur la presse ouest-allemande de manière à éviter de parler, « que ce soit maintenant ou lors d'un règlement pacifique ultérieur d'une "concession" des États arabes » (*ibid.*, Abt. II, Vol. 1685, Télégramme de l'ambassade de RFA au Caire (72) à l'AA, 23 décembre 1952, Pawelke). De même, au moment où les deux parties parviennent à un accord, le gouvernement égyptien demande à ce que la presse ouest-allemande ne mentionne ni les protestations arabes antérieures, ni l'idée d'une concession arabe en contrepartie à l'arrêt des agitations de la presse égyptienne contre la RFA.

Confirmation des oppositions politiques

La période qui sépare la signature de l'accord germano-israélien de sa ratification permet le renforcement et la confirmation de l'opposition politique à ce texte. On peut en effet parler d'un renforcement dans la mesure où la vivacité du débat permet quelques prises de position bruyantes et catégoriques[109]. Pour sa part, l'opposition se confirme avec le maintien de tendances déjà apparentes dans la période précédant directement la signature du traité ; et les prises de positions que l'on va remarquer ici préfigurent les déclarations ultérieures sur le problème des relations diplomatiques.

Le rejet de la ratification se manifeste à travers tout l'échiquier politique ouest-allemand. Quelques personnalités isolées du parti social-démocrate s'y opposent, et cela fait dire à Hans-Joachim von Merkatz, avec quelque exagération, que le groupe SPD au Bundestag est rétif à toute sanction précipitée de l'accord[110]. En revanche, à la différence de la social-démocratie, la majorité gouvernementale comporte un nombre de voix hostiles qui est loin d'être modeste.

Au sein du SPD la voix la plus remarquée est celle de Wilhelm Kaisen, maire de Brême, en particulier au moment de l'affaire du pavillon allemand. Kaisen n'a alors de cesse de réclamer du gouvernement une modification de la clause « discriminatoire » de l'accord concernant les armateurs ouest-allemands[111]. Mais cette prise de position de Kaisen est à replacer dans son contexte : en tant que maire d'une ville portuaire concernée par le traité germano-israélien, il est naturel qu'il en réclame les meilleures conditions d'exécution dans

---

[109] Les partis peuvent s'appuyer sur un sondage de décembre 1952 selon lequel « 49 % des Allemands de l'Ouest se prononcent contre la ratification de l'accord avec Israël et 26 % y sont favorables » (*in* LEMASSON, S., « L'évolution des relations germano-israéliennes : du traité de Luxembourg à l'unification allemande », *Cosmopolitiques - Forum international de politique*, septembre 1990, n° 17, p. 91 et suiv.).

[110] Président du groupe du *Deutsche Partei* au Bundestag et ministre fédéral pour les relations avec le Bundesrat (GOTTO, K., KLEINMANN, H. O., SCHREINER, R., *op. cit.*, Réunion du 11 novembre 1952).

[111] Voir la correspondance entre Kaisen et Hallstein citée dans la deuxième partie et GOTTO, K., KLEINMANN, H. O., SCHREINER, R., *op. cit.*, Réunion du 20 février 1953.

l'intérêt de sa ville. Pour le reste, le parti social-démocrate est plutôt favorable à cette opération de dédommagement, comme on va le voir.

À l'inverse du SPD, on peut dire qu'au sein de la droite ouest-allemande l'opposition à la ratification fait figure de dénominateur commun. Ainsi, dans les jours qui précèdent la signature du traité, vingt-huit parlementaires de droite se sont déjà exprimés contre la forme que revêt le traité en déclarant :

> « Nous ne protestons pas contre le bien-fondé de la réparation des dommages subis par la communauté juive, mais [nous posons] la question de savoir si la procédure choisie pour le règlement est la bonne et la seule possible[112]. »

Dans cet ordre d'idées, le FDP, partenaire de la CDU dans la coalition gouvernementale, maintient ses distances à l'égard du texte et exprime régulièrement ses doutes, comme l'a déjà montré l'exemple de Thomas Dehler, ministre de la Justice. C'est pourquoi, lors du passage de la délégation arabe à Bonn, il se prononce en faveur d'une solution négociée du contentieux germano-arabe[113]. Et lorsque les États arabes déploient de grands efforts de propagande contre la ratification, le parti libéral est surtout attentif aux problèmes que celle-ci crée pour la RFA au Moyen-Orient. Ainsi, le 20 novembre 1952, lors du congrès du FDP, une résolution de la Commission de politique étrangère demande une modification du traité et le règlement du problème des réfugiés palestiniens, dans le sens exigé par les États arabes ; tout ceci au titre du respect de l'amitié traditionnelle qui lie l'Allemagne à ces pays[114].

---

[112] Il s'agit de députés du FDP, du *Bayernpartei*, du *Deutsche Partei*, du *Zentrum* et du *Block der Heimatvertriebenen und Entrechteten*. Citation tirée de *Politik und Wirtschaft - Information*, 13 septembre 1952.

[113] Numov, Dossier Israël, Lettre de E. Engelhard, député FDP de Hambourg, à R. Hüber, *Nah- und Mittelostverein*, 4 novembre 1952, transmission à Hüber d'un télégramme de Engelhard et Rademacher à Blücher.

[114] FNS, Documents des congrès du parti, A 1, Vol. 27, Congrès de Bad Ems, 19 au 20 novembre 1952, « Außenpolitischer Ausschuß - Entschließung zum Israelabkommen, 20. November 1952 ». Cette déclaration est la prolongation nuancée d'une déclaration de la fédération FDP de Basse-Saxe datée du 13 novembre qui met en cause le traité, sans remettre en doute la justification d'une réparation aux Juifs (*ibid.*, « Rundschreiben B 35/52 - Antrag des Landesverbands Niedersachsen, 13 novembre 1952 »).

L'opinion affichée par le FDP suscite par ailleurs des rumeurs sur un soutien direct du parti libéral à la campagne des pays arabes. Selon certains de ces bruits, Franz Blücher, le vice-chancelier, serait lié au propagandiste de la cause arabe dans la capitale fédérale, Joachim Georg Adolf Hertslet[115]. Ces suppositions sont renforcées par l'existence de liens entre certaines fédérations régionales du FDP et des cercles regroupant d'anciens membres du parti nazi[116].

Thomas Dehler, s'exprime pour sa part une nouvelle fois au moment de l'affaire du pavillon allemand qui engendre, du fait de son aspect symbolique, de nombreuses discussions en RFA. Il reprend alors la thèse selon laquelle le traité n'a pu aboutir que sous la pression américaine et veut ainsi excuser la RFA auprès des États arabes[117].

L'opposition au traité et à sa ratification émane également des rangs de la CDU et de la CSU, aussi bien juste avant l'accord du gouvernement ouest-allemand sur le traité que pendant le débat sur la ratification.

Le parti chrétien-démocrate exprime ses doutes directement à l'adresse du chancelier et ses protestations sont particulièrement vives après le séjour de la délégation arabe en RFA. La CDU reproche notamment au gouvernement, en particulier à Adenauer, de n'avoir ni écouté la voix de la raison ni défendu les intérêts du pays ; car le traitement accordé aux visiteurs arabes ne répond pas selon elle aux attentes des milieux économiques. Et certains de ces détracteurs estiment tout simplement qu'il est impossible de comprendre les raisons qui motivent l'attitude du chef du gouvernement.

---

[115] *Ibid.*, Papiers Th. Dehler, Vol. 2210, Lettre de F. Blücher à Hallstein (copie à Dehler), 23 octobre 1952, avec un démenti de Blücher.

[116] C'est le cas des relations entre la fédération de Rhénanie-du-Nord-Westphalie, les industriels de cette région et le groupe de Naumann (ancien membre du parti national-socialiste, qui tente, avec d'autres personnes, d'infiltrer la vie politique ouest-allemande. Naumann est arrêté en 1953 par les Britanniques). Ces contacts peuvent naturellement expliquer les prises de position hostiles au traité et à sa ratification, et le sujet est exploité par le *Jerusalem Post* (30 mai et 1ᵉʳ juin 1953). La présence d'anciens nazis dans le FDP est évoquée dans la biographie de l'administrateur SS Werner Best (HERBERT, U., *Best - Biographische Studien über Radikalismus, Weltanschauung und Vernunft - 1903-1989*, Bonn, 1996).

[117] GOTTO, K., KLEINMANN, H. O., SCHREINER, R., *op. cit.*, Réunion du 22 février 1953.

D'autres députés de la CDU s'expriment non pas à la Chambre mais s'adressent directement aux fonctionnaires de l'AA. Ils proposent ainsi de ne pas ratifier le traité, de ne pas accorder de réparations à l'État d'Israël en tant que tel afin de favoriser les dédommagements individuels, plus justifiés à leurs yeux[118]. Cette attitude semble bien être caractéristique de l'opinion globale de la démocratie chrétienne ouest-allemande de ce moment : hormis quelques voix clairement favorables à l'accord, comme celle de Franz Böhm, déjà mentionné, ou Eugen Gerstenmaier, le président du Bundestag, rares sont les membres de la CDU à vouloir un rapprochement sans condition avec Israël.

Mais c'est incontestablement de la CSU que provient l'hostilité la plus vive à l'égard de l'idée de ratification du traité. Dans la continuité de déclarations antérieures, Schäffer et Strauß poursuivent en effet leur lutte contre ce qu'ils considèrent être une folie sur le plan financier. Ainsi, le 13 février 1953, lors d'une séance de cabinet, Schäffer réitère son opposition à l'aspect financier de l'accord, alors que le processus de ratification semble désormais inéluctable[119]. Pour sa part, Strauß émet encore de vives réserves au cours d'une réunion de la présidence du groupe CDU/CSU au Bundestag, le 24 février[120]. Il insiste alors pour que soit mentionné dans le compte rendu de séance qu'il reconnaît sans aucun doute l'obligation d'une « réparation individuelle rapide » ; mais aussi que « son attitude à l'égard de cet accord n'a pas changé et [qu']il le refuse catégoriquement ». D'autre part, il est d'avis que le gouvernement se trompe lorsqu'il prétend que l'accord va permettre un rapprochement avec les Occidentaux. Par ailleurs, Strauß n'hésite pas à considérer que le traité, en raison des défauts constatés dans sa préparation, est un exemple de mauvaise diplomatie. Et en guise de baroud d'honneur, à la veille du vote de

---

[118] Voir entretien entre Frowein et le député Schmitt, PA/AA, Abt. II, Vol. 281, Note écrite (244.13 II 1718/53), 6 février 1953, Frowein.

[119] GOTTO, K., KLEINMANN, H. O., SCHREINER, R., *op. cit*., Réunion du 13 février 1953. Il faut remarquer que Schäffer s'obstine alors qu'Adenauer le prie par écrit, le jour précédent (*in* MENSING, H. P. (Hg), *Adenauer - Briefe 1951-1953, op. cit.*, Nr 343), de ne pas faire obstacle au bon déroulement de la discussion.

[120] KAS, Comptes rendus de la présidence du groupe au Bundestag, VIII 001, Vol. 1501/3, Aktennotiz zur Vorstandssitzung vom 24. Februar 1953.

ratification, Strauß annonce que son parti s'abstiendra pour exprimer son refus de la politique engagée[121].

À la droite de l'échiquier politique ouest-allemand se trouve pour finir le *Block der Heimatvertriebenen und Entrechteten*, parti qui représente les intérêts des réfugiés des territoires orientaux expulsés à la fin de la Seconde Guerre mondiale[122]. Dans une déclaration tardive du 19 février 1953, son leader, Waldemar Kraft, prend position sur le traité et les remous qu'il provoque pour dénoncer les déficiences de la politique extérieure de la jeune RFA : selon lui il faut compter parmi celles-ci l'accord conclu avec Israël et le conflit avec les pays arabes. Sa conclusion est sans appel : « L'AA n'est pas capable de travailler[123]. »

Renforcement des oppositions dans les milieux économiques

Au cours du débat sur la ratification de l'accord germano-israélien les milieux économiques ouest-allemands ne restent pas inactifs et s'inscrivent dans la continuité de déclarations antérieures[124]. Les représentants des forces économiques qui s'expriment viennent principalement d'entreprises industrielles soucieuses de préserver leurs parts de marché dans les pays arabes. Et l'action dans laquelle ils se lancent est d'autant plus résolue qu'ils cherchent à défendre des

---

[121] *Ibid.*, Aktennotiz zur Vorstandssitzung vom 17. März 1953.

[122] « Bloc des expulsés et privés de droits » (BHE).

[123] BA, Papiers W. Kraft, Vol. 25, « Fahrplan für die Besprechung am 19. 2. 1953 "an der evangelischen Kirche" ». Il faut noter que, de manière étonnante, cette remarque de Kraft est l'une des rares déclarations émanant des cercles de réfugiés des territoires orientaux. Tout au long de l'« ère Adenauer », et jusqu'à une date récente, ces cercles constituent, au sein de la vie politique de la République fédérale, un groupe de pression très important. Il exprime souvent ses opinions pour revendiquer de meilleurs droits pour ces « personnes déplacées » allemandes. Au vu de l'importance du traité et des sommes accordées à Israël, on aurait pu s'attendre de sa part à des prises de position plus fortes et régulières.

[124] Dans une lettre au fonctionnaire du ministère de l'Économie, H. Strack, du 30 août 1952, Hüber, responsable du *Nah- und Mittelostverein* (Numov, Dossier Israël, Lettre de Hüber à H. Strack, BWM, 30 août 1952), exprimait déjà son inquiétude face au risque réel d'un boycott arabe et à un gaspillage des potentialités ouest-allemandes dans les pays du Moyen-Orient. Le même jour, le Numov publie un communiqué (*Express-Information des Nah- und Mittelostvereins*, 30 août 1952) dénonçant le traité.

positions acquises récemment, dans des secteurs où la concurrence est très forte[125].

L'inquiétude que les entreprises ouest-allemandes viennent à manifester est directement liée à l'accroissement de la pression des États arabes. Ces sociétés vivent alors au rythme des informations alarmistes diffusées par les médias arabes et reprises par le service de presse du gouvernement fédéral[126]. Elles se sentent, à juste titre, directement concernées par les annonces régulières de boycott et réfléchissent aux moyens d'éliminer ce risque. Ainsi, dès le début du mois d'octobre 1952, un entrepreneur munichois s'adresse au *Nah- und Mittelostverein* pour s'informer des possibilités d'agir dans le contexte difficile qui règne alors ; et il propose de faire pression sur le gouvernement par l'intermédiaire de membres du Bundestag[127]. Car il est indispensable, selon lui, de modifier le traité afin que seules les organisations juives en soient bénéficiaires ; or cela nécessite naturellement le report du débat de ratification et l'organisation de négociations avec les Arabes.

L'état d'esprit de cette lettre est régulièrement présent dans les prises de position qui, à la même époque, émanent d'autres entreprises ouest-allemandes[128]. Il est également partagé par le responsable du

---

[125] D'après BÜTTNER, F., et HÜNSCHER, P., *op. cit.*, les milieux économiques ouest-allemands ont depuis 1952 des perspectives de contrats avec les pays arabes qui se montent à 3 milliards de DM, soit 50 % supérieures à ce que devrait leur rapporter l'accord germano-israélien. La rivalité qui s'exerce est principalement le fait des entreprises britanniques.

[126] Par exemple en ce qui concerne l'établissement par les États arabes de listes noires d'entreprises commerçant avec Israël (Presse u. Informationsamt, 25 octobre 1952, Radio libanaise, 24 octobre 1952, « Schwarze Listen über deutsche Exportfirmen »). De même le DIHT (*Deutscher Industrie- und Handelstag*, Confédération allemande des chambres de commerce et d'industrie) transmet à l'AA le texte d'une conférence de presse menaçante du secrétaire général adjoint de la Ligue arabe (*ibid.*, Lettre du DIHT, 13 octobre 1952).

[127] Le *Nah- und Mittelostverein* est une association recréée en 1950, dont le but est de conseiller les entreprises désirant s'implanter au Moyen- ou au Proche-Orient, de faciliter l'établissement de liens entre partenaires ouest-allemands et moyen-orientaux et accessoirement de représenter les intérêts de ces entreprises en RFA. Numov, Dossier Israël, Lettre de la société Haacke und Hinrichsen, Munich, à Hüber, 8 octobre 1952. Voir aussi BERGGÖTZ, S., *op. cit.*, p. 146 et suiv.

[128] Voir par exemple la lettre de la société Felten und Guilleaume Carlswerk A. G. à la chancellerie, *in* PA/AA, Abt. II, Vol. 1690, Lettre du Secrétaire d'Etat à la Chancellerie à l'AA, 18 octobre 1952, Gumbel, *ibid.*, Büro Sts, Vol. 184, Télégramme du Dr Waldschmidt (*Mannheimer Motorenwerke*, Le Caire) à l'AA, 14 novembre 1952.

Numov, R. Hüber, qui, dans sa réponse à l'entrepreneur munichois, souligne les espoirs qu'il fonde lui-même dans la venue prochaine de la délégation arabe, composée « aux deux tiers de vieux amis[129] ». Et Hüber est à peu près sûr de la réussite de l'action à entreprendre : puisque la question de la ratification est toujours ouverte, la pression des milieux économiques sur les parlementaires ne peut manquer d'atteindre son but.

Les entreprises ouest-allemandes et leurs représentants sont donc particulièrement préoccupés par la situation née de l'accord germano-israélien. D'où leur grande activité au moment du passage de la délégation arabe à Bonn. Il s'agit pour eux de profiter de la présence des négociateurs arabes pour souligner la gravité du péril auprès du gouvernement Adenauer. Ainsi, dans une lettre du 30 octobre adressée à la Confédération des sociétés de commerce extérieur de Rhénanie-du-Nord-Westphalie, Hüber souligne qu'il faut impliquer directement les milieux économiques dans les discussions[130]. Car il est inacceptable que l'AA veuille placer les discussions envisagées à un niveau purement politique.

Au moment de la visite de la délégation arabe, l'intervention des milieux économiques se traduit par une pression exercée soit isolément par certaines firmes, soit de manière collective par différentes confédérations sur le gouvernement fédéral[131]. Les arguments développés à cette occasion sont toujours les mêmes : on regrette le traitement accordé par les autorités de Bonn à la délégation arabe et on déplore l'impossibilité de rencontrer ses membres[132]. Mais les sociétés en question vont encore plus loin : elles s'affirment prêtes à refuser des

---

[129] Numov, Dossier Israël, Lettre de Hüber à Haacke und Hinrichsen, Munich, 14 octobre 1952.

[130] *Ibid.*, Lettre de R. Hüber à Treichel, *Verband der Außenhandelsfirmen - Nordrhein-Westfalen*, 30 octobre 1952.

[131] Gotto, K., Kleinmann, H. O., Schreiner, R., *op. cit.*, Réunion du 31 octobre 1952, p. 453. Dans le même cadre, le président du BDI (*Bundesverband der Deutschen Industrie*, Confédération de l'industrie allemande), Fritz Berg, s'adresse directement à Adenauer pour souligner les risques réels de boycott pour un commerce en expansion (Numov, Dossier Israël, Lettre de Berg à Adenauer, 13 novembre 1952).

[132] *Ibid.*, Texte de Jehnich, *Handelsblatt*, rédaction de Hambourg, « Verständigung mit der arabischen Welt », 3 novembre 1952, et Lettre du *Verband der Außenhandelsfirmen - Nordrhein-Westfalen*, à Hüber, 4 novembre 1952.

contrats avec Israël pour ne pas renoncer aux marchés arabes et signalent leur intention de constituer un « groupement d'intérêt » qui sondera les pays intéressés pour relancer le dialogue. À cette fin les diverses organisations se consultent et décident d'établir une liste de personnalités capables de recréer une bonne atmosphère dans les relations entre Bonn et les États arabes[133]. Dans le même but, elles offrent leurs services à l'AA pour la constitution de l'éventuelle délégation à envoyer en Égypte[134]. Dans certains cas aussi elles s'adressent directement aux responsables arabes pour expliquer les motivations de la RFA dans l'affaire des réparations[135].

Vu leurs inquiétudes, les entreprises ouest-allemandes ne peuvent que réagir avec soulagement à la baisse de la tension qu'on observe au cours du mois de décembre 1952. Pour elles cependant, cette détente ne constitue qu'un pis-aller ; car le mal consécutif à l'annulation de l'exposition industrielle ouest-allemande prévue au Caire est bien réel[136]. C'est pourquoi elles poursuivent leur réflexion sur les causes de la crise et les possibilités d'y remédier[137].

Lorsque le gouvernement de Bonn décide d'envoyer une délégation en Égypte, les milieux industriels manifestent à nouveau leur intérêt et multiplient leurs conseils[138]. Fritz Berg, président du BDI, s'adresse ainsi une nouvelle fois à Adenauer pour lui soumettre une liste de représentants des milieux économiques qu'il conviendrait d'intégrer à

---

[133] *Ibid.*, compte rendu de « Sitzung am 7. November 1952 für Arabien-Interessenten », et *ibid.*, Télégramme du DIHT à Hüber, 18 novembre 1952, Lettre de Hüber au DIHT, 20 novembre 1952, Confidentiel, Lettre du DIHT à Hüber, 26 novembre 1952, Altenburg.

[134] *Ibid.*, Lettre de Hüber à Allardt, AA Handelspolitische Abteilung, 26 novembre 1952, et Lettre de l'AA (300.01/66 IV 22 545.52) à Hüber, 9 décembre 1952, Nöhring, qui remercie mais décline l'offre du Numov.

[135] *Ibid.*, Rapport de R. Ruperti, *Nah- und Mittelost Verein*, sur une visite à Mansour, ministre égyptien du Commerce et de l'Économie, 27 novembre 1952, et Lettre des *Motoren-Werke-Mannheim* aux Affaires étrangères égyptiennes, 19 septembre 1952, Waldschmidt, citée par A TEK, W., *op. cit.*

[136] Numov, Dossier Israël, Lettre de *Westdeutsche Wirtschaft* à R. Hüber, 12 décembre 1952, de Bouché.

[137] *Ibid.*, « Memorandum : Betr : konsularische und diplomatische Vertretungen in Nahost », R. Hüber, 11 décembre 1952.

[138] *Ibid.*, Bericht aus Bonn, Nr A 730, A. Harenberg, *Arbeitsgemeinschaft der Deutschen Exportvereine, Importausschuß des Gesamtverbandes des Deutschen Groß- und Außenhandels e. V.*, 17 janvier 1953.

la délégation Westrick[139]. De son côté le Numov renouvelle une tentative de pression sur le Bundestag[140].

Outre cet activisme, on peut estimer qu'il existe à cette époque une certaine connivence entre les milieux industriels ouest-allemands et les formations politiques : les industriels tiennent régulièrement les partis informés de leurs inquiétudes. Et les responsables qui mettent en doute la façon de procéder d'Adenauer ne manquent pas de se faire l'écho de telles préoccupations. Le FDP est en particulier le destinataire des doléances de firmes qui exportent vers les pays arabes et demandent que des modifications soient apportées à l'accord germano-israélien[141] ; et en conséquence le parti libéral insiste dans ses prises de position sur les risques que comporte le traité pour l'économie ouest-allemande[142].

Dans le même ordre d'idées, le FDP est également très actif au moment de l'affaire du pavillon allemand. Ainsi, lorsqu'il presse le gouvernement Adenauer de renégocier la clause en question, il répond en fait aux injonctions des groupements d'intérêts ouest-allemands. F. Rademacher, qui officie à cette occasion comme porte-parole du parti libéral, s'exprime devant la présidence du FDP à la fin de février 1953[143] : ses exigences concernent alors la possibilité d'utiliser le pavillon de la RFA, ainsi qu'une garantie de sécurité pour les navires ouest-allemands mouillant dans les ports israéliens. Dans ce domaine, les groupements d'intérêts atteignent leur but, puisque avec une certaine

---

[139] *Ibid.*, Lettre du BDI à Hüber, 29 janvier 1953, von Carnap, avec lettre de Berg à Adenauer, 21 janvier 1953.

[140] *Ibid.*, Lettre de Hüber à Engelhard, 15 janvier 1953.

[141] FNS, Papiers Th. Dehler, Vol. 1184, Lettre de Dehler à Böttcher, *Fabriken für Holz- und Lederpappen*, 23 décembre 1952, avec reprise d'une lettre de Rebentrost, FDP Haut-Palatinat, à Dehler, 19 décembre 1952.

[142] *Ibid.*, Documents des congrès du parti, A 1, Vol. 27, Congrès de Bad Ems, 19 au 20 novembre 1952, « Rundschreiben B 35/52 - Antrag des Landesverbands Niedersachsen, 13 novembre 1952 ».

[143] Responsable du FDP à Hambourg, Rademacher est lui-même entrepreneur d'import-export. BRACHER, K. D., MORSEY, R., SCHWARZ, H.-P. (Hg), *Quellen zur Geschichte des Parlamentarismus und der politischen Parteien*, Vierte Reihe, *Deutschland seit 1945*, vol. 7/I, *FDP-Bundesvorstand - Die Liberalen unter dem Vorsitz von Theodor Heuss und Franz Blücher - Sitzungsprotokolle 1949-1954*, Zweiter Halbband 1953-1954, Düsseldorf, 1990, p. 853 et suiv., 29 février 1953, Sitzung des Bundesvorstandes.

fierté Rademacher peut annoncer avoir obtenu de Hallstein la promesse d'une renégociation de la clause concernée.

Pour être complet sur cet aspect du problème, il faut encore mentionner que les préoccupations des milieux industriels sont également prises en compte par les députés de la CDU, en particulier par le président de la commission du commerce extérieur au Bundestag, Christian Kuhlemann. Le 15 décembre 1952 par exemple, dans une lettre adressée à Hallstein, celui-ci s'inquiète de la dégradation des relations économiques avec les États arabes et s'enquiert des mesures prises pour assurer les parts de marché ouest-allemandes dans ces pays[144].

Enfin, la CSU est un intermédiaire tout désigné des milieux économiques. On l'a vu, dans ses commentaires dirigés contre l'accord de Luxembourg, F.-J. Strauß insiste clairement sur les risques que celui-ci comporte pour l'économie allemande du fait des menaces arabes[145].

L'autre aspect de la réaction ouest-allemande face à la pression arabe : la recherche de la fermeté

La propension des autorités ouest-allemandes à la conciliation n'est cependant qu'un aspect de l'attitude de Bonn face aux Arabes. Elle ne doit pas faire ignorer la fermeté que la RFA sait également montrer. Car le gouvernement de la République fédérale est aussi désireux de parvenir le plus rapidement possible à la ratification du traité de réparations et de manifester grâce à cette démarche une certaine assurance face au monde arabe.

La fermeté des autorités ouest-allemandes fait d'abord l'objet d'une mise au point à usage interne. Ainsi, dans un document du 29 septembre 1952 destiné à toutes les ambassades de Bonn à l'étranger, l'AA transmet les consignes visant à défendre l'accord de

---

[144] PA/AA, Abt. II, Vol. 1690, Lettre de Christian Kuhlemann à Hallstein, 15 décembre 1952.

[145] KAS, Comptes rendus de la présidence du groupe au Bundestag, VIII 001, Vol. 1501/3, Aktennotiz zur Vorstandssitzung vom 24. Februar 1953.

réparations face à d'éventuelles objections[146]. Dans cette note, le ministère précise par exemple que le traité répond à une véritable obligation morale de l'Allemagne. En outre, il insiste sur le fait que l'accord en question n'a rien à voir avec le problème des réfugiés palestiniens et qu'il ne peut en aucun cas être soumis au contrôle des Nations unies. Face aux arguments arabes, l'AA tient par ailleurs à démontrer que l'accord de réparations représente pour la RFA le moyen d'accroître son poids dans le monde libre, ce à quoi les États arabes ne peuvent qu'être sensibles. Enfin, le document souligne que le montant des livraisons annuelles accordées à Israël, de l'ordre de 40 à 50 millions de dollars, est sans commune mesure avec les revenus que les Arabes tirent du pétrole ; et que, de ce fait, la sécurité du Moyen-Orient n'est pas menacée par l'Allemagne fédérale.

Le 17 octobre, c'est à l'occasion d'une déclaration de Hallstein que Bonn marque sa fermeté[147]. Le secrétaire général de l'AA démontre que la protestation arabe n'a en réalité pour objectif que de semer le doute et l'inquiétude en RFA. Dans ces circonstances Hallstein reçoit le soutien du ministre fédéral de l'Économie, Ludwig Erhard, qui souligne que, malgré diverses rumeurs, aucun contrat avec des entreprises fédérales n'a encore été dénoncé par un État arabe. Et pour sa part, le chancelier annonce : « J'ai signé l'accord germano-israélien. Je tiens ma parole[148]. »

Le mémorandum que la délégation arabe adresse au gouvernement ouest-allemand, le 31 octobre 1952, est à son tour fermement rejeté : la RFA dément en particulier toutes les allégations arabes sur l'éventualité de livraisons d'armes à Israël, exclues par le traité[149]. En outre, Bonn persiste dans son refus de soumettre l'accord au contrôle de l'ONU en soulignant notamment qu'il est légitime que le contribuable ouest-

---

[146] PA/AA, Abt. III, 210.01/35 E, Vol. 1, Note écrite (210.01/E III 13 971/52), 29 septembre 1952.

[147] *Die Neue Zeitung*, 17 octobre 1952, « Wiedergutmachungsabkommen soll unter allen Umständen realisiert werden » et *Kölner Rundschau*, 17 octobre 1952.

[148] Cité *in* DEUTSCHKRON, *op. cit.*, pp. 89-90.

[149] PA/AA, Büro Sts, Vol. 184, « Entwurf eines deutschen Memorandums als Antwort auf das Memorandum der Delegation der arabischen Staaten vom 31. Oktober 1952 », 5 novembre 1952.

allemand sache où va son argent ; or ceci ne pourrait être le cas si c'était l'organisation internationale qui prenait en charge la gestion du traité.

Après l'envoi aux pays arabes, le 9 novembre, d'une note précisant le refus opposé à leurs revendications, le problème est discuté, le 11, au cours du Conseil des ministres. L'atmosphère de la réunion est assez houleuse[150]. Mais le 12, Adenauer fait à nouveau valoir l'aspect moral de l'affaire quand il déclare qu'

> « [il] serait honteux de faiblir dans notre décision seulement parce que l'on nous menace de préjudices économiques. Il existe des choses plus nobles que de bonnes affaires[151]... »

Une semaine plus tard, Adenauer s'exprime une nouvelle fois dans ce sens devant des journalistes : il précise que le temps de la négociation avec les Arabes est fini, et qu'il faut passer à une autre étape[152].

Finalement, la fidélité au traité exprimée par Adenauer inspire aussi une partie des services de l'AA. C'est le cas notamment au moment où l'idée d'un contrôle de l'ONU est débattue à la *Koblenzerstraße*, à la fin du mois de novembre.

La Direction des affaires politiques par exemple se soucie de l'avenir d'un traité dans la négociation duquel elle a été pleinement impliquée. D'où l'accent mis sur la nécessité d'un accord complet avec Israël avant d'entreprendre une éventuelle démarche auprès des Nations unies[153]. L'Abteilung II ne se cache pas les risques d'un tel pas : en premier lieu, la RFA doit certainement envisager une perte de son crédit ; mais il existe aussi la probabilité d'un raidissement de la part des pays arabes et ainsi d'une prolongation à l'infini des débats, avec pour résultat d'empêcher d'appliquer à la lettre l'accord germano-

---

[150] GOTTO, K., KLEINMANN, H. O., SCHREINER, R., *op. cit.*, Réunion du gouvernement du 11 novembre 1952, p. 463.

[151] DEUTSCHKRON, *op. cit.*, p. 91.

[152] *In* KÜSTERS, *Adenauer Teegespräche 1950-1954*, *op. cit.*, Nr 36, 20 novembre 1952, Kanzler-Tee, p. 360.

[153] PA/AA, Abt. II, Vol. 1685, Note écrite (e. o. 244.13 E II 15 982/52), 25 novembre 1952, Brückner. Mais au début du mois, Israël s'est prononcé contre toute modification au traité sous pression arabe, Dépêche de l'Agence France-Presse de Tel Aviv du 6 novembre 1952, reprise par le *Presse u. Informationsamt* le 7 novembre 1952.

israélien[154]. Les objections de la Direction des affaires politiques portent également sur un autre point : elles démontrent en effet que l'URSS, membre permanent du Conseil de sécurité et de l'Assemblée générale des Nations unies, ne peut pas accepter un tel recours de la RFA. Car l'admettre ce serait reconnaître la République fédérale en tant qu'État, ce que Moscou refuse encore pour mettre en avant la RDA.

Dans l'ensemble, Trützschler, le rédacteur de l'analyse de l'Abteilung II dont il est question, est donc tout à fait ferme sur l'impossibilité de soumettre l'accord à l'ONU car :

> « Une telle procédure devrait éveiller dans l'opinion internationale l'impression que le gouvernement fédéral cherche une alternative pour se soustraire, sous une forme présentable, aux obligations de l'accord avec Israël, ou — pour l'exprimer différemment — comme si le gouvernement fédéral avait totalement capitulé devant les menaces arabes et cherchait à présent une voie pour sauver la face. »

C'est pourquoi il propose de continuer à agir comme si de rien n'était et de n'en appeler à l'Organisation qu'en cas de boycott effectif des Arabes.

Un mois plus tard, lorsque l'idée de l'envoi d'une délégation ouest-allemande en Égypte se précise, l'Abteilung II est toujours décidée à faire fi des revendications arabes. Frowein réclame ainsi une ratification immédiate du traité si l'on veut sortir des difficultés du moment[155]. Et il préconise avec les États arabes une négociation ultérieure à l'approbation du Parlement, si cela se révèle nécessaire.

À la lecture des textes mentionnés, une conclusion s'impose : malgré les apparences, malgré la tendance à la conciliation dont sont représentatifs certains diplomates, c'est bien la nécessité de respecter l'engagement de Bonn qui guide les démarches de l'AA, en particulier celles de sa Direction des affaires politiques.

Que constate-t-on en effet ? Au début de janvier 1953, lorsque la négociation avec les États arabes s'impose, l'AA délimite clairement le

---

[154] *Ibid.*, Note écrite (244.13 E II 16 045/52), 26 novembre 1952, Trützschler.
[155] *Ibid.*, Abt. II, Vol. 1685, Note écrite (244.13 E II 17 328/52), 19 décembre 1952, Frowein.

champ de la discussion[156]. Car pour lui, un arrangement entre la RFA et les États arabes ne peut être qu'économique ; tout autre sujet de discussion est à exclure, en particulier l'idée d'accepter des conditions politiques imposées par les Arabes.

Le gouvernement de Bonn trouve donc bien en son propre sein l'assurance qui lui permettra de faire face aux revendications arabes. Mais dans le même temps, il est aussi en quête d'appuis extérieurs.

La recherche de tels soutiens est à mettre en rapport avec les préoccupations des Occidentaux, en particulier des Américains, face à des tergiversations qui ne leur paraissent pas fondées. Ainsi, dans une lettre personnelle adressée à Hallstein le 7 octobre 1952, le consul général de RFA à New York, Heinz Krekeler, évoque les inquiétudes suscitées aux États-Unis par la demande de révision du traité émanant de 28 députés au Bundestag[157]. Car une modification, ne serait-ce que du mode de paiement, ruinerait tout l'effet bénéfique obtenu lors de la signature de l'accord. Mettant en exergue le dilemme face auquel se trouve Bonn, Hallstein répond en demandant à son correspondant d'entreprendre une campagne pour obtenir l'appui des USA[158].

La demande d'Hallstein n'est pas la seule de ce genre et l'inquiétude du secrétaire d'État s'accroît encore après le passage de la délégation arabe à Bonn. C'est ce qui le pousse à s'adresser alors aux représentations diplomatiques de la RFA à Washington, Paris et Londres, afin que ses agents fassent paraître des articles favorables à la politique d'Adenauer[159]. Une opération du même type est envisagée au début de mars 1953 pour répondre à une série d'articles du *New York Telegram* dénonçant la persistance de l'antisémitisme en Allemagne, avec notamment sollicitation des services de Nahum Goldmann[160].

La fermeté de Bonn face aux menaces arabes est donc bien aussi le résultat de facteurs externes, car la RFA sait qu'elle dépend de

---

[156] *Ibid.*, Abt. III, 210.01/35, Vol. 6, Document Abt. III, 22 janvier 1953.

[157] *Ibid.*, Büro Sts, Vol. 184, Lettre de Krekeler à Hallstein, 7 octobre 1952, et *New York Times*, 6 octobre 1952.

[158] *Ibid.*, Lettre de Hallstein à Krekeler, s. réf., 16 octobre 1952.

[159] *Ibid.*, Vol. 243, Télégramme de l'AA (Sts 1657/52) à Washington, Paris, Londres, 8 novembre 1952, Hallstein.

[160] *Ibid.*, Notice du *Presse u. Informationsamt* (274/80 III 1416/53) pour Blankenhorn, 5 mars 1953, Schirmer.

l'étranger et doit tout faire pour que son image ne souffre pas. Ce souci est présent peu de temps après la signature du traité, mais il l'est encore plus lors de l'acceptation d'une négociation avec les États arabes. Car Bonn, et notamment l'AA, vit en permanence avec l'idée que le lobby juif américain est capable d'exercer des pressions de toute sorte sur le gouvernement de Washington, donc sur la RFA qui dépend des subsides nord-américains[161]. C'est pourquoi, peu avant le départ de la délégation ouest-allemande pour Le Caire, l'AA demande à son ambassade de Washington de rassurer les milieux juifs américains inquiets du report de la ratification du traité[162].

Quels sont en résumé les facteurs qui expliquent la persistance de la fermeté ouest-allemande ? L'explication la plus plausible paraît être celle de la raison politique. En effet, la RFA ne peut plus se permettre de reporter la ratification de l'accord de réparations si elle tient à conserver la bonne image acquise grâce à la signature du traité avec Israël. Et elle peut d'autant moins se permettre de reculer le débat de ratification qu'un voyage d'Adenauer aux États-Unis est prévu pour la fin du mois de mars : on ne peut pas s'imaginer que le chancelier se présente à Washington sans avoir acquis la sanction du parlement ouest-allemand[163].

En outre, lorsqu'au début de février 1953 les perspectives d'un arrangement avec les États arabes s'éloignent, le gouvernement

---

[161] À noter qu'André François-Poncet, haut-commissaire français à Bonn, est également persuadé de cette influence, comme l'indique une remarque postérieure à la ratification (Quai d'Orsay, Direction Europe, 1949-1955, Allemagne, Levant-Pays arabes-Allemagne, carton 438, 1ᵉʳ janvier 1953-15 avril 1953, Télégramme de l'ambassade de France à Bonn (1434/44) au ministère des Affaires étrangères, 15 mars 1953).

[162] PA/AA, Büro Sts, Vol. 245, Télégramme de l'AA (253/3 III 444/53) à l'ambassade de France à Washington, 19 janvier 1953, Lilienfeld. Dans ce même cadre l'AA transmet à l'ambassade de Washington, à la demande de celle-ci (Abt. III, 210.01/35, Vol. 6, Télégramme de l'ambassade de France à Washington (57) à l'AA, 27 janvier 1953, Krekeler), la date du début du débat de ratification au Bundesrat (*ibid.*, Réponse de l'AA (244.13 II 1272/53), 28 janvier 1953).

[163] Dans ses rapports mensuels des 31 mars et 30 avril 1953, François-Poncet insiste lui aussi sur l'importance accordée par Adenauer à une ratification avant son séjour aux États-Unis (*in* BOCK, H. M. (éd.), *Les Rapports mensuels d'André François-Poncet, haut-commissaire français en Allemagne 1949-1955*, Paris, 1996, t. II, pp. 922-923 et p. 930). Voir aussi JELINEK, Y., « Political acumen, altruism, foreign pressure or moral debt... », *op. cit.* et SHAFIR, S., *Ambiguous Relations, op. cit.*, p. 174.

Adenauer doit faire face à une forte pression intérieure : celle-ci émane principalement du SPD qui exige l'accélération du processus de ratification.

Mais la fermeté de l'AA n'est pas seulement un choix *a contrario*. Elle découle aussi pour certains de ses fonctionnaires, en particulier Abraham Frowein ou Heinz Trützschler von Falkenstein, d'une forte conviction. Dans ce cas, cette résolution illustre la recherche sincère de ce qui pourrait améliorer les relations entre la RFA et Israël. Cet effort doit alors être soustrait aux conditions particulières du Moyen-Orient et à la pression arabe à laquelle d'autres Directions du ministère seraient tentées de céder.

La fermeté ouest-allemande est enfin l'expression de la volonté de Konrad Adenauer lui-même. En effet, l'intervention personnelle du chancelier, de même qu'elle avait été décisive pour la signature du traité, permet d'accélérer la ratification malgré les multiples oppositions que suscite ce projet.

Le rôle d'Adenauer dans la période qui suit immédiatement la signature du traité a déjà été évoqué. Non seulement il exprime à de nombreuses reprises sa volonté de voir l'accord recevoir la sanction du Parlement ; mais en même temps il encourage la recherche d'une conciliation qui devrait mettre la RFA à l'abri et rassurer ses partenaires (et adversaires) politiques, ainsi que les milieux économiques ouest-allemands. Pour atteindre ces objectifs, et en fin de compte renforcer sa propre position en RFA comme celle de son pays dans le monde, Adenauer a besoin de parvenir à un véritable compromis. Et c'est en grande partie en raison de l'importance de l'enjeu qu'il s'investit personnellement.

En premier lieu, Adenauer est à la base de l'avancée par la fixation d'une échéance pour la ratification du Bundestag : la perspective de son séjour aux États-Unis impose une date limite[164].

---

[164] Dans un télégramme au Caire du 10 février 1953 (PA/AA, Abt. III, 210.01/35, Vol. 6, Télégramme (244.13 II 69/53), Secret), l'AA annonce à Pawelke « qu'il est prévu de débattre de l'accord avec Israël lors de la séance plénière du Bundesrat le 20 février. Un report à plus tard n'est pas possible d'un point de vue politique. La loi d'approbation doit être votée par le Parlement avant que le chancelier fédéral n'effectue sa visite en Amérique prévue pour la fin mars. Le chancelier fédéral a directement annoncé au ministre des Affaires étrangères américain la discussion parlementaire du traité. » Le processus définitif doit alors être engagé

Par la suite, après une période de silence justifié par d'autres préoccupations internationales et la recherche d'une réponse aux récriminations arabes, Adenauer s'exprime sur le sujet au début du mois de mars. Le 2, le chancelier confirme devant la présidence du groupe CDU au Bundestag son souhait, mais aussi l'obligation, de voir l'accord germano-israélien ratifié sous peu, c'est-à-dire avant son voyage aux États-Unis[165]. Et cette prise de position semble annoncer une campagne de sa part en faveur du vote.

Dans ce cadre, Adenauer s'exprime tout d'abord devant le Bundestag lors de la discussion en première lecture du projet de loi permettant la ratification[166]. Soucieux de rassurer les députés de son propre camp, eux-mêmes préoccupés de répondre aux attentes arabes et de contenter les milieux économiques de RFA, le chancelier promet tout d'abord la poursuite de la politique ouest-allemande en direction des pays arabes et souligne ainsi les limites du traité.

Cependant Adenauer ne s'arrête pas sur ces considérations politiques. En effet, ce discours écarte d'emblée tous les arguments avancés par les États arabes depuis quatre mois. Le chancelier rappelle en particulier la dimension morale de ses précédentes déclarations sur les réparations et les relations avec Israël :

> « Nous avons [...] l'espoir légitime que la conclusion de ces traités mènera [...] à des relations entièrement neuves entre le peuple allemand et le peuple juif ainsi qu'à une normalisation des relations entre la République fédérale et l'État d'Israël. Dans tout cela, après tout ce qui nous est arrivé, nous devrons faire preuve de patience et nous fier à l'impact de notre disposition à réparer, et en définitive à la puissance curative du temps. »

Dans ce texte, Adenauer ne cache donc pas que la ratification, si difficile à obtenir, n'est que le début d'un long processus et qu'il reste

---

et Adenauer fait préparer le texte du discours de présentation du traité au Bundestag dès la mi-février (*ibid.*, Abt. II, Vol. 281, Projet de discours d'Adenauer devant le Bundestag pour le débat sur la ratification (zu 244.13 II 2284/53), 17 février 1953.

[165] KAS, Comptes rendus de la présidence du groupe CDU au Bundestag, VIII 001, Aktennotiz zur Vorstandssitzung vom 2. März 1953.

[166] BA, Archives de la chancellerie, Vol. 1129, Deutscher Bundestag, 252. Sitzung, 4 mars 1953, 1re discussion sur le projet de loi sur le traité.

encore des contentieux que les deux États se sont engagé à régler. Et si l'action de la RFA peut conduire à une amélioration des relations entre les deux peuples et les deux pays, le temps lui aussi doit exercer son effet bénéfique.

Le discours d'Adenauer devant le Bundestag est en fait la reprise de propos tenus au moment de la signature du traité. Mais au cours des quelques mois qui séparent les deux déclarations, l'atmosphère de Luxembourg n'a pas pu être sauvegardée. C'est pour cela que la RFA, par la voix de son chancelier, s'efforce à tout prix de profiter des effets bénéfiques du traité et de sa ratification. Bonn doit agir en fonction des espoirs mis en la République fédérale : qu'il s'agisse de la politique allemande des États-Unis ou de celle de Ben Gourion qui a besoin de la « nouvelle Allemagne » pour justifier ses propres initiatives.

Par ailleurs le chancelier fédéral peut, ici, se permettre d'ignorer les exigences arabes parce que, selon lui, la RFA n'a pas d'aspirations clairement politiques au Moyen-Orient ; et cette absence même permettra de faire rentrer rapidement les choses dans l'ordre[167].

Enfin, dans le cadre de la campagne annoncée quelques jours plus tôt, Adenauer s'empresse de donner du relief à son intervention au Bundestag. Le 5 mars 1953 en effet, il insiste sur son attachement à une politique pro-occidentale devant des journalistes américains, auditoire de choix[168].

Qu'elle s'effectue pour des raisons de politique intérieure ou des motifs extérieurs à la RFA, la reprise en main par Adenauer de la question de la ratification du traité est significative de sa manière de gouverner. En effet, malgré les hésitations de l'AA, il décide d'accélérer le processus et de négliger l'avis de nombreux amis politiques. Cette manière d'agir est en fait la seule possibilité qui permettra de sortir la RFA de l'impasse dans laquelle elle s'est elle-même imprudemment placée[169]. Elle doit aussi permettre de respecter

---

[167] ADENAUER, *Erinnerungen 1953-1955, op. cit.*, p. 155.

[168] PA/AA, Büro Sts, Pressereferat, Vol. 245, compte rendu *Presse u. Informationsamt*, 5 mars 1953, « Betr : Deutschlandsreise der amerikanischen Journalistengruppe unter Leitung von Mr James L. Wick ».

[169] Dans une confidence faite à Lenz, secrétaire général de la chancellerie, du 2 mars 1953 (*in* GOTTO, K., KLEINMANN, H. O., SCHREINER, R., *op. cit.*, Réunion du 2 mars 1953),

la parole donnée lors de la déclaration faite devant le Bundestag le 27 septembre 1951, et inscrire définitivement la RFA dans une logique d'intégration au monde occidental.

La ratification

Grâce à l'action du chancelier Adenauer, l'accord de réparations est finalement ratifié par le Bundestag le 18 mars, après l'avoir été par le Bundesrat le 20 février. Le vote est le reflet des débats relatés précédemment :

> « Au Bundestag, sur 400 députés, 239 seulement votaient "oui", en dépit du fait que la négociation eut été décidée par le chancelier Adenauer et que l'accord porta [sic] sa signature. 106 seulement des 214 députés de la coalition comprenant son parti — la CDU — apportaient leur voix. Le fait que les députés du SPD aient voté en bloc pour l'accord avait seul permis sa ratification[170]. »

Qui sont les participants à ce vote ?

Parmi les 239 « oui » se retrouvent tous les députés du groupe SPD. Cette approbation unanime est remarquable : c'est en effet elle qui permet au texte de recevoir la sanction du Bundestag[171]. Parmi les parlementaires qui s'expriment en faveur de l'accord on trouve également certains représentants de la CDU/CSU, du FDP et du *Deutsche Partei*. Au nombre des 35 « non » figurent les quelques députés communistes, des membres de l'extrême droite et certains députés des partis de la coalition. Enfin 86 membres du Bundestag s'abstiennent, dont Strauß.

Adenauer ne rencontre donc pas l'unanimité parmi les membres de son parti ou des formations de la coalition, malgré sa participation personnelle aux derniers épisodes du débat sur la ratification. Par

---

Blankenhorn se reproche ainsi la légèreté ouest-allemande au moment de l'accord : « Pour sa part, il reconnut que l'on n'avait pas du tout pensé aux effets sur les États arabes. »

[170] BEN NATAN, *op. cit.*, p. 28.

[171] Cet engagement n'est toutefois pas vraiment significatif d'un engouement durable du SPD en faveur de relations plus étroites entre la RFA et Israël : l'intérêt pour l'État hébreu est par la suite réel, mais ce n'est qu'à partir de la fin des années cinquante que ce parti dans son ensemble se fera l'avocat de telles relations (voir TRIMBUR, D., *op. cit.*, p. 311 et suiv.).

ailleurs en dépit de l'importance du texte en question, seuls 360 députés sur 402 sont présents lors du vote.

En définitive, il importe de souligner que si la ratification est difficilement obtenue, elle est tout de même finalement acquise. La sanction du Bundestag marque la fin d'une longue période de réflexion et l'aboutissement d'un processus qui oblige l'Allemagne fédérale à assumer ses responsabilités face au passé. Mais la ratification du traité germano-israélien n'est pas qu'une fin : bien au contraire, elle représente aussi le début du rapprochement concret entre la RFA et Israël, avec pour couronnement prévisible, mais lointain, l'établissement de relations diplomatiques. Cette tendance au rapprochement existe effectivement déjà à cette époque ; et ce développement peut même paraître naturel, malgré les difficultés rencontrées. Le traité de Luxembourg, qui peut alors entrer en vigueur, pose les fondements d'un mouvement convergent et d'un dialogue, comme le reconnaissent les acteurs de l'époque[172]. Ce texte constitue aussi pour la RFA la possibilité d'avancer un peu plus dans la voie de la souveraineté et d'améliorer son image dans le monde[173].

Mais, comme cela est apparu au fil de l'analyse, il faut également insister sur le fait que la période qui sépare la signature de l'accord de sa ratification permet la mise en place d'un certain nombre d'éléments qui doivent ultérieurement remettre en cause la logique engagée le 10 septembre 1952 et confirmée le 18 mars 1953.

---

[172] Une semaine après la ratification du traité, le jour de l'échange des documents de ratification aux Nations unies, Adenauer adresse ses remerciements à N. Goldmann et écrit (MENSING, H. P. (Hg), *Adenauer - Briefe 1951-1953*, op. cit., Nr 359, p. 353) : « Mes remerciements [...] se joignent à la prière de vous voir coopérer plus avant avec moi dans le sens d'une réparation et d'un bon développement des relations. »

[173] Adenauer déclare le 20 mars 1953 qu'une « bonne politique extérieure présuppose la reconnaissance de l'égalité morale des droits et c'est justement pour cela que le traité d'Israël est si important pour nous » (KÜSTERS, H. J. (Bearbeiter), *Adenauer Teegespräche 1950-1954*, op. cit., p. 434). Il déclare également lors d'une séance de cabinet le même jour : « Les événements des deux derniers jours ont été d'une importance particulière pour l'image de l'Allemagne dans le monde. Une signification très importante en matière de politique extérieure revient au traité d'Israël » (*in Die Kabinettsprotokolle der Bundesregierung, op. cit.*, p. 229).

B. Évolution de l'attitude ouest-allemande après la ratification de l'accord de réparations : vers des relations diplomatiques avec Israël ?

Après la sanction parlementaire de l'accord de réparations par le Bundestag, le 18 mars 1953, et l'échange des documents de ratification au secrétariat des Nations unies le 27 mars, le traité entre officiellement en vigueur. Une nouvelle étape commence dans le long processus qui doit rapprocher la République fédérale et Israël.

Il existe désormais en RFA, même si elle n'est à cette date qu'embryonnaire, une représentation permanente d'Israël qui symbolise le lien et la possibilité de progresser dans les nouvelles relations. Cette représentation incarne l'esprit qui a permis la signature du traité et sa ratification contre vents et marées. Par ailleurs, l'implantation de la mission commerciale d'Israël sur le sol ouest-allemand représente pour les autorités de Bonn une preuve supplémentaire de leurs efforts visant à fixer durablement la démocratie en Allemagne ; car cette représentation est une caution valable pour les douze années pendant lesquelles la RFA va délivrer des marchandises à Israël.

L'esprit qui a permis l'établissement du dialogue et de relations *de facto* entre la RFA et Israël est présent en Allemagne fédérale tout au long de la période qui suit la ratification. Comment se manifeste-t-il ?

CHAPITRE VIII

L'Auswärtiges Amt favorable à un rapprochement entre la RFA et Israël

1. Les problèmes dus à l'absence d'une représentation ouest-allemande en Israël

En l'absence d'une représentation ouest-allemande dans l'État hébreu, la RFA est confrontée à une série de problèmes pratiques. Ceux-ci rendent nécessaires, pour un temps limité, des solutions de remplacement.

Le problème de l'information sur Israël au sein de l'AA

Par la signature de l'accord de Luxembourg, la RFA s'engage à verser à l'État hébreu une forte somme sous la forme de marchandises. Israël devient ainsi un partenaire commercial particulier : parce qu'au départ le commerce ne se fait que dans un seul sens, de la RFA vers l'État juif, et parce que les relations commerciales ne s'accompagnent pas, comme c'est le cas généralement, de relations politiques. L'Allemagne fédérale livre des marchandises et fournit des usines complètes à un pays dont elle ne sait pas grand-chose, et cette situation peut se prolonger tant que Bonn ne disposera pas d'une représentation sur le territoire israélien.

Pour remédier au problème, l'AA agit de plusieurs manières et, en apparence, il peut bénéficier de nombreuses sources de renseignements.

En premier lieu, le ministère tient à se maintenir au fait de l'évolution intérieure d'Israël et du sort des marchandises que la RFA s'engage à livrer. À cette fin, l'AA reçoit un journal israélien de langue anglaise, le *Jerusalem Post*, et des périodiques juifs britanniques[1]. Immédiatement après la conclusion de l'accord, Frowein exprime le désir de prolonger l'abonnement aux périodiques *Jewish Observer and Middle East Review* et *Jewish Chronicle* obtenus par l'intermédiaire de la représentation ouest-allemande de Londres au moment des négociations de Wassenaar[2].

Par ailleurs, les informations sur l'État hébreu proviennent aussi, malgré les problèmes de communication déjà mentionnés, des représentations israéliennes à travers le monde ; qu'il s'agisse du bulletin de la mission de Cologne ou de fascicules diffusés par les ambassades israéliennes. Ces sources restent toutefois difficilement exploitables de façon objective puisqu'elles émanent directement du gouvernement israélien[3].

L'AA bénéficie en outre des services de l'Office fédéral de presse qui lui fournit régulièrement des traductions d'articles israéliens. De plus, l'agence de presse *dpa* dispose, dès 1953, d'un correspondant permanent en Israël, Rudolf Küstermeier, qui devient, à bien des égards, la source principale d'informations de l'AA sur l'État hébreu.

---

[1] PA/AA, Abt. III, 210.01/35, Note écrite (210.01/35 III 11 225/52) à Frowein, 8 août 1952, Melchers.

[2] *Ibid.*, Abt. II, Vol. 1513 : London-Abkommen, Note écrite (243.18 E II 12 715/52), 29 septembre 1952. L'intérêt de l'AA pour ces périodiques demeure sur l'ensemble de la période, comme l'indique Frowein en août 1954 (*ibid.*, Vol. 1670, Note (206.244.10 11 307/54) au Ref. 116, 20 août 1954, Frowein) lorsqu'il écrit : « De telles informations sont d'autant plus nécessaires que nous n'avons pas encore, comme on sait, de représentation en Israël. »

[3] L'ambassade ouest-allemande à Bagdad condamne ainsi vivement la propagande officielle répandue par le gouvernement israélien (*ibid.*, Abt. III, Vol. 172, Lettre de l'ambassade de RFA à Bagdad (211 Isr 1370/55) à l'AA, 30 avril 1955, Confidentiel).

À l'occasion, le ministère profite encore des comptes rendus de personnalités qui ont pu faire le voyage d'Israël. C'est le cas, entre autres, du député, vice-président de la commission des réparations au Bundestag et ancien responsable de la délégation ouest-allemande à Wassenaar, F. Böhm, en 1954[4] ; des députés O.-H. Greve (SPD)[5] et K. von Spreti (CDU)[6] en 1955 ; du journaliste et responsable du service de presse de la ville de Hambourg, cofondateur du mouvement *Frieden mit Israel*, E. Lüth[7]. Mais bien évidemment les informations fournies par ces personnalités restent difficiles à utiliser telles quelles, ce dont ont conscience les diplomates[8].

L'AA peut en outre bénéficier des informations fournies par des personnes qui s'adressent spontanément à lui. Ainsi, dès que des contacts sont établis entre la République fédérale et Israël, des Israéliens d'origine allemande, ou des Juifs demeurés en RFA, se manifestent pour le renseigner. Certains songent à mettre en place un réseau privé d'informations[9], d'autres n'agissent qu'occasionnellement ; et les motivations de ces interventions vont d'une certaine philanthropie à l'intérêt personnel, en particulier lorsque la perspective de meilleures relations entre les deux pays se précise[10]. Soucieuses de procurer une information détaillée, ces personnes fournissent des extraits de presse israéliens ainsi que des comptes rendus sur différents problèmes de l'État hébreu[11]. Et avec le temps, ces exposés deviennent indispensables

---

[4] *Die Neue Zeitung*, 14 mai 1954, « Eindrücke aus Israel ».

[5] *Allgemeine*, 20 mai 1955.

[6] PA/AA, Abt. VII, Vol. 1025, Lettre de von Spreti à Hallstein, 29 février 1956.

[7] Voir par exemple *Reise ins Gelobte Land*, Hambourg, 1953.

[8] L'ambassade ouest-allemande de Bagdad écrit encore (PA/AA, Abt. III, Vol. 172, Lettre (211 Isr 1370/55), 30 avril 1955, Confidentiel) à propos de l'article « Que va-t-il advenir d'Israël ? » de Lüth dans la *Deutsche Rundschau* de novembre 1954 : « Il s'avère qu'il est extrêmement difficile de se faire une image fiable [d'Israël] parce qu'on ne donne à voir aux étrangers qui font le voyage d'Israël que ce qu'ils veulent ou ont le droit de voir. »

[9] *Ibid.*, Abt. II, Vol. 252, Lettre de Marc A. Cohen (Cologne) au D' Meltchers (*sic*), 5 août 1952.

[10] Ainsi M. Cohen intervient à nouveau au mois de juillet 1954 (*ibid.*, Lettre de M. Cohen à Frowein, 2 juillet 1954) pour proposer ses services, offre rejetée par l'AA (*ibid.*, Lettre de Frowein à Cohen, 29 juillet 1954).

[11] Voir par exemple, Correspondance de W. Hirsch, février 1956, « Erdöl in Israel » (*ibid.*, Abt. IV, Ref. 412, Vol. 136).

à l'Office fédéral de presse et à l'AA, qui souhaitent conserver ces sources de renseignement irremplaçables[12].

Enfin, dans le but de mieux traiter les affaires israéliennes, en particulier au moment où il se révèle possible d'approfondir les relations entre les deux pays, l'AA tient à être présent sur place, au moins pour un temps. C'est ainsi que Frowein lance, dès mars 1954, l'idée d'un voyage d'études en Israël[13]. Car selon lui un séjour de ce type est le seul moyen de mettre fin aux problèmes engendrés par le système même dont dépend le ministère : difficulté de vérifier la véracité d'informations aux multiples provenances et impossibilité de tirer des conclusions claires de renseignements subjectifs[14].

Ces difficultés sont encore plus réelles lorsque l'on sait que les informations sur Israël proviennent souvent des représentations ouest-allemandes dans les pays arabes. Les nouvelles fournies par celles-ci permettent certes à l'AA de se renseigner sur des points précis ; mais elles dépendent en grande partie de la presse israélienne et n'apportent donc pas beaucoup plus que les détails reçus par d'autres canaux[15]. Par ailleurs, de même que les informations puisées à des sources privées sont influencées par le contexte israélien, les jugements des diplomates en poste dans les pays arabes sont marqués par l'atmosphère de ces

---

[12] Il en va ainsi des comptes rendus de W. Hirsch dont H. Voigt reconnaît la valeur (*ibid.*, Abt. VII, Vol. 1021, Note (308.205.00 92.19 430/56), 23 février 1956, Voigt, Confidentiel).

[13] *Ibid.*, Abt. II, Vol. 252, Note (206.210.01/35 7485/54), 12 mars 1954, Frowein.

[14] L'ambassade de RFA à Bagdad écrit (*ibid.*, Abt. III, Vol. 172, Lettre (211 Isr 855/55), 21 mars 1955, Confidentiel) qu'« [il] est extrêmement difficile d'obtenir des informations fiables sur Israël ». Elle analyse avec justesse la difficulté : « Un jugement sur la situation en Israël et sur la politique menée par le gouvernement d'Israël doit avant tout être libre de tout sentiment pro-arabe ou pro-juif. Le fait que le peuple allemand ait endossé une lourde faute à l'égard des Juifs, [faute] qui ne peut pas être absoute même par l'application la plus méticuleuse des lois et accord de réparations, ne doit pas conduire à soumettre les relations avec Israël à une critique embarrassée, et à adopter, à propos du conflit israélo-arabe, une position influencée par des sentiments. »

[15] La représentation d'Amman adresse à l'AA, par exemple, des renseignements sur un emprunt d'État israélien (*ibid.*, Abt. IV, Ref. 412, Vol. 136, Lettres de l'ambassade de RFA à Amman (205.35 652/55) à l'AA, 30 avril 1955, (205.35 1038/55), 15 juin 1955, et (300 1215/55), 6 juillet 1955, Munzel ou sur des accords entre Israël et d'autres États (*ibid.*, Vol. 249 : Israel Handelsverträge mit dritten Staaten - 1955-1957, Lettre de l'ambassade de RFA à Amman (304 769/55) à l'AA, 14 mai 1955, Munzel, sur un accord pétrolier entre Israël et l'URSS, *ibid.*, Abt. V, 512.03/35, Vol. 107, Lettre de l'ambassade de RFA au Caire (2786/53) à l'AA, 2 septembre 1953, Pawelke, sur un accord frontalier entre Israël et la Jordanie).

États : souvent fondées sur des rumeurs, les prises de position des représentants ouest-allemands dépendent de renseignements filtrés par la censure arabe ou ne leur parvenant que de manière occasionnelle et incomplète[16].

Les autres représentations ouest-allemandes sont également mises à contribution pour renseigner l'AA sur le développement de l'État hébreu ; et dans ce cas également, les informations fournies dépendent du contexte du pays de résidence[17].

Si l'AA ne paraît pas toujours se rendre compte du déséquilibre dû à la situation qui vient d'être décrite, celui-ci apparaît nettement lorsque les relations entre la RFA et Israël tardent à être officialisées. C'est pourquoi, à la fin du mois de janvier 1956, le service de presse de l'AA manifeste de l'intérêt pour une proposition du journaliste R. Vogel visant à établir « une correspondance en Israël[18] ». On considère alors que cette idée a « une signification actuelle supplémentaire » du fait que la perspective de relations formalisées reste incertaine. Et l'AA demande à l'Office fédéral de presse d'envisager le financement de ce bureau d'information ouest-allemand qui paraît « sous tous ses aspects digne d'être encouragé ».

Le problème de l'information sur Israël concerne également la diffusion de renseignements en direction de la population ouest-allemande. Remplie principalement par la mission israélienne de Cologne, cette tâche revient aussi à l'administration de Bonn, de l'avis des plus chauds partisans d'un rapprochement germano-israélien[19]. Ce souci de mieux faire connaître l'État hébreu en Allemagne de l'Ouest

---

[16] C'est le cas des informations sur les incidents de frontière entre l'Égypte et Israël fournies par l'ambassade de RFA au Caire (*ibid.*, Abt. III, Vol. 3.198, Lettres de l'ambassade de RFA au Caire (2100/55) à l'AA, 16 juin 1955, et (2261/55), 1ᵉʳ septembre 1955, Becker).

[17] *Ibid.*, Abt. IV, Vol. 249, Lettre de l'ambassade de RFA à Madrid (304.11 Isr 1955) à l'AA, 27 août 1955, Preger, sur un accord bancaire entre Israël et l'Espagne.

[18] *Ibid.*, Büro Sts, Presseref., Vol. 258, Lettre de Diehl (attaché de presse du secrétaire général) (Presseref 168/56) à Dvorak, Office fédéral de presse, 31 janvier 1956, et *ibid.*, Minister Büro (Cabinet du ministre), Vol. 130 : Beziehungen der Bundesrepublik Deutschland zu den Ländern im Nahen Osten, Lettre de Rolf Vogel à von Brentano, 16 novembre 1955.

[19] Abraham Frowein tient par exemple à diffuser en RFA le film israélien *Eine Zeltenstadt* afin de faire connaître au peuple ouest-allemand les difficultés de l'immigration (*ibid.*, Abt. VII, Vol. 1687, Note écrite (zu 244.13 II 3799/56), 14 mars 1953, Frowein).

est partagé par le chancelier fédéral. Ainsi, lors d'un entretien publié par le journal *Die Welt* en septembre 1954, Adenauer revient sur la difficulté du problème, sur les efforts déjà réalisés et sur les perspectives existantes. Pour lui,

> « [la] *Bundeszentrale für Heimatdienst* a fourni ici un travail de valeur. Pour la *Bundeszentrale* il est important d'approfondir la connaissance des réalisations du peuple juif et d'Israël et d'encourager la bonne entente. De même, des comptes rendus de visiteurs allemands en Israël sont parus plusieurs fois dans la presse et ont rencontré [...] chez les lecteurs un fort intérêt[20]. »

L'absence de relations diplomatiques comme obstacle au bon déroulement des contacts juridiques et sociaux entre les deux pays

Dans le cas des relations entre la RFA et l'État hébreu, si l'accord de réparations met en place des aménagements permettant de régler nombre de litiges, il reste des problèmes à analyser au cas par cas.

Les difficultés existent par exemple pour la collaboration juridique entre les deux pays ou les opérations consulaires. Pour ce problème précis, après la fermeture du consulat israélien de Munich en juillet 1953, c'est la Grande-Bretagne qui prend en charge la représentation des intérêts ouest-allemands pour les formalités étrangères au traité : la RFA passe alors par l'intermédiaire du consulat britannique de Haïfa pour effectuer les opérations en direction d'Israël. Dans le sens inverse, c'est ce consulat qui joue le rôle d'intermédiaire entre le gouvernement israélien et le consulat de RFA à Nicosie. Si cette solution permet de pallier provisoirement l'absence d'une représentation ouest-allemande en Israël, la situation cumule les désavantages ; car les autorités de l'État hébreu émettent régulièrement des objections au système en vigueur et n'acceptent pas forcément les autorisations émises par le consulat britannique[21]. Par ailleurs, la procédure choisie se carac-

---

[20] *Die Welt*, 14 septembre 1954, « Politik der Versöhnung - Der Bundeskanzler über das Verhältnis zum jüdischen Volk ».

[21] PA/AA, Abt. II, Vol. 1690, Lettre de Franz Kloohs à Schäffer (BMF), 7 juin 1952, transmise à l'AA le 19 juin 1952, et *ibid.*, Vol. 1948, Note (zu 514.01.35 II 2347/52), 11 février 1952.

térise par sa longueur[22] ; sans compter que les autorités britanniques manifestent régulièrement leur désir de voir trouvé un autre arrangement, notamment à partir du moment où la RFA bénéficie d'une complète souveraineté[23]. De leur côté, les Allemands, s'ils ne considèrent pas non plus la solution comme idéale, sont malgré tout obligés de prolonger temporairement ce système ou de trouver un nouveau palliatif[24].

Les difficultés mentionnées ci-dessus sont également présentes quand il s'agit d'envisager la question des dédommagements individuels. Car tout recours déposé par un ressortissant israélien auprès de la justice ouest-allemande doit faire l'objet, outre l'examen médical en Israël, d'une contre-expertise validée par un tribunal de RFA. Or l'absence, sur le territoire de l'État hébreu, d'une représentation ouest-allemande empêche de certifier directement les résultats. Le règlement de ce problème fait l'objet de longues et difficiles tractations qui voient intervenir le ministère fédéral de la Justice, des Finances, l'AA et, pour représenter l'État d'Israël, la mission commerciale de Cologne. De vifs échanges ont lieu au sein de la partie ouest-allemande, et ces discussions permettent d'aboutir laborieusement à une solution[25].

---

[22] Elle est décrite dans un document de l'Abt. II de mai 1954 (*ibid.*, Vol. 1684, Lettre (203.244.13 5896/54) à l'Abt. V, 1er mai 1954, Frowein) : les ressortissants israéliens s'adressent à la mission israélienne, la mission s'adresse à l'AA (Abt. II), l'Abt. II s'adresse à l'Abt. V (Direction des affaires juridiques) pour accord, l'Abt. V notifie son accord au consulat britannique de Haïfa qui délivre les visas.

[23] Les autorités britanniques se manifestent très tôt à ce propos (*ibid.*, Abt. V, 500.512.03/35, Vol. 107, Lettre du haut-commissariat britannique (82/6/61/53) à l'AA, 28 septembre 1953, Gilligan et Note écrite Abt. V, Ref. 2, s. d. (octobre 1953) à Blankenhorn et Hallstein, Grewe). L'entrée en vigueur des accords de Paris et la cessation des activités de la HCA, le 5 mai 1955, entraînent un vide juridique. Dès le 3 mai, la HCA adresse à l'AA un aide-mémoire (*ibid.*, L1, Vol. 178, Aide-mémoire HCA, 3 mai 1955) qui décrit la situation et la fermeture de la section allemande du consulat britannique de Haïfa est prévue pour le 1er janvier 1956 (*Süddeutsche Zeitung*, 19 octobre 1955, « Das Verhältnis zwischen Israel und Deutschland »).

[24] PA/AA, L1, Vol. 178, Document (502.524.00 21 588/55), 24 mai 1955, Hallstein. Bonn se déclare prêt à prendre en charge les frais de fonctionnement de la section allemande de ce consulat « seulement aussi longtemps qu'il ne sera possible à la République fédérale d'Allemagne d'établir des relations diplomatiques ou consulaires » avec Israël.

[25] Le problème se pose très tôt, avant la ratification de l'accord germano-israélien : le ministère fédéral des Finances (*ibid.*, Abt. II, Vol. 1667, Lettre du BMF (VI O 1472.214/52) au BMJ, 5 février 1953, Schäffer) réagit à une prise de position du BMJ (*ibid.*, Lettre du BMJ

2. L'AA favorable à un rapprochement économique

Parallèlement à la mise en place de relations *de facto* entre la RFA et l'État d'Israël grâce à l'accord du 10 septembre 1952, se manifestent, au sein du ministère ouest-allemand des Affaires étrangères, des opinions favorables au renforcement des contacts entre les deux pays. Ces prises de position prennent divers aspects.

On trouve ainsi des déclarations favorables au développement de véritables relations économiques entre la RFA et l'État hébreu qui iraient au-delà du cadre défini par le traité. Pour certains fonctionnaires de l'AA, il s'agit en fait de respecter la logique du texte et de mettre en place des contacts dont le prolongement pourrait être politique. Ce souci est principalement présent chez les membres de la Direction des affaires politiques, et partagé par Hallstein lui-même[26].

Le point de vue de l'Abteilung II se retrouve dans l'interview, déjà signalée, accordée par Heinrich von Brentano au journal juif américain d'expression allemande *Aufbau-Reconstruction*. La série de réponses que la Direction des affaires politiques propose au printemps 1954 insiste par exemple sur l'amélioration qui résulte de la collaboration quotidienne entre membres de la mission israélienne et fonctionnaires

---

(1100/1b 43 815/52), 13 octobre 1952, Dehler, transmise à l'AA *in* Lettre du BMJ (1100/1b 40 539/53), 9 mars 1953, Roemer) et refuse d'accorder une dérogation à Israël en matière de contre-expertise : « Si nous faisions ici une exception, et si nous accordions une place particulière à l'État d'Israël dans le problème de la justification [d'un recours], nous ne pourrions pas alors refuser la même chose à des requérants d'autres pays, par exemple d'au-delà du rideau de fer ou d'États avec lesquels nous n'entretenons pas de relations diplomatiques ou consulaires, sans que le reproche de la discrimination ne soit fait au gouvernement fédéral. » L'AA et son Abteilung II (*ibid.*, Note Abt. II (244.10 II 3331/53) à Abt. V, 9 mars 1953, Trützschler) excluent d'écarter les ressortissants israéliens et proposent qu'une tierce puissance délègue des médecins assermentés. L'affaire est discutée avec la mission de Cologne et aboutit à un accord de celle-ci sur une liste de médecins ouest-allemands pouvant se rendre en Israël pour y mener les contre-expertises nécessaires (*ibid.*, Vol. 1669, Note écrite (244.10 II 14 700/53), 5 novembre 1953, Frowein).

[26] C'est le cas de Frowein (PA/AA, Abt. II, Vol. 1665, Note écrite (244.10 II 2262/52) à Hallstein, 16 février 1952, et Notice (244.10 II 2266/52), s. d.). Au moment de l'affaire du pavillon allemand, Hallstein exprime sa confiance en l'évolution favorable des contacts économiques entre les deux pays (*ibid.*, Vol. 1679, Lettre au *Verband Deutscher Reeder* (244.13 II 16 607/52), 19 décembre 1952, Hallstein).

des ministères ouest-allemands[27]. De même, elle traduit la conviction que la mise en place de relations commerciales normales, ajoutées à celles qui résultent du tourisme, devrait constituer la première étape d'un programme visant à atténuer la tension.

La Direction des affaires politiques s'exprime également en faveur de facilités économiques à accorder à Israël si celles-ci demeurent dans le cadre du traité de réparations. Ainsi, lorsqu'en 1954 l'État hébreu demande des versements en espèces, l'Abteilung II défend ce point de vue face aux autres services de l'AA plus réticents. Pour elle, il doit être possible de répondre favorablement à la demande israélienne puisque celle-ci respecte les clauses du traité ; de plus il serait vain de prétexter une pénurie de liquidités pour refuser une telle opération car les Israéliens attribueraient en fait un refus à des motivations politiques et non techniques[28].

La normalisation des relations commerciales passe en outre par un règlement définitif de l'affaire du pavillon allemand. On s'en souvient, ce problème avait occupé les esprits au moment des discussions sur la ratification de l'accord ; et les pressions des armateurs ouest-allemands avaient entraîné une modification de l'une de ses clauses. Or, si au cours de l'été 1953 il apparaît que le règlement complet du problème pourrait advenir dès le début de 1954, la base de cette réflexion est purement économique[29] : car le souci d'un rapprochement entre les deux pays semble surtout guidé par la volonté de faire jouer à nouveau les règles normales de la concurrence[30]. Mais des difficultés politiques

---

[27] *Ibid.*, Abt. II, Vol. 252, Note écrite (206.210.01/35 3964/54), Frowein.

[28] *Ibid.*, Abt. II, Note écrite (206.244.16/17 152/54), 9 décembre 1954, Frowein, Confidentiel.

[29] BA, Archives du ministère fédéral de l'Économie (B 102), Vol. 7017.H2, Lettre du ministre fédéral des Transports (See 6/506 57/53) à la mission israélienne de Cologne, 30 juillet 1953, Neupert.

[30] *Ibid.*, Lettre du ministère fédéral des Transports (See 6/506 57/53) au ministère fédéral de l'Économie, 30 juillet 1953, Neupert : « Au regard de l'activité digne d'attention de la compagnie de cargos Zim (Israël) au Proche-Orient tout comme en Grèce et en Turquie, et considérant les plans annoncés par la mission [commerciale israélienne] de faire construire, dans le cadre de l'accord du 10 septembre 1952, un nombre plus important de bâtiments de fret dans les chantiers navals allemands, le règlement de la participation allemande au transport des marchandises [issu] de l'accord devient particulièrement pressant. [...] L'utilisation des moyens prévus aux termes de l'accord avec Israël à des fins de développement

retardent l'arrivée des premiers navires ouest-allemands dans les ports israéliens. Ce pourquoi cette affaire est à nouveau discutée entre les administrations concernées à l'automne 1954, à la demande expresse des armateurs de RFA[31]. Elle fait cette fois l'objet d'une discussion directe entre l'AA et la mission israélienne de Cologne et, un peu plus tard, d'un discret arrangement[32].

Le rapprochement économique entre Bonn et Jérusalem signifie par ailleurs la perspective pour la RFA de prendre une place importante dans l'économie israélienne. Car les livraisons effectuées dans le cadre du traité vont créer, en Israël, des habitudes de contacts commerciaux, voire une dépendance à l'égard des produits allemands[33]. Cela paraît d'autant plus inévitable que la RFA dispose d'atouts dès le départ : la présence dans l'État hébreu de nombreuses personnes d'origine allemande habituées à l'estampille *Made in Germany* constitue en effet un fonds relativement facile à exploiter.

Au fil du temps, l'appui que certains fonctionnaires de l'AA accordent à l'idée d'un rapprochement entre Bonn et Jérusalem suit de plus en plus cette logique commerciale. La chose est par exemple évidente lorsqu'en août 1955, au cours d'une consultation sur un échange de marchandises entre la RFA et Israël, l'Abteilung IV, par ailleurs soucieuse de préserver de bonnes relations avec les États arabes, se prononce en faveur de liens économiques étroits entre la République fédérale et

---

d'une concurrence israélienne face aux compagnies allemandes du Levant n'a certainement pas été pensée par le législateur. » Il est significatif de comparer le ton de cette lettre à celui des articles, émus du rapprochement entre les deux pays, qui paraissent à l'occasion de l'arrivée du premier navire ouest-allemand en Israël.

[31] PA/AA, Abt. II, Vol. 1684, Note écrite (206.244.13 13 705/54), 20 septembre 1954, Trützschler et Note (206.244.13 14 064/54), 8 octobre 1954, Frowein.

[32] *Ibid.*, Note (206.244.13 14 064/54 I), 16 novembre 1954, Trützschler.

[33] Cette dépendance est en quelque sorte programmée dès les négociations : dans une lettre à F. Böhm du représentant du ministère fédéral de l'Économie à Wassenaar, Wolff, datée du 4 juillet 1952 (BA, B 102, Vol. 7019.H2), celui-ci écrit que les apports allemands à l'économie israélienne « conduiraient [...] à un commerce normal du fait que, plus tard, des pièces de rechange destinées à ces installations industrielles [fournies par la RFA] devraient être importées d'Allemagne. Si les livraisons devaient rester limitées à des biens de consommation immédiate, après peu de temps tout souvenir de l'action réconciliatrice de grande ampleur effectuée par la République fédérale disparaîtrait parmi la population de l'État d'Israël. »

l'État hébreu[34]. Et le commerce entre les deux pays, dans le cadre ou en dehors du traité, suit une progression qui lui permet effectivement de rester, dans certains cas, indépendant des aléas politiques[35].

3. L'AA favorable à un rapprochement culturel et scientifique

Parallèlement à son souci d'un rapprochement économique, l'AA répond aux demandes israéliennes visant à un approfondissement des liens culturels entre les deux pays. L'aspect culturel paraît à cet égard symbolique d'un lien qui existe déjà et peut encore se renforcer du fait de la présence, sur le territoire israélien, de nombreux Juifs d'origine allemande. Il s'agit aussi du problème le plus facile à aborder dans la mesure où il ne nécessite pas, de la part de la RFA, un engagement trop important que les États arabes ne manqueraient pas de taxer de prise de position pro-israélienne.

Les contacts culturels demeurent à cette époque encore limités, si l'on en juge par les documents consultés ; mais ils existent déjà, et ces quelques faits méritent d'être évoqués.

Les autorités de Bonn songent d'une part à conserver en Israël une présence qui puisse correspondre à l'engagement important de l'Allemagne en Palestine avant la Seconde Guerre mondiale ; d'autre part, elles s'efforcent de surmonter les réticences israéliennes qui font encore obstacle à tout ce qui pourrait créer un lien, de quelque nature que ce soit, entre les deux pays[36]. C'est ce qui explique par exemple

---

[34] PA/AA, Abt. IV, Ref. 412, Vol. 136, Note écrite (412.244.00/35 2479/55), 20 août 1955, Sautter, et *ibid.*, Lettre BWM (VC 4 65 447/55) à l'AA, 5 juillet 1955, Mahs et Lettre de l'AA (412.311.07/35 2191/55) au BWM, 19 juillet 1955, Seeliger.

[35] En parallèle aux réflexions de l'AA sur la réponse à donner à la proposition israélienne d'établir une représentation ouest-allemande en RFA (voir *infra*), le ministère de l'Économie adresse à l'AA (*ibid.*, Lettre du BWM (VC 4 51 833/56) à l'AA, 6 mars 1956, Mahs) des demandes de garanties à long terme émanant d'entreprises allemandes pour des affaires effectuées dans le cadre du traité, demandes résultant des risques de changements politiques au Moyen-Orient. Dans sa réponse (*ibid.*, Lettre de l'AA (412.304.06/35 729/56) au BWM, 14 mars 1956, Junker), l'AA ne fait aucune objection à l'accord de telles garanties.

[36] C'est ainsi que le prix Goethe remis en 1951 par l'université de Hambourg au théologien juif Martin Buber, qui l'accepte, provoque une grande émotion en Israël même si Buber

que l'AA accueille favorablement l'idée d'un don de livres destiné à enrichir les collections du *Spinozäum* du mont Carmel[37].

Les premiers échanges de jeunes entre Israël et la RFA, étudiés dès cette époque, entrent également dans le cadre du développement des relations culturelles. Proposés par la partie israélienne, ils sont envisagés favorablement par les services compétents de l'AA qui les estiment propres à contribuer au maintien d'une présence intellectuelle allemande en Israël[38]. De même, l'AA analyse avec bienveillance la possibilité d'utiliser des fonds compris dans l'accord germano-israélien pour financer l'expédition de livres allemands en Israël.

Le rapprochement culturel emprunte encore d'autres voies : l'AA est par exemple très sollicité par l'État hébreu en matière de collaboration archéologique et Israël s'ouvre de plus en plus aux produits culturels allemands[39]. Par ailleurs, lorsque la mission de Cologne est chargée d'effectuer un sondage auprès de l'AA en vue d'une participation d'Israël à l'accord européen sur la recherche nucléaire, l'Abteilung II encourage vivement une telle initiative du fait de son importance pour la suite du rapprochement germano-israélien[40].

---

renonce à aller en Allemagne pour le recevoir et n'accepte pas l'argent qui y est joint (*Der Tagesspiegel*, 8 octobre 1952, « Israel will nicht vergessen »).

[37] PA/AA, Abt. II, Vol. 252, Lettre de l'AA (206.210.01/35 5447/54) au ministère de l'Intérieur, 11 mai 1954, demande transmise par Hugo Hertz de Hambourg (*ibid.*, Lettre de Hugo Hertz, Hambourg, 17 mars 1954) et soutenue par le ministre fédéral de l'Intérieur (*ibid.*, Lettre du ministère de l'Intérieur (3327-17.3 Hertz) à l'AA, 15 avril 1954).

[38] *Ibid.*, Vol. 41, Lettre du bureau de l'AA à Berlin (209.311 965/54) à l'AA, Bonn, 4 juin 1954, Messmann, et *ibid.*, Abt. VII, Vol. 1028, Document (206.244.13 12 534/55), 21 novembre 1955, Frowein.

[39] *Ibid.*, Vol. 1025, Lettre de von Spreti à Hallstein, 29 février 1956, et *ibid.*, Vol. 1021, Correspondance de W. Hirsch, 8 janvier 1956, « Ostdeutschland und Israel in der hebräischen Presse und der öffentlichen Meinung », et 1ᵉʳ février 1956, « Die Beziehungen zwischen Deutschland und Israel haben im letzten Monat Fortschritte gemacht ».

[40] *Ibid.*, Abt. II, Vol. 89, Document (2/20 020.24 9549/54) à l'Abt. V, 14 juillet 1954, Trützschler. À cette occasion la Direction des affaires politiques fait preuve d'un empressement qui n'est pas partagé par les autres départements du ministère : l'Abteilung VI (Direction des affaires culturelles) précise dans sa réponse (*ibid.*, Document (604/407 21 c 23 428/54) à l'Abt. II, 7 août 1954, von Graevenitz) que l'accord en question n'est pour le moment qu'européen, et que ce n'est que dans le cas d'un élargissement que la RFA pourra apporter son soutien à l'État juif.

Au total, même s'il n'apparaît qu'à l'état d'esquisse à ce moment, le rapprochement culturel se révèle alors comme l'une des principales possibilités d'entente entre les deux pays.

4. L'AA favorable à un rapprochement politique : vers l'établissement de relations diplomatiques entre la RFA et Israël ?

Des mesures de bonne volonté à l'égard d'Israël

Par-delà les mesures économiques et culturelles qui viennent d'être évoquées, au sein de l'AA se manifestent des voix directement favorables à une amélioration des relations politiques entre la RFA et Israël. Cette volonté est une conséquence supplémentaire de la logique instituée par l'accord de réparations ; car l'installation d'une représentation israélienne en RFA symbolise un contact permanent et durable, et le dialogue qui s'est engagé entre Bonn et Jérusalem peut prendre des aspects plus politiques, pour aller en fin de compte dans le sens d'une normalisation.

Mais pour qu'il puisse y avoir normalisation des relations, il s'agit avant tout de passer par leur formalisation. Plusieurs moyens sont alors à la disposition de l'AA.

Le ministère paraît soucieux de formaliser les relations entre les deux pays en facilitant tout d'abord le travail de la mission israélienne de Cologne. Deux éléments, déjà signalés par ailleurs, illustrent ce souhait : d'une part la mission est autorisée à débuter ses activités avant même la ratification du traité de réparations ; d'autre part, elle dispose rapidement de prérogatives plus étendues que celles fixées par l'accord de Luxembourg, en particulier grâce aux compétences accordées par Bonn après la fermeture du consulat israélien de Munich.

À l'occasion de la discussion sur les prérogatives consulaires, certains fonctionnaires, comme Frowein, appuient l'idée qu'elles soient attribuées à la mission de Cologne sans condition[41]. D'autres désirent franchir rapidement le cap d'une première formalisation des relations

---

[41] *Ibid.*, Vol. 1683, Note écrite (244.13 II 13 781/53), 14 octobre 1953, Frowein.

entre les deux pays, en écartant cependant tout risque de déséquilibre. C'est ainsi que, tout en émettant des objections à l'attribution de compétences consulaires aux services de Shinnar, la Direction des affaires juridiques de l'AA propose l'établissement immédiat de relations consulaires bilatérales[42]; car agir de la sorte permettrait de respecter le principe de la réciprocité. Et dès cette époque la Direction des affaires juridiques pense également mettre en place les bases d'une négociation portant sur la formalisation effective des relations germano-israéliennes.

La perspective de relations diplomatiques est également évoquée dans le cadre des pourparlers relatifs aux biens immobiliers possédés par chacun des deux États sur le territoire de l'autre. Ces discussions sont envisagées, pour les propriétés allemandes, dès septembre 1952.

Par ailleurs, les divers problèmes en suspens sont également générateurs d'un rapprochement indispensable à leur solution. Il en va ainsi de la question de l'entretien des cimetières juifs situés sur le territoire ouest-allemand, souvent laissés à l'abandon du fait de la disparition partielle ou totale des communautés. Dans ce cas, le sujet est soumis, à la fin de l'année 1953, à la réflexion de la Direction des affaires juridiques de l'AA[43]: celle-ci propose que, dans un premier temps, l'entretien des sépultures revienne au *Zentralrat*, une éventuelle négociation sur le problème devant écarter d'une part la *Conference*, qui n'a rien à voir avec le sujet, et d'autre part l'AA. Celui-ci peut, en revanche, intervenir ultérieurement, par exemple lorsqu'il faudra mettre au point une solution définitive. Il est particulièrement intéressant de remarquer que l'échéance prévue par la Direction des affaires juridiques dépend en fait de l'établissement des relations diplomatiques entre Bonn et Jérusalem ; car elles seules permettront des négociations et un traité portant sur les sépultures qui existent dans les deux pays.

Dans son souci de formaliser les relations entre Bonn et Jérusalem, l'AA essaie en outre de surmonter les obstacles qui empêchent toute communication entre ses agents et leurs homologues israéliens, ne serait-ce que pour respecter la coutume diplomatique. Le cas de la

---

[42] *Ibid.*, Vol. 1680, Texte de l'Abt. V, s. réf., 20 octobre 1953.
[43] *Ibid.*, Abt. V, 500.512.02/35a, Vol. 81, Note (518.04/35 a V 8633/53), 30 novembre 1953, Bünger, et Note écrite, s. réf., 3 décembre 1953, Grolmann.

mission israélienne de Cologne, en rapport quotidien avec le ministère et dont les membres cherchent à améliorer les relations avec leur environnement, n'est pas représentatif de l'atmosphère générale ; car au départ, comme cela a été signalé, les représentants israéliens sont dans l'ensemble hostiles à des contacts directs avec les diplomates ouest-allemands. Le premier geste des représentants de Bonn est alors de chercher à créer des relations personnelles qui pourraient servir de base à des contacts professionnels ultérieurs. Ces diplomates sont néanmoins conscients de la difficulté de ce processus et des hypothèques qui pèsent sur les relations germano-israéliennes[44] ; c'est pourquoi, lorsqu'ils s'adressent à leurs homologues israéliens, ils soulignent le caractère privé des contacts établis ou souhaités[45]. Dans l'ensemble toutefois, les relations qui se mettent en place entre les diplomates des deux États prennent rapidement un tour favorable et répondent aux attentes de Bonn[46].

Par ailleurs, certains représentants ouest-allemands désirent multiplier les gestes de bonne volonté dans le but d'instaurer une meilleure atmosphère dans les relations *de facto* entre leur pays et Israël, ainsi qu'entre leur ambassade et celle de l'État hébreu dans les capitales où ils se trouvent. Ils songent en général à des actions protocolaires simples, mais efficaces, qui permettraient d'instaurer des habitudes de bonne entente. Toutefois, du fait du contexte spécifique des relations germano-israéliennes, les actions proposées ont une portée qui échappe à la routine diplomatique.

---

[44] ISA, 2400/15, Lettre de l'ambassade d'Israel à Ottawa (2172/123/44) à Eytan, 3 janvier 1955, Comay. Dans cette lettre, le représentant israélien au Canada évoque les problèmes de conscience de son homologue ouest-allemand qui prévoit de faire une croisière en Méditerranée au cours de laquelle une excursion doit avoir lieu à partir de Haïfa à laquelle il prévoit de ne pas participer.

[45] ISA, 2539 a II, Lettre de l'ambassade d'Israël à Londres au ministère des Affaires étrangères, 8 juillet 1952, Elath, Secret.

[46] Au cours de l'été 1955, dans les réponses à une consultation qui porte, entre autres, sur les relations entre les représentants des deux pays (voir *infra*), la grande majorité des diplomates ouest-allemands peuvent qualifier les contacts de très bons, voire d'excellents (voir par exemple PA/AA, Abt. VII, Vol. 1025, Lettre du consulat de RFA à Berne (1189.210.01 2306/55) à l'AA, 16 juillet 1955, Holzapfel, Lettre de l'ambassade de RFA à Copenhague (730.01 709/55) à l'AA, 14 juillet 1955, Duckwitz, Lettre de l'ambassade de RFA à Paris (210.01 I 3261/55) à l'AA, 19 juillet 1955, von Maltzan).

C'est par exemple le cas lorsqu'au printemps 1955, l'ambassadeur de RFA au Brésil, Oellers, évoque la possibilité de pavoiser à l'occasion de la prochaine fête nationale d'Israël[47]. Cette proposition permettrait à la RFA de montrer à peu de frais ses bonnes dispositions à l'égard de l'État hébreu. Car, selon Oellers, un pavoisement est rendu plus simple par le fait que « le problème de la réciprocité ne peut pas être objecté en l'absence d'une fête nationale allemande ». Un pavoisement de la part d'Israël en l'honneur de Bonn, difficilement imaginable à cette époque, n'est donc pas obligatoire.

La proposition d'Oellers provoque une longue réflexion aux Affaires étrangères de Bonn ; mais cette consultation provoque à son tour le report d'une décision. La Direction du protocole, interrogée par l'Abteilung III, préfère s'abstenir de tout jugement sur l'initiative elle-même du fait de la situation particulière des relations germano-israéliennes[48]. L'Abteilung III, elle, intervient plus tardivement et semble plus disposée à discuter une proposition dont elle mesure l'importance exacte[49] : en la situant dans le cadre plus général d'une instruction qui permettrait de pavoiser en l'honneur d'un pays avec lequel la RFA n'entretient pas de relations diplomatiques, l'Abteilung III s'interroge. Selon elle, si le problème ne tenait qu'aux relations avec Israël, la proposition de l'ambassadeur de RFA au Brésil serait la bienvenue. Mais l'Abteilung III estime qu'il n'est pas possible que toutes les représentations ouest-allemandes se conforment à une proposition justifiée par le contexte particulier des pays d'Amérique

---

[47] *Ibid.*, Vol. 1018, Lettre de l'ambassade de RFA à Rio de Janeiro (700.00 1164/55) à l'AA, 25 avril 1955, Oellers. Cette mesure irait dans la logique des choses puisque les autorités ouest-allemandes ont, par ailleurs, pris l'habitude d'envoyer chaque année un télégramme au gouvernement israélien à l'occasion du jour de l'Indépendance (voir par exemple le télégramme du président Theodor Heuss à son homologue israélien Itzhak Ben Zvi le 6 mai 1954, BA, Archives de la Présidence (B 122), Vol. 506).

[48] Document (308.205 02/92.19 774/55), 5 mai 1955, Voigt, évoqué dans une note du protocole (PA/AA, Abt. VII, Vol. 1018, Note Abt. I, Ref. 110 (organisation) (110.81.12), 10 mai 1955).

[49] *Ibid.*, Document de l'Abt. III (205.02 92.19 774/55) à l'ambassade de RFA à Rio de Janeiro, 19 juillet 1955, Marchtaler, Très confidentiel.

latine[50]. En outre, d'après l'Abteilung III, il faut se garder de créer un précédent aux conséquences difficilement prévisibles ; et elle élude en définitive une réponse précise à la proposition d'Oellers en déclarant que la très prochaine échéance électorale israélienne apportera tout naturellement une solution. Car

> « on peut supposer que d'ici au prochain jour de la fête nationale israélienne les relations diplomatiques avec Israël auront été établies et que la question du pavoisement se sera ainsi réglée d'elle-même ».

L'idée d'une représentation ouest-allemande en Israël

Un deuxième aspect de la recherche par l'AA d'une formalisation des relations concerne la mise en place d'une représentation de la RFA sur le territoire de l'État hébreu. En effet, au moment des négociations de Wassenaar, puis après la signature de l'accord de Luxembourg, nombreuses ont été les critiques suscitées par l'absence de réciprocité. À partir de 1953 de nouvelles discussions concernent ce problème dans le cadre de l'exécution du traité : la nécessité de créer en Israël un pendant à la mission de Cologne s'impose, que ce soit pour mettre fin au déséquilibre ou pour formaliser progressivement les relations entre les deux pays.

L'idée d'une représentation ouest-allemande en Israël fait peu à peu son chemin dès que l'amélioration des relations *de facto* est visible et qu'il paraît possible de dépasser la situation de blocage. Cette idée entre dans le cadre même de l'exécution du traité et devrait permettre d'en améliorer encore l'accomplissement, par exemple pour des raisons pratiques[51]. Elle fait l'objet de réflexions de la part de l'AA et

---

[50] « En raison des forts regroupements d'émigrés juifs, il existe sûrement à Rio et certainement aussi dans d'autres ville d'Amérique du Sud des conditions particulières qui justifient la demande. »

[51] Dans une lettre sur l'affaire du pavillon allemand, un correspondant allemand de l'AA (*ibid.*, Abt. II, Vol. 281, Lettre de F. Neukamp, Bielefeld, transmise *in* Lettre du BMJ (1101/15.4.40.700/53) à l'AA, 24 mars 1953) demande à ce qu'une représentation ouest-allemande soit mise en place en Israël afin d'assurer la protection des équipages des navires allemands autorisés à transporter dans un futur proche les marchandises à destination de l'État hébreu.

provoque avant tout de nombreuses rumeurs qui exacerbent les tensions déjà réelles.

Au cours de l'année 1954, l'idée de relations diplomatiques entre la RFA et Israël est donc dans l'air. Même si elle est encore du domaine de l'improbable, il est de bon ton de s'exprimer en faveur d'une telle opération. Elle fait partie d'un état d'esprit bienveillant partagé par le président allemand, Theodor Heuss, qui saisit l'occasion de rencontres officielles et des messages envoyés à la communauté juive d'Allemagne pour le Nouvel An juif pour s'exprimer dans le sens du rapprochement[52]. De ce fait, il paraît relativement facile aux fonctionnaires de l'AA de s'exprimer sur ce sujet, même s'il leur faut par ailleurs tenir compte de la sensibilité des États arabes en la matière. Et finalement pour les Allemands de l'Ouest, il est d'autant plus simple d'aborder la question qu'il est généralement admis que l'initiative proprement dite n'est pas du ressort de Bonn[53].

L'opinion des fonctionnaires de l'AA se retrouve dans une série de prises de position qui paraissent au cours du deuxième semestre 1954. C'est par exemple le cas de déclarations des plus hauts responsables du ministère qui saluent l'évolution des relations *de facto* entre les deux pays.

Walter Hallstein intervient au mois d'août 1954 et l'interview qu'il accorde au journal du Bundestag *Das Parlament* est destinée à recevoir un large écho[54]. Dans les réponses qu'il apporte aux questions du journaliste R. Vogel, Hallstein établit tout d'abord le bilan des relations entre les deux pays deux ans après l'accord de Luxembourg. Après avoir constaté l'amélioration sensible de l'atmosphère, le secrétaire général de l'AA évoque les perspectives qui s'ouvrent sur le

---

[52] En ce qui concerne l'attitude de Heuss à l'égard d'Israël et de la communauté juive d'Allemagne, voir TRIMBUR, D., *op. cit.*, p. 324 et suiv., et LAMM, H. (Hg), *op. cit.*

[53] Ainsi, lorsque le ministère produit une série de réponses aux questions du journal *Aufbau-Reconstruction*, il lui est possible d'écrire (*ibid.*, Vol. 252, Projet de réponse à *Aufbau* (206.210.01/35 3964/54), Frowein, s. d.) : « ... je crois que le gouvernement fédéral est entièrement prêt pour l'établissement de relations diplomatiques entre la République fédérale et Israël. Cependant, pour des raisons compréhensibles, le gouvernement fédéral laisse l'initiative au gouvernement d'Israël. »

[54] *Bulletin*, Nr 148, 11 août 1954, p. 1325, « Für ein klares Verhältnis des Vertrauens - Die Beziehungen zwischen der Bundesrepublik Deutschland und Israel - Sinn und Bedeutung des Israel-Vertrages ».

plan bilatéral. Ainsi, à la question de savoir si des relations diplomatiques sont possibles dans un délai prévisible, Hallstein répond en utilisant des termes proches de ceux utilisés par Adenauer dans son discours du 4 mars 1953 devant le Bundestag. Il déclare en effet qu'

> « [on] doit laisser les choses mûrir. Il nous revient de créer une relation de confiance claire. Cela passe avant tout par l'exécution précise de notre traité avec Israël. Mais nous comprenons aussi que le temps doit faire son effet. »

L'intervention de Hallstein est d'un ton mesuré et prudent ; elle est surtout plutôt vague et n'avance aucun élément qui permette de jauger véritablement la volonté ouest-allemande. Selon les propos du secrétaire général de l'AA, le temps doit favoriser l'amélioration des relations entre les deux pays et Hallstein sait bien qu'il n'est pas possible de précipiter les événements. Dans ces propos, on remarque que la RFA tient certes à créer le meilleur climat possible. Mais en définitive il semble que cela soit la seule chose qu'elle puisse faire pour le moment ; car l'initiative ne lui revient toujours pas, elle ne peut qu'adresser des signaux à l'État hébreu et lui indiquer par là qu'elle entend aller plus loin. L'Allemagne fédérale est donc bien en situation d'attente.

C'est le même attentisme qui caractérise un entretien avec le chancelier paru un mois plus tard dans *Die Welt*[55]. Dans cette interview, qui correspond à l'anniversaire de l'accord de réparations, Adenauer tient en premier lieu à souligner l'attachement de la RFA à la poursuite des efforts destinés à réparer les horreurs commises sous le IIIe Reich. Il s'exprime ensuite sur l'évolution effective de la question des réparations et sur les relations entre le peuple allemand et le peuple juif en général. Et cela l'amène à insister sur les possibilités de normaliser ces rapports grâce à l'impact positif des dédommagements accordés à Israël et aux Juifs. Enfin, après ces observations générales, vient la partie la plus intéressante de l'interview, celle qui concerne d'éventuelles relations diplomatiques. À une question sur ce sujet, Adenauer répond en soulignant tout d'abord que l'État d'Israël n'est pas mal intentionné

---

[55] *Die Welt*, 14 septembre 1954, « Politik der Versöhnung - Der Bundeskanzler über das Verhältnis zum jüdischen Volk ».

à l'égard de la RFA puis en déclarant qu'il saluerait tout ce qui pourrait contribuer à la normalisation des relations germano-israéliennes. Mais le chancelier ne va pas plus loin.

Les interventions de Hallstein et Adenauer illustrent plusieurs éléments. Elles indiquent tout d'abord que la RFA paraît disposée à aller plus avant sur la voie de relations normales avec Israël. Elles prouvent ainsi que les prospections israéliennes de l'époque rencontrent un certain écho en Allemagne et qu'il est possible d'aborder officiellement le problème. Mais ces deux interviews témoignent également d'une certaine retenue, car la RFA ne se sent pas en mesure d'offrir quoi que ce soit à Israël, puisqu'elle n'a pas l'initiative. Par ailleurs, on notera que ces interventions ne vont pas au-delà de considérations très générales et qu'à aucun moment elles n'abordent de front l'idée d'une concrétisation des relations[56].

En 1954, le reste de l'AA considère également que les choses n'ont pas encore suffisamment évolué et que l'installation d'une représentation ouest-allemande en Israël n'est pas encore à l'ordre du jour. Il faut dire que les réflexions du ministère sur la question trouvent leur origine principalement dans des sollicitations israéliennes, en particulier de la part des membres de la mission de Cologne. De leur propre initiative pour les premiers sondages, puis conformément à la politique de Sharett, ceux-ci évoquent en effet la nécessité de l'ouverture d'un bureau commercial ouest-allemand en Israël. Mais lorsque Shinnar exprime clairement l'idée d'une telle représentation à la fin de 1954, il rencontre le scepticisme des fonctionnaires de l'AA. Si là on juge l'offre digne d'intérêt, on considère toutefois qu'il est trop tôt pour accomplir un tel pas. En revanche les représentants de la *Koblenzerstraße* estiment qu'au cours de l'été 1955 le moment sera devenu alors plus opportun.

Quelques mois plus tard, à l'approche des élections israéliennes de juillet 1955, l'AA semble enfin prendre très au sérieux le projet d'installation d'une représentation en Israël. Car le ministère sait que les autorités de l'État hébreu songent à accélérer le processus de rappro-

---

[56] Dans les deux cas les journalistes utilisent le terme de « relations diplomatiques ». Et dans les deux cas l'expression n'est reprise ni par Hallstein ni par Adenauer.

chement après le renouvellement de la Knesset. C'est ce qui le pousse à lancer une consultation de grande ampleur.

Placé depuis le début de juin 1955 sous la conduite de Heinrich von Brentano, l'AA se doit en outre de respecter une promesse du nouveau ministre visant à prendre l'initiative sur le problème[57]. C'est pourquoi, le 2 juillet 1955, il adresse à toutes les représentations ouest-allemandes une lettre circulaire[58]. Dans celle-ci, il prie ses agents de lui apporter les précisions nécessaires à l'adoption d'une ligne de conduite claire en prévision d'une probable invitation israélienne. Si les termes de ce courrier demeurent plutôt vagues, l'intention du ministre est au contraire très précise et deux problèmes le préoccupent : savoir quelles relations existent entre les agents ouest-allemands et leurs homologues israéliens, et prévoir les réactions que susciterait dans les pays tiers la formalisation des relations entre la RFA et Israël.

Ce sondage suscite, dans les semaines qui suivent l'envoi de la lettre, des réponses très intéressantes pour Bonn. La majorité d'entre elles insiste sur le fait que les relations entre diplomates ouest-allemands et israéliens sont déjà bonnes, voire excellentes[59] ; et dans la majeure partie des cas elles révèlent effectivement que les pays de résidence salueraient la normalisation des relations entre la République fédérale et l'État hébreu[60].

La situation d'ensemble permet donc, à ce moment, d'imaginer concrètement l'ouverture d'une représentation de RFA en Israël. Et dès le 19 juillet, en fonction des premières analyses reçues, l'AA peut envisager favorablement l'idée que l'État hébreu devrait bientôt lui soumettre. D'autant plus qu'une telle représentation paraît plus que

---

[57] Engagement datant du mois de mai précédent, alors que Brentano n'était encore que le président du groupe CDU au Bundestag, évoqué par Shinnar lors d'un entretien avec Frowein (PA/AA, Abt. VII, Vol. 1025, Note écrite (206.244.13 5479/55), 9 mai 1955, Frowein.

[58] *Ibid.*, Abt. II, Vol. 252, Document (308.210.02 92.19 1149/55), 2 juillet 1955, von Welck.

[59] Voir par exemple *ibid.*, Abt. III, Vol. 172, Lettre de l'ambassade de RFA à Rio de Janeiro (210.02 2070/55) à l'AA, 31 juillet 1955, ou Lettre du consulat général de RFA à Chicago (210 564/55) à l'AA, 30 août 1955.

[60] *Ibid.*, voir par exemple Lettre du consulat général de RFA à Montréal (210.02 387/55) à l'AA, 5 août 1955. Les seuls échos réellement négatifs proviennent des capitales arabes qui ne cessent de dénoncer tout rapprochement entre les deux pays.

jamais nécessaire pour répondre aux besoins nés du traité, même aux yeux des fonctionnaires de l'Abteilung III traditionnellement plus fermes que ceux des autres services à l'égard de l'État hébreu[61]. On notera toutefois que la Direction en question nuance son point de vue en soulignant que les conditions régnant en Israël ne semblent pas les meilleures pour la mise en place d'une représentation. Par ailleurs, l'Abteilung III tient à souligner les précautions à prendre dans une telle éventualité en raison des menaces arabes. D'où la suggestion d'une solution intermédiaire acceptable par tous :

> « On prendrait en compte de manière satisfaisante les besoins réels en établissant d'abord un bureau de passeports et de visas, et ce de préférence à Haïfa où les navires allemands accostent presque tous. »

La solution proposée ici est à mi-chemin entre un simple bureau commercial et une représentation officielle. Elle a l'avantage de répondre aux besoins urgents en prenant en compte le développement du commerce germano-israélien dans le cadre ou en dehors du traité. Elle permet en outre d'éviter la situation délicate qui devrait résulter de la fermeture prochaine du bureau des affaires allemandes du consulat britannique de Haïfa. Par ailleurs, elle escamote la question de l'établissement de relations diplomatiques entre Bonn et Jérusalem, et évite de faire courir à la RFA le risque d'une réaction brutale des États arabes. Elle constitue enfin un véritable premier pas qui doit servir à préparer le passage à un stade ultérieur.

Les idées de l'AA au sujet de la représentation ouest-allemande en Israël s'alimentent également de nombreuses rumeurs. Celles-ci se multiplient à partir de 1954, avec la fréquence des déclarations portant sur la question. Dans l'ensemble l'AA et ses représentants s'empressent de démentir les informations diffusées à ce propos : ils sont ainsi régulièrement obligés de fournir des explications propres à atténuer la portée de prises de position gênantes, tout en ne négligeant rien pour préparer le terrain[62].

---

[61] *Ibid.*, Note écrite (308.210.02 92.19 1299/55), 19 juillet 1955, von Welck.

[62] Dans sa réponse à une lettre inquiète du Caire (*ibid.*, Abt. III, Vol. 172, Télégramme de l'AA (308.210.01 92.19 275/55), 7 mars 1955, von Welck), l'AA doit préciser la teneur d'une déclaration du responsable de l'Office fédéral de presse, Felix von Eckardt, et annoncer que « l'installation d'une représentation allemande en Israël n'aurait rien d'exceptionnel. En outre,

Il arrive par ailleurs que les rumeurs suscitent des idées ou soient l'occasion de lancer des ballons d'essai. C'est ainsi que l'ambassadeur ouest-allemand à Beyrouth est à un moment presque disposé à accepter l'idée d'un bureau commercial en Israël, à condition que celui-ci ne soit pas installé à Jérusalem[63]. De même, dans la réponse qu'il apporte à la consultation du 2 juillet 1955, l'ambassadeur de RFA au Caire repousse l'idée de relations diplomatiques, mais accepte, sous certaines réserves, celle d'une représentation commerciale ; car selon lui un tel bureau permettrait à la fois de parvenir à un apaisement dans les relations entre Israël et l'Égypte et de développer les relations commerciales germano-israéliennes[64].

Une semaine avant les élections, c'est Shinnar qui reprend le thème de la représentation ouest-allemande[65] ; mais sa prise de position n'est pas directement suivie d'une proposition israélienne à l'adresse de Bonn. En effet, malgré la victoire du *Mapaï*, les consultations qui ont lieu au sein du gouvernement israélien sur la question non seulement n'aboutissent pas rapidement à une solution mais au contraire retardent l'invitation au gouvernement de Bonn. Dans le même temps, alors que l'AA commence à ne plus croire à une initiative de Jérusalem, les réflexions se poursuivent au sein du ministère et sont nourries par le séjour de Frowein en Israël[66]. Le temps a pour résultat de laisser le doute s'installer dans les esprits, d'autant que les Directions de l'AA sont loin d'être d'accord sur la marche à suivre[67].

---

elle ne serait peut-être pas grand-chose de plus qu'une modification formelle de l'état de fait. » La réponse d'usage consiste à indiquer qu'un jour la RFA disposera d'une représentation en Israël, mais que la question n'est pas d'actualité (voir réponse à la Jordanie *in ibid.*, Lettre Amman (210 E 1914/55), 19 septembre 1955).

[63] *Ibid.*, Abt. II, Vol. 252, Lettre de l'ambassade de RFA à Beyrouth (210.02 339/54) à l'AA, 25 mai 1954, Nöhring.

[64] *Ibid.*, Abt. III, Vol. 172, Lettre de l'ambassade de RFA au Caire (2538/55) à l'AA, 5 août 1955.

[65] *Ibid.*, Abt. VII, Vol. 1025, Note écrite (206.244.13 8476/55), 20 juillet 1955, Brückner.

[66] *Ibid.*, Abt. III, Vol. 172, Note écrite (206.244.13 12 813/55), 8 novembre 1955, Frowein.

[67] Les divergences entre les Directions de l'AA apparaissent clairement lors d'une réunion de leurs responsables le 15 décembre 1955 (*ibid.*, Compte rendu discussion entre les différentes directions de l'AA, 15 décembre 1955) : la Direction des affaires politiques est favorable à l'attribution immédiate d'un caractère officiel à la future représentation, tandis que l'Abteilung III préfère l'établissement progressif de relations et préconise de s'abstenir tout d'abord de prérogatives consulaires.

Le passage d'Abraham Frowein en Israël, au mois d'octobre 1955, est l'occasion de développer la réflexion sur le problème. Les documents rédigés dans la perspective de ce séjour, notamment l'un d'eux établi par K. Carstens, permettent de faire le bilan de l'évolution des idées au cours de cette période d'attente[68]. En premier lieu, l'AA souligne une nouvelle fois que la RFA est toujours prête à établir des relations diplomatiques, mais que l'initiative en la matière revient à Israël, seul capable de juger du moment approprié. En outre, le gouvernement fédéral est disposé à un établissement progressif de relations entre Bonn et Jérusalem sur la base d'une première représentation mise en place dans le cadre strict du traité. Mais dans les recommandations destinées à Frowein, l'AA prend également en compte des problèmes issus de la situation du moment. Lors des discussions que le fonctionnaire sera amené à avoir en Israël, celui-ci doit en effet s'abstenir d'évoquer deux éléments : le lieu d'implantation de la représentation, en raison du problème de Jérusalem, et le statut des représentants ouest-allemands au sein de ce bureau commercial.

Dans le contexte qui vient d'être décrit, certains hauts fonctionnaires rappellent la RFA à ses obligations vis-à-vis de l'État hébreu. Ainsi, le responsable de la Direction des affaires politiques, Wilhelm Grewe, souligne, dans un document daté du 2 décembre 1955, les risques qui résulteraient d'une fin de non-recevoir opposée à Israël. Pour appuyer son point de vue, Grewe rappelle tout d'abord que l'Allemagne de l'Ouest, qui s'est toujours targuée de rester neutre dans le conflit du Moyen-Orient, court le risque de ne pas respecter cette réserve[69]. Selon lui, refuser à Israël l'établissement de relations diplomatiques ou reporter cette décision, c'est clairement abandonner la position adoptée jusqu'alors et établir un lien entre la politique arabe et la politique israélienne de Bonn, alors que ces deux domaines n'ont rien en commun. Pour le responsable de l'Abteilung II, un tel geste risquerait en fait de rendre la situation du Moyen-Orient encore plus difficile ; sans compter qu'il faut s'attendre à ce que les Israéliens reçoivent l'appui

---

[68] *Ibid.*, Abt. IV, Vol. 137, Document (2/21.700.01/35 10 905/55), 22 septembre 1955, Carstens.

[69] *Ibid.*, Abt. VII, Vol. 1025, Note écrite (206.244.13 13 929/55), 2 décembre 1955, Grewe.

des USA et qu'un refus par Bonn de relations formalisées aurait pour résultat de détruire l'effet moral du traité de réparations.

En somme, l'opinion de Grewe est claire, et elle se fonde sur des raisons très réalistes : l'Allemagne de l'Ouest a tout intérêt à disposer d'une représentation en Israël ; que ce soit pour assister les entreprises ouest-allemandes travaillant dans le cadre du traité ou pour pallier les gênes dues à la médiation du consulat britannique de Haïfa, une telle solution s'impose selon lui[70].

Dans ce document, Grewe apparaît donc résolument favorable à ce qu'une réponse positive soit donnée à Israël, ce qu'il confirme un peu plus tard en présence de Shinnar[71]. Mais le texte en question est à usage interne. Et la teneur des informations transmises par le même Grewe une semaine plus tard au responsable de la mission israélienne de Cologne est tout à fait différente et reflète surtout les difficultés du ministère à définir une ligne de conduite unique : si, en cette fin 1955, il y a accord sur le but ultime, à savoir l'établissement de relations entre Bonn et Jérusalem, les services des Affaires étrangères sont encore loin d'être parvenus à une position nette sur les moyens à utiliser pour atteindre cet objectif[72].

Dans ce contexte incertain, quelques fonctionnaires de l'AA restent attachés à titre personnel à de meilleures relations même s'ils sont contraints à accepter la position officielle de leur administration. C'est le cas notamment de Frowein quand il opte pour un report des consultations sur la représentation ouest-allemande en Israël, à la fin de 1955[73]. À cette occasion, il nuance ses propos officiels en se prononçant pour une attitude claire de la part de la République fédérale ; car selon lui, son pays doit à Israël la franchise, ce qui signifie ne rien cacher à Shinnar des raisons qui inspireraient les objections formulées à l'encontre d'une offre israélienne. Et cette attitude se démarque

---

[70] Dans son esprit, une telle représentation est à mettre sur le même plan que des délégations commerciales ouest-allemandes envisagées alors pour les pays de l'Est, en particulier la Pologne.

[71] ISA, Foreign Office, 2516/8, Addenda à la lettre de F. Shinnar au ministre israélien des Affaires étrangères, 29 février 1956.

[72] PA/AA, Abt. III, Vol. 172, note, 9 décembre 1955, Grewe.

[73] *Ibid.*, Abt. IV, Vol. 137, Note écrite (206.700.01/35 14 755/55), 21 décembre 1955, Frowein.

fortement de celle adoptée par d'autres fonctionnaires du ministère qui n'hésitent pas alors à considérer l'État hébreu comme une quantité négligeable.

Après l'invitation officielle d'Israël à négocier, qui parvient finalement à Bonn à la fin de janvier 1956, l'implantation d'une représentation ouest-allemande sur le territoire de l'État hébreu repasse au centre des réflexions de l'AA. Et si désormais la situation ne paraît plus favorable à l'installation d'un tel bureau, l'idée trouve néanmoins encore des partisans au ministère des Affaires étrangères.

Ainsi, au début de février 1956, dans la réponse à une lettre de N. Goldmann, Brentano s'avoue conscient des risques pour la situation intérieure de l'État hébreu qui résident dans un éventuel refus ouest-allemand[74]. C'est pour cela qu'il annonce travailler à une solution qui permette de satisfaire la partie israélienne et la partie arabe ; ce qui pourrait par exemple être une représentation ouest-allemande compétente exclusivement pour des opérations afférentes à l'accord germano-israélien. Cette proposition n'a donc pas grand-chose à voir avec une éventuelle formalisation des relations.

Par ailleurs, les deux principaux responsables des Affaires étrangères, Brentano et Hallstein, reçoivent, au début du mois de mars, une lettre du représentant ouest-allemand auprès de l'Otan, Herbert Blankenhorn. Ce diplomate occupe une place spécifique parmi le corps diplomatique de RFA ainsi que dans le cadre particulier des relations avec Israël. Considéré dans les premières années de la RFA comme le plus proche collaborateur d'Adenauer, Blankenhorn prend part intensément à l'établissement de contacts entre Bonn et des responsables juifs puis israéliens. En ceci, il s'inscrit parfaitement dans la lignée de la politique du chef de gouvernement[75].

Après la conclusion et la ratification de l'accord de Luxembourg, Blankenhorn se tient à l'écart des problèmes germano-israéliens, mais il

---

[74] *Ibid.*, Lettre de N. Goldmann à Adenauer, 7 février 1956 et Projet de réponse à la lettre de Goldmann du 7 février 1956, von Brentano.

[75] Même si certains interprètent son empressement à agir en faveur des Juifs et d'Israël comme la volonté d'effacer une trop grande compromission sous le régime nazi (voir en particulier, DÖSCHER, H. J., *Verschworene Gesellschaft - Das Auswärtige Amt unter Adenauer - Neubeginn und Kontinuität*, Berlin, 1995, et SHAFIR, S., *Ambiguous Relations*, op. cit., pp. 174-175).

est conscient que l'établissement de liens solides et durables entre Bonn et Jérusalem est inéluctable. Sa présence à Paris et ses contacts privilégiés avec de nombreuses personnes impliquées dans ces relations en font un intermédiaire tout désigné. Il organise ainsi de fréquentes rencontres entre responsables ouest-allemands et juifs et s'entretient lui-même régulièrement avec des personnalités juives ou israéliennes[76].

Tout au long de la période, Blankenhorn reste en contact régulier avec le chancelier et observe l'évolution des relations entre son pays et l'État hébreu. C'est pour cela que les tergiversations accrues de l'AA le poussent à intervenir directement ; car il s'agit pour lui de préserver les acquis du traité, en particulier la bonne atmosphère suscitée par l'exécution loyale par Bonn des clauses de l'accord de la part des autorités de Bonn[77].

La lettre que Blankenhorn envoie aux responsables de l'AA précède d'un jour l'entrevue entre Brentano et Shinnar prévue pour le 6 mars, au cours de laquelle doit être transmise la réponse à la proposition israélienne du 27 janvier. Dans ce texte, le diplomate suggère brièvement une ligne de conduite qui satisfasse l'État hébreu tout en respectant les desiderata ouest-allemands[78]. En apparence donc, Blankenhorn ne fait que reprendre des arguments classiques : il insiste sur le fait que la RFA est en plein accord avec Israël sur le principe de relations formelles, tout en précisant que Bonn doit attendre le moment le plus opportun pour concrétiser ses intentions.

Après avoir admis la position officielle de Bonn, Blankenhorn en vient à proposer une solution originale qui fait tout l'intérêt de sa lettre. En effet, comme l'ouverture de la représentation ouest-allemande n'est pas possible dans l'immédiat, il suggère un lien d'un

---

[76] C'est lui qui organise la rencontre entre N. Goldmann et Brentano à Paris au mois de décembre 1955 (Projet de réponse à la lettre de Goldmann du 7 février 1956). Et dans son journal publié en 1980 (*Verständnis und Verständigung - Blätter eines politischen Tagebuchs 1949 bis 1979, op. cit.*), Blankenhorn évoque (p. 141) les contacts réguliers et appréciés qu'il a avec Felix Shinnar.

[77] À la mi-février 1956, Blankenhorn s'est déjà exprimé en faveur d'une accélération de la réflexion de l'AA (CZA, Papiers N. Goldmann, 1111, Lettre de N. Goldmann à M. Sharett, 13 février 1956).

[78] BA, Papiers H. Blankenhorn (NL 351), Vol. 61 b, Lettre de Blankenhorn à Hallstein et von Brentano, 5 mars 1956.

autre type : une chambre de commerce germano-israélienne. Le bureau en question, dirigé par une personnalité éminente de la vie économique ouest-allemande, constituerait, à son niveau, une implantation dont les tâches « découle[raient] du traité avec Israël et des réparations en général ». La proposition formulée par Blankenhorn a un avantage important, celui de ne pas risquer de provoquer la colère des Arabes puisqu'il existe un office de ce type au Caire. Et si elle était suivie d'effet, elle permettrait à la RFA de disposer malgré tout d'un bureau en Israël et d'agir directement sur le gouvernement israélien pour l'inciter à la modération, sans dépendre de la mission de Cologne. Par là même, Bonn pourrait donc exercer une influence pacificatrice au Moyen-Orient.

Mais la proposition de Blankenhorn n'a pas d'effets tangibles dans l'immédiat, et la rencontre du 6 mars entre Brentano et Shinnar ne donne lieu à aucune décision de la part du ministre. Il faut attendre une nouvelle entrevue, le 13, et un courrier daté du lendemain pour que soit enfin confirmée l'intention effective de l'AA d'installer un bureau en Israël et d'entamer les pourparlers nécessaires à cet effet[79].

Pour de multiples raisons Brentano accepte donc finalement d'engager des négociations avec Israël[80]. Mais sa réponse semble avant tout guidée par la volonté de gagner du temps avant de fixer définitivement la position ouest-allemande ; car le ministre a pris connaissance, avant sa première entrevue avec Shinnar, de développements de la politique internationale qui commandent une

---

[79] SHINNAR, *op. cit.*, p. 113, « Suite à notre entretien du 6 de ce mois, je vous fais part du fait que le gouvernement fédéral est par principe d'accord pour installer un bureau en Israël qui correspondrait *mutatis mutandis* à la mission israélienne [de Cologne]. La date de mise en place de ce bureau et le détail de ses tâches seront à régler plus tard au cours de négociations avec vous. » La décision de Brentano est interprétée de la même manière par les services de l'AA qui s'expriment le même jour : ainsi la Direction des affaires économiques écrit (PA/AA, Abt. IV, Vol. 136, Document Dg 41, 13 mars 1956, Junker) : « Il est ressorti de l'entretien [...] que M. le ministre fédéral a désormais bien accordé à M. Shinnar un bureau pour la conduite de l'accord avec Israël qui ne dispose toutefois pas de compétences consulaires. »

[80] Mais la décision du ministre ne correspond pas à un revirement profond de sa part : il semble qu'il ait subi une pression de la part d'Adenauer au cours de la semaine séparant les deux entrevues avec Shinnar. Brentano doit en outre respecter un engagement antérieur envers Nahum Goldmann.

attitude nuancée de Bonn[81]. C'est pour cette raison que Brentano ne donne pas tout de suite une réponse négative à Shinnar : une concession, temporaire, à Israël doit calmer les esprits et donner à Bonn le délai indispensable à une analyse approfondie de la situation.

5. Le travail de la RFA pour améliorer son image dans le monde

Outre les raisons précédemment évoquées qui poussent la RFA à faire montre de bonne volonté à l'égard d'Israël, il ne faut pas sous-estimer des motifs de relations publiques. Car au début des années cinquante la RFA ressent le besoin impérieux de montrer qu'elle fait définitivement partie du camp occidental et des pays démocratiques : travailler au rapprochement entre Bonn et Jérusalem, c'est servir l'intérêt de l'Allemagne fédérale, multiplier le nombre de ses alliés, renforcer son intégration et prouver l'orientation démocratique du gouvernement de Bonn. Pour cela, il s'agit tout d'abord de montrer que l'accord de Luxembourg n'est pas un épisode sans lendemain mais constitue bien un élément d'une politique cohérente dont la continuation est la formalisation, sinon la normalisation, des relations entre la RFA et l'État hébreu. Et dès le départ, les autorités de Bonn, en particulier le chancelier fédéral, sont conscientes du rôle que l'accord et ses suites peuvent jouer pour l'image de l'Allemagne dans le monde[82].

Le travail de relations publiques dont il est ici question comporte plusieurs facettes.

Il concerne en premier lieu l'image de l'Allemagne fédérale en Israël même. La RFA dispose là d'alliés de poids avec Ben Gourion et Sharett, qui reprennent régulièrement dans leurs déclarations le motif

---

[81] En particulier l'annonce d'une future reconnaissance de la RDA par l'Égypte (qui figurerait dans une clause secrète de l'accord d'armement entre la Tchécoslovaquie et l'Égypte, voir PA/AA, Abt. VII, Vol. 1024, Document pour von Brentano, préparation d'un entretien avec Shinnar, 6 mars 1956).

[82] Adenauer souligne ce point de vue lors d'une réunion du gouvernement ouest-allemand, le 20 mars 1953 (*Die Kabinettsprotokolle der Bundesregierung, op. cit.*, 283. Kabinettssitzung, p. 229).

d'une « nouvelle Allemagne ». Personnalisée par Adenauer, cette « nouvelle Allemagne » justifie et fonde leur propre politique.

Dans cette opération de relations publiques, Bonn bénéficie également des conseils d'Israéliens disposés à travailler à l'amélioration de l'image de l'Allemagne de l'Ouest. De véritables campagnes sont alors organisées pour faire connaître un pays qui n'a rien à voir avec le régime nazi et se préoccupe réellement de l'avenir d'Israël[83].

Par ailleurs, la RFA se sert des échos positifs que rencontrent ses efforts auprès des Juifs américains pour accréditer aux yeux des Israéliens l'idée que l'Allemagne s'est profondément modifiée depuis la fin de la Seconde Guerre mondiale. Ainsi, lorsqu'en 1954 l'organisation juive *B'nai B'rith* publie un satisfecit sur la situation politique de l'Allemagne fédérale, celui-ci reçoit un accueil très positif de la part de l'AA qui juge utile de le transmettre à la mission israélienne de Cologne afin que celle-ci en fasse bon usage[84].

Outre les soutiens dont elle peut profiter en Israël ou aux USA, la RFA se fie à ses propres forces pour faire connaître la nouvelle Allemagne ; mais l'absence d'une représentation dans l'État hébreu oblige à trouver une solution alternative. C'est pourquoi l'agence d'informations, dont le journaliste R. Vogel propose la création à Brentano au tournant 1955-1956, prend une dimension particulièrement importante[85] : elle n'est pas tant destinée à informer la RFA sur Israël qu'à accroître dans l'État juif la connaissance de la République fédérale. Le journaliste se fixe ainsi pour objectif de « démanteler les sentiments légitimes et injustifiés qui [...] sont hostiles » à la RFA, et à cette fin il dresse une liste très étendue des tâches du bureau d'informations en question[86].

---

[83] C'est ainsi que dans une de ses correspondances avec l'AA, W. Hirsch préconise de donner les moyens de diffuser en Israël le film de Rolf Vogel *Israel - Staat der Hoffnung* (PA/AA, Abt. VII, Vol. 1018, Correspondance W. Hirsch, 1er novembre 1955).

[84] *Ibid.*, Abt. II, 212.06 : Antisemitismus - 1954-1955, Vol. 212, Lettre de l'AA (206.212.06 16 139/54) à Uri Naor, 20 novembre 1954, Frowein. Le rapport est accepté par la mission de Cologne (*ibid.*, Lettre de Naor à Frowein, 23 novembre 1954).

[85] *Ibid.*, Minister Büro, Vol. 130 : Beziehungen der Bundesrepublik Deutschland zu den Ländern im Nahen Osten, Lettre de Rolf Vogel à von Brentano, 16 novembre 1955.

[86] Établir des contacts avec les journalistes israéliens d'expression allemande et diffuser des informations sur l'Allemagne fédérale ; susciter des contacts privés et diffuser du matériel de

Le souci de Bonn de diffuser en Israël une image favorable de la RFA se fait encore plus pressant lorsque la perspective d'une formalisation des relations entre Bonn et Jérusalem s'éloigne. Les personnes concernées par ce problème perçoivent alors parfaitement la nécessité de compenser l'absence prolongée d'une représentation ouest-allemande par des efforts accrus à l'adresse de l'opinion publique de l'État hébreu. Les projets de Vogel, que ce soit son idée d'un bureau ou plus simplement d'un voyage d'information en Israël, prennent alors une importance croissante également ressentie par la partie israélienne[87]. C'est pourquoi l'AA étudie sérieusement l'éventualité d'une participation financière au séjour du journaliste, avec l'accord du ministre[88].

Parmi les raisons qui motivent la campagne de relations publiques orchestrée par la République fédérale, il faut également évoquer le rôle que joue la communauté juive de la diaspora, en particulier celle des États-Unis. Celle-ci occupe en effet une place particulière du fait de son rôle réel, ou de l'importance que lui accorde l'AA, dans sa recherche d'une voie médiane entre la coopération avec Israël et le maintien de relations correctes avec les États arabes.

La quête de l'appui juif est une préoccupation constante de certains fonctionnaires de l'AA. Elle est également à replacer dans le cadre des efforts visant à obtenir le plus rapidement possible une souveraineté ouest-allemande complète. Car la communauté juive apparaît comme l'intermédiaire obligé pour parvenir à une assise plus stable dans le monde occidental : pour Bonn, se réconcilier avec les Juifs et avec Israël, c'est renforcer les liens avec les USA ; et à l'inverse, renforcer les liens avec les USA, c'est faciliter la discussion avec Israël. Et le travail

---

propagande ; établir des contacts en vue de liens entre les industries ouest-allemande et israélienne ; transmettre des documents sur les cas de dédommagement en souffrance ; entrer en relation avec des implantations de Juifs allemands « qui pourraient, à l'avenir, être d'une grande utilité » ; et, enfin, encourager les dons allemands à Israël. Vogel va jusqu'à considérer que le bureau qu'il propose peut être la base d'une future représentation officielle de RFA en Israël.

[87] Ainsi le film que Vogel réalise sur Israël est suivi d'une invitation officielle du gouvernement de l'État juif à son auteur (PA/AA, Büro Sts, Pressereferat, Vol. 258, Lettre de R. Vogel à Diehl, 19 janvier 1956).

[88] *Ibid.*, Lettre de Diehl (Presseref. 168/56) à Dvorak (Office fédéral de presse), 31 janvier 1956.

que les autorités ouest-allemandes doivent fournir est d'autant plus important que les Juifs américains sont à l'égard de la RFA, au moins au départ, dans des dispositions encore moins favorables que les Juifs d'Israël[89].

Ce sont en premier lieu les responsables de l'AA, en particulier Konrad Adenauer, qui s'efforcent de gagner les faveurs de la communauté juive des États-Unis. Le souci du chancelier et ministre des Affaires étrangères en la matière apparaît déjà clairement au moment des négociations de Wassenaar, ainsi que lors de la signature de l'accord de Luxembourg et du débat sur sa ratification. Les contacts réguliers qu'il entretient avec N. Goldmann et les échos qu'il reçoit des États-Unis le convainquent encore plus de l'importance de la communauté juive américaine. C'est pour cela qu'Adenauer pense que la RFA doit mettre à profit l'impact de la signature et de la ratification de l'accord de réparations pour aboutir à ses fins[90].

Plusieurs éléments témoignent de l'intérêt manifesté par l'Allemagne de l'Ouest pour le groupe de pression que constituent les Juifs américains. Ainsi, quelques jours après la signature de l'accord de Luxembourg, l'AA prévoit, sur les conseils du journaliste K. Marx, de suivre attentivement et de donner un certain retentissement à la visite du responsable du *Zentralrat*, H. van Dam, aux États-Unis[91]. Car ce séjour, premier du genre, doit permettre de profiter de l'effet porteur de l'accord et confirmer les bonnes impressions qu'il a suscitées.

C'est dans le même but qu'au moment où le processus de ratification du traité entre dans sa phase finale, Bonn songe à faire intervenir N. Goldmann dont l'AA connaît les bonnes dispositions à l'égard de

---

[89] Confidence de Manfred George, rédacteur en chef du journal *Aufbau-Reconstruction*, à un diplomate ouest-allemand à Washington, H. Riesser (*ibid.*, Abt. III, 212.06, Vol. 1 : Rasse- und Nationalitätenfragen - Judenfrage und Antisemitismus, Lettre de l'ambassade de RFA à Washington (244 B 1736/51), 14 novembre 1951, Riesser), et SHAFIR, S., *Ambiguous Relations*, *op. cit.*, p. 85 et suiv.

[90] Comme l'écrit H. Blankenhorn (KAS, Papiers E. Gerstenmaier (I 210), Vol. 067/2, Referat über den Israel-Vertrag, s. d. (1953), Blankenhorn) : « Si nous voulions fixer les relations avec notre environnement sur de nouvelles bases, un règlement des rapports de l'Allemagne avec le judaïsme était une pierre d'angle décisive de l'ensemble du bâtiment. »

[91] PA/AA, Büro Sts, Pressereferat, Vol. 242, Note adressée à Diehl, 19 septembre 1952, Schern. Il est prévu de faire accueillir van Dam à l'aéroport de New York par l'attaché de presse du consulat de RFA.

l'Allemagne fédérale. Une prise de position de Goldmann permettrait en effet de rassurer l'opinion publique américaine, juive et non juive, en particulier après la publication dans la presse des États-Unis d'une série d'articles très critiques à l'égard de Bonn[92].

L'attention que les autorités de Bonn portent à la communauté juive américaine est particulièrement manifeste lors du voyage qu'Adenauer fait aux États-Unis, immédiatement après la ratification du traité germano-israélien. Ce séjour est en effet pour le chancelier l'occasion de souligner l'ampleur des réparations accordées aux Juifs du monde entier et à Israël ; il représente aussi la possibilité de dégager des perspectives de rapprochement entre Bonn et Jérusalem en s'adressant à une communauté très liée à l'État hébreu et qui soutient de plus en plus nettement la politique de Ben Gourion. Une fois aux États-Unis le chancelier multiplie les interventions devant des auditoires favorables à sa cause dans le but de faire passer un message convenu : il sollicite la confiance pour une Allemagne dont l'accord avec Israël atteste mieux que toute autre démarche le désir de renouveau[93].

Le souci de parvenir aux meilleures relations possibles avec les Juifs est également très vif chez les représentants à l'étranger de la République fédérale, pas seulement aux États-Unis. C'est ainsi que les diplomates ouest-allemands en poste en Amérique latine font tout pour transmettre une image fidèle de la « nouvelle Allemagne » et améliorer leurs relations avec les communautés juives[94]. On notera par ailleurs que dans ces pays les diplomates de Bonn font appel à des intervenants extérieurs et neutres pour renforcer leur propre travail de relations publiques, en particulier auprès des Juifs originaires d'Allemagne[95].

---

[92] *Ibid.*, Vol. 245, Projet de lettre à Nahum Goldmann, 5 mars 1953.

[93] Adenauer s'exprime devant des clubs (comme le *Commonwealth Club* à San Francisco), des associations scientifiques (le *Council on Foreign Relations* à New York), des membres de la presse américaine (*National Press Club* à Washington) (v. PA/AA, Abt. III, 752.01/80 : Reise des Bundeskanzlers nach USA-1953).

[94] C'est de la sorte qu'il faut interpréter la multiplication des gestes de bonne volonté à l'adresse d'Israël car ceux-ci sont en fait autant de signaux destinés au judaïsme local. L'affaire du pavoisement proposé par l'ambassadeur de RFA à Rio de Janeiro est un bon exemple de cette préoccupation.

[95] C'est ainsi que l'Office de presse et d'information du gouvernement fédéral se déclare prêt à financer un séjour en Argentine du journaliste Karl Marx pour qu'il aille à la rencontre des Juifs allemands installés dans ce pays. Cet accord (*ibid.*, Abt. III, 212.06 : Judenfrage und

C'est cependant aux États-Unis que les représentants ouest-allemands s'efforcent le plus d'améliorer l'image de leur pays, dans la logique de ce qui avait été engagé au moment du débat sur la ratification du traité de Luxembourg.

Dans ce cadre, les représentations de la RFA entretiennent d'étroits contacts avec les émigrés juifs allemands, en particulier à New York où ceux-ci sont nombreux et disposent d'organes de presse. Les diplomates se préoccupent alors de développer des contacts déjà anciens dans le but de défendre les acquis du traité et de renforcer le soutien que la communauté d'exilés accorde bon gré mal gré à la politique ouest-allemande. Leur action passe par exemple par la reprise de déclarations faisant écho aux gestes d'Adenauer, qu'elles émanent des milieux juifs américains[96] ou ouest-allemands[97]. Elle utilise également les journaux des émigrés allemands pour expliquer la politique de Bonn : c'est le cas de l'interview accordée par Heinrich von Brentano à *Aufbau*, lorsque la recherche du soutien des Juifs américains est encouragée par l'ambassade de RFA à Washington[98].

Outre les contacts directs avec les Juifs américains, les représentations ouest-allemandes aux États-Unis opèrent par l'intermédiaire

---

Antisemitismus, Vol. 4, Lettre du *Presse u. Informationsamt* (264 IV 223/55) à K. Marx, 31 janvier 1955) répond à la demande du journal argentin juif d'expression allemande *Argentinisches Tageblatt* et de l'ambassade de RFA à Buenos Aires.

[96] En 1953, Kurt R. Grossmann rédige une brochure intitulée *Germany's moral debt* (*op. cit.*). L'ambassadeur à Washington contacté par Grossmann s'empare immédiatement de l'affaire (PA/AA, Abt. II, Vol. 1684, Lettre de l'ambassade de RFA à Washington (210.01/35 2627/53) à l'AA, 3 décembre 1953, Krekeler), souligne l'intérêt qu'a l'Allemagne de l'Ouest de voir son action louée par un juif américain et soutient la diffusion de l'ouvrage pour amadouer la communauté juive américaine.

[97] C'est ainsi que le consulat de RFA à La Nouvelle-Orléans demande à obtenir plusieurs exemplaires de l'*Allgemeine* « pour disposer de cette manière d'un témoin principal insoupçonnable dans le cas de nécessaires exposés » (*ibid.*, Büro Sts, Pressereferat, Vol. 248, Lettre du consulat de RFA à La Nouvelle-Orléans (600.01 17/53) à l'AA, 20 janvier 1953, Böx). Le 29 juin 1953, l'AA annonce à K. Marx (*ibid.*, Lettre du *Pressereferat* (Sts 1021/53 III) à K. Marx, 29 juin 1953, Diehl) la souscription de neuf nouveaux abonnements à son journal : parmi les représentations concernées figurent de manière éloquente Washington, Chicago, Atlanta, San Francisco, Detroit, Seattle, Los Angeles et La Nouvelle-Orléans.

[98] *Ibid.*, Abt. II, Vol. 252, Lettre de l'ambassade de RFA à Washington (600 514/54) à l'AA, 2 mars 1954, Krekeler.

d'agences de relations publiques[99]. C'est à la demande des diplomates de la RFA que ces bureaux se font les interprètes de la cause ouest-allemande auprès des cercles les plus sensibles de la communauté juive ; ceci est particulièrement nécessaire lors de coups d'éclat contre certaines personnalités ouest-allemandes, comme dans le cas de Herbert von Karajan en 1955. Le travail de ces offices consiste alors à faire publier des articles favorables à la RFA dans la presse de tous les États-Unis, et ces actions sont souvent couronnées de succès[100].

Par ailleurs, les diplomates en poste aux États-Unis encouragent les visites de délégations juives américaines en Allemagne fédérale. Car non seulement de tels séjours permettent aux responsables juifs de se rendre personnellement compte de la situation politique du pays, mais ils peuvent aussi contribuer à améliorer l'image de l'Allemagne en Amérique du Nord. De fait, alors que N. Goldmann paraît depuis longtemps acquis à la cause de la « nouvelle Allemagne », d'autres personnalités juives ont encore besoin d'éléments qui leur prouvent la réalité de l'évolution démocratique de la République fédérale. C'est ce qui explique que certains représentants ouest-allemands sollicitent une participation directe du chancelier fédéral qui doit, selon eux, prendre le temps de recevoir les dirigeants juifs et démontrer l'ampleur des changements intervenus depuis 1949[101].

Mais par-delà la seule communauté juive des États-Unis, ce sont évidemment l'administration et l'opinion publique américaines qui sont visées dans cette campagne de relations publiques. Car les autorités

---

[99] Les représentations de la RFA sont principalement en contact avec deux bureaux de relations publiques dirigés par des Juifs américains : *Julius Klein Public Relations* à Chicago qui se charge de l'ensemble du Middle West et *Roy Bernard* (Blumenthal) pour la côte est, en particulier New York.

[100] C'est ainsi que le bureau de Roy Bernard obtient par exemple du *Reader's Digest* qu'il publie un numéro spécial sur les réparations (BA, B 102, Vol. 6419 H1, Lettre d'*Inter-Nationes* au ministère fédéral de l'Économie, 8 septembre 1954, Dahmen).

[101] Voir par exemple PA/AA, Abt. III, 752.05/80 : Besuche Staatsmänner oder Prominente Persönlichkeiten aus den USA, Vol. 4, Note écrite (305.752.05 91.36 473/55), s. d. (10 mars 1955 ?). Ce texte émanant de la section « États-Unis/Canada » (Ref. 305) encourage la proposition de l'ambassadeur ouest-allemand à Washington (*ibid.*, Télégramme de l'ambassade de RFA à Washington (172) à l'AA, 7 mars 1955, Krekeler) de faire recevoir P. M. Klutznik, du *B'nai B'rith*, par le chancelier pour faciliter la réconciliation entre l'Allemagne fédérale et les Juifs des USA.

de Bonn conservent à l'esprit le souci d'accélérer l'intégration occidentale de l'Allemagne fédérale et de renforcer l'« alliance atlantique » auxquelles elles aspirent. Convaincues, à tort ou à raison, de l'influence d'un lobby juif sur la Maison Blanche, elles prévoient qu'une amélioration des relations entre la RFA et les Juifs nord-américains, elle-même obtenue grâce à des gages de bonne volonté à l'adresse d'Israël, ne pourra que renforcer la crédibilité de la « nouvelle Allemagne » aux États-Unis. Et à son tour ce crédit est pour Bonn le moyen de conserver la participation des USA à la sécurité de la RFA et d'assurer son évolution vers la souveraineté.

La RFA n'est donc pas seulement guidée par des considérations de relations publiques lorsqu'elle se préoccupe de son image aux USA. Les dirigeants de Bonn savent en outre que leur pays peut constituer une pièce maîtresse dans la stratégie américaine au Moyen-Orient. L'accord de réparations joue ainsi un rôle fondamental, mais il n'est pas une fin en soi ; sa conclusion n'est qu'une étape de la progression de la République fédérale vers sa souveraineté et son adhésion définitive au bloc occidental. Avec le temps, le traité de Luxembourg apparaît certes comme une caution morale acquise et durable, mais surtout comme un élément d'une politique moyen-orientale globale plus pragmatique de la part du monde occidental. C'est ainsi que la RFA endosse très rapidement le rôle d'un véritable médiateur dont l'action permet à ses partenaires d'agir dans plusieurs directions. Car si l'accord de réparations crée une relation particulière entre Bonn et Jérusalem, les liens spécifiques que l'Allemagne de l'Ouest entretient avec les États arabes ne sont pas non plus à négliger[102]. Dans cette mesure, la politique d'Adenauer permet à la RFA de participer indirectement aux manœuvres militaires américaines au Moyen-Orient, notamment au moment de l'aggravation de la situation de cette

---

[102] Les relations particulières qui se mettent en place entre Bonn et Jérusalem sont elles-mêmes à double sens : elles peuvent être utilisées de manière positive, avec des mesures d'encouragement, elles peuvent permettre également des mesures de rétorsion à l'encontre de l'État hébreu en faisant pression par le biais d'une menace de cessation des paiements des réparations (les États-Unis utiliseront cette arme au moment de l'attaque israélienne contre l'Égypte, en novembre 1956).

région[103]. Et l'importance accordée par Washington à la RFA permet naturellement à Bonn de renforcer son propre rôle au sein de l'Otan.

[103] Par souci de rétablir l'équilibre militaire au Moyen-Orient, après l'annonce des livraisons d'armes tchécoslovaques à l'Égypte, les États-Unis songent à stocker en Turquie ou sur Chypre des avions destinés à Israël. En ce qui concerne l'entraînement des pilotes israéliens, les bases américaines installées sur le territoire de la RFA semblent alors à même de faire l'affaire (GLENNON, J. P., NORING, N. J. (ed.), *Foreign Relations of the United States*, Washington, D. C., Vol XV, Arab-Israeli Dispute 1956, 1989, « Memorandum from the counselor of the Department of State (Mac Arthur) to the secretary of State, Washington », 14 avril 1956, avec « Proposal for stockpiling weapons for benefit of victim of aggression in Middle-East », p. 532).

C. Évolution de l'attitude ouest-allemande après la ratification : la victoire du réalisme

L'esprit du traité de Luxembourg et ses prolongements ne constituent qu'une facette des relations germano-israéliennes. Ils représentent, certes, une part importante, principalement symbolique, de la politique extérieure de la nouvelle démocratie ouest-allemande : une politique de « petits pas » qui permet à Bonn de se forger une image favorable et de consacrer son intégration dans le monde occidental. Mais au-delà des déclarations de bonne volonté et du souci de poursuivre le rapprochement entre la RFA et l'État hébreu, les relations extérieures de l'Allemagne fédérale sont avant tout teintées de réalisme. En outre, si la RFA dépend encore des puissances occidentales pour sa politique étrangère jusqu'en mai 1955, elle développe en parallèle son propre champ d'activité et se sent de plus en plus concernée par son environnement international. Cette constatation vaut aussi bien pour le cadre restreint de l'Europe que pour l'échelle planétaire, ensembles en constante mutation au début des années cinquante ; les évolutions qu'on constate à ces deux niveaux exercent une influence directe sur les gouvernants de Bonn, notamment en fonction du renforcement de la séparation du monde en deux camps, situation dont la division de l'Allemagne est le symbole.

Il s'agit ici d'analyser l'évolution de l'attitude de la RFA vis-à-vis du problème des relations diplomatiques avec Israël en fonction du développement de l'environnement mondial. Car le problème en question est à mettre en rapport avec un certain nombre d'éléments qui dépendent directement de cette transformation du contexte planétaire. En ce sens, on peut dire que la question des relations diplomatiques entre la RFA et Israël suit une évolution imprévue, pour devenir progressivement « l'enfant de la guerre froide » et s'écarter du modèle décrit précédemment.

L'évolution de l'attitude de la RFA sur la question des relations diplomatiques avec Jérusalem s'insère tout d'abord dans celle de la politique extérieure ouest-allemande en général ; elle ne peut se concevoir qu'au sein de cet ensemble plus vaste dont elle dépend étroitement[1].

Quels sont les traits caractéristiques de cette politique ?

Au début de 1953, Adenauer suit résolument l'option de l'alliance atlantique. D'une part Bonn repousse avec détermination le *Sonderweg* que la République de Weimar avait emprunté en recherchant une place entre le monde occidental et l'URSS[2]. D'autre part le chancelier confirme les choix adoptés dès 1949 et fait siennes les directives imposées par les puissances occupantes. Car la RFA juge qu'elle a sa place dans le monde occidental et tient à la préserver ; elle s'efforce de conserver les bonnes grâces de ses pays tutélaires pour assurer définitivement et sa reconstruction qui s'achève et sa sécurité qui reste une préoccupation majeure en l'absence d'une armée digne de ce nom. L'Allemagne fédérale participe en outre aux efforts de construction européenne engagés depuis trois ans et désire être considérée par les autres participants à ce programme audacieux comme un partenaire à part entière.

---

[1] Cette remarque ne concerne toutefois pas l'exécution du traité qui répond à un engagement que la RFA ne peut pas dénoncer et qui doit se poursuivre indépendamment de tout autre problème (le traité de Luxembourg comporte un article — l'article 10 — qui assure la continuation des livraisons de marchandises ouest-allemandes dans tous les cas, principalement dans le cas d'une dégradation de la situation économique de la RFA).

[2] Voir WAGNER, H., « The Federal Republic of Germany's foreign policy objectives », *Millenium*, (17) 1, printemps 1988, p. 43 et suiv.

Le lien privilégié de la RFA avec les puissances occidentales est l'œuvre du chancelier Adenauer qui définit et conduit la politique étrangère du pays. Son souci d'un rapprochement avec l'Ouest l'entraîne à écarter à tout prix les obstacles qui font échec à la réalisation de l'objectif qui pour lui est solidaire de cette démarche : l'accession de la RFA à la souveraineté. C'est pour cela que l'action d'Adenauer est marquée par un engagement personnel constant.

Après la ratification des traités de Paris par le Bundestag, le 6 décembre 1952, Adenauer peut aborder avec confiance l'année 1953 qui doit confirmer le renforcement et la stabilisation de la RFA. À ce titre la ratification du traité de Luxembourg illustre parfaitement la foi en l'avenir que le chancelier éprouve en cette période de redressement politique et économique.

La réalité de 1953 est toutefois différente des prévisions car, dans les faits, cette année est marquée par une aggravation de la division du monde en deux camps fortement opposés. Ainsi, malgré les espoirs consécutifs au décès de Staline, le 5 mars, c'est, à de nombreux égards, une période d'incertitude qui s'ouvre. Les problèmes en souffrance sont encore nombreux, et pour le gouvernement de Bonn celui de la réunification de l'Allemagne l'emporte sur tous les autres : il est présent dans les grands débats de la période et reste le principal révélateur du climat mondial après fin de la guerre de Corée. L'écrasement des émeutes de Berlin-Est, le 17 juin 1953, témoigne de l'ambiguïté de la situation ; car d'une part des perspectives de dégel se dessinent dans les relations entre les deux Grands ; mais d'autre part la tension reste vive. Et le 17 juin 1953 provoque un raidissement des autorités de Bonn sur la question, avec désormais de leur part l'exigence d'une conférence à quatre vouée au seul problème de la réunification[3].

Par ailleurs, la fin de la guerre de Corée et la mort de Staline marquent le début d'une modification dans la configuration de la guerre froide. Jusqu'alors située principalement sur le terrain européen,

---

[3] L'exigence ouest-allemande suppose une réunification dans la liberté et confirme la politique d'Adenauer qui refuse une réunification avec neutralisation telle qu'elle est proposée depuis 1952 par les Soviétiques. À ce propos, voir KITTEL, M., « Genesis einer Legende - Die Diskussion um die Stalin Noten in der Bundesrepublik Deutschland 1952-1958 », *Vierteljahrshefte für Zeitgeschichte*, juillet 1993, 3. Heft, p. 355 et suiv.

celle-ci confirme désormais son extension à des zones extérieures au continent. Et l'expansion géographique de la tension renforce la nécessité d'alliances de grande ampleur et l'importance accordée aux armements stratégiques. Dans le camp occidental, la nouvelle situation accroît le rôle des États-Unis, désormais seule puissance capable d'assurer la sécurité de ses alliés et de garantir leurs zones d'influence traditionnelles. Dans ce nouveau contexte, le Moyen-Orient, en particulier, devient un enjeu de la guerre froide.

Dans le même temps, l'aggravation de la division du monde et de la concurrence entre les deux Grands fournit à Adenauer l'occasion de renforcer sa propre position à l'intérieur de son pays. Car le chancelier, en cette année électorale, incarne l'adhésion de la RFA à l'Occident ; et il est considéré, notamment par le secrétaire d'État américain Dulles, à la fois comme le pilier de la démocratie ouest-allemande et comme le meilleur soutien de la politique européenne des États-Unis[4].

En retour, les appuis extérieurs dont il dispose renforcent la foi d'Adenauer en la justesse des principaux buts de sa politique étrangère. Ceci concerne en particulier la réunification qui demeure l'une de ses revendications essentielles[5]. L'orientation de sa politique se traduit clairement par l'attitude de la RFA vis-à-vis de l'autre Allemagne, attitude dont on retiendra trois aspects : la revendication de la part de l'Allemagne de l'Ouest d'un monopole de représentation pour toute l'Allemagne, la volonté de réunification et la politique de non reconnaissance à l'égard de Berlin-Est. Pour Adenauer, le soutien qu'il obtient des USA vaut confirmation de ses vues ; et cet appui contribue à son tour au raidissement de son attitude envers tout ce qui pourrait aggraver la division de l'Allemagne. En outre, le chef du gouvernement considère sa propre politique comme le résultat d'un libre choix, alors qu'il estime que la RDA est totalement soumise à l'URSS ; de ce fait, il est convaincu que le rôle dévolu à la RFA est de libérer l'Allemagne

---

[4] SCHWARZ, H. P., *Adenauer - Der Staatsmann*, Stuttgart, 1991, p. 102.
[5] HACKE, C., « Traditionen und Stationen der Außenpolitik der Bundesrepublik Deutschland von 1949 bis 1987 », *Aus Politik und Zeitgeschichte*, B3/1988, p. 3 et suiv., et BARING, A., « Die westdeutsche Außenpolitik in der Ära Adenauer », *Politische Vierteljahresschrift*, 9 (1) mars 1968, p. 45 et suiv.

de l'Est du joug soviétique, c'est-à-dire de promouvoir une réunification librement consentie.

Par ailleurs, la politique de non reconnaissance de la RDA telle qu'elle est menée par Adenauer constitue, à plusieurs titres, un message adressé aux puissances occidentales. Elle représente d'une part la participation ouest-allemande à la politique d'endiguement du communisme ; d'autre part elle est le symbole d'une forte volonté d'intégration à l'Ouest ainsi que l'expression du souci de démontrer que l'Allemagne existe toujours en tant que partenaire international. Elle est enfin et surtout l'affirmation d'une Allemagne de l'Ouest libérale face à une RDA totalitaire, mais aussi face au passé récent dont la démocratie était totalement absente.

Au total, par la politique de non reconnaissance et la volonté d'intégration à l'Ouest, le but du chancelier est d'atteindre le plus rapidement possible une position de force qui lui permette de négocier la réunification aux conditions voulues par lui. Et cette stratégie reçoit l'assentiment de la population ouest-allemande, comme l'atteste la victoire de la CDU aux élections de septembre 1953.

CHAPITRE IX

L'attitude de Bonn vis-à-vis des relations diplomatiques avec Israël et son évolution dans le contexte mondial

L'évolution des idées de Bonn relatives aux relations diplomatiques avec Israël s'inscrit en partie dans le cadre global qui vient d'être décrit. Mais elle est avant tout le reflet de la place de plus en plus grande qu'occupent les éléments apparus lors de la discussion sur la ratification de l'accord de réparations, entre septembre 1952 et mars 1953.

1. Le poids du facteur arabe dans la réflexion ouest-allemande

On l'a vu, en mars-avril 1953, les États arabes se résignent bon gré mal gré à la ratification du traité germano-israélien[1]. C'est ce qui

---

[1] Plusieurs éléments en témoignent : l'ambassade ouest-allemande au Caire indique le 20 mars 1953 (PA/AA, Abt. III, 210.01/35, Vol. 6, Télégramme (81) que la répercussion du traité dans la presse égyptienne est très faible, tandis qu'à Damas (*ibid.*, Télégramme de l'ambassade de RFA à Damas (16) à l'AA, 20 mars 1953) on ne sait pas quelle position adopter. D'après une dépêche (*VWD Ausland*, 22 mars 1953, « Die Arabische Liga verschärft den

permet aux principaux observateurs de prévoir que la position de la RFA au Moyen-Orient va se rétablir très rapidement[2]. Cependant, l'activité des pays arabes contre un rapprochement germano-israélien et leur influence sur les autorités de Bonn ne faiblissent pas pour autant. Cette persistance du facteur arabe dans les années qui suivent la sanction de l'accord par le Bundestag prend de multiples aspects.

Du point de vue commercial

Le débat sur la ratification du traité de Luxembourg a vu l'émergence d'un certain nombre d'objections au principe de réparations accordées à Israël. Parmi celles-ci, l'argument commercial est certainement celui qui a le plus de poids ; car, par l'utilisation de données chiffrées, qu'il s'agisse des pertes envisagées ou de perspectives de contrats, les détracteurs de l'accord s'efforcent de souligner l'ampleur de l'enjeu. C'est ce qui explique que Bonn ait pu céder à un moment à la pression arabe, reprise et amplifiée par les milieux industriels ouest-allemands, et engager des négociations avec les États du Moyen-Orient. L'absence de résultats de ces discussions et le départ du Caire de la délégation Westrick ne marquent cependant ni l'arrêt de la campagne arabe contre le rapprochement germano-israélien, ni la fin des préoccupations fédérales à ce sujet.

À cet égard, il faut remarquer que le jour même de la ratification du traité, le 18 mars 1953, l'AA publie un communiqué révélateur de la constance de ses inquiétudes et de sa volonté de relancer des pourparlers avec les partenaires arabes[3]. Cette prise de position démontre qu'au moment où le traité voit s'abattre le dernier obstacle à sa mise en œuvre, les Affaires étrangères désirent tempérer l'enthousiasme auquel certains seraient portés et rappeler que la « traditionnelle amitié

Wirtschaftsboykott gegenüber Israel »), les États arabes, après la ratification, ne mettent pas en place un boycott à l'encontre de la RFA mais renforcent celui dirigé contre Israël. Enfin, dans le communiqué final d'une réunion de la Ligue arabe au début du mois d'avril (PA/AA, Abt. II, Vol. 1686, Lettre de l'ambassade de RFA au Caire (1144/53) à l'AA, 10 avril 1953, Pawelke), les États arabes ne mentionnent pas le traité et ne reprennent pas l'idée d'un boycott contre la RFA.

[2] *Ibid.*, Télégramme de l'ambassade de RFA à Washington (179) à l'AA, 20 mars 1953, Krekeler.

[3] *Ibid.*, AA, « Mitteilungen an die Presse », 18 mars 1953.

germano-arabe » n'est pas oubliée. Le communiqué en question illustre en outre un sursaut de la part de fonctionnaires qui n'ont pas encore véritablement assimilé le poids de l'engagement d'Adenauer en faveur du texte et d'Israël. Au total, il apparaît clairement que le but de la manœuvre est de montrer que les faveurs accordées à Israël ne constitueraient qu'un arrangement limité ne devant en aucun cas entraver le cours des relations avec les États de la région.

Par ailleurs, dans le domaine des relations commerciales germano-arabes, les représentants ouest-allemands dans les principales capitales du Moyen-Orient poursuivent l'action apaisante qui avait été la leur au moment du débat sur la ratification. C'est pourquoi ils insistent sur l'accalmie qui règne désormais dans ces pays et soulignent le souhait des Arabes de développer les contacts économiques avec Bonn[4].

Malgré les efforts déployés par l'Allemagne de l'Ouest, avec le temps on assiste à un raidissement des Arabes ; ceux-ci tentent en particulier de resserrer l'étau placé autour du commerce des pays tiers avec Israël. Dans ce but, le comité arabe de boycott se réunit en septembre 1953 pour renforcer son système de contrôle et opposer une parade aux problèmes apparus en parallèle aux livraisons ouest-allemandes destinées à Israël[5]. Les Arabes s'intéressent alors tout particulièrement aux entreprises qui commercent avec l'État hébreu et à celles qui ont fermé leurs succursales dans le pays[6] ; et l'idée de listes noires et d'une pression sur les sociétés fédérales est désormais à l'étude[7].

Les représentants de Bonn ne restent pas insensibles à l'accroissement de cette pression. C'est pourquoi ils réfléchissent à des mesures de

---

[4] Voir *ibid.*, Abt. III, 210.01/35, Vol. 6, et KRAMER, Th. W., *Deutsch-ägyptische Beziehungen in Vergangenheit und Gegenwart*, Tübingen-Bâle, 1974.

[5] Il en va par exemple de l'arrivée illégale sur les marchés arabes de marchandises ouest-allemandes faisant partie des réparations (*ibid.*, Vol. 22, Lettre de l'ambassade de RFA à Beyrouth (304.09 197/53) à l'AA, 3 septembre 1953, Nöhring).

[6] *Ibid.*, Abt. II, Vol. 1686, Lettre de l'ambassade de RFA au Caire (2859/53) à l'AA, 10 septembre 1953, Pawelke.

[7] À l'issue de cette réunion, des mesures sont prises à l'encontre des entreprises qui commercent avec Israël et de celles qui desservent aussi bien l'État hébreu que les pays arabes. De même, il y a réflexion sur les moyens d'empêcher l'approvisionnement d'Israël en pétrole (*ibid.*, Abt. IV, Ref. 416, Vol. 22, Lettre de l'ambassade de RFA à Beyrouth (304.09 272/53) à l'AA, 7 octobre 1953, Nöhring).

prévention ou à des dispositions susceptibles d'accroître les échanges avec les pays du Moyen-Orient. On retrouve dans les courriers de ces diplomates les éléments apparus au cours du débat sur la ratification. Ainsi, l'ambassadeur à Beyrouth, Nöhring, multiplie les sollicitations : il reprend par exemple au mois d'août 1953 la proposition d'un banquier libanais visant à créer un comité d'experts dont la mission serait d'étudier les possibilités de développer les relations commerciales germano-libanaises[8] ; mais, ajoute le diplomate, par-delà le souci économique, l'objectif d'une telle manœuvre serait avant tout de mettre un terme à la mésentente issue de l'accord germano-israélien. Pour lui une telle initiative est d'autant plus nécessaire que certaines entreprises étrangères utilisent la menace d'un boycott arabe à des fins de concurrence. Ayant à l'esprit la même préoccupation, Nöhring rédige en novembre un nouveau document dans lequel il insiste sur les atouts dont les Allemands de l'Ouest continuent à disposer malgré le traité[9]. Et pour lui il est clair, au vu des quelques espoirs que laisse la situation, qu'il faut absolument éviter toute manœuvre propre à compromettre les chances ouest-allemandes au Moyen-Orient, un avis partagé par ses collègues en poste dans les principales capitales de la région[10].

---

[8] *Ibid.*, Vol. 23, Lettre de l'ambassade de RFA à Beyrouth (311.17 139/53) à l'AA, 5 juillet 1953, Nöhring, Confidentiel.

[9] *Ibid.*, Vol. 22, Lettre de l'ambassade de RFA à Beyrouth (300.05 359/53) à l'AA, 3 novembre 1953, Nöhring : « ... le fait que l'Amérique poursuive sa politique de crédit à l'adresse d'Israël, que la France soit franchement impopulaire à cause du Maroc et l'Angleterre à cause de Suez, et que l'Union soviétique s'approvisionne en Israël à grande échelle, tout ceci contribue à ce que la République fédérale n'est pas seulement perçue comme un "moindre mal" mais que l'on désire conserver les bonnes relations avec la République fédérale et même les améliorer dans l'intérêt des propres économies. »

[10] L'ambassadeur ouest-allemand à Damas émet les mêmes inquiétudes que son collègue (*ibid.*, Abt. II, Vol. 1686, Télégramme de l'ambassade de RFA à Damas (46) à l'AA, 12 octobre 1953, von der Esch). Une préoccupation identique persiste au Caire. À la fin de 1953, les services de l'ambassade allemande répertorient les éléments qui laissent présager de meilleures perspectives (*ibid.*, Abt. III, Vol. 2-198, 211.00/1, Lettre de l'ambassade de RFA au Caire (4035/53) à l'AA, 23 décembre 1953, von Mirbach) ; ils remarquent par exemple qu'au cours de l'année qui vient de s'écouler, l'Égypte s'est tenue à l'écart de la Ligue arabe (pour s'occuper pleinement du problème de l'évacuation de la zone du canal de Suez par les troupes anglaises) et a pris ses distances vis-à-vis du problème israélien.

Dans le contexte de 1953, qui reste délicat, les diplomates de Bonn ne se contentent pas de brosser des tableaux encourageants ou au contraire de signaler les risques encourus par les entreprises ouest-allemandes. Ils s'adressent également directement aux industriels de leur pays. C'est ainsi que Nöhring est en contact avec la Fédération allemande des chambres de commerce et d'industrie : il requiert la participation de celle-ci, en collaboration avec le BDI, au travail de réflexion prôné par le banquier libanais Ibrahim Saab[11].

De même, au Caire, Pawelke tient à aider les entreprises fédérales impliquées à la fois dans les pays arabes et en Israël. À titre d'exemple, au mois de juillet 1953, l'ambassadeur annonce que la propagande égyptienne utilise des lettres d'entreprises ouest-allemandes à leurs représentations en Égypte les tenant informées de discussions avec la mission israélienne de Cologne. Pour protéger ces sociétés de tels désagréments, Pawelke propose alors une solution originale : préserver le secret de cette correspondance en lui permettant d'utiliser la valise diplomatique[12].

Pour sa part l'AA s'efforce depuis Bonn de détendre l'atmosphère et d'ouvrir la voie à une collaboration économique plus intense avec les Arabes. Confronté aux mêmes dangers que lors de la discussion sur la ratification de l'accord germano-israélien, le ministère déploie des moyens semblables[13].

Cette circonspection de l'AA va croissant : si l'on en croit les documents relatifs à cette question, les fonctionnaires des Affaires étrangères déploient, où qu'il se trouvent, des efforts de plus en plus importants pour éviter d'accentuer la tension et de provoquer l'ire des États arabes. Et si Bonn s'intéresse aussi intensément à la région, c'est en

---

[11] *Ibid.*, Abt. IV, Ref. 416, Vol. 22, Télégramme de l'ambassade de RFA à Beyrouth (22) à l'AA, 24 octobre 1953, Nöhring, « Für den Deutschen Industrie- und Handelstag », et *ibid.*, Vol. 23, Lettre de l'ambassade de RFA à Beyrouth (311.17 139/53) à l'AA, 5 juillet 1953, Nöhring, Confidentiel.

[12] *Ibid.*, Abt. II, Vol. 1686, Lettre de l'ambassade de RFA au Caire (2373/53) à l'AA, 29 juillet 1953, Pawelke.

[13] C'est par exemple l'utilisation de la presse arabe à des fins de propagande (*ibid.*, Abt. IV, Vol. 22, Lettre de l'AA (4156.54 A 303.04/44 IV 33 819/53) à la *Messen- u. Ausstellungs-GmbH* (Francfort), 9 janvier 1954, Allardt).

raison des nombreux atouts dont l'Allemagne de l'Ouest y dispose[14]. Au début 1955, ceci amène la Direction des affaires économiques de l'AA, soucieuse d'affronter la concurrence étrangère, à dicter à la Direction des affaires politiques la conduite à tenir[15].

La volonté des administrations fédérales de mettre à profit toute possibilité d'établir, ou de rétablir, des contacts commerciaux solides avec les États arabes apparaît également en 1955 au travers d'un projet de salon de l'industrie ouest-allemande au Caire. L'idée n'en est certes pas neuve, et l'on se souvient que, au moment du débat sur la ratification du traité de Luxembourg, une initiative semblable avait été abandonnée en raison de l'agitation anti-allemande menée par les États arabes. C'est pour cela qu'après l'annulation de cette première rencontre, les entreprises ouest-allemandes en relancent l'idée, avec le soutien appuyé des administrations concernées[16].

Le souci de ménager les États arabes est également manifeste dans d'autres cas, en particulier à l'occasion de l'accroissement des relations économiques entre la RFA et l'État hébreu. Les représentations jouent alors un grand rôle dans les consultations menées avant toute étape supplémentaire dans le rapprochement germano-israélien. C'est par exemple le cas lorsque, durant l'été 1955, le ministère fédéral de

---

[14] En 1953, la RFA est par exemple le 2ᵉ fournisseur de l'Égypte après les USA (avec 10,4 % des importations égyptiennes) et son 2ᵉ client après la Grande-Bretagne (avec 6,3 % des exportations égyptiennes - chiffres in WISSA-WASSEF, C., « Les relations entre l'Égypte et les deux États allemands depuis la Deuxième Guerre mondiale », *Politique étrangère*, 37 (5) 1972, p. 609 et suiv.).

[15] *Ibid.*, Abt. IV, Ref. 412, Vol. 136 : Israël, Note Ref. 416 au Ref. 206, février 1955, Weber.

[16] Le 8 février 1955, un document portant sur le sujet émane ainsi du ministère fédéral de l'Économie (PA/AA, Abt. IV, Ref. 403, Vol. 18 : Deutsche Industrie-Ausstellung Kairo, Lettre du BWM (VA 5 2185/55) à l'AA, 8 février 1955, Stolpe). Une consultation est alors entreprise ; et l'ambassadeur au Caire, Becker, prône la prudence afin d'éviter les suspicions arabes (*ibid.*, Lettre de l'ambassade de RFA au Caire (507/55) à l'AA, 22 février 1955) : il précise qu'il n'est pas possible de prévoir quoi que ce soit avant l'hiver 1956-1957 ; et il refuse tout ce qui ferait double emploi avec l'exposition internationale prévue de toute manière. Mais le 25 avril, une lettre du Département (*ibid.*, Lettre de l'AA (403.307.02/1 4869/55) à l'ambassade de RFA au Caire, 25 avril 1955, Graeff) l'informe du vif intérêt des entreprises ouest-allemandes pour la chose et de l'activisme de l'autre État allemand, ce qui le conduit à adopter une position plus conciliante (*ibid.*, Lettre de l'ambassade de RFA au Caire (692 II/55), 29 avril 1955, Becker). Et finalement, dans une lettre du 30, il reprend carrément à son compte l'idée de travailler à l'organisation de la manifestation (*ibid.*, Lettre de Becker à Graeff, 30 avril 1955).

l'Agriculture propose un échange de marchandises entre la RFA et Israël. Alors que la Direction des affaires économiques approuve une telle opération[17], les représentations dans les capitales arabes réagissent rapidement pour exprimer leurs craintes face à tout geste inconsidéré qui mettrait à mal le fragile équilibre économique et militaire du Moyen-Orient[18]. Mais les préventions des représentants ouest-allemands vont encore plus loin ; car selon eux, s'il est prouvé que le commerce entre la RFA et Israël est parfaitement pacifique, rien ne peut empêcher l'État hébreu de revendre ultérieurement les marchandises obtenues et d'obtenir ainsi les fonds nécessaires à l'acquisition d'armement[19].

L'état d'esprit des membres de l'AA gagne peu à peu les services d'autres ministères ; car les Affaires étrangères ne constituent naturellement pas la seule administration à se préoccuper des implications politiques ou économiques de l'accroissement des échanges entre la RFA et Israël. Ainsi le ministère fédéral de l'Économie, en particulier sa Direction du commerce extérieur, est naturellement concernée au premier chef[20] ; et, à l'instar de la *Koblenzerstraße*, la prudence dont font preuve les collaborateurs de

---

[17] *Ibid.*, Abt. IV, Ref. 412, Vol. 136 : Israël, Note écrite (412.244.00/35 2479/55), 20 août 1955, Sautter.

[18] Ainsi, pour Ringelmann à Damas (*ibid.*, Télégramme de l'ambassade de RFA à Damas (40) à l'AA, 29 août 1955, Ringelmann), il faut s'assurer avant tout du caractère pacifique de toute exportation à destination d'Israël. L'inquiétude est la même à Amman (*ibid.*, Télégramme de l'ambassade de RFA à Amman (11) à l'AA, 30 août 1955, Munzel, Très Confidentiel), Bagdad (*ibid.*, Télégramme de l'ambassade de RFA à Bagdad (53) à l'AA, 30 août 1955, von Förster, Très Confidentiel), au Caire (*ibid.*, Télégramme de l'ambassade de RFA au Caire (144) à l'AA, 1ᵉʳ septembre 1955, Holzhausen) ou à Beyrouth (l'ambassade de Beyrouth avait déjà souligné un peu plus tôt les risques économiques d'un rapprochement entre la RFA et Israël (*ibid.*, Abt. VII, Vol. 1025, Lettre (310.02 1629/55), 19 juillet 1955, Breuer).

[19] Après cette consultation préalable, l'affaire est discutée à l'AA le 5 septembre 1955 (*ibid.*, Note écrite, Ref. 412, 6 septembre 1955, Sautter). Après l'évocation des craintes habituelles, reprises par le responsable de la Direction des affaires économiques, van Scherpenberg, l'affaire est tout de même acceptée avec des conditions : interdiction de réexportation de la part d'Israël et préservation d'une certaine discrétion autour de cet arrangement.

[20] Même si l'on a dû constater la faiblesse des archives du BWM à propos des relations économiques et commerciales germano-israéliennes (Bundesarchiv, Coblence).

Erhard trouve sa source dans les interventions des milieux économiques ouest-allemands[21].

Du point de vue politique

Le caractère politique des protestations arabes est déjà manifeste au cours du débat sur la ratification du traité germano-israélien, mais on se souvient qu'il est alors vivement rejeté par la RFA. Malgré cette fermeté, les Allemands sont dès le départ conscients de l'importance de cet aspect de la revendication arabe, dont la solution dépend d'un règlement du conflit moyen-oriental. C'est pourquoi les fonctionnaires de l'AA tiennent à éviter ce qui pourrait servir d'argument aux États arabes contre l'Allemagne de l'Ouest et renforcer leur animosité à l'encontre du traité de réparations[22].

Les précautions dont s'entoure l'AA prévalent même dans des situations qui ne mettent en cause que très indirectement les relations entre la RFA et les États arabes. Ainsi, lorsqu'au début 1954 la rédaction de *Aufbau-Reconstruction* désire interroger Heinrich von Brentano et s'intéresse principalement aux relations germano-israéliennes[23], les services de l'AA entrent en action. Car contrairement à la représentation ouest-allemande de Washington qui soutient sans réserve l'initiative du journal, ils craignent que l'interview projetée ne provoque des frictions entre l'Allemagne fédérale et les pays arabes[24].

---

[21] Le BDI s'adresse ainsi au BWM au mois de juillet 1955 pour lui faire part de ses inquiétudes à propos d'un réaménagement du traité visant à livrer à Israël plus de biens d'investissement (BA, B 102, Vol. 56 885, Lettre du BDI au ministère fédéral de l'Économie, 15 juillet 1955, Hipp, von Carnap) : non seulement cette mesure risque d'effrayer un peu plus les États arabes, mais en plus ce serait « pour certains milieux étrangers une occasion bienvenue de faire de l'agitation contre la République fédérale et l'économie allemande dans l'instable monde arabe ».

[22] Cet avis est partagé par les plus modérés du ministère des Affaires étrangères. Ainsi, déjà avant la ratification, au moment où F. Böhm rédige un exposé destiné à la *Gesellschaft* portant sur le traité et les protestations arabes, et où il est question de le diffuser parmi les députés du Bundestag, Frowein pense lui-même qu'une telle opération ne pourrait que raviver le problème entre la RFA et les Arabes (PA/AA, Abt. II, Vol. 281, Note écrite (zu 244.13 II 3796/53), 14 mars 1953).

[23] *Ibid.*, Vol. 252, Lettre de Manfred George à von Brentano, 18 janvier 1954, transmise par l'intermédiaire de la représentation ouest-allemande de Washington (*ibid.*, Lettre de l'ambassade de RFA à Washington (600 514/54) à l'AA, 2 mars 1954, Krekeler).

[24] *Ibid.*, Projet de réponse (206.210.01/35 3964/54), Frowein.

Dans cette optique la Direction des affaires politiques propose une série de réponses qui reflète les préoccupations ouest-allemandes du moment. Ainsi, à une question portant sur l'ouverture d'éventuelles relations diplomatiques avec Israël, on répond que l'initiative doit venir de l'État hébreu. De même, l'AA précise une nouvelle fois que les réparations, contre lesquelles portent en grande partie les récriminations arabes, ne concernent que les crimes commis sous le IIIe Reich ; ce qui sous-entend que le gouvernement ouest-allemand n'a rien entrepris qui soit susceptible d'être dirigé contre les États arabes et leurs bonnes relations avec Bonn.

Au total, on peut donc constater sans peine que les réponses proposées ne sont adressées qu'accessoirement aux Juifs américains d'origine allemande lecteurs d'*Aufbau* ; elles sont également, et peut-être avant tout, destinées aux pays du Moyen-Orient. Ce projet représente visiblement une nouvelle tentative d'expliquer aux États arabes la position de Bonn, qui désire effectivement gagner leur compréhension, ou tout au moins atténuer leur animosité. Il illustre en outre les efforts fournis par l'AA pour surmonter une fois pour toutes le trouble né de l'accord de réparations et poursuivre, si possible, les relations « traditionnellement amicales » avec les capitales du Moyen-Orient. Il traduit enfin la réaction à la pression exercée par les États arabes sur le gouvernement de Bonn[25].

Dans le cas de l'interview de Brentano par *Aufbau*, les préoccupations politiques des Directions de l'AA n'apparaissent cependant pas uniquement au travers de formules lénifiantes destinées aux pays arabes. Elles sont également à l'origine de la durée importante du retard avec lequel ces réponses sont produites, une lenteur qui, au premier abord, pourrait s'expliquer par la longueur de la

---

[25] À l'occasion de cet épisode purement politique, la Direction des affaires économiques tient également à émettre son opinion (*ibid.*, Prise de position de l'Abt. IV, 13 avril 1954). Celle-ci s'aligne sur l'opinion de l'Abteilung II en accentuant toutefois le caractère sensible de l'affaire dans le contexte du Moyen-Orient et en insistant sur la nécessité d'améliorer les relations entre Bonn et les pays arabes. Pour cela elle demande l'utilisation des expressions « nos amis arabes » et « les relations amicales traditionnellement étroites entre l'Allemagne et les États arabes » dans l'une de ses réponses.

réflexion et l'inertie de la bureaucratie du ministère[26]. Mais cette lenteur semble surtout à mettre au compte de la volonté affirmée de reporter la publication en question[27]. Et l'affaire reflète parfaitement les préoccupations du Département, elles-mêmes à la fois conséquence des informations défavorables reçues du Moyen-Orient et expression de la sensibilité ouest-allemande à la pression politique des États arabes[28].

Le problème de Jérusalem

Parmi les arguments que les États arabes avancent pour faire pression sur la RFA figure, en outre, la question de Jérusalem.

La Ville sainte, partagée depuis la fin du premier conflit israélo-arabe entre Israël et la Jordanie, est le symbole par excellence de l'affrontement entre l'État juif et ses voisins. Ville arabe pour les États du Moyen-Orient, elle est proclamée le 23 janvier 1950 capitale de l'État hébreu. Cette modification unilatérale du statut de Jérusalem est néanmoins immédiatement rejetée par les Arabes qui refusent également tout ce qui pourrait pérenniser la nouvelle situation[29].

En premier lieu, la RFA est concernée par le problème de Jérusalem dans la mesure où ses représentations au Moyen-Orient, interrogées par les autorités arabes, entendent à intervalles réguliers leurs protestations à ce sujet et les transmettent à Bonn.

---

[26] Les questions d'*Aufbau* et les réponses proposées par l'AA ne sont en effet envoyées à Brentano que le 27 juillet, soit un peu plus de six mois après que M. George les eut adressées à la représentation de Washington et quatre mois après leur réception par l'AA.

[27] Frowein propose d'attendre le 10 septembre pour la publication (*ibid.*, Note écrite (206.210.01/35 3964/54), 10 juin 1954, Frowein).

[28] C'est l'ambassade ouest-allemande au Caire qui est au centre du réseau d'information de l'AA. L'Égypte est alors le pays qui apparaît le plus sujet aux changements d'état d'esprit rapportés par Pawelke au moment du débat sur la ratification ; car la révolution égyptienne, commencée en 1952 par l'éviction de Farouk, est encore marquée de rebondissements qui ne permettent pas la stabilisation de la politique du régime des officiers. L'arrivée de Nasser au pouvoir, qui chasse Néguib, est un nouveau facteur de trouble au Moyen-Orient puisque le nouveau raïs favorise un durcissement à l'égard d'Israël. D'où l'accroissement des préventions de la part de l'ambassade de RFA en Égypte (*ibid.*, Abt. III, Vol. 2-198, Lettre de l'ambassade de RFA au Caire (624/54) à l'AA, 25 février 1954, Pawelke).

[29] À propos de l'importance de Jérusalem dans les esprits arabes, voir SIVAN, E., *Mythes politiques arabes*, Paris, 1995, p. 67 et suiv.

Par la suite, la question devient particulièrement sensible à partir du moment où se multiplient les rumeurs sur l'implantation d'une représentation ouest-allemande en Israël. Ainsi, dès juillet 1953, au moment du transfert du ministère des Affaires étrangères israélien à Jérusalem, l'ambassadeur ouest-allemand à Bagdad, Wilhelm Melchers, se voit contraint de spécifier l'attitude de son gouvernement : il insiste alors sur la neutralité de son pays face au problème de Jérusalem et sur l'absence là d'intérêts ouest-allemands directs qui nécessiteraient l'installation d'un consulat pour toute la ville[30].

Au-delà de la justification purement juridique de la prise de position du diplomate, cette déclaration est clairement motivée par le souci d'éviter de heurter les pays arabes, en l'occurrence la Jordanie. De plus, pour Melchers, la question d'une représentation ouest-allemande en Israël, à Jérusalem ou autre part, n'est pas encore à l'ordre du jour. Cette affirmation lui permet par ailleurs de prendre position sur le sujet : d'après lui, il serait maladroit d'établir un tel bureau immédiatement après l'installation des Affaires étrangères israéliennes dans la Ville sainte ; car une telle décision de la part de la RFA apparaîtrait évidemment comme une caution apportée à l'action de l'État hébreu.

Il apparaît donc que les réticences arabes se focalisent sur le problème de la localisation d'une éventuelle représentation plus que sur le principe d'un rapprochement germano-israélien[31].

Le représentant ouest-allemand à Bagdad aborde le problème de Jérusalem une seconde fois dans la lettre qu'il fait parvenir à l'AA le 20 novembre 1954[32]. Le prétexte de cette note est fourni cette fois par la présentation des lettres de créance des nouveaux ambassadeurs

---

[30] PA/AA, Abt. II, Vol. 1684, Lettre de l'ambassade de RFA à Bagdad (205 Jeru 1166/53) à l'AA, 28 décembre 1953, Melchers.

[31] *Ibid.*, Abt. VII, Vol. 1025, note (308.210.02/35 16 307/54), 8 juillet 1954, Voigt et Note (308.210.02/35 15 774/54) à Hallstein, 3 juillet 1954, von Welck. L'inquiétude arabe est évoquée également par le ministère syrien des Affaires étrangères (*ibid.*, note (210.00 512/54) à Damas, 8 avril 1954, Ringelmann et Télégramme de l'ambassade de RFA à Damas (21) à l'AA, 9 avril 1954, von der Esch) ainsi que par le gouvernement libanais (*ibid.*, Abt. II, Vol. 252, Lettre de l'ambassade de RFA à Beyrouth (210.02 339/54) à l'AA, 25 mai 1954, Nöhring).

[32] *Ibid.*, Abt. III, Vol. 173, Lettre de l'ambassade de RFA à Bagdad (211/35 2980/54) à l'AA, 20 novembre 1954.

américain et britannique ; une cérémonie qui a eu lieu dans la Ville sainte, malgré les protestations des États arabes. Pour le diplomate, si les États-Unis et la Grande-Bretagne ont pu procéder ainsi, c'est seulement grâce à leur statut de grandes puissances qui leur permet de respecter les règles de la diplomatie. Mais, doit-il préciser, la RFA n'a pas le même poids que ces deux pays, et les hésitations des USA et du Royaume-Uni avant de prendre la décision en question doivent donner à réfléchir ; car

> « celui qui prend en considération l'extraordinaire attention avec laquelle les grandes puissances ont traité le problème de Jérusalem jusqu'à présent doit pouvoir comprendre que les Arabes ressentent cet événement "comme un coup de poing au visage" ».

Melchers peut alors conclure en écrivant que la RFA ne peut certainement pas se permettre d'installer une représentation à Jérusalem sans envisager les conséquences les plus graves pour elle-même.

L'attitude plus que prudente de Bonn sur la question de Jérusalem n'est pas que la conséquence des craintes de ses représentants ; elle découle aussi des messages d'admonestation très clairs lancés par les autorités des pays du Moyen-Orient. C'est ce qui explique par exemple que l'ambassadeur ouest-allemand à Amman insiste sur l'impossibilité d'implanter une représentation dans la partie israélienne de Jérusalem[33]. Et ce diplomate doit constater en outre qu'en l'absence de relations diplomatiques avec Israël, la RFA ne peut pas avoir, comme les autres puissances occidentales, un consul compétent pour les deux parties de la ville. C'est ce qui le conduit à proposer que ce soit lui qui prenne en charge les intérêts ouest-allemands à Jérusalem-Est[34].

Jérusalem reste donc un point sensible pour les Israéliens et les Arabes d'une part, pour la RFA d'autre part, et cela explique l'immobilisme de Bonn à l'égard de l'État juif. Car l'Allemagne de

---

[33] *Ibid.*, Vol. 172, Lettre de l'ambassade de RFA à Amman (714 1342/55) à l'AA, 18 juillet 1955.

[34] Pour sa part, lorsqu'au mois d'août 1955 il est question d'une représentation ouest-allemande en Israël, l'ambassadeur de RFA au Caire préconise une implantation à Tel Aviv pour éviter toute protestation supplémentaire des pays arabes qui découlerait du choix de Jérusalem comme siège de la représentation en question (*ibid.*, Lettre de l'ambassade de RFA au Caire (2538/55) à l'AA, 5 août 1955).

l'Ouest se doit d'éviter toute prise de position qui favoriserait l'un ou l'autre camp. Et c'est cet impératif qui justifie la position de Bonn lorsqu'au mois de septembre 1955 le représentant syrien auprès du Saint Siège demande à la RFA d'intervenir dans la question de la protection des Lieux Saints[35]. La réponse de l'AA en la circonstance est catégorique : la RFA se doit absolument de respecter sa neutralité dans le conflit israélo-arabe ; et comme elle n'est pas membre de l'ONU, elle ne peut en aucun cas intervenir pour susciter un débat sur le sujet aux Nations unies[36].

Les protestations arabes contre un rapprochement entre la RFA et Israël sur la base et au-delà du traité de réparations

En plus des pressions directes qui viennent d'être évoquées, les représentants ouest-allemands dans les capitales arabes servent de relais aux préoccupations de ces pays concernant l'application du traité de Luxembourg. En effet, si les États arabes ont en définitive dû se résigner à accepter ce texte, ils demeurent vigilants et en contrôlent l'exécution en soulignant notamment tout ce qui leur apparaît comme une infraction. Et en la matière ils ne manquent pas de marquer régulièrement leur mécontentement, ce qui avive naturellement les inquiétudes des Allemands.

Par quels moyens les Arabes manifestent-ils leur hostilité ?

Ces critiques sont principalement transmises par la voie diplomatique traditionnelle : convocation des diplomates ouest-allemands aux ministères des Affaires étrangères de ces pays[37], visite de diplomates arabes au ministère ouest-allemand des Affaires étrangères[38], ou envoi de notes au gouvernement de Bonn[39]. Les États

---

[35] *Ibid.*, Vol. 173, Lettre de la représentation ouest-allemande auprès du Saint-Siège (211.10 3146/55), 21 septembre 1955.

[36] *Ibid.*, Lettre de l'AA (308.211.00 92.19 1903/55) à la représentation auprès du Saint-Siège, 1er novembre 1955.

[37] *Ibid.*, Abt. II, Vol. 252, Lettre de l'ambassade de RFA à Beyrouth (210.02 339/54) à l'AA, 25 mai 1954, Nöhring.

[38] *Ibid.*, Note (308.210.02/35 16 307/54), 8 juillet 1954, Voigt.

[39] *Ibid.*, Lettre de l'ambassade de RFA au Caire (2538/55) à l'AA, 5 août 1955 (*ibid.*, Lettre de l'AA (308.211.00/31 14 359/54) à l'ambassade de RFA à Bagdad, 19 juillet 1954, von Welck) ou de la Ligue arabe (*ibid.*, Note de la Ligue arabe (60/13/6/1749), 6 mai 1954).

arabes utilisent également des moyens indirects : ils font ainsi paraître des articles dans leurs journaux, officiels ou semi-officiels[40], ou bien dans des revues ouest-allemandes de politique étrangère[41]. Et ces articles reprennent à chaque fois le thème de la vieille solidarité arabo-allemande, argument majeur pour faire plier la RFA.

Quelles sont les objections arabes les plus notables ?

Lorsqu'ils se manifestent, les États arabes s'inquiètent notamment du rapprochement entre la République fédérale et l'État hébreu, ce qui porte en particulier sur toute manœuvre suspecte : l'implication d'autres pays dans le déroulement du traité de réparations leur semble, par exemple, fortement critiquable ; et elle provoque systématiquement une demande d'information, voire une protestation de leur part[42].

Les Arabes signalent très tôt leur opposition catégorique à un tel rapprochement, ceci afin d'éviter que l'État hébreu n'obtienne de Bonn des facilités auxquelles ils n'ont eux-mêmes pas droit. Leurs protestations concernent en premier lieu toute modification apportée au traité : contestations dirigées contre de prétendus amendements du texte[43], contre le remaniement des listes de marchandises[44], ou critiques visant la nature des produits livrés à Israël. Dans ce dernier cas, les Arabes s'inquiètent en particulier de l'éventuelle modification de l'équilibre des forces au Moyen-Orient puisque, selon eux, les

---

[40] *Ibid.*, Vol. 1686, Lettre de l'ambassade de RFA au Caire (142/54) à l'AA, 14 janvier 1954, Pawelke.

[41] Voir par exemple MEGID-AMIN, A., « Deutsche Orientpolitik heute », *Außenpolitik*, 5 (I) 1954, p. 27 et suiv.

[42] C'est par exemple le cas de l'implication du Royaume-Uni dans le cours du traité. Voir PA/AA, Abt. IV, Ref. 416, Vol. 10 : Diskriminierung und Boykott deutscher Erzeugnisse, Lettre de l'ambassade de RFA au Caire (2871/53) à l'AA, 11 septembre 1953, Pawelke, qui signale des livraisons de produits anglais à Israël dans le cadre du traité, avec paiement par la RFA. L'AA, en réponse, indique que les livraisons en question ne constituent en aucun cas des infractions au traité, donc ne justifient pas une protestation arabe (*ibid.*, Note écrite (244.13 E II 12 708/53), 29 septembre 1953, Frowein, et Lettre de l'AA (24 400/35 IV 23 911/53) à l'ambassade de RFA au Caire, 12 décembre 1953, Allardt).

[43] Par exemple des réévaluations des annuités, *ibid.*, Ref. 416, Vol. 29 : Syrie, Télégramme de l'ambassade de RFA à Damas (60) à l'AA, 29 décembre 1953 von der Esch.

[44] Les listes des produits livrés à Israël sont soumises à une négociation annuelle destinée à répondre aux besoins de l'État hébreu, qui apparaît aux Arabes comme une renégociation de l'accord de réparations et suscite leur incompréhension.

apports ouest-allemands à l'État hébreu profitent à l'appareil militaire israélien sous couvert de livraisons civiles[45].

La critique des États arabes contre le déroulement du traité germano-israélien concerne encore le règlement du problème des biens allemands en Israël ; car celui-ci leur apparaît comme une violation de la neutralité ouest-allemande dans le conflit du Moyen-Orient et comme un soutien direct à l'État hébreu[46].

Par ailleurs, les protestations arabes visent la multiplication des contacts entre la RFA et Israël en dehors du cadre du traité de réparations. Sur ce plan, les représentants ouest-allemands sont une fois de plus les premiers informés. Ils sont alors amenés à attirer l'attention de l'AA sur l'accroissement de l'hostilité des États arabes envers Israël, en particulier de la part de l'Égypte de Nasser[47].

Le rapprochement entre la République fédérale et l'État juif consiste par exemple en l'extension de leurs relations financières, et ce domaine peut servir d'illustration au processus de réaction des Arabes. Dans un premier temps, cette évolution ne fait que l'objet de rumeurs dont s'inquiètent les milieux économiques ouest-allemands ainsi que les services de l'AA[48] ; l'accroissement des liens financiers est ensuite proposé concrètement par l'État hébreu au mois d'octobre 1954[49]. Et si cette demande s'inscrit encore en partie dans le cadre du traité, elle

[45] Les États arabes condamnent ainsi la livraison à Israël de douze bateaux civils pouvant, selon eux, facilement être transformés à des fins militaires (*ibid.*, Abt. II, Vol. 1686, Télégramme de l'ambassade de RFA au Caire (89) à l'AA, 24 septembre 1954, von Mirbach).

[46] La perspective d'un accord sur la question est, aux yeux des Arabes, une manœuvre favorable à Israël, dans la mesure où l'État hébreu pourra, après avoir versé une indemnité à la RFA, acquérir des immeubles de Jérusalem stratégiquement importants (*ibid.*, Abt. III, Ref. 316, Vol. 173 a : Deutsches Vermögen in Israel, Note du gouvernement jordanien, 19 juillet 1954).

[47] La politique extérieure égyptienne se durcit en général (*ibid.*, Abt. III, 211.00/1, Vol. 2.198, Lettre de l'ambassade de RFA au Caire (624/54) à l'AA, 25 février 1954, Pawelke), en particulier à l'encontre d'Israël (*ibid.*, Lettre (625/54), 25 février 1954) : « Alors qu'il y a un an un rapprochement avec Israël pouvait être qualifié de difficile, celui-ci est aujourd'hui rejeté parce qu'impossible », et de tout ce qui le renforce (*ibid.*) : « L'industrialisation en cours d'Israël permise par l'aide allemande représente un cauchemar pour le gouvernement égyptien : celui-ci est convaincu qu'Israël se prépare à une nouvelle guerre. »

[48] *Ibid.*, Abt. III, Vol. 3.198, Note écrite du Ref. 416, 23 juillet 1954, Weber.

[49] *Ibid.*, Abt. III, 210.01/35 E, Document de l'Abt. II (244.16 16 074/54), 20 novembre 1954.

constitue néanmoins une modification de son cours normal et permet à l'État juif d'augmenter ses disponibilités financières[50].

Par crainte de protestations de la part des Arabes, l'AA se sent dans l'obligation d'envisager tous les aspects de la proposition de Jérusalem avant de donner son accord. C'est ce qui amène l'Abteilung III à souligner la portée et les risques d'une telle opération[51]. Cette Direction insiste en premier lieu sur la nécessité de garder présente à l'esprit la gravité de la situation du Moyen-Orient. Il s'ensuit que toute aide apportée à Israël peut « apparaître comme une assistance [concédée] à l'adversaire [...] et conduire à des réactions proportionnées » de la part des Arabes. L'Abteilung III poursuit en soulignant que ceux-ci considèrent la cession de devises à Israël comme une possibilité supplémentaire pour Jérusalem d'acquérir du matériel militaire. Ce problème ne peut donc que venir s'ajouter à celui lié à l'interdiction de la réexportation des marchandises livrées par Bonn au titre des réparations, interdiction en principe appliquée mais jugée inefficace par les Arabes.

À cette première série d'arguments s'ajoute le fait que la situation de la fin de 1954 n'est plus du tout la même que celle de 1952 ou 1953 : à cette époque, les États arabes avaient finalement accepté l'accord de Luxembourg parce qu'ils croyaient que les Allemands subissaient une pression extérieure ; à l'inverse, si à présent la RFA devait aider l'État hébreu, elle le ferait de son propre chef. Pour expliquer plus amplement sa méfiance à l'égard de la proposition israélienne discutée ici, la Direction en question précise encore que les Arabes disposent d'atouts inexistant deux ans auparavant ; car le risque de perdre le marché égyptien vient s'ajouter à celui de voir les Arabes désormais plus à même de réagir grâce à l'assistance américaine. Enfin, le point principal qui doit justifier une réflexion approfondie de Bonn dans l'affaire c'est, selon l'Abteilung III, le risque de gêner les efforts de paix américains, soucieux de mettre en place un pacte de sécurité au Moyen-Orient.

---

[50] Le gouvernement israélien demande alors à son homologue ouest-allemand la somme de 400 millions de DM sur cinq ans pour constituer une réserve monétaire, conformément à l'article 4, alinéa e, du traité de Luxembourg.

[51] *Ibid.*, Document de l'AA (210.01 E 30 395/54), 1ᵉʳ décembre 1954, Strohm.

Le rédacteur du document peut alors tirer de cette série d'arguments la conclusion selon laquelle •

> « [le] lien étroit entre le conflit israélo-arabe et la sécurité et la défense de l'Occident devrait en définitive être décisif pour que nous ne puissions pas répondre favorablement aux souhaits israéliens ».

Et les préventions des services de l'AA ne restent pas sans effet puisqu'elles affectent les liens économiques qui se tissent entre l'Allemagne fédérale et l'État hébreu[52].

Les inquiétudes de l'AA face au rapprochement entre la RFA et l'État hébreu concernent enfin des domaines plus étrangers encore au traité de réparations que ceux qui viennent d'être mentionnés. C'est le cas lorsque Israël demande le soutien de la RFA dans le débat sur la liberté de navigation dans le golfe d'Eilat, alors limitée par les fréquentes obstructions égyptiennes[53]. Le problème fait alors l'objet d'une consultation au sein du ministère des Affaires étrangères et d'un avis de l'ambassade du Caire ; et dans les deux cas une réponse négative à la demande israélienne est suggérée[54].

En résumé, il apparaît aux yeux des Arabes, mais semble-t-il surtout de certains fonctionnaires de l'AA, qu'un quelconque développement des relations germano-israéliennes soit considéré comme impossible. En effet, si l'exécution de l'accord est acceptée bon gré mal gré, toute extension des liens entre Bonn et Jérusalem rencontre là une opposition ferme ; et celle-ci est à l'origine de vifs soucis de la part des représentants ouest-allemands dans les pays du Moyen-Orient.

---

[52] Dans le cas en discussion, le montant du contrat accordé par la RFA à Israël est limité à 7-8 millions de DM (*ibid.*, Abt. III, Ref. 316, Vol. 173, Note écrite, Ref. 308, 11 octobre 1955), alors que l'année précédente un accord du même type avait été approuvé par l'AA, sans protestation de la part des États arabes.

[53] *Ibid.*, Vol. 173 a, Note écrite (211.00 3844/55), 6 octobre 1955. La demande israélienne fait l'objet d'un mémorandum remis par l'ambassade israélienne à Rome à son homologue ouest-allemande.

[54] *Ibid.*, Lettre de l'ambassade de RFA au Caire (3643/55) à l'AA, 10 novembre 1955, Becker : « Puisque la formule utilisée par l'ambassadeur israélien sous-entend que le gouvernement fédéral partage le point de vue d'Israël, une mise au point me paraît indispensable. Comme le gouvernement fédéral n'est pas directement impliqué dans le conflit israélo-égyptien à propos de la mer Rouge, il faudrait s'assurer que le gouvernement égyptien ne puisse jamais prétendre que le gouvernement fédéral a pris un jour le parti d'Israël ou accepté le point de vue israélien sans discussion. »

On peut toutefois se demander dans quelle mesure ces inquiétudes sont pleinement justifiées. Car les mises en garde que les diplomates transmettent à Bonn prouvent principalement que ceux-ci redoutent avant tout des réactions violentes et désirent éviter à l'Allemagne de fournir aux États Arabes des arguments dirigés contre le rapprochement germano-israélien. En réalité, si on y regarde de près, l'inquiétude des diplomates ouest-allemands semble s'auto-alimenter, car les protestations arabes effectives sont rares. On est donc fondé à rechercher les motivations principales des diplomates de Bonn. Leur image des États arabes est-elle figée au point d'interdire toute flexibilité dans leur réflexion[55] ? Et dans quelle mesure ces opinions ne sont-elles pas l'expression d'une indifférence, voire d'une certaine hostilité, à l'égard de l'État hébreu lui-même, conceptions qui s'expliquent en partie par le passé de ces fonctionnaires[56] ?

La question de relations diplomatiques entre la RFA et Israël

Les protestations arabes. Outre les points déjà évoqués, les récriminations arabes contre tout rapprochement entre la RFA et Israël concernent naturellement les rumeurs relatives à l'établissement de relations *de jure*. C'est ce qui explique que les États arabes suivent de près la progression des relations *de facto*. Leurs réactions en la matière

---

[55] À l'instar de la fixation européenne sur la région que dénonce Edward Saïd *in Orientalism*, New York, 1979 (*L'Orientalisme - L'Orient créé par l'Occident*, Paris, 1980).

[56] À la difficulté d'accepter l'existence de l'État hébreu au Moyen-Orient éprouvée par certains, s'ajoute certainement l'élément d'explication que constitue le passé des fonctionnaires de l'AA. Il faut toutefois se garder ici d'effectuer un raccourci excessif. Wilhelm Melchers, par exemple, à l'époque en poste à Bagdad, avait été, juste avant la Seconde Guerre mondiale, un consul allemand à Haïfa particulièrement zélé dans son enthousiasme pour le national-socialisme (voir ISA, Groupe 67, Vol. 980 B, archives du consulat de Haïfa). Pour sa part Hermann Voigt, né dans une colonie allemande en Palestine, est le « fruit » de la collaboration entre le Reich allemand et l'Empire ottoman, et ses prises de position s'en ressentent. Dans ses différents écrits (en particulier « "Das Verhalten der bundesdeutschen Politiker ist eine Schweinerei gegenüber den NS-Opfern" », *in* BEDNARZ, D., LÜDERS, M. (Hg), *Blick zurück ohne Haß - Juden aus Israel erinnern sich an Deutschland*, Cologne, 1981, p. 58 et suiv.), Inge Deutschkron utilise le passé de ces fonctionnaires comme principale explication aux réticences ouest-allemandes à se rapprocher d'Israël : pour elle ces personnes incarnent les diplomates allemands de l'ancienne école réutilisés au sein de l'AA pour leurs compétences mais qui conservent leurs anciennes dispositions d'esprit.

sont faites de soubresauts consécutifs à toute initiative de la part de l'un ou l'autre partenaire du dialogue germano-israélien.

Pour les Arabes, des protestations paraissent d'autant plus justifiées qu'à leurs yeux la réalité dépasse souvent leurs craintes. Il en va ainsi de la visite en Israël de Franz Böhm, dont l'opinion favorable à un rapprochement germano-israélien est connue : celui-ci s'est en effet empressé de susciter une continuation de la logique de l'accord de réparations que ce soit avant la ratification du texte, à l'automne 1952[57], ou au début 1953[58]. En avril 1954, son séjour dans l'État hébreu fait l'objet d'une note de la Ligue arabe reprenant le thème de la longue tradition d'amitié qui lie ces pays à l'Allemagne[59]. Si la Ligue utilise cet argument, c'est une nouvelle fois pour rappeler la RFA à ses prétendues obligations envers les Arabes ; et, selon l'organisation, la visite de Böhm en Israël représente une trahison caractérisée à l'égard de ses membres, car elle semble avoir eu précisément pour objectif de préparer l'établissement des relations diplomatiques entre Bonn et Jérusalem ; un sentiment bien évidemment renforcé par la personnalité de Böhm.

Dans un premier temps, les reproches arabes visant la perspective de relations diplomatiques entre la RFA et Israël sont dirigés contre l'éventuelle implantation à Jérusalem d'une représentation ouest-allemande, comme on l'a déjà signalé. Mais rapidement ces critiques prennent une autre dimension : elles deviennent plus virulentes et apparaissent comme le résultat d'une véritable concertation. On l'observe par exemple après le séjour de Böhm en Israël, quand la protestation du gouvernement d'Amman devient le dénominateur commun des réclamations arabes.

Au fil du temps, les États arabes deviennent encore plus intransigeants à l'égard d'éventuelles relations formalisées : les

---

[57] PA/AA, Abt. II, Vol. 1690, « Rede des Herrn Prof. Dr. F. Böhm », Francfort/M., 12 novembre 1952.

[58] *Hamburger Echo*, 16 janvier 1953, « Nicht nachträglich zu Hitler bekennen - Prof. Böhm zum deutsch-israelischen Abkommen ».

[59] PA/AA, Abt. II, Vol. 252, Note de la Ligue arabe (60/13/6/1749), 6 mai 1954, note reprise par l'ambassade du Caire (*ibid.*, Télégramme de l'ambassade de RFA au Caire (35) à l'AA, 10 mai 1954, von Mirbach) et plus tard par celle de Beyrouth (*ibid.*, Lettre de l'ambassade de RFA à Beyrouth (210.02 339/54) à l'AA, 25 mai 1954, Nöhring).

arguments hostiles à une implantation à Jérusalem de la représentation ouest-allemande, puis ceux qui s'appuient sur le risque de voir l'opinion publique arabe réagir violemment contre un tel geste de la part de Bonn sont écartés au profit d'une méthode plus franche. Désormais les gouvernements du Moyen-Orient affirment une opposition sans détour au principe de relations *de jure* entre Bonn et Jérusalem et manifestent directement leur désaccord à l'adresse des autorités ouest-allemandes.

Plusieurs notes allant dans ce sens sont rendues publiques en 1955. Ainsi au début de l'année, le gouvernement jordanien met en garde contre une initiative qui ne pourrait que nuire aux relations germano-arabes, par ailleurs en constante amélioration[60]. Il est suivi en cela par la Ligue arabe qui, au vu de la multiplication des déclarations portant sur le sujet, émet le soupçon que des pourparlers germano-israéliens existent déjà[61]. Enfin, dans une note de la fin de l'année, le gouvernement irakien ne cache pas ses objections contre de telles relations[62] : il se déclare en particulier scandalisé de ce que l'Allemagne de l'Ouest y soit favorable et que certaines personnalités ouest-allemandes les envisagent rapidement[63].

Les réactions ouest-allemandes. Comment l'AA réagit-il aux protestations arabes ?

Le plus souvent, la réponse ouest-allemande aux différentes notes est destinée à apaiser leurs auteurs : les fonctionnaires de l'AA, en particulier les diplomates en poste dans les capitales du Moyen-Orient, savent que les dirigeants de ces pays sont d'humeur changeante ; et comme les protestations arabes sont habituellement fondées sur des rumeurs non vérifiées ou sur des extrapolations à partir de faits réels (comme dans le cas de la visite de Böhm en Israël), l'AA dément toute information sur un rapprochement formel entre Bonn et Jérusalem[64] ou

---

[60] *Ibid.*, Abt. III, Ref. 316, Vol. 172, Lettre de l'ambassade de RFA à Bagdad (210 Amman 142/55) à l'AA, 24 janvier 1955, qui reprend une note jordanienne du 11 janvier 1955.

[61] *Ibid.*, Télégramme de l'ambassade de RFA au Caire (7) à l'AA, 11 février 1955, Becker.

[62] *Ibid.*, 210.01/35 E, Vol. 9, Note du gouvernement irakien, 23 octobre 1955.

[63] Il reste toutefois à noter que, si l'on en juge par l'ordre des points compris dans la note irakienne, le problème en question n'est pas encore la principale préoccupation de Bagdad puisqu'il n'arrive qu'en quatrième position.

[64] *Ibid.*, Lettre de l'AA (308.210.01 E 92.19 2238/55) à Bagdad, 14 novembre 1955.

démontre le caractère fallacieux de ces accusations[65]. De plus, afin de ramener les réclamations arabes à leur juste mesure, l'AA conseille à ses représentants de ne pas répondre aux notes ou de ne le faire qu'oralement[66] ; ceci est d'autant plus justifié qu'il apparaît que les protestations arabes ne sont pas le fruit d'une réflexion commune[67]. On notera enfin qu'en ce qui concerne les interventions arabes à l'encontre du déroulement du traité de réparations, l'AA ne se montre pas disposé à accepter une quelconque ingérence[68].

Au bout de quelques mois toutefois, l'AA ne fait plus preuve de la même fermeté ; et le temps de plus en plus long qu'il met à leur répondre est considéré par les États arabes comme la confirmation de leurs craintes[69].

À l'origine de ces hésitations se trouvent une nouvelle fois les représentants ouest-allemands au Moyen-Orient. Leurs interventions

[65] Dans le cas de la visite de Böhm en Israël, l'AA (*ibid.*, Abt. II, Vol. 252, Télégramme de l'AA (206.210.01/35 6411/54) au Caire, 14 mai 1954, Trützschler) conseille à son représentant de mentionner le fait que l'ancien responsable de la délégation ouest-allemande s'est rendu là sans mandat officiel, « en particulier pas en raison de l'établissement de relations diplomatiques ». Les conversations qu'il a menées avec les représentants du gouvernement ne portaient pas non plus sur ce sujet.

[66] *Ibid.*, Lettre de l'AA (308.211.00/31 14 359/54) à l'ambassade de RFA à Bagdad, 19 juillet 1954, von Welck. Par ailleurs, la protestation arabe visant la visite de Böhm en Israël mérite d'autant moins d'être prise en considération qu'elle passe par le biais de la Ligue arabe, avec laquelle la RFA n'entretient pas de relations (*ibid.*, Note (308.210.02/35 15 774/54) à Hallstein, 3 juillet 1954, von Welck).

[67] Dans sa note à Hallstein, von Welck remarque que la Syrie et le Liban se soucient d'éviter une représentation ouest-allemande à Jérusalem, alors que la Jordanie va plus loin en envisageant de toute manière, dans le cas de relations diplomatiques, des troubles dans les relations germano-arabes. Il ajoute que l'Irak et l'Égypte ne se sont pas encore prononcés, et que rien n'est à attendre de la part de l'Arabie Saoudite, du Yémen ou de la Libye.

[68] Ainsi, lorsque l'Arabie Saoudite souhaite qu'une liste détaillée des marchandises livrées à Israël lui soit présentée, l'AA refuse catégoriquement cette exigence (*ibid.*, Abt. III, 210.01/35 E, Vol. 9, Projet de réponse à l'Arabie Saoudite *in* Lettre de l'AA (308.210.01 E 1309/55) à l'ambassade de RFA au Caire, 22 juillet 1955).

[69] C'est ainsi que le ministère des Affaires étrangères de Bonn met quatre mois à répondre à la lettre de Bagdad qui l'informe d'une note jordanienne (*ibid.*, Ref. 316, Vol. 172, Lettre de l'AA (308.210.01 92.19 153/55), 10 mai 1955). De même, l'ambassade d'Amman transmet à l'AA une nouvelle note jordanienne le 22 mars 1955 (*ibid.*, Lettre de l'ambassade de RFA à Amman (210 128/55), 22 mars 1955), courrier qui n'a sa réponse que le 19 juillet (*ibid.*, Lettre de l'AA (308.210.01 92.19 541/55) à l'ambassade de RFA à Amman, 19 juillet 1955, Voigt).

entraînent des inquiétudes plus intenses vis-à-vis de tout ce qui pourrait provoquer de vives réactions de la part des Arabes. Et leurs avertissements vont peu à peu influer de façon dominante sur la ligne de conduite de l'AA en matière de politique moyen-orientale. C'est par exemple ce qui se passe dès 1954, au moment du séjour en Israël de Böhm : selon l'ambassadeur de RFA à Beyrouth, Nöhring, si, pour le moment, les Affaires étrangères libanaises tiennent à minimiser l'affaire, il s'agit tout de même de prêter attention à l'opinion publique du pays qui ne comprendrait pas un tel geste de la part de la République fédérale[70].

Au fil du temps, les représentants ouest-allemands ont tendance à amplifier encore le danger, en parallèle à la multiplication des protestations arabes. Cette inquiétude croissante se manifeste en particulier dans le poids grandissant qu'ils accordent aux critiques qui émanent de la Ligue arabe[71]. Ses prises de position prennent alors pour eux d'autant plus d'importance que les États arabes semblent oublier leur propre désunion et faire de cette organisation leur principal moyen d'expression.

Autre illustration de cette préoccupation grandissante : les représentants ouest-allemands au Moyen-Orient insistent de plus en plus pour que Bonn ménage la susceptibilité des dirigeants arabes. C'est pourquoi ils sont particulièrement soucieux d'éviter que l'Allemagne

---

[70] *Ibid.*, Abt. II, Vol. 252, Lettre de l'ambassade de RFA à Beyrouth (210.02 339/54) à l'AA, 25 mai 1954, Nöhring. Dans cette lettre, il est intéressant de remarquer que, comme à l'accoutumée, l'ambassade de RFA se fait le relais des opinions arabes, voire d'une certaine désinformation de leur part. En effet, le rédacteur de ce courrier insiste sur les risques de voir la critique émaner de l'opinion publique libanaise. Si celle-ci peut apparaître comme plus informée que les opinions publiques syrienne ou égyptienne, il semble difficilement imaginable que l'argument « opinion publique » diffusé par les gouvernements arabes dès cette époque soit valable : ne sert-il pas plutôt à camoufler l'état d'esprit réel des autorités, dans le but de sauvegarder l'amitié économique de la RFA ? À l'appui de cette constatation vient s'ajouter le fait que la confusion entre les deux Allemagnes, sinon la méconnaissance de la division de l'Allemagne, est un fait commun même parmi les cercles dirigeants arabes à cette époque, ce qui laisse supposer les connaissances politiques de la population de ces pays.

[71] *Ibid.*, Abt. III, Ref. 316, Vol. 172, Télégramme de l'ambassade de RFA au Caire (7) à l'AA, 11 février 1955, Becker. L'ambassadeur est à nouveau interrogé sur le problème par le secrétaire général de la Ligue arabe le 21 mars 1955 (*ibid.*, Lettre (878/55), 22 mars 1955).

fédérale se lance dans quelque démarche qui pourrait apparaître comme faisant partie d'une campagne pro-israélienne[72].

Au cours de l'année 1955, l'accumulation de facteurs de risque pousse les diplomates de Bonn à présenter encore plus clairement les menaces qui pèsent sur la RFA dans le cas d'une officialisation des relations avec Israël. En effet, avec le regain de tension au Moyen-Orient[73] et la radicalisation des non-alignés à l'égard de l'État hébreu consécutive à la conférence de Bandung[74], les ambassadeurs considèrent ne plus pouvoir rester inactifs. C'est ce qui explique que l'idée même qu'il y ait des représentations fédérales à la fois dans les pays arabes et en Israël leur paraît désormais totalement exclue. Au mois d'août 1955, un courrier de l'ambassadeur de RFA à Bagdad illustre parfaitement cette évolution[75] : Förster y indique en substance qu'il n'est plus possible de tromper des États arabes pleinement conscients de la situation. Il explicite son propos en soulignant que l'Allemagne fédérale doit demeurer plus que jamais vigilante :

> « Le comportement ultérieur de la République fédérale vis-à-vis d'Israël va être perçu comme la pierre de touche qui permettra de savoir si [Bonn], malgré l'accord avec Israël, peut être considéré comme un ami des pays arabes ou doit être jugé comme un ennemi. On

---

[72] C'est ainsi qu'ils protestent contre des articles laudatifs à l'égard de la construction économique israélienne ou du déroulement de l'accord de réparations. Les diplomates expriment leurs réserves ou leurs critiques soit directement à l'adresse de l'AA (*ibid.*, Ref. 316, Vol. 172, Lettre de l'ambassade de RFA à Bagdad (211/35 2366/54), 15 septembre 1954), soit indirectement. Ainsi, dans son rapport sur un voyage d'étude dans les pays arabes (*ibid.*, 211.00/1, Vol. 3.198, Compte rendu du *Presse u. Informationsamt* (248 IV 4200/55), 21 avril 1955, Ritter), le référendaire pour le Moyen-Orient du service de presse du gouvernement fédéral insiste sur les remarques faites par les représentants ouest-allemands dans ces pays : toute évocation d'Israël (« Ne serait-ce qu'un court article concernant une livraison allemande ou une manifestation germano-israélienne... ») dans l'organe gouvernemental *Bulletin*, et notamment dans son édition en langue arabe, fait perdre toute sa valeur à cette publication.

[73] De graves incidents de frontières entre Israël et l'Égypte sont provoqués par l'attitude volontiers agressive de l'État hébreu depuis que Ben Gourion est à nouveau ministre de la Défense (*ibid.*, Télégramme de l'ambassade de RFA au Caire (26) à l'AA, 5 mars 1955, Becker).

[74] Visible notamment chez Nasser (*ibid.*, Lettre de l'ambassade de RFA au Caire (2100/55) à l'AA, 16 juin 1955, Becker).

[75] *Ibid.*, Ref. 316, Vol. 172, Lettre de l'ambassade de RFA à Bagdad (210 2051/55) à l'AA, 2 août 1955, von Förster.

ne peut pas compter sur des distinctions supplémentaires [de la part des Arabes]. »

De plus, selon Förster, la RFA ne peut plus s'appuyer sur la bienveillance des autorités de son pays de résidence ; car le nombre de responsables irakiens favorables à l'Allemagne diminue. Et dans le cas d'une reconnaissance mutuelle entre la République fédérale et Israël, ces dirigeants seraient contraints de quitter le pouvoir, ce qui se ferait naturellement aux dépens de Bonn.

Après avoir effectué cet inventaire, Förster conclut en soulignant que ses constatations valent pour tous les pays importants du monde arabe. D'où sa proposition d'une réunion urgente des ambassadeurs de RFA en poste dans cette partie du globe, à organiser avant la moindre décision.

Mais cette analyse mérite encore qu'on s'y arrête pour d'autres raisons. On y lit en effet aussi les phrases suivantes :

« Il y avait jusqu'à présent un argument de poids en faveur de la République fédérale : le fait que l'Allemagne, au contraire d'autres démocraties occidentales, n'entretient pas de relations diplomatiques avec l'État d'Israël. Si à l'avenir cet argument venait à disparaître, la seule arme de défense dont nous disposions nous sera ôtée des mains. »

La remarque du diplomate est très importante dans le contexte, car elle symbolise et confirme la tendance déjà observée parmi les fonctionnaires de l'AA spécialistes du monde arabe : il s'agit d'une réelle inaptitude à admettre l'existence de l'État d'Israël, incapacité dissimulée ici sous l'apparence d'une nécessité de tactique diplomatique. Pour ces diplomates, l'absence d'une reconnaissance *de jure* de l'État hébreu, loin d'être une lacune dans le dispositif diplomatique ouest-allemand, constitue au contraire une arme qui sert les intérêts de la RFA[76].

---

[76] Le texte de Förster est accompagné d'une étude d'un membre de l'ambassade intitulée « Conséquences économiques d'un éventuel établissement de relations diplomatiques » qui vient étayer les hypothèses politiques de l'ambassadeur : il existe une responsabilité à l'égard de l'industrie ouest-allemande qui ne pardonnerait pas au gouvernement d'avoir détruit tous les liens avec l'Irak.

Le ton de la lettre de Förster n'est pas une exception. Il est aussi présent, à la même époque et dans les mêmes circonstances, dans les courriers des ambassades ouest-allemandes du Caire (*ibid.*, Abt. III, Ref. 316, Vol. 172, Lettre de l'ambassade de RFA au Caire (2538/55) à l'AA,

Le sérieux de la situation ne peut qu'obliger l'AA à suivre à la lettre l'avis de ses représentants avant d'avancer plus loin dans la réflexion sur la formalisation des relations germano-israéliennes. Et le ministère est d'autant plus réceptif à l'argumentation de ses légations qu'il fait lui-même régulièrement l'objet d'interpellations de la part des diplomates arabes à Bonn.

Quelles sont, dans de ce contexte, les réactions de l'AA ?

Comme on l'a vu, dans un premier temps le ministère des Affaires étrangères dément formellement toute rumeur relative à l'établissement de relations diplomatiques avec l'État hébreu.

Ensuite, au moment où la perspective d'une représentation ouest-allemande en Israël se précise, l'AA tente de minimiser la portée d'une éventuelle décision dans ce domaine. En l'occurrence il agit essentiellement de deux manières.

Tout d'abord le ministère s'efforce de démontrer qu'il est possible de cumuler des relations et avec Israël et avec les pays arabes. En procédant de la sorte, il tente de sortir la RFA de la logique qui la paralyse progressivement ; il désire également prouver que Bonn est fondé à prétendre à une place normale dans le contexte moyen-oriental et à se conformer, comme de nombreux autres pays, à la coutume diplomatique, en reconnaissant les deux camps et en étant reconnu par eux[77]. L'AA cherche donc à dépasser la situation particulière imposée à la RFA par l'histoire et aggravée par le conflit israélo-arabe et la guerre froide ; ce à quoi s'ajoute sa volonté d'harmoniser les multiples impératifs de la politique extérieure ouest-allemande.

---

5 août 1955), d'Amman (*ibid.*, Abt. VII, Vol. 1025, Lettre de l'ambassade de RFA à Amman (210 E 1287/55) à l'AA, 14 juillet 1955, Munzel), de Damas (*ibid.*, Lettre de l'ambassade de RFA à Damas (Geh 52/55) à l'AA, 20 juillet 1955, Ringelmann), de Tripoli (*ibid.*, Abt. III, Ref. 316, Vol. 172, Lettre de l'ambassade de RFA à Tripoli (210.03 323), 28 octobre 1955), de Karachi (*ibid.*, Abt. VII, Vol. 1025, Lettre de l'ambassade de RFA à Karachi (210.02 1748/55), 22 juillet 1955, Podeyn) ou de Djeddah (*ibid.*, Abt. III, Ref. 316, Vol. 172, Lettre de l'ambassade de RFA à Djeddah (81/55 409/55), 29 novembre 1955, von Richthofen). Les conclusions sont convergentes, les dangers soulignés semblables.

[77] Dans sa réponse au télégramme inquiet du Caire sur une note de la Ligue arabe (*ibid.*, Télégramme de l'AA (308.210.01 92.19 275/55), 7 mars 1955, von Welck), l'AA indique ainsi que pour l'instant la RFA n'a pas l'intention d'établir des relations diplomatiques, mais que cela se fera un jour, comme pour de nombreux autres pays.

Par ailleurs, le ministère a pour but de forcer les pays arabes à admettre l'état de fait. Il s'efforce ainsi de leur expliquer que l'établissement de relations diplomatiques entre la RFA et Israël ne serait en fait qu'une nouvelle étape dans un processus qui a débuté avec l'accord de Luxembourg ; un accord qui représente lui-même une reconnaissance *de facto* de l'existence d'Israël[78]. Il résulte de cette situation que l'installation d'une représentation ouest-allemande dans l'État hébreu ne serait en aucun cas le signe d'une orientation résolument pro-israélienne de la politique extérieure de Bonn.

Cependant, parallèlement à cette volonté de minimiser la gravité d'éventuelles relations officielles avec Israël, l'AA est également tenté d'obéir aux injonctions des États arabes. Cette tendance apparaît en particulier à la fin de 1955, au moment de la relance des discussions sur l'installation d'une représentation ouest-allemande dans l'État juif ; elle traduit la montée de l'inquiétude des fonctionnaires « pro-arabes » des Affaires étrangères auxquels échappe de plus en plus le contrôle de la situation. L'accroissement de leur préoccupation est lui-même à l'origine d'une radicalisation de leur part qui ne permet plus aucune concession en faveur d'Israël.

La relance des discussions entre les Affaires étrangères et la mission israélienne de Cologne doit prendre place au moment même où parviennent à Bonn les réponses à la consultation du 2 juillet 1955 relatives à l'impact dans le monde d'éventuelles relations diplomatiques entre les deux pays. Les fonctionnaires de l'AA utilisent alors ces réponses pour juger de l'opportunité d'une avancée dans ces relations. Plusieurs documents attestent l'existence d'une critique à peine voilée de la politique extérieure menée par les dirigeants ouest-allemands depuis mai 1955 et le recouvrement de la souveraineté. Ces

---

[78] *Ibid.*, Note (308.210.01 92.19 1214/55), 16 juin 1955, Voigt. Au cours d'un entretien avec le représentant irakien à Bonn, Voigt précise « ... qu'à notre avis nous avons déjà reconnu Israël, en partie par l'accord qui est bien connu, et en partie par les relations qui sont nées de l'application de l'accord ». Il est intéressant de comparer cette déclaration à une note expédiée trois ans plus tôt par l'AA au consulat égyptien de Francfort (*ibid.*, 210.01/35 E, Note verbale de l'AA (210.01/E II 14 561/52), début novembre 1952) en réponse à une interrogation de celui-ci du 28 octobre 1952, dans laquelle il était écrit : « Une reconnaissance de l'État d'Israël par la République fédérale n'a pour le moment pas eu lieu. L'État d'Israël n'a pas non plus reconnu la République fédérale. »

prises de position sont rédigées à l'attention des responsables du ministère et interviennent, pour certaines d'entre elles, avant même que toutes les réponses à la consultation du 2 juillet ne soient parvenues à Bonn.

Parmi ces contributions au débat, celle de Wilhelm Melchers mérite surtout qu'on s'y arrête. L'ancien représentant de la RFA à Bagdad rédige le 29 juillet 1955 un document particulièrement dur et alarmiste dont il ressort que tout s'oppose à un rapprochement avec Israël[79]. Ce texte s'apparente à une compilation de tous les arguments avancés depuis la ratification du traité par les opposants à des liens plus étroits entre les deux États. Avant tout, pour Melchers, des relations diplomatiques avec l'État juif seraient synonymes de graves dommages portés aux intérêts ouest-allemands dans les pays arabes. De plus, elles provoqueraient de leur part des interrogations non seulement sur les motivations fédérales du moment, mais également sur les raisons qui ont conduit en son temps au traité de réparations. Car les Arabes, aidés en cela par certains cercles ouest-allemands, considèrent encore que seules des pressions extérieures ont pu pousser la RFA à accorder des dédommagements à l'État hébreu. C'est pourquoi, selon eux, la souveraineté retrouvée devrait au contraire lui permettre de mener une politique indépendante qui ne pourrait que leur être favorable. En conséquence :

> « si la République fédérale, peu de mois après avoir recouvré sa souveraineté, engage des relations diplomatiques avec Israël, les Arabes verront dans ce geste non pas une réparation mais bien une option favorable à Israël et le considéreront comme un acte inamical ».

Par la suite le diplomate situe expressément son analyse dans le cadre plus général de la politique étrangère de son pays. Car d'après lui, l'impact négatif d'un rapprochement germano-israélien sera renforcé par le dialogue qui s'esquisse alors entre Bonn et l'URSS : si la République fédérale peut s'entendre en même temps avec les

---

[79] *Ibid.*, Abt. III, Ref. 316, Vol. 172, Note (308.210.02 92.19 1525/55), 29 juillet 1955, Melchers.

« communistes » et avec les « sionistes », l'écœurement des États arabes sera maximal[80].

Dans son argumentaire, Melchers songe en outre à l'avenir de la position de la RFA au Moyen-Orient et aux conséquences de toute inflexion de sa position. Pour lui, il est évident qu'engager des relations diplomatiques avec l'État hébreu, c'est faire le jeu d'Israël, se placer en porte-à-faux vis-à-vis des Arabes et à terme risquer de perdre leur soutien dans les organisations internationales. Ce risque est également économique et culturel, car le danger est de voir les Arabes passer de l'amitié à la haine envers l'Allemagne.

En fonction de tous ces éléments, la conclusion de Melchers est nette et sans appel :

> « L'instant présent apparaît comme particulièrement précaire pour un établissement de relations avec Israël[81]. »

Le document de Wilhelm Melchers illustre donc de manière éloquente le raidissement des services du ministère des Affaires étrangères, en réponse aux velléités du gouvernement de Bonn visant à régler prochainement le problème des relations avec Israël. On peut effectivement parler de raidissement puisqu'alors que, dans les analyses mentionnées précédemment, des solutions alternatives avaient été envisagées favorablement, celles-ci ne sont désormais plus à l'ordre du jour. Dans l'immédiat, l'Abteilung III en particulier semble faire obstacle à la réflexion prévue à la suite des élections israéliennes, et pour elle aucune solution ne peut effacer le risque de remontrances arabes : tous les projets évoqués précédemment pour atténuer le choc

---

[80] Cette remarque s'explique par le fait que le rapprochement entre l'Égypte et l'URSS, *via* la Tchécoslovaquie et les livraisons d'armes, n'est pas encore connu à cette époque (la nouvelle n'en est publiée qu'au mois d'octobre) et que l'on croit encore à l'option pro-occidentale maintenue par la plupart des États de la région (c'est le cas avec le pacte de Bagdad de février 1955 qui regroupe la Turquie, le Pakistan, l'Iran et l'Irak).

[81] Et cette remarque ne permet pas de concession, puisque « L'établissement de relations consulaires ou la mise en place d'une représentation commerciale ou d'une délégation commerciale permanente ne peuvent être distingués de l'engagement de relations diplomatiques. »

doivent être évités et la seule issue consiste à ne rien faire pour l'instant[82].

En ce qui concerne le problème du rapprochement avec Israël, il faut noter qu'à partir de ce moment, l'Abteilung III semble définitivement donner le *la* au sein de la *Koblenzerstraße*. S'il lui est possible, un peu plus tard, de nuancer sa position, elle prend néanmoins encore pour argument la quasi-unanimité qui règne au sein de l'AA pour étayer ses opinions et proposer une consultation à long terme sur le sujet[83]. Elle combat enfin de plus belle toutes les rumeurs de rapprochement germano-israélien et multiplie les démentis alors que l'État hébreu s'apprête à prendre l'initiative[84].

La proposition israélienne d'une négociation sur la mise en place d'un bureau commercial ouest-allemand en Israël ne peut en rien infléchir l'attitude de l'Abteilung III, au contraire. Bien plus, entre la fin de janvier et le début mars 1956, au cours du répit occasionné par l'élaboration d'une réponse à l'offre israélienne, ce service reçoit des

---

[82] Le lien avec la consultation électorale israélienne est clair puisque ce document suit de trois jours ces élections qui confirment Ben Gourion au pouvoir et permettent ainsi la poursuite de la politique de rapprochement avec la RFA.

[83] *Ibid.*, Note écrite, 23 novembre 1955, von Welck. Dans ce document, elle démontre l'acuité du risque en citant d'une part la Direction des affaires politiques qui pense qu'Israël va bientôt faire une proposition concrète et d'autre part la Direction des affaires économiques qui songe à l'établissement progressif de relations normales pour éviter toute précipitation : mise en place ultérieure d'un bureau commercial limité au traité dirigé non par un fonctionnaire de l'AA (qui disposerait forcément d'un statut quasi diplomatique) mais par un expert économique, bureau sans prérogatives consulaires qu'il faut installer à Haïfa (et non à Tel Aviv, siège des missions diplomatiques). Welck de son côté propose que la solution émanant de la Direction des affaires économiques ne soit analysée que lors de la réunion des ambassadeurs imaginée par Förster qui pourrait avoir lieu au mois de mars 1956. En outre, le problème de la sécurité d'un représentant ouest-allemand en Israël est mentionné, comme il l'avait été plus tôt, pour justifier les objections à une représentation.

[84] Dans la réponse à une interrogation de l'ambassade de Londres (*ibid.*, Lettre de l'ambassade de RFA à Londres (211.00 Pol 4764/55) à l'AA, 29 novembre 1955, von Braun, et Lettre de l'AA à l'ambassade de RFA à Londres, 5 décembre 1955), Voigt dénonce les rumeurs qui se multiplient et essaie d'en circonscrire les origines : « Nous ne savons rien de précis. Mais vraisemblablement ces informations émanent de Juifs d'Allemagne installés à présent en Israël qui se considèrent comme particulièrement qualifiés pour occuper le poste d'un consul allemand en Israël. [...] Nous ne pensons évidemment pas nous compromettre avec de telles personnes. »

indications qui renforcent son opinion[85]. Et la conviction de ces fonctionnaires est telle qu'ils peuvent alors croire en la victoire de leur point de vue ; d'autant plus que la politique extérieure générale d'Adenauer leur procure, avec la toute nouvelle « doctrine Hallstein », un atout supplémentaire.

2. Le problème est-allemand

Parmi les éléments qui expliquent l'évolution de l'attitude fédérale sur la question des relations diplomatiques avec Israël, il faut à présent mentionner le problème de l'Allemagne de l'Est. Complément primordial de ce qui vient d'être évoqué, ce facteur est inhérent à la situation de division de l'Allemagne ; son importance s'accroît avec l'aggravation de la guerre froide et, parallèlement, avec le renforcement de la volonté réunificatrice de la RFA. Et si la question est-allemande prend ici de plus en plus d'importance, c'est en fait à la fois en raison de l'action des États arabes et de l'importance que Bonn lui accorde.

Le problème est-allemand explique en grande partie le comportement de la RFA non seulement vis-à-vis d'Israël mais aussi à l'égard des États arabes. En effet il permet à la fois à la RFA et aux Arabes de faire pression sur l'autre camp : ainsi, en raison de la division de l'Allemagne, la simple mention de l'autre État allemand devient au fur et à mesure le moyen de provoquer de vives réactions de la part de l'un et l'autre partenaire du contexte moyen-oriental.

Mais le problème est-allemand a encore une autre dimension ; à savoir que le régime de Berlin-Est joue un rôle actif au Moyen-Orient, y intervient progressivement de manière accrue et prend peu à peu conscience de sa force.

---

[85] De telles informations lui parviennent par exemple du Caire (*ibid.*, Abt. VII, Ref. 708, Vol. 1021, Lettre de l'ambassade de RFA au Caire (358/56), 8 février 1956, Becker). L'Abteilung III les transmet alors aux responsables de l'AA (*ibid.*, Commentaire (308.210.01 92.19 406/56), 23 février 1956, von Welck), en précisant qu'elles « confirme[nt] la justesse de notre attitude dans la question de l'établissement de relations officielles ».

Apparition du problème est-allemand au moment du débat sur la ratification de l'accord de Luxembourg

La RDA commence à jouer un rôle au Moyen-Orient dès l'époque du débat sur la ratification du traité de réparations et du refroidissement qu'il engendre dans les relations entre les États arabes et la République fédérale. Néanmoins à ce moment Berlin-Est désire simplement se présenter comme un partenaire économique de substitution en cas de rupture des relations arabo-ouest-allemandes[86]. La RDA opère donc tout d'abord une manœuvre d'approche sans portée réelle et à laquelle la RFA n'attache pas d'importance, car le second État allemand n'est pas en position de la concurrencer sérieusement. La RDA paraît en fait surtout préoccupée de mettre fin à d'énormes problèmes d'approvisionnement et en particulier intéressée par les ressources en coton de l'Égypte, principale monnaie d'échange du pays.

La situation devient cependant plus préoccupante lorsque l'ambassadeur ouest-allemand au Caire, Günther Pawelke, tente de trouver une solution à la crise qui se noue entre Bonn et les États arabes. Les efforts du diplomate sont en effet ralentis par l'interférence du facteur est-allemand dans le débat. La concurrence de Berlin-Est paraît tout d'abord faible[87], mais elle prend plus d'importance au fil des jours et suscite alors une réelle inquiétude au ministère des Affaires étrangères.

Cette préoccupation augmente en fonction des rumeurs relatives au renforcement des liens entre la RDA et les États arabes. À titre d'exemple, alors qu'au départ les démarches de Berlin-Est pour établir un réseau de consulats au Moyen-Orient ne provoquent pas de trouble au

---

[86] *Ibid.*, Büro Sts, Presserereferat, Vol. 242, *Bundespresseamt*, 15 novembre 1952, « Sowjetzonales Angebot » (reprise de dépêches AP, Caire, Berlin, Paris). Dans ce cadre la délégation arabe présente en Allemagne en octobre-novembre 1952 aurait rencontré des représentants du ministère est-allemand du Commerce extérieur (*Hannoversche Allgemeine Zeitung*, 28 octobre 1952, « Deutsche Spaltung - Handelspolitik - Pankow sucht Spannung zwischen Bonn und Araberstaaten auszunutzen »).

[87] PA/AA, Abt. II, Vol. 1685, Télégramme de l'ambassade de RFA au Caire (76) à l'AA, 30 décembre 1952, Pawelke. L'ambassadeur ouest-allemand annonce des discussions entre l'Égypte et la RDA qui ne doivent porter que sur un accord de paiements.

sein de l'administration de Bonn[88], la persistance d'informations à ce propos leur donne progressivement un caractère plus sérieux ; car on évoque désormais des prolongements politiques et militaires sur la base des discussions économiques du mois de janvier 1953[89].

Pawelke suit avec attention ces prises de contact entre l'Égypte et la RDA, ainsi que les problèmes rencontrés par cette dernière pour envoyer une délégation commerciale et organiser une exposition industrielle au Caire. Si, à la fin de janvier, le diplomate peut constater avec satisfaction que la visite de représentants est-allemands prend du retard, il est d'autant plus stupéfait par l'arrivée de ceux-ci en même temps que la délégation Westrick. À cette occasion, la vive réaction de Pawelke et de l'AA oblige les autorités égyptiennes à se rendre compte de la sensibilité de Bonn à l'égard de tout ce qui contribue à renforcer le régime est-allemand[90]. Au demeurant Le Caire n'est pas insensible à la situation due à la présence sur son sol des deux délégations ; c'est pourquoi dans un premier temps on semble regretter cette coïncidence ; et comme pour satisfaire la RFA, Le Caire n'accorde pas une grande importance aux déclarations enthousiastes du chef de la délégation est-allemande. Mais à Bonn on n'ignore pas que, malgré cette relative modération, l'Égypte, comme d'autres pays arabes, continue à souffler le chaud et le froid et à souligner sa volonté de choisir librement ses fournisseurs[91].

Les États arabes font encore preuve de modération lorsque, malgré l'échec des négociations menées par Westrick, ils se soucient de ménager quelques perspectives de collaboration avec la RFA, en particulier pour le projet de construction d'un barrage à Assouan. De plus, afin de restaurer la confiance entre Bonn et Le Caire, les Affaires

---

[88] Voir *ibid.*, Büro Sts, *Pressereferat*, Vol. 242, Lettre du *Bundeshaus Berlin* (3897) au *Bundespresseamt*, 15 novembre 1952, Wrasman.

[89] *Ibid.*, Abt. II, 211.00/1, Vol. 252, Télégramme de l'AA (304.05/1 III 4461/53 211.00/1 II 3228/53) à l'ambassade de RFA au Caire, 4 février 1953, Bräutigam.

[90] Hallstein demande à Pawelke de transmettre une protestation à Néguib contre la présence de la délégation est-allemande (*ibid.*, Büro Sts, Vol. 184, Télégramme de l'AA, s. réf., à l'ambassade de RFA au Caire, Hallstein, et *ibid.*, Abt. II, Vol. 1686, Télégramme de l'ambassade de RFA au Caire (44) à l'AA, 15 février 1953, Pawelke.

[91] *Ibid.*, Abt. IV, Ref. 416, Vol. 10, Dépêche UP, 20 février 1953. De son côté, la Syrie attribue à la République fédérale la responsabilité de l'embarras général (*ibid.*, Abt. III, *Information dpa*, 14 février 1953).

étrangères égyptiennes limitent la portée des contacts établis avec Berlin-Est : elles annoncent qu'il n'y a pas eu de conversations relatives à des ventes d'armes ou à l'envoi de conseillers militaires et que « [la] délégation [est-allemande] n'a évoqué l'établissement de relations diplomatiques et l'échange de missions à aucun moment des négociations[92] ». C'est pour cela que Pawelke veut se montrer rassurant en écrivant que le choix des Égyptiens est clair :

> « À ce propos, le ministre des Affaires étrangères m'a déclaré [...] que son gouvernement refuserait une demande éventuelle d'établissement des relations diplomatiques de la part de la zone soviétique[93]. »

En définitive, la conclusion que l'AA peut tirer des différentes déclarations de l'Égypte est la suivante : le séjour des fonctionnaires est-allemands au Caire ne correspond apparemment pas à une arrivée en force de Berlin-Est sur le marché moyen-oriental. Cette impression est d'ailleurs renforcée par le fait que les résultats politiques de la manœuvre paraissent très réduits, sinon inexistants. Mais le comportement de Bonn est remarquable ; car malgré des facteurs d'apaisement, les autorités fédérales réagissent très rapidement et résolument afin d'éviter toute reconnaissance de la RDA par un État tiers. Notons enfin que, présente dès cette époque parmi les fonctionnaires de l'AA, cette préoccupation reflète bien toute l'attitude ultérieure de la RFA vis-à-vis de Berlin-Est[94].

---

[92] *Ibid.*, Abt. II, Vol. 1686, Lettre de l'ambassade de RFA au Caire (822/53) à l'AA, 12 mars 1953, Pawelke.

[93] Le seul résultat tangible de la visite de la délégation est-allemande au Caire semble consister en la perspective d'une exposition industrielle, mais ce projet reste encore très vague. Cette visite aboutit à la signature d'un traité de commerce, le 7 mars 1953, sur le principe du troc (produits finis est-allemands contre matières premières égyptiennes).

[94] Sur la base de cette constatation il semble possible de douter des analyses ultérieures contenues dans des documents de l'AA ou dans des articles publiés sur le problème. Les réactions ouest-allemandes relevées sont bien les signes d'une attitude déjà réelle au début de 1953, alors qu'en règle générale, il est admis que le facteur est-allemand n'apparaît dans le contexte moyen-oriental, et dans le contexte décisionnel de la RFA, qu'à partir de 1955, en parallèle à une infiltration soviétique poussée (voir encore récemment BERGGÖTZ, S., *op. cit.*, pp. 428-430).

Persistance et aggravation du problème est-allemand après la ratification de l'accord de réparations

Renforcement de la présence est-allemande dans le contexte moyen-oriental. Comme cela a déjà été signalé, après la ratification de l'accord de réparations, une accalmie s'installe dans les relations entre la RFA et les États arabes ; mais elle se révèle précaire. On peut constater la fragilité de cet apaisement par le fait que le problème est-allemand réapparaît parallèlement à la reprise des critiques arabes contre le développement des relations *de facto* entre la République fédérale et l'État hébreu. Ce sujet devient alors une préoccupation constante des représentations ouest-allemandes dans les pays arabes.

La montée de l'activisme de Berlin-Est motive les efforts des diplomates de Bonn : qu'ils multiplient les initiatives visant à renforcer les contacts commerciaux de leur pays avec les États arabes, ou qu'ils désirent compenser l'impression d'un intérêt ouest-allemand trop marqué pour Israël. Parmi les personnes les plus actives ici, on retrouve souvent celles déjà mentionnées précédemment : il s'agit par exemple de l'ambassadeur de RFA à Beyrouth, Herbert Nöhring, qui sollicite une action vigoureuse de la part des milieux économiques ouest-allemands en s'adressant directement à eux[95]. Pour lui, seule une contre-offensive dynamique peut mettre un terme aux velléités des pays arabes favorables à la RDA et leur montrer quel est leur partenaire économique le plus fiable.

Quels sont les éléments qui justifient les craintes des représentants ouest-allemands ?

Au premier abord, l'Allemagne de l'Est cherche simplement à devenir un partenaire économique des États du Moyen-Orient. Très rapidement, toutefois, son action revêt aussi des aspects politiques. Face à cette évolution, les ambassades de RFA émettent des protestations dirigées en particulier contre les visites de délégations est-allemandes de plus en plus fréquentes. En agissant de la sorte, Bonn souhaite évidemment amener les autorités locales à limiter les domaines de coopération avec la RDA ; car si Berlin-Est peut

---

[95] PA/AA, Abt. IV, Ref. 416, Vol. 22, Télégramme de l'ambassade de RFA à Beyrouth (22) à l'AA, 24 octobre 1953, Nöhring, pour le DIHT.

éventuellement être un interlocuteur commercial, il ne doit en aucun cas devenir une entité politique reconnue[96].

La frontière entre les domaines commercial et politique est cependant difficile à marquer avec netteté. C'est par exemple le cas lorsque la RDA se voit accorder une représentation commerciale en Égypte, « sans statut diplomatique ni relation avec le ministère des Affaires étrangères ». Pour les autorités égyptiennes, ce bureau ne constitue en rien une reconnaissance de la RDA ou l'établissement de relations diplomatiques avec elle. Pour les représentants ouest-allemands au contraire, il est clair que cette ouverture et les visites à répétition de délégations commerciales est-allemandes ne sont pas innocentes ; car elles illustrent la volonté de Berlin-Est de profiter un peu plus de l'affaiblissement momentané de la RFA au Moyen-Orient. Selon les diplomates de Bonn, il suffit de remarquer les conditions commerciales avantageuses offertes par l'Allemagne orientale à l'Égypte pour se rendre compte de l'intérêt politique de l'opération. D'autant plus que Le Caire n'est pas le seul bénéficiaire des largesses est-allemandes[97].

Cette constatation justifie alors les interventions réitérées des diplomates ouest-allemands au travers desquelles la RFA précise ses griefs contre ce qui pourrait amener à une implantation durable de la RDA au Moyen-Orient[98]. À cet égard il faut noter que si les préoccupations de Bonn sont au départ également économiques, elles prennent peu à peu un tour purement politique : il ne s'agit plus de dénoncer des accords commerciaux mais bien une éventuelle reconnaissance symbolisée par l'installation de bureaux d'intérêt est-allemands dans les pays arabes. Ainsi, face aux dénégations parfois

---

[96] *Ibid.*, Abt. II, Vol. 281, Télégramme de l'ambassade de RFA au Caire (208) à l'AA, 19 novembre 1953, Pawelke.

[97] *Ibid.*, Lettre de l'ambassade de RFA à Beyrouth (304.00 435/53) à l'AA, 2 décembre 1953, Nöhring, Très Confidentiel. À propos d'un projet d'accord commercial entre la RDA et le Liban, ce document souligne la rapidité avec laquelle il a été conclu et le fait que « jamais des conditions de nature économique et politique aussi favorables n'ont été accordées au Liban [...]. C'est pourquoi on ne peut nier le caractère politique de cet accord. »

[98] *Ibid.*, Lettre de l'ambassade de RFA à Beyrouth (304.00 30/54) à l'AA, 14 janvier 1954, Breuer, et Vol. 43, Lettre de l'ambassade de RFA à Bagdad (210 2802/54) à l'AA, 30 octobre 1954, Melchers, Télégramme (19), 8 avril 1954, et Lettre de l'ambassade de RFA à Bagdad (300 2195/54) à l'AA, 24 août 1954, Melchers.

imprécises de leurs interlocuteurs, les représentants de Bonn adoptent progressivement une attitude plus ferme qui correspond au durcissement général du gouvernement Adenauer à l'égard de Berlin-Est[99].

En parallèle à cette évolution, on peut remarquer que les représentants de la République fédérale paraissent conscients dès cette époque de la logique qui s'impose. Ils se rendent en effet compte que la multiplication des protestations ou des demandes de précisions qu'ils sont amenés à effectuer constitue une arme à double tranchant : car s'il est d'une part possible, en agissant de la sorte, d'intimider les États arabes et de leur imposer l'arrêt de pourparlers avec la RDA[100], cette méthode permet d'autre part au régime de Berlin-Est de s'insérer encore plus dans le contexte du Moyen-Orient, et ce au détriment d'Israël[101]. La RDA voit en effet son rôle fortement accru par les interventions des diplomates ouest-allemands et elle acquiert par là un statut qui ne correspond pas forcément à son importance réelle. Bien plus, elle prend une place privilégiée dans l'argumentation d'États arabes chaque jour un peu plus conscients de la sensibilité de la RFA au problème est-allemand. De ce fait, la marge de manœuvre des

---

[99] Par exemple lors d'un entretien avec le Premier ministre et le ministre des Affaires étrangères irakien (Télégramme de l'ambassade de RFA à Bagdad (19) à l'AA, 8 avril 1954), Melchers insiste sur la détermination de son gouvernement en la matière ; ce qui fait suite à la répression sanglante du 17 juin 1953 et à l'échec de la Conférence des ministres des Affaires étrangères sur l'Allemagne (25 janvier au 18 février 1954).

[100] C'est cette technique qui avait permis en son temps l'acceptation de l'accord germano-israélien par les États arabes.

[101] Quoi qu'il en soit, à partir de 1952-1953, la RDA participe à la campagne antisémite organisée par l'Union soviétique (voir par exemple HERF, J., « Antisemitismus in der SED - Geheime Dokumente zum Fall Paul Merker aus SED- und M.f.S.-Archiven », *Vierteljahrshefte für Zeitgeschichte*, 42. Jg, 1994, 4. Heft, Oktober, p. 335 et suiv.) et abandonne en même temps toute neutralité à l'égard de l'État hébreu (à ce propos, voir DITTMAR, P., « DDR und Israel - Ambivalenz einer Nicht-Beziehung », *Deutschland-Archiv*, Nr 7, 1977, et TIMM, A., « Zur Aufarbeitung der Geschichte - Die DDR und Israel », texte de la conférence tenue le 7 novembre 1990 à la *Ludwig-Maximilian-Universität* de Munich. Voir également TIMM, A., « DDR-Israel : Anatomie eines gestörten Verhältnisses », *Aus Politik und Zeitgeschichte*, B4/93, 22 janvier 1993, p. 46 et suiv.). Cette intransigeance se retrouve en particulier dans le refus d'accorder quelque réparation que ce soit aux Juifs ou à Israël (voir TRIMBUR, D., « L'attitude de la RDA face au problème de la réparation aux Juifs », *Revue d'Allemagne*, XXVI (4), octobre-décembre 1994, p. 591 et suiv.).

diplomates de la République fédérale s'amenuise, à leur corps défendant[102].

Dans un premier temps, cette situation pousse les représentants de Bonn à chercher une échappatoire, par fidélité à la théorie de l'amitié indéfectible qui lie Allemands et Arabes. Ils attribuent alors l'initiative des contacts qui suscitent leur inquiétude aux seules autorités est-allemandes. Cette manière de procéder leur permet de disculper les États du Moyen-Orient, de les réintégrer dans le camp ouest-allemand et de maintenir le contact avec eux[103].

L'action des représentants ouest-allemands au Moyen-Orient trouve à Bonn son pendant dans des prises de position de même nature, puisque l'administration centrale soutient sans réserve toute possibilité de contrecarrer ce qui apparaît comme une véritable offensive de Berlin-Est. Si cette réaction se place encore à un niveau économique, en réponse aux manœuvres commerciales de la RDA, la dimension politique du problème est évidente. Il s'agit alors pour Bonn de mettre en place une campagne qui réponde aux agissements est-allemands par les mêmes moyens et montre aux Arabes que la RFA est bien l'unique représentante de toute l'Allemagne[104].

---

[102] Le 24 août 1954, Melchers décrit ainsi ce problème à propos du séjour présumé à Berlin-Est d'un diplomate irakien en poste à Bonn : « J'ai évité de me renseigner pour savoir si l'information concernant le voyage de l'ambassadeur irakien à Berlin-Est correspond à la réalité parce que je crains que les Irakiens pourraient alors en venir à l'idée d'intensifier leurs tentatives de contact avec la zone soviétique pour exercer ainsi une pression sur nous. »

[103] Cette interprétation aboutit dans l'immédiat à des résultats positifs puisque certains événements permettent aux diplomates ouest-allemands de reprendre confiance et de croire en la justesse de leurs initiatives préventives ou curatives (PA/AA, Abt. IV, Ref. 416, Vol. 23, Lettre de l'ambassade de RFA à Bagdad (304 Wi 1803/54) à l'AA, 20 octobre 1954, Melchers, avec l'évocation des difficultés d'une délégation commerciale est-allemande pour obtenir un visa pour l'Irak).

[104] C'est ainsi que le service de presse du gouvernement fédéral soutient l'idée d'une invitation lancée à des journalistes arabes pour participer à la foire de Francfort (*ibid.*, Vol. 22, Lettre du *Presse u. Informationsamt* (283 Abt. IV 10 247/53) à l'AA, 8 décembre 1953, Seydel : « On note depuis les derniers mois dans la presse arabe un intérêt croissant pour ce qui se passe à l'est de l'Elbe. Alors qu'il y a encore peu la presse de divers pays arabes apportait assez souvent des informations sur la République fédérale, ceci a depuis fortement reculé. »). L'AA apporte également son appui à cette initiative émanant directement des milieux économiques de RFA (*ibid.*, Lettre de l'AA (4156.54 A 303.04/44 IV 33 819/53) à la *Messen- u. Ausstellungs-GmbH*, Francfort, 9 janvier 1954, Allardt).

Le lien entre la reconnaissance d'Israël par la RFA et la reconnaissance de la RDA par les États arabes. Au fur et à mesure, après la période de mise en place qui vient d'être décrite, les éléments qui la constituent convergent et engendrent un problème majeur pour les autorités de Bonn.

On observe ainsi que malgré les efforts déployés pour contrer l'offensive est-allemande sur le terrain moyen-oriental et se convaincre que les difficultés sont dues à la seule RDA, Bonn est rapidement obligé de se rendre à l'évidence. En effet, si le plus souvent les États arabes ne répondent pas volontiers aux appels du pied de Berlin-Est, et si dans l'ensemble la RFA reste maîtresse de la situation, d'autres constatations ternissent ce tableau. Car avec le temps, plus l'Allemagne de l'Ouest renouvelle à l'adresse de ses interlocuteurs arabes son opposition à tout rapprochement avec la RDA, plus elle renforce un moyen de pression dirigé contre elle-même. Il s'ensuit qu'au mois de juin 1954, l'AA doit admettre cet état de fait : les États du Moyen-Orient placent désormais sur un même pied la reconnaissance par eux de la RDA et une éventuelle reconnaissance d'Israël par la RFA. En clair : si Bonn reconnaît l'État hébreu, les États arabes se sentent en droit d'agir de même vis-à-vis de l'Allemagne de l'Est[105].

Cette constatation est commune au ministère et à ses représentants au Moyen-Orient. Elle conforte les avis les plus pessimistes issus des pressions économiques ou politiques des États arabes ; elle renforce également les personnes opposées dès le départ à la poursuite du rapprochement avec l'État hébreu ; elle devient, en outre, l'explication principale d'analyses qui soulignent régulièrement le danger que constitueraient des relations diplomatiques avec Israël ; et enfin elle prend d'autant plus d'importance qu'elle correspond étroitement à l'évolution de la politique extérieure ouest-allemande en général.

Le schéma esquissé ci-dessus est très rapidement vérifié dans les faits.

---

[105] Cette théorie est précisée pour la première fois au début du mois de juin 1954 par le fonctionnaire de l'Abteilung III Hermann Voigt (PA/AA, Abt. VII, Ref. 708, Vol. 1025 : Israel, note Abt. III (zu 308.210.02/35 12 549/54), 1ᵉʳ juin 1954). À ce moment, il ne s'agit encore que de velléités arabes, mais tous les éléments sont présents.

Après avoir dû accepter l'installation d'un bureau commercial est-allemand au Caire, la RFA doit faire face à des rumeurs relatives à l'établissement de relations diplomatiques entre les États arabes et Berlin-Est[106]. Et de même que le gouvernement de Bonn rejette tout compromis sur une reconnaissance de la RDA par les Arabes, ceux-ci renforcent leur opposition à ce que les Israéliens vont proposer, selon toute vraisemblance, après les élections de juillet 1955. Les États du Moyen-Orient paraissent donc désormais prêts à agir à l'encontre de la RFA avec des moyens similaires à ceux que celle-ci utilise pour contrer la RDA.

L'attitude des Arabes entraîne les diplomates ouest-allemands à renouveler leurs mises en garde. Car pour eux, le danger est désormais omniprésent : il est réel de la part de pays traditionnellement radicaux, comme la Syrie[107] ou l'Égypte[108], mais il émane même de pays qui pouvaient jusque-là paraître plus mesurés, comme le Liban[109]. Les avertissements des représentants de Bonn au Moyen-Orient sont alors repris par les fonctionnaires du Département qui constatent à leur tour, peu après la consultation électorale israélienne, la gravité de la situation[110].

Au début du deuxième semestre 1955, la République fédérale est ainsi placée au pied du mur, au moment où le schéma le plus pessimiste est en passe de se réaliser. Cette situation, difficilement tenable à

---

[106] *Ibid.*, Abt. III, 211.00/1 : Politische Beziehungen Ägyptens zu dritten Staaten, Vol. 3.198, Lettres de l'ambassade de RFA au Caire (45/55) à l'AA, 7 janvier 1955, et (45 II/55), 17 janvier 1955, von Mirbach.

[107] *Ibid.*, Abt. VII, Ref. 708, Vol. 1025, Lettre de l'ambassade de RFA à Damas (Geh 52/55) à l'AA, 20 juillet 1955, Ringelmann.

[108] *Ibid.*, Abt. III, Ref. 316, Vol. 172, Lettre de l'ambassade de RFA au Caire (2538/55) à l'AA, 5 août 1955.

[109] Dans une lettre du 19 juillet 1955, soit une semaine avant les élections israéliennes, l'ambassade de RFA à Beyrouth (*ibid.*, Abt. VII, Ref. 708, Vol. 1025, Lettre (310.02 1629/55), Breuer, Confidentiel) précise qu'en dernier ressort la décision libanaise dépend de la Ligue arabe mais que « je n'exclus toujours pas qu'après l'établissement de relations officielles entre la République fédérale et Israël le gouvernement libanais ne se montre mieux disposé envers la volonté répétée de la zone orientale d'ouvrir une représentation commerciale à Beyrouth, si possible avec un statut diplomatique ».

[110] *Ibid.*, Abt. III, Ref. 316, Vol. 172, Note (308.210.02 92.19 1525/55), 29 juillet 1955, Melchers.

terme, l'oblige à choisir l'un ou l'autre des partenaires afin d'éviter une faillite complète de sa politique moyen-orientale.

À la fin de 1955, alors que la perspective d'une représentation ouest-allemande en Israël se concrétise, le problème est-allemand a ainsi définitivement rejoint la réflexion sur les relations diplomatiques entre la République fédérale et l'État hébreu. Il ne paraît alors plus possible de sortir du « triangle tragique » qui s'est progressivement mis en place au cours des trois dernières années ; et l'ensemble de l'AA est conscient du sérieux de la situation[111]. Une relative uniformisation de son vocabulaire dans le sens d'un raidissement résulte de cet état de fait : l'inconfort de la position ouest-allemande est unanimement souligné, avec multiplication des appels à la plus grande prudence. Car il est parfaitement clair que les États arabes établissent un lien entre les relations RFA/Israël et leurs propres relations avec la RDA[112] et que « la guerre Est-Ouest se poursuit au Caire... avec la concurrence des deux Allemagnes[113] ». Et pour cette raison, on conclut qu'il est inutile de feindre d'ignorer la résolution des États arabes[114].

Face à cette situation, que doit faire Bonn ?

Selon l'AA, la RFA doit agir avec discernement dans un contexte qui ne lui laisse plus qu'une marge de manœuvre très limitée. Il lui faut notamment choisir avec le plus grand soin la forme que prendra une éventuelle représentation en Israël. Ce qui consiste, selon certains, à établir progressivement des relations avec l'État hébreu, afin d'éviter

---

[111] Cette attitude vaut pour les fonctionnaires traditionnellement attachés à de bonnes relations avec les pays arabes (*ibid.*, Note écrite, Abt. III, Ref. Voigt, 23 novembre 1955, von Welck) comme pour les personnes les plus favorables à un rapprochement avec Israël (*ibid.*, Abt. IV, Vol. 137, Note écrite (206.700.01/35 14 755/55), 21 décembre 1955, Frowein).

[112] Welck résume ce contexte en s'appuyant sur les réponses à la consultation du 2 juillet 1955 : « Depuis quelque temps la présence de la soi-disant RDA joue un rôle toujours plus grand dans nos relations avec les Arabes. Les Arabes sont prêts à nous menacer d'une reconnaissance de la RDA si nous reconnaissons Israël de manière diplomatique. [...] Plus nous renforçons nos relations avec Israël, plus il est vraisemblable que les Arabes prendront leur revanche en reconnaissant la soi-disant RDA. »

[113] *L'Orient* (Beyrouth), 26 novembre 1955.

[114] Le lien est clairement établi par l'ambassadeur égyptien à Bonn au cours d'un entretien avec un fonctionnaire de l'AA, à la fin du mois de septembre (*ibid.*, Abt. III, Ref. 316, Vol. 172, Note écrite (308 1864/55), 28 septembre 1955).

de mettre les Arabes devant le fait accompli[115]. Pour la Direction des affaires politiques en revanche, le *statu quo* reste la réponse adéquate ; cet avis correspond à l'intérêt immédiat de l'Allemagne fédérale, car c'est le meilleur moyen de ne pas gêner les négociations que Becker mène au même moment au Caire à propos d'une participation ouest-allemande au financement et aux travaux du barrage d'Assouan.

Si la fin de 1955 est marquée par une déclaration rassurante de Nasser, l'inquiétude de l'AA ne diminue pas pour autant[116] ; car l'Égypte n'en est pas à un revirement près[117]. Pour sa part, le ministère ouest-allemand des Affaires étrangères exclut toujours tout lien entre les deux reconnaissances ; mais il est bien obligé de prendre en considération la position des Arabes[118].

Confronté à une conjoncture dangereuse, l'AA doit s'efforcer de maîtriser à nouveau la situation. C'est pourquoi, à l'approche d'une proposition israélienne et en raison de la menace arabe, le ministère établit une ligne de conduite unique. Et c'est la nécessité politique du moment ainsi que la tradition diplomatique allemande qui justifient l'offensive des éléments de l'AA favorables aux États arabes. Cela se traduit notamment par la volonté de voir le ministère s'exprimer d'une seule voix, souhait qui émane principalement de l'Abteilung III, dans le but de mettre ainsi un terme aux agissements de fonctionnaires

---

[115] Il est intéressant de noter qu'à ce propos les personnes les plus opposées à des relations avec Israël font écho à l'argument arabe selon lequel reconnaître diplomatiquement l'État hébreu, c'est prendre parti dans le conflit du Moyen-Orient. Selon ces personnes (Note écrite, Abt. III, Ref. Voigt, 23 novembre 1955), « l'établissement de relations *diplomatiques* avec Israël ne doit pas avoir lieu aussi longtemps que le statut international d'Israël n'aura pas été reconnu de manière générale et en particulier aussi longtemps que le cessez-le-feu actuel n'aura pas été remplacé par un règlement définitif ».

[116] *Ibid.*, Abt. III, 210.01, Vol. 1.109 : Grundsätzliche Fragen der politischen Beziehungen zu Ägypten, Télégramme de l'ambassade de RFA au Caire (244) à l'AA, 15 décembre 1955.

[117] Ainsi, peu de jours avant la révélation des livraisons d'armes tchécoslovaques au régime de Nasser, le vice-ministre des Affaires étrangères avait déclaré à Becker (*ibid.*, Abt. III, 211.00/1, Vol. 3.198, Lettre de l'ambassade de RFA au Caire (3430/55), 6 octobre 1955, Becker) que « l'Égypte n'a aucunement l'intention de se rapprocher du camp soviétique... »

[118] *Ibid.*, Abt. III, Ref. 316, Vol. 172, Document (308.210.02 92.12 2 532 u. 2533/55) à von Brentano, 14 décembre 1955, von Welck.

qui ont à cœur de s'avancer dans le sens d'un rapprochement germano-israélien[119].

Dans ces circonstances, le problème des rapports avec Israël perd progressivement sa teneur spécifique pour être intégré aux catégories de pensée habituelles du ministère. La période qui s'achève dénote donc une certaine normalisation de la question israélienne au sein de l'AA. Et sur ce point on peut observer une analogie avec l'évolution de l'état d'esprit israélien. De fait, comme on l'a vu précédemment, à la fin de 1955 et dans les premières semaines de 1956, sous la pression des événements, l'État juif se déclare prêt à admettre un rapprochement avec la République fédérale ; si le terme de normalisation paraît inadapté dans ce cas précis, il semble bien que le caractère sensible des relations entre les deux pays se soit suffisamment estompé pour permettre, à tout le moins, leur formalisation. Toute proportion gardée, l'évolution est similaire du côté ouest-allemand : Israël devient peu à peu aux yeux des fonctionnaires de l'AA un interlocuteur comme un autre ; il est donc possible de refuser à ce partenaire des faveurs particulières et d'agir à son égard en donnant la priorité à des raisons politiques, c'est-à-dire en faisant passer à l'arrière-plan des considérations de nature morale. En retour, Israël doit pouvoir respecter une attitude ouest-allemande prétendument guidée par le seul souci de préserver la neutralité de Bonn au Moyen-Orient.

La normalisation désirée par l'AA est en fait le reflet d'une attitude qui concerne l'ensemble de la région : elle consiste pour Bonn à appliquer à cette partie du monde des critères qui découlent de la politique allemande (*Deutschlandpolitik*) de la RFA, aux dépens d'une

---

[119] Dans le document du 14 décembre 1955, Welck propose ainsi que les problèmes afférents à Israël soient pris en compte par une Direction spéciale pour mettre fin aux imprécisions du moment. Il rappelle qu'en ce qui concerne l'établissement de relations diplomatiques avec des pays tiers, c'est sa Direction qui est compétente (*ibid.*, Abt. III, 210.02 : Deutsche diplomatische und konsularische Vertretungen im Ausland, Vol. 153/1, Circulaire AA III, 2128/52, 18 février 1952), et qu'elle s'occupe d'Israël depuis le début : « Il n'existe pas à ma connaissance d'ordonnance contraire. Mais dans les faits les affaires politiques concernant Israël sont traitées soit par l'Abt. III soit par l'Abt. II. » Le lendemain de son intervention, une réunion des responsables des différentes Directions de l'AA donne lieu à de nouvelles divergences, l'Abteilung II rejetant une attitude « totalement négative » face à une éventuelle proposition de Shinnar, et les autres Directions refusant tout ce qui pourrait rendre encore plus difficiles les relations avec les pays arabes.

politique moyen-orientale spécifique. Dans l'immédiat, le résultat de cette normalisation est que la perspective d'une conciliation entre toutes les parties s'éloigne un peu plus, ce qui aboutit donc à favoriser exclusivement l'un des partenaires de Bonn, en l'occurrence la partie arabe.

3. La doctrine Hallstein et le cas d'Israël

La doctrine Hallstein

Le raidissement qui conduit les pays du Moyen-Orient à établir un lien entre la reconnaissance de l'État hébreu par la RFA et celui de la RDA par eux-mêmes aurait pu être surmonté, comme l'avaient été en leur temps leurs critiques contre l'accord de réparations. Mais à l'intransigeance des États arabes correspond cette fois un raidissement de la position fédérale. Et le rejet d'une reconnaissance de la RDA par les Arabes dans ce cas précis n'est en fait que l'illustration d'une tendance générale qui s'impose en RFA.

Dès sa création, on l'a vu, la République fédérale se considère comme la seule entité habilitée à représenter l'intégralité de l'Allemagne ; à ce titre elle dénie toute réalité juridique à l'autre État allemand. L'éloignement progressif des perspectives de réunification après l'échec des conférences internationales et l'élargissement du fossé entre les deux États renforcent Bonn dans sa détermination. En outre, à l'intérieur du pays cette évolution est confortée par le soutien de la quasi-totalité des partis politiques à l'attitude de fermeté du gouvernement Adenauer[120].

Dans sa politique de réunification, le but principal de la RFA est de trouver une parade efficace aux velléités de reconnaissance de la RDA par des pays tiers. Un tel danger est de plus en plus réel, d'autant plus qu'à la marche de Bonn vers sa souveraineté correspond un processus

---

[120] C'est par exemple le cas du SPD qui vit encore avec la marque fortement anticommuniste que lui a donné Kurt Schumacher. Assez rapidement, toutefois, l'opposition et le FDP critiquent la politique de rapprochement avec l'Occident que mène Adenauer, une politique qui, selon eux, repousse un peu plus la RDA dans le camp communiste. Mais cela sans proposer une réelle alternative.

semblable pour Berlin-Est[121]. L'évolution de la situation entraîne donc les services de l'AA à songer à des mesures de rétorsion ; et la montée diplomatique de l'Allemagne de l'Est trouve rapidement une esquisse de réponse, au moins sur le plan juridique[122].

L'Allemagne de l'Ouest est encouragée dans sa fermeté à l'égard de Berlin-Est par ses partenaires occidentaux. Car ceux-ci, en dépit de l'accession progressive de la République fédérale à la pleine souveraineté, tiennent encore à en contrôler l'évolution ; dans ce cadre ils souhaitent notamment éviter une entente entre les deux Allemagnes sous le patronage de l'Union soviétique. Cette attitude apparaît en particulier lors de la conférence de Berlin, au début de 1954, au moment où les discussions sur la réunification échouent et où est lancée une réflexion sur les possibilités d'améliorer les relations interallemandes. Molotov, pour l'URSS, propose alors de créer des commissions de travail communes aux deux Allemagnes ; ce que refusent les puissances occidentales qui préfèrent confier la tâche aux hauts-commissaires, ce que les Soviétiques rejettent à leur tour[123]. La position occidentale se renforce encore au moment de la signature des accords de Paris lorsque, par l'inclusion d'une déclaration sur l'Allemagne dans le texte régissant l'adhésion de la RFA à l'Otan, la non-reconnaissance de la RDA est rendue obligatoire pour tous les États membres de l'Organisation Atlantique[124].

À partir de 1955, le problème de la réunification n'est cependant plus le principal sujet des conférences internationales ; car celles-ci sont

---

[121] En accordant la souveraineté à la RDA le 25 mars 1954, l'URSS développe la théorie des deux États allemands et agit pour que Berlin-Est soit reconnu internationalement.

[122] Dans un document du jurisconsulte de l'AA, E. Kaufmann, daté du 5 mai 1954 (cité par END, *Zweimal deutsche Außenpolitik - Internationale Dimensionen des innerdeutschen Konflikts - 1949-1972*, Cologne, 1973, chap. « Die Bundesregierung und die äußere Souveränität der DDR »), l'*Alleinvertretungsanspruch* est une fois de plus répété, et des mesures de rétorsion sont évoquées : « Si malgré tout l'un ou l'autre État devait établir des relations diplomatiques avec la RDA, le gouvernement fédéral pourrait percevoir ce geste comme un "acte peu amical"[en français dans le texte] et en informer auparavant le gouvernement tenté de le commettre. »

[123] Voir KÖRNER, K., « Die alliierten Deutschlandskonferenzen », in SCHWARZ, H. P. (Hg), *Handbuch der deutschen Außenpolitik*, Munich, 1975, p. 555 et suiv.

[124] Voir KÖRNER, K., « Die Wiedervereinigungspolitik », in *ibid.*, p. 587 et suiv.

désormais centrées sur la détente[125]. Cette nouvelle donne aboutit à un durcissement de l'attitude de la République fédérale sur le sujet et à une position difficilement tenable à terme : le gouvernement Adenauer et tous les partis ouest-allemands désirent dorénavant coupler les deux problèmes. Mais ils rejettent en même temps tout ce qui permettrait d'atténuer la tension mondiale au détriment de l'Allemagne, c'est-à-dire par la reconnaissance officielle de la division du pays[126].

Le souci, voire le dilemme, ouest-allemand apparaît en particulier au travers du problème des relations diplomatiques avec l'URSS. Celles-ci, souhaitées par les deux parties, supposent en effet le maintien du *statu quo* puisqu'elles sont intrinsèquement une violation de la règle que le gouvernement ouest-allemand s'est fixée au départ ; car établir des relations avec l'Union soviétique, c'est entretenir des rapports de droit international avec un pays qui lui-même reconnaît et soutient la RDA ; c'est donc accepter indirectement l'existence de l'autre État allemand et partant la division de l'Allemagne. Il revient alors à Adenauer de signifier expressément à Moscou que l'officialisation des relations germano-soviétiques ne change rien à la situation préalable[127]. À cette fin, dans un discours prononcé devant le Bundestag le 22 septembre 1955, le chancelier énonce la règle de conduite qui s'applique désormais à l'égard du problème de la reconnaissance de la RDA : c'est la « doctrine Hallstein ».

---

[125] La dernière proposition soviétique de réunification du 15 janvier 1955 est rejetée par Adenauer.

[126] Adenauer déclare en réponse à la proposition soviétique du 15 janvier (cité par KÖRNER, K., « Die innerdeutschen Beziehungen », *in* SCHWARZ, H. P. (Hg), *Handbuch der deutschen Außenpolitik, op. cit.*, p. 625) : « Nous ne voulons pas deux États allemands indépendants côte à côte, nous voulons la réunification de l'Allemagne dans la paix et la liberté. » Heinrich von Brentano annonce quant à lui (*ibid.*, p. 626) : « Je ne peux pas imaginer que quelqu'un croie pouvoir apporter une solution au problème allemand, ou rendre cette solution plus facile, en établissant des contacts avec Pankow [la RDA]. Au contraire, établir des contacts avec Pankow, cela signifie concrètement reconnaître le gouvernement de la zone soviétique comme un fait. [...] Cela signifie aussi un dialogue politique même sur des problèmes techniques. Parce qu'il n'existe pas de problème technique qui n'ait un caractère politique. »

[127] Dans une lettre adressée à Boulganine, Premier ministre soviétique, à l'occasion de l'établissement des relations diplomatiques, le 13 septembre 1955, deux restrictions sont précisées : ces relations ne signifient pas une reconnaissance du découpage territorial et elles ne rendent pas caduc l'*Alleinvertretungsanspruch*.

Le raisonnement qui sert de fondement à ladite doctrine est simple puisque pour Adenauer le cas des relations diplomatiques avec l'URSS doit demeurer une exception. Tous les autres pays sont donc prévenus :

> « [Le] gouvernement fédéral considérera comme un acte inamical l'établissement de relations diplomatiques [avec la RDA] de la part de pays tiers avec lesquels [Bonn] entretient des relations officielles, parce qu'il serait à même d'accentuer la division de l'Allemagne[128]. »

La conséquence que la République fédérale doit tirer de l'« acte inamical » n'est pas encore précisée ici. Mais très rapidement Bonn a l'occasion de montrer sa détermination, et sa réponse est peaufinée dans les semaines qui suivent[129]. Et c'est au mois de décembre que les modalités de la réplique sont définitivement fixées, à l'occasion d'une réunion qui rassemble autour de Brentano, Hallstein et Grewe les ambassadeurs Pfleiderer (Belgrade), Becker (Le Caire) et Meyer (New Delhi)[130]. Pendant les débats, la position la plus ferme, soutenue par Brentano, l'emporte sur l'attitude plus nuancée de Grewe ou Hallstein : la seule mesure appropriée pour faire face aux tentations de certains pays est de les menacer de rompre avec eux. Pour Brentano en effet, le risque est trop grand de voir une reconnaissance de la RDA déclencher une avalanche d'autres officialisations de ce type.

Le gouvernement Adenauer est donc plus que jamais résolu à rejeter la théorie des deux États allemands[131].

---

[128] Comptes rendus des débats du Bundestag, 2ᵉ législature (2. Wahlperiode), pp. 5646-5647.

[129] En novembre 1955, lors d'un entretien avec l'ambassadeur yougoslave à Bonn, Brentano souligne la gravité d'un éventuel soutien de la Yougoslavie à la demande d'adhésion de la RDA à l'Unesco, qui équivaudrait à une reconnaissance de Berlin-Est (PA/AA, Minister Büro, Vol. 155 : Diplomatische Gespräche, Compte rendu de l'entretien Hallstein/Ivekovic, 9 novembre 1955).

[130] *Ibid.*, Büro Sts, Vol. 340, Document (Sts 80/56), 16 janvier 1956, Hallstein, Confidentiel, Compte rendu de la conférence tenue à l'AA du 8 au 10 décembre 1955, et Texte dactylographié de la conférence.

[131] C'est de cette conférence que découlent la « doctrine Hallstein » proprement dite, son extension à l'ensemble du globe et l'acceptation de ses conséquences, même gênantes, pour assurer la crédibilité du concept de l'État unique opposé à la théorie des deux États promue par l'URSS. Peu après, la doctrine est encore affinée avec l'énumération des accords qui peuvent être acceptés par la RFA : accords monétaires et commerciaux, mission commerciale sans caractère officiel, contacts techniques sans implications politiques... La renonciation de l'Inde à reconnaître la RDA conforte alors la justesse du choix du gouvernement ouest-

L'application de la doctrine Hallstein au problème des relations diplomatiques germano-israéliennes

Avant l'invitation à négocier de Shinnar. L'élaboration des idées qui mènent à la doctrine Hallstein a une influence directe sur l'attitude de la RFA envers les pays arabes, donc envers Israël. Elle s'impose à Bonn comme la seule solution, sauf à vouloir abandonner les buts suprêmes que s'est fixés la RFA. Et l'étude du problème est-allemand a permis de souligner l'extrême sensibilité de Bonn au renforcement de la position de Berlin-Est au Moyen-Orient.

Il convient d'ajouter qu'au moment où le chancelier fédéral énonce cette doctrine, l'AA lui-même semble en fait déjà porté à exclure définitivement toute formalisation des relations avec l'État hébreu ; car pour la majeure partie de ses fonctionnaires, en vertu de la logique développée à Bonn et dans les représentations auprès des capitales arabes au fil des derniers mois, une telle procédure est impossible puisqu'elle ne peut que favoriser la RDA. Les principes édictés par Adenauer le 22 septembre 1955 constituent donc un élément supplémentaire sur lequel s'appuient les personnes opposées au rapprochement avec Israël. Plus encore, ils consacrent la thèse selon laquelle une politique favorable à l'État hébreu ne peut être que nuisible aux intérêts de la RFA. Cette confirmation autorise donc les services de la *Koblenzerstraße* à franchir le pas et à dénoncer franchement les tentations pro-israéliennes qui existent en Allemagne de l'Ouest.

Dans la pratique, le souci d'éviter à tout prix une reconnaissance de la RDA par les États arabes est présent au plus haut niveau, par exemple chez Walter Hallstein. C'est ainsi qu'au cours d'une réunion de l'Otan à Paris, en décembre 1955, celui-ci souligne devant Dulles la gravité du sujet pour justifier la raideur de la nouvelle politique[132]. Dans le même cadre, le secrétaire d'État aux Affaires étrangères consulte ses

---

allemand (*Stuttgarter Zeitung*, 13 janvier 1956, « Blücher gegen Anerkennung zweier deutscher Staaten - Eine Rede vor dem indischen "Rat für Weltpolitik" - Gespräche über die Wiedervereinigung »).

[132] GLENNON, J. P., NORING, N. J. (ed.), *Foreign Relations of the United States, op. cit.*, vol. XXVI, Central and Southeastern Europe 1955-1957, 1992, p. 60, Telegram from the Delegation at the North Atlantic Council Ministerial Meeting to the Department of State, Paris, 17 décembre 1955, Dulles.

collaborateurs au début de janvier 1956 : c'est l'occasion pour lui de réfléchir concrètement aux relations avec Israël dans les termes qu'impose la doctrine qui porte son nom ; et d'envisager des palliatifs qui permettraient d'éviter d'envenimer les relations germano-arabes[133].

La doctrine paraît surtout implacable à l'occasion d'entretiens entre Brentano et les ambassadeurs égyptien[134] et irakien[135] à Bonn, à la suite d'un nouveau rapprochement entre Le Caire et Berlin-Est[136]. Au cours de ces rencontres, les représentants arabes optent pour une sorte de fatalisme, en expliquant qu'un rapprochement entre leurs pays et la RDA n'est que le résultat des incompréhensions et des agissements pro-israéliens de la RFA. Mais à l'inverse, le partisan de la manière forte qu'est le ministre des Affaires étrangères fait preuve d'intransigeance. C'est ainsi qu'il annonce au représentant égyptien que

> « pour le gouvernement fédéral, cette situation exclut toute action qui renforcerait la thèse de l'Union soviétique qui veut que la division de l'Allemagne soit une réalité dont il faut s'accommoder. Plus encore, cela exclut que la représentation légitime du peuple allemand tout entier et la seule représentation du peuple allemand libre [c'est-à-dire la RFA] accepte qu'un État ou un gouvernement, avec lequel le gouvernement fédéral entretient de bonnes et étroites relations amicales, fasse preuve d'une quelconque attitude par laquelle la zone soviétique pourrait parvenir à être reconnue comme État. »

En raison de la réponse vague que lui donne alors son interlocuteur, Brentano insiste, et il va même jusqu'à préciser qu'

---

[133] PA/AA, Abt. IV, Vol. 137, Note (206.700.01/35 151/56) à Grewe, 5 janvier 1956, Frowein, Confidentiel. Il explique en effet qu'Israël doit comprendre les objections ouest-allemandes, comme la RFA avait respecté celles de l'État hébreu au cours des premiers contacts germano-israéliens. Il déclare qu'il n'existe pas à ce moment de raison impérieuse pour aller de l'avant dans les relations RFA/Israël et qu'une crise ne pourrait que rendre plus difficile un règlement ultérieur du conflit israélo-arabe. S'il ne s'agit que de protéger les intérêts ou les ressortissants ouest-allemands en Israël, il devrait être possible selon lui de placer un fonctionnaire ouest-allemand auprès d'un consulat occidental en Israël.

[134] *Ibid.*, Minister Büro, Vol. 155, Compte rendu entrevue von Brentano/ambassadeur Égypte, 17 janvier 1956.

[135] *Ibid.*, Compte rendu entrevue von Brentano/ambassadeur Irak, 17 janvier 1956.

[136] Il s'agit alors de l'installation d'un bureau commercial égyptien en RDA (*ibid.*, Aide-mémoire ambassade Égypte remis à von Brentano par ambassadeur Égypte le 17 janvier 1956).

« ... il se verrait placé devant un problème grave si un pays devait non pas accorder une reconnaissance *de jure* [à la RDA] par l'établissement de relations diplomatiques mais garantir à des représentants de la zone soviétique des compétences consulaires ».

Tout degré de rapprochement entre Berlin-Est et les États arabes est donc condamnable. Cependant, derrière cette fermeté apparente, la RFA semble également prête à nuancer son comportement à l'égard des États du Moyen-Orient, et ce à leur avantage. En effet, la déclaration de Brentano prouve à la fois la force et la faiblesse de la doctrine. Ainsi, lorsque le ministre affirme par la suite qu'il « attache beaucoup d'importance à ce que des relations avec un pays ne soit pas perturbées par les relations avec d'autres pays », il confirme d'une part l'impossibilité pour la République fédérale de transiger ; et d'autre part il montre par ses propos que l'élément perturbateur pour de bonnes relations entre Bonn et les capitales arabes n'est pas tant la RDA que l'État hébreu. La RFA expose ainsi son flanc le plus fragile et offre définitivement ce moyen de pression aux Arabes, naturellement à son propre désavantage.

Le raisonnement qui fonde la doctrine Hallstein est bien évidemment repris par les services de l'AA, en particulier par l'Abteilung III qui y voit la confirmation de ses propres vues. Ainsi, alors que l'État hébreu doit bientôt proposer l'ouverture d'une représentation ouest-allemande en Israël, cette Direction prend pour argument la difficulté de la conjoncture pour déclarer qu'il n'est plus possible d'envisager une réponse favorable à une telle offre[137]. Selon l'AA les dangers du moment prévalent, ce qui rend nécessaire la recherche d'un apaisement[138]. Pour l'Abteilung III la RFA ne peut pas contribuer seule à cette recherche ; et l'État juif de son côté devrait comprendre que le moment n'est peut-être pas approprié pour aller de l'avant dans les relations germano-israéliennes.

---

[137] *Ibid.*, Abt. VII, Vol. 1025, Note écrite (308.210.02 92.19 21/56), 5 janvier 1956, von Welck.

[138] Plusieurs analyses constatent l'aggravation du conflit israélo-arabe qui devient de plus en plus le reflet du conflit entre l'URSS et les puissances occidentales (*ibid.*, Vol. 1044, Lettre de l'ambassade de RFA à Washington (752.06 E 361/56) à l'AA, 15 février 1956, Krekeler, et Note (zu 308 415/56), 21 février 1956, Voigt).

Au ministère des Affaires étrangères un pas de plus vient donc d'être franchi dans la direction de l'intransigeance totale vis-à-vis de tout rapprochement entre Bonn et Jérusalem.

Après le 27 janvier 1956.
La réponse de Brentano. La doctrine conforte également dans leur opinion les représentants ouest-allemands dans les pays arabes. Lorsqu'en février 1956, à la suite de la proposition israélienne, ces diplomates sont consultés par le Département, les analyses qu'ils produisent correspondent très exactement à leurs prises de position antérieures, avec désormais la caution apportée par le chancelier lui-même[139].

Pour sa part, l'Abteilung III participe encore plus activement aux réflexions de l'AA dans le sens qu'elle préconise. Elle multiplie ainsi les réserves envers l'invitation à négocier de la part de l'État hébreu ; elle s'attache en particulier à démontrer que l'acceptation par Bonn de cette initiative constituerait une rupture avec la politique menée depuis des années[140]. Et elle souligne à l'inverse que le maintien du *statu quo* permettrait de sauvegarder la neutralité ouest-allemande au sein du conflit israélo-arabe[141].

---

[139] Et dans un courrier du Caire la doctrine est expressément invoquée comme motif principal pour s'abstenir de répondre favorablement à l'offre israélienne (*ibid.*, Ref. 708, Vol. 1021, Lettre de l'ambassade de RFA au Caire (358/56) à l'AA, 8 février 1956, Becker).

[140] *Ibid.*, Vol. 1025, Note écrite (308.210.02 92.19 291/56), 4 février 1956, von Welck.

[141] Si celle-ci démontre avec insistance que ses réserves ne sont pas dues à sa volonté de renforcer les liens avec les États arabes (c'est ainsi qu'elle considère comme fantaisiste (PA/AA, Abt. VII, Vol. 1025, Lettre de l'AA (308.210.02 92.19 361/56) à Bagdad, 21 février 1956, Voigt) l'annonce par la presse irakienne (*ibid.*, Lettre de l'ambassade de RFA à Bagdad (210 E 467/56) à l'AA, 8 février 1956) d'un refus de relations avec Israël « en lien avec le renforcement des relations avec les pays arabes »), il est évident qu'elle fait intégralement le jeu de ces pays. Ainsi, au lendemain de la nouvelle rencontre entre Shinnar et Brentano, le 7 mars 1956, l'Abteilung III (*ibid.*, Abt. VII, Vol. 1024, Note écrite (308.210.01 92.19 554/56), Marchtaler) tient à répondre à la proposition de Blankenhorn du 5 mars (BA, Papiers Blankenhorn, Vol. 61 b, Document de Blankenhorn à Hallstein et Brentano, 5 mars 1956) de mettre en place une chambre de commerce germano-israélienne. D'après elle, celle-ci ne pourrait que provoquer les Arabes. Elle place au même niveau une administration de ce type et un bureau commercial est-allemand en Égypte : « une aggravation [serait] très vraisemblable parce que la chambre de commerce germano-israélienne exercerait naturellement avant tout des fonctions consulaires [...], alors que nous nous efforçons d'empêcher que les pays arabes n'accordent aux bureaux commerciaux de la soi-disant RDA des prérogatives consulaires ».

Reste à noter que les fortes réticences de l'Abteilung III semblent imprégner d'autres ministères, comme le BWM qui adopte, dès le début de février 1956, une attitude « extraordinairement réservée » à l'égard de la proposition israélienne[142].

Le 14 mars 1956, la réponse favorable de Brentano à l'invitation israélienne marque un deuxième point de convergence entre la RFA et Israël, après la signature du traité de réparations. Cette réponse est certes bienveillante, mais elle ne constitue somme toute que l'évocation d'une éventualité : par cette annonce, la RFA s'affirme prête à engager des négociations qui devraient permettre l'ouverture d'une représentation en Israël. Toutefois il n'y a pas encore accord ni sur la nature de ce bureau ni sur l'échéance[143].

Au total, la réponse de Bonn n'est donc qu'évasive et semble n'être destinée qu'à calmer l'impatience de F. Shinnar, pleinement engagé dans la concrétisation d'un vœu déjà ancien. La réponse de Brentano résulte aussi de la pression exercée par Adenauer, résolu quant à lui à rester dans la logique du traité germano-israélien. Mais, et c'est ici l'élément le plus marquant, le caractère dilatoire de cette réponse ne fait que soumettre un peu plus la RFA aux pressions des nombreux éléments opposés au rapprochement avec Israël ; et le souci de Brentano de procéder à des négociations secrètes traduit le fait que son attitude est encore sujette, potentiellement, à toutes les variations.

Voués à être confidentiels, les pourparlers qui doivent s'engager font l'objet de nombreuses rumeurs dont le but apparent est de saboter le processus. Ainsi les multiples informations qui confirment ou infirment la perspective prochaine de relations entre la RFA et Israël poussent les

---

Plutôt que d'installer une quelconque représentation ouest-allemande, l'Abteilung III préconise alors l'affectation d'un fonctionnaire ouest-allemand au consulat britannique de Haïfa. Et lorsque Brentano donne une réponse favorable à Shinnar, l'Abteilung III persiste dans ses efforts en s'ingéniant à dénoncer les indiscrétions commises par la mission israélienne de Cologne qui désire précipiter les choses et expose ainsi la RFA à des représailles arabes (*ibid.*, Abt. VII, Vol. 1025, Note (308.210.02 92.19 626/56), 14 mars 1956, Marchtaler).

[142] BA, B 102, Vol. 58 957, Note sur Israël (VC), 10 février 1956, von Mahs.

[143] L'État hébreu est encore opposé à des relations diplomatiques normales. Le choix porte donc sur un simple bureau commercial destiné à mener à bien des tâches imposées par le déroulement du traité ou sur un consulat qui devrait permettre de cumuler ces attributions avec des prérogatives administratives destinées à pallier les lenteurs du système alors en place (représentation des intérêts consulaires ouest-allemands par la Grande-Bretagne).

autorités des pays arabes et leurs représentants à Bonn à multiplier leurs interventions[144] ; et ce raidissement renforce les craintes des Affaires étrangères ouest-allemandes et leur volonté d'atténuer les risques[145]. L'AA réalise certes que les États arabes établissent désormais une distinction entre des relations diplomatiques et la présence d'une simple mission commerciale ouest-allemande en Israël ; mais le ministère s'empresse tout de même de préciser qu'aucune option n'a encore fait l'objet d'une approbation de la part de la RFA[146]. Et c'est dans le même état d'esprit que l'AA repousse fermement l'exigence de F. Böhm d'une réponse positive à la proposition israélienne[147].

La conférence d'Istanbul. La réponse définitive de Bonn à l'offre israélienne du 27 janvier dépend d'une consultation organisée au mois d'avril 1956 : il s'agit de la réunion à Istanbul de tous les ambassadeurs de RFA en poste au Moyen-Orient[148].

Ce séminaire a pour but principal de dresser un premier bilan de l'action ouest-allemande après le rétablissement des relations diplomatiques avec les États du Moyen-Orient. Il est aussi destiné à constater l'évolution des pays concernés, notamment face à l'offensive, idéologique et économique, ainsi qu'à l'aide militaire que les pays de l'Est leur apportent[149]. Il doit enfin permettre une meilleure concertation entre les acteurs de la diplomatie fédérale par le biais d'un débat entre l'« état-major » et le « front »[150].

Il reste à noter que les problèmes d'Israël et de ses relations avec la RFA ne figurent pas expressément à l'ordre du jour des débats. Mais

---

[144] PA/AA, Abt. VII, Vol. 1025, Télégramme de l'ambassade de RFA au Caire (100) à l'AA, 26 mars 1956, Becker, et *ibid.*, Note (308.210.02 92.19 709/56), 22 mars 1956, Voigt.

[145] *Ibid.*, Télégramme de l'ambassade de RFA au Caire (109) à l'AA, 27 mars 1956, Becker.

[146] *Ibid.*, Note (308.210.02 92.19 776/56), 29 mars 1956, Voigt.

[147] *Ibid.*, Minister Büro, Vol. 130 : Beziehungen der Bundesrepublik Deutschland zu den Ländern im Nahen Osten, Lettre de F. Böhm à von Brentano, 19 février 1956.

[148] Sont présents, entre autres : Richthofen (Djeddah), von der Esch (Damas), Bidder (Addis Abeba), de Haas (Khartoum), Becker (Le Caire), von Schubert (Amman), Nöhring (Beyrouth), Quiring (Kaboul), Podeyn (Karachi), Gielhammer (Téhéran), Hallstein, von Welck, Voigt, Melchers, Grewe, Trützschler, Weber et Harkort du Département.

[149] *Ibid.*, Büro Sts, Vol. 339, Programm der Nahost-Konferenz in Istanbul vom 3.-7. April 1956 (308.210.02 Konf 545/56).

[150] *Ibid.*, Rapport sur la « Nahost-Konferenz in Istanbul (3.-7. April 1956) » (Sts 627/56).

ces questions n'en constituent pas moins des préoccupations essentielles pour des diplomates dont la réunion est la prolongation de la conférence de Bonn de décembre 1955. C'est pour cela qu'elles apparaissent en filigrane, ne serait-ce qu'en raison de la conscience que les États arabes ont de l'importance de ces débats[151].

C'est dans cet état d'esprit que débutent les discussions. Et dès le départ leur orientation est clairement précisée : les comptes rendus des ambassadeurs doivent présenter la situation des pays concernés sous l'angle particulier d'une réplique à l'offensive idéologique et commerciale du bloc soviétique au Moyen-Orient. Il s'agit donc tout simplement d'appliquer la doctrine à cette région du monde et de mettre au point une politique qui puisse y sauvegarder et développer les intérêts ouest-allemands.

Au début des discussions, après avoir souligné les caractéristiques de la situation générale du Moyen-Orient, les ambassadeurs présents à Istanbul font le point sur les politiques occidentale et soviétique dans la région. Selon eux, le contexte du printemps 1956 est principalement marqué par le développement de la présence commerciale du bloc oriental. Ce qui ne laisse pas de les inquiéter puisque, d'après différents témoignages, cette évolution débute à peine et constitue le préalable à une forte implantation idéologique. Et dans ce domaine, le danger est d'autant plus grand que le ressentiment anticolonialiste, très prisé à ce moment, est savamment exploité par l'URSS et les démocraties populaires.

Les diplomates ouest-allemands décortiquent ensuite le schéma de la politique suivie par les pays de l'Est : en règle générale, les contacts commerciaux servent de tremplin à l'établissement de relations diplomatiques. Ce système, au départ peu efficace, a fait ses preuves ; car la multiplication d'accords commerciaux observée depuis quelque

---

[151] *Ibid.*, Abt. VII, Vol. 1025, Télégramme de l'ambassade de RFA au Caire (108) à l'AA, 4 avril 1956, Schirmer, pour Becker à Istanbul et Abt. VII, Vol. 1044, Télégramme de l'ambassade de RFA à Damas (12) à l'AA, 5 avril 1956, Ringelmann. Les Arabes tentent de peser sur la décision finale à l'aide de nouvelles rumeurs reprises par la presse locale (*ibid.*, Abt. VII, Vol. 1025, Lettre de l'ambassade de RFA à Amman (210 E 1056/56) à l'AA, 4 avril 1956 et Lettre de l'ambassade de RFA à Djeddah (335 1806/56), 9 avril 1956, Steffen) ou ouest-allemande (*Die Welt*, 4 avril 1956, « Nasser warnt die Bundesrepublik. Gegen Beziehungen zu Israel »).

temps n'a pour but que de lier un peu plus les États du Moyen-Orient, en les convainquant de la bonne foi des pays socialistes.

Quid de la RDA dans ce tableau général ?

De l'avis des représentants de Bonn, la RDA possède des atouts, mais surtout profite de présupposés favorables ; car l'Allemagne de l'Est utilise chez les Arabes les « sympathies traditionnelles et présentes de manière peu différenciée dans les couches populaires ». Ceci renforce naturellement le danger que Berlin-Est représente pour Bonn, comme le symbolise la visite au Caire de Heinrich Rau, ministre est-allemand du Commerce extérieur, peu de mois auparavant. D'où la nécessité de porter la plus grande attention à ce phénomène.

À la suite de ce constat, les participants à la réunion d'Istanbul remarquent que le danger communiste n'est pas isolé, car s'y ajoute celui qui émane des pays arabes eux-mêmes. Souvent ceux-ci répondent favorablement aux propositions des pays de l'Est en vertu d'un raisonnement très simpliste : quiconque est l'ennemi d'Israël est leur ami[152]. En outre, comme leur connaissance des problèmes spécifiques de l'Allemagne reste souvent limitée, ils font preuve d'une grande légèreté dans le traitement de cette question. Pour finir cet état des lieux, les diplomates indiquent qu'un point reste toutefois à noter : dans l'ensemble, les pays arabes ne raidissent pas leur attitude de leur propre initiative, cela est souvent le résultat d'une pression des pays de l'Est ou bien du rapprochement entre la RFA et Israël.

Sur la base de ces constatations, et pour faire face en particulier à l'offensive de l'Allemagne de l'Est, les diplomates ouest-allemands préconisent une politique adaptée à l'ampleur de la tâche ; et celle-ci est, d'après eux, d'autant plus importante que c'est désormais Bonn seul qui peut représenter les intérêts occidentaux au Moyen-Orient[153]. Selon

---

[152] Document (454/56 geh II), 28 juin 1956, Schnippenkötter, transcription des interventions lors de la conférence des ambassadeurs, en particulier von der Esch à propos de la Syrie et Becker pour l'Égypte.

[153] Les débats, en particulier les déclarations de Hallstein, sont de constantes prises de position en faveur d'une action qui montre que la RFA sert effectivement les intérêts occidentaux, qu'elle fait bien partie du monde occidental et n'est pas tentée par une politique aventureuse. Dans le contexte moyen-oriental, les États-Unis voient pour leur part en la RFA non seulement une représentante du monde occidental mais aussi un pays qui doit contribuer à instaurer la paix au Moyen-Orient (« Memorandum from the executive secretary of the

leur analyse, alors que les autres puissances occidentales sont très nettement handicapées dans leur politique moyen-orientale, la RFA jouit, elle, d'une bonne réputation due pour une large part à l'absence d'un passé colonial ou d'une politique hégémonique[154]. Les diplomates évoquent alors les moyens qui permettraient à l'Allemagne de faire face efficacement à l'urgence de la situation et proposent un certain nombre de mesures concrètes[155].

Dernier point : malgré l'impression qui se dégage de ces réflexions, il ne faut pas se méprendre sur les intentions de ces personnes. Elles ne préconisent à aucun moment que l'Allemagne fasse cavalier seul ; au contraire, dans leur désir de voir couronnée de succès la campagne qu'elles envisagent, elles insistent avant tout sur la nécessité pour l'Occident de faire preuve d'unité, seul moyen de lutter efficacement contre l'offensive soviétique.

Après cette présentation globale des problèmes et perspectives du Moyen-Orient, les débats de la conférence d'Istanbul sont directement influencés par la doctrine Hallstein. Car en parallèle au respect des

---

National Security Council (Lay) to members of the Council, Washington », in GLENNON, J. P., NORING, N. J. (ed.), *Foreign Relations of the United States*, op. cit., vol. XIV, *Arab-Israeli Dispute 1955*, 1989, p. 592 et suiv.).

[154] La Grande-Bretagne, depuis qu'elle s'est retirée de la zone du canal de Suez, a perdu encore plus d'influence ; les États-Unis ne peuvent pas mener une politique très précise du fait de leurs intérêts divergents (intérêts sionistes à respecter au moment des élections, respect des politiques britannique et française...). De son côté, « L'Allemagne a [...] encouragé de manière indirecte les revendications nationalistes dans ces pays » (Rapport sur la « Nahost-Konferenz in Istanbul... »), référence aux relations entre l'Allemagne nazie et certains mouvements indépendantistes arabes dirigés contre les Britanniques du temps de la Seconde Guerre mondiale.

[155] Il s'agit de pratiquer une politique économique libérale et de ne pas essayer de copier les méthodes du bloc soviétique. D'autre part, la RFA se doit d'agir et non simplement de réagir, elle doit s'efforcer de pratiquer une politique flexible et pragmatique et respecter la neutralité dans les différents conflits. Un effort particulier doit être fourni dans la connaissance de la mentalité propre de chaque pays et il s'agit avant tout d'éviter de coupler la politique commerciale et la politique pure : le « Trade not aid » pratiqué en principe par les pays de l'Est doit l'être aussi par les Occidentaux.

Parmi les mesures à prendre sont cités : l'aide économique (la politique ne vient qu'en second lieu) pour faire de ces pays des partenaires, une aide accordée en fonction de critères politiques (comme dans le cas du barrage d'Assouan) devant rester limitée ; l'aide technique dont les conséquences politiques ne sont pas négligeables ; les contacts personnels, auxquels est rattachée la politique culturelle.

intérêts occidentaux, les représentants de la RFA ont le souci d'éviter ce qui pourrait aggraver la division de l'Allemagne[156]; et cette préoccupation les conduit naturellement à aborder le problème des relations avec Israël.

Avant toute chose, les diplomates tiennent en la matière à dénoncer une nouvelle fois très fermement le lien établi par les États arabes entre les reconnaissances de la RDA et de l'État hébreu. Mais au cours de l'échange d'idées qui suit, il leur faut reconnaître qu'au regard de la situation préoccupante qui règne pour l'Allemagne au Moyen-Orient le problème israélien paraît d'une importance dérisoire ; car son aspect moral — quelle que soit son importance — n'a que peu de poids face aux intérêts politiques de la RFA. Et la logique qui prévaut dans ce raisonnement s'impose progressivement.

Ainsi, Hallstein souligne que le 14 mars, par la réponse que Brentano a adressée à Shinnar, la RFA ne s'est pas engagée totalement. Car elle a apporté à son consentement à une formalisation des relations avec Jérusalem deux restrictions de taille, qui concernent la date d'ouverture de sa représentation en Israël et les tâches qui doivent lui incomber. Cette objection du secrétaire d'État offre aux diplomates et fonctionnaires de l'AA la possibilité d'exprimer à leur tour leurs doutes : alors que Melchers (Abteilung III) insiste sur l'incompréhension dont feraient preuve les Arabes si Bonn ouvrait une représentation en Israël, Becker (Le Caire) met pour sa part l'accent sur le dilemme auquel est confrontée la RFA[157]. Nöhring (Beyrouth) remarque de son côté que, dans cette affaire, c'est un point de vue politique et non juridique qui doit l'emporter, argument qui renforce Richthofen (Djeddah) dans sa mise en cause du principe, pourtant acquis par l'AA, d'une solution intermédiaire[158].

---

[156] Voir l'intervention de Hallstein *in* Document (454/56 geh II), 28 juin 1956, Schnippenkötter, transcription des communications lors de la conférence des ambassadeurs.

[157] Becker : « Vouloir harmoniser la nouvelle politique israélienne et celle de la non-reconnaissance de la RDA relève de la quadrature du cercle. »

[158] Richthofen : « Se pose [...] la question de savoir si associer l'établissement de relations diplomatiques au traité de réparations, auquel les Arabes se sont enfin habitués, ne serait pas particulièrement défavorable, et si, d'un point de vue psychologique, il ne serait pas plus adroit d'échanger ultérieurement, lorsque le temps en sera venu, des représentations normales et clairement définies, au lieu d'établir maintenant ce bureau douteux. »

Le problème d'Israël est ainsi définitivement placé au centre des débats ; et partant celui de la RDA. Après que Gielhammer (Téhéran) eut remarqué que « rien ne pourrait compenser les dégâts de la reconnaissance » de Berlin-Est par les États arabes, la discussion s'oriente vers le choix qu'il convient de faire : doit-on accepter ou refuser l'offre de Jérusalem ? Si les ambassadeurs optent pour un report momentané de la décision, il leur apparaît cependant nécessaire d'éviter de donner l'impression que ceci soit le résultat d'une concession faite aux Arabes ; car cela risquerait de nuire à l'image de la RFA tant auprès de ces derniers que des Israéliens. C'est pour cela que l'argument choisi pour justifier l'objection de Bonn à l'invitation de l'État hébreu reste alors celui de l'infiltration soviétique au Moyen-Orient.

Il faut enfin remarquer que malgré la tournure des discussions d'Istanbul, l'idée d'un rapprochement avec Israël n'est pas encore définitivement abandonnée. Les fonctionnaires réunis sur le Bosphore décident en effet de sonder les Arabes afin de savoir quelle pourrait être la solution acceptable à leurs yeux. C'est à cette fin que plusieurs participants précisent que la RFA devrait établir une distinction entre « la reconnaissance d'un État, la reconnaissance d'un gouvernement et l'établissement de relations diplomatiques » ; ainsi on espère susciter une réflexion des Arabes sans courir pour autant le risque d'une réaction brutale de leur part.

Que représente la conférence d'Istanbul dans le processus de décision ouest-allemand ?

Cette réunion constitue avant tout le moyen de fixer pour le Moyen-Orient une ligne de conduite adaptée au contexte du printemps 1956. C'est encore dans cette optique qu'à son retour de Turquie Hallstein consulte une nouvelle fois ses experts et insiste devant eux sur les nombreux intérêts économiques, culturels et militaires de la RFA dans la région[159]. Ceci l'amène à déclarer que, sa marge de manœuvre étant réduite, Bonn doit assumer les risques économiques que suppose une aide aux pays de la région, assistance avant tout justifiée par des préoccupations politiques. La conclusion de sa démonstration est claire : la République fédérale s'avoue prête à des sacrifices motivés par

---

[159] *Ibid.*, Informationsgespräch mit Sts Prof. Dr. Hallstein am Freitag, 13. April 1956.

l'importance stratégique du Moyen-Orient ; ce qui signifie qu'elle est disposée à moins s'intéresser à ce qui ne relève pas de « raisons impérieuses », c'est-à-dire au rapprochement avec Israël.

La volonté de s'engager davantage du côté des États arabes et la logique de retrait à l'égard d'Israël que cette option sous-entend apparaissent plus nettement encore dans un texte de H. Voigt qui tire les conclusions de la réflexion menée à Istanbul[160]. Le fonctionnaire de l'Abteilung III reprend alors la description du contexte du Moyen-Orient effectuée lors de la rencontre pour remettre en cause la lettre de Brentano à Shinnar, tout en faisant écho aux interrogations des diplomates ouest-allemands. Il prolonge la réflexion en développant la logique qui avait prévalu au cours de la réunion ; car il lui paraît désormais acquis que, si l'hypothèse d'un simple bureau commercial ouest-allemand pouvait encore être acceptée à la fin de l'année précédente, celle-ci est à présent également exclue.

Pour justifier son point de vue, Voigt commence par mentionner les arguments traditionnels pour se dire par exemple désolé de l'amalgame établi par les Arabes entre les deux reconnaissances. Et il ajoute que si la décision finale ne dépendait que de la RFA, celle-ci refuserait avec détermination la pression arabe et reconnaîtrait l'État hébreu[161]. Mais, souligne-t-il, la RFA ne peut pas se conduire comme si elle était seule : agir égoïstement reviendrait à pousser les pays arabes dans les bras de l'URSS, donc à anéantir les dernières chances occidentales au Moyen-Orient[162].

La conclusion que tire Voigt de ces constatations est évidente et elle suit parfaitement la doctrine en vigueur : si la République fédérale se

---

[160] *Ibid.*, Note écrite de Voigt « Lage im Nahen Osten : Israelfrage », avril 1956, Secret.

[161] « ... Nous ne devons en aucun cas faire dépendre nos décisions de mesures prises par les gouvernements du Caire, de Damas ou de Riyad. Cela ne serait pas digne de nous. »

[162] À cette époque la RFA est décidément convaincue du rôle qu'elle peut jouer dans la défense des intérêts occidentaux au Moyen-Orient, comme le prouve cet extrait des mémoires d'Adenauer : « Au printemps 1956 Nasser avait donné à comprendre qu'il aimerait se rendre à Bonn. Le ministère des Affaires étrangères se mit en relation avec l'Angleterre. Le gouvernement britannique déconseilla d'inviter Nasser. Rien ne fut entrepris. On m'en informa trop tard. Dulles, à qui je parlai de l'affaire, regretta également cette tournure. Les relations entre la République fédérale et les États arabes n'étaient pas entachées par le passé, et je voyais pour nous de bonnes chances de parvenir à une collaboration avec Nasser dans les domaines les plus variés. » (ADENAUER, K., *Erinnerungen - 1955-1959*, Stuttgart, 1967, p. 136).

rapproche d'Israël, sous quelque forme que ce soit, les États arabes exécuteront leurs menaces et reconnaîtront la RDA. Dans ce cas, conformément au discours d'Adenauer du 22 septembre 1955, Bonn devra rompre avec eux, ce qui mettra un terme à toute présence, occidentale en général ou allemande en particulier, au Moyen-Orient. Or la RFA ne peut se permettre d'endosser une telle responsabilité, d'où la remarque du fonctionnaire de l'AA :

> « Il apparaît [...] nécessaire de se demander si le moment est le bienvenu de réaliser la promesse faite dans la lettre du 14 mars, non pas en raison de la pression arabe mais uniquement [...] à cause de notre responsabilité qui découle de la situation générale. »

La question posée par Voigt obéit à la logique de toutes les prises de position antérieures et résulte donc d'un choix délibéré de politique extérieure. Mais la conclusion du document comporte une maladresse ou un aveu de faiblesse que le fonctionnaire ne consent pas à exprimer clairement et qui découle directement des discussions d'Istanbul. En effet, écrit-il, l'évolution de la position ouest-allemande ne traduit pas un quelconque recul devant la pression arabe ; elle correspond en fait à une prise de conscience de sa tâche par une RFA qui est désormais souveraine et qui, de surcroît, représente de façon quasi exclusive les intérêts occidentaux au Moyen-Orient.

Mais le fait de préciser qu'il ne s'agit pas d'un repli n'est-il pas l'aveu même d'une concession ? Et Bonn est-il en mesure de relever le défi évoqué par Voigt ? On est en droit de se poser cette question. Car s'il est vrai que l'Occident est en perte de vitesse dans cette partie du monde, il paraît illusoire de voir la RFA prendre le relais des autres puissances ; d'autant plus que Bonn souligne ne pas avoir là d'intérêt politique direct. En outre, en agissant de la sorte, la République fédérale se place implicitement en position de subordonnée à l'égard des États arabes et leur offre ainsi la possibilité d'utiliser l'argument par la suite[163].

---

[163] Lors de la conférence d'Istanbul, un tel danger avait été souligné par von der Esch, et Hallstein y avait répondu ainsi : « C'est vrai, mais nous devons prendre sur nous cet inconvénient », in Document (454/56 geh II), 28 juin 1956, *Schnippenkötter*.

Le fonctionnaire de l'Abteilung III explique enfin que le seul problème en suspens est de convaincre l'État hébreu de bien vouloir admettre que le moment n'est pas favorable à

La réponse définitive de Bonn à la proposition faite par Jérusalem de formaliser leurs relations est transmise aux Israéliens lors d'un entretien entre Shinnar et Hallstein, qui remplace alors Brentano, le 14 mai 1956[164]. Elle s'inscrit dans la logique des ultimes réflexions de l'AA : le secrétaire d'État annonce que la RFA ajourne sa décision d'installer en Israël une représentation, et que cela vaut aussi bien pour une représentation au statut quasi diplomatique que pour un bureau commercial aux compétences limitées au cadre du traité de réparations. Hallstein précise bien qu'il ne s'agit pas d'un refus définitif ; il s'appuie sur la consultation qui a eu lieu à Istanbul pour indiquer que la RFA comme Israël ont intérêt à attendre un moment plus propice pour formaliser définitivement les relations existantes. C'est donc bien le contexte moyen-oriental qui justifie officiellement l'abstention de Bonn[165].

Quelle que soit l'interprétation que l'on puisse en donner, la réponse définitive de la RFA est bien une fin de non-recevoir opposée à la

l'établissement d'une représentation commerciale ouest-allemande. Mais selon lui il ne devrait pas être trop difficile de faire comprendre la situation aux Israéliens, le gouvernement de Ben Gourion étant plus en mesure désormais de comprendre les arguments de la raison : il en va de la paix du Moyen-Orient, ce qui devrait également intéresser l'État hébreu.

[164] *Ibid.*, Abt. VII, Vol. 1024, Note écrite (zu 308.210.01 92.19 1100/56), 11 mai 1956, von Welck, document de préparation à la rencontre du 14 mai.

[165] À propos de ce refus, I. Deutschkron cherche à nouveau une explication dans le passé des fonctionnaires de l'AA, en particulier dans celui de Voigt, dont on a pu remarquer le rôle clé dans les réflexions du ministère. Elle écrit : « [Le] véritable [...] auteur [de la lettre de refus] [...] a été le chef de la section du Moyen-Orient au ministère des Affaires étrangères de 1953 à 1962, Voigt. Les inclinations de Voigt portaient sans aucun doute plus vers les Arabes. » (DEUTSCHKRON, I., *Israel und die Deutschen, op. cit.*, p. 110). Si le jugement de Deutschkron est valable jusque là, ses informations sont plus imprécises par la suite, lorsqu'elle explique les sympathies arabes de Voigt par le fait qu'il avait été « consul à Jérusalem de 1936 à 1938, donc pendant l'ère Ribbentrop [...] et parlait arabe couramment. » En fait, celui-ci ne fut pas en poste au Moyen-Orient à ce moment. Par ailleurs (« Das Verhalten der bundesdeutschen Politiker... », *op. cit.*) Deutschkron attribue à « Vogt » (*sic*) la fonction de consul d'Allemagne à Haïfa à la même époque et l'organisation d'une section du parti nazi dans cette ville ; or ces fonctions sont alors exercées par W. Melchers (PA/AA, Abt. III, Vol. 172, Lettre de l'ambassade de RFA à Bagdad (211 Isr 855/55) à l'AA, 21 mars 1955, Melchers et brève biographie de Melchers disponible aux archives de l'AA, qui indiquent qu'il fut le premier consul allemand à Haïfa, à partir du 14 février 1938). De plus Voigt n'entre au NSDAP que le 1er novembre 1939. Comme l'indique de son côté S. Shafir (*in Ambiguous Relations, op. cit.*, pp. 75-76), si l'on peut constater une continuité évidente dans le personnel diplomatique allemand à cette époque, il n'y a pas forcement continuité dans les esprits.

proposition israélienne ; et elle prouve que Bonn se place désormais en retrait par rapport à la lettre du 14 mars. Les considérations sur le passé nazi de l'Allemagne, avec lequel Bonn tient naturellement à garder ses distances, avaient inspiré ce courrier de Brentano à Shinnar, et elles conservent certes toute leur validité ; mais désormais les impératifs liés à l'actualité et aux intérêts particuliers de la République fédérale sont prioritaires pour le gouvernement de Bonn. C'est ce qui le pousse à ne pas pouvoir, ou à ne pas vouloir, respecter la logique du rapprochement germano-israélien[166].

---

[166] La pratique confirme rapidement la décision ouest-allemande : peu de jours après la réponse définitive de Hallstein à Shinnar, la RFA à l'occasion d'adopter l'attitude définie à Istanbul. Lors de la rencontre, vivement soutenue par l'AA (BA, Archives de la chancellerie, Vol. 2068, Notice de l'AA (Ref. 11) à Adenauer, 14 mai 1956), entre Adenauer et Anouar el-Sadate, bras droit de Nasser, le ministre dicte au chancelier la conduite à tenir (*ibid.*, Lettre de l'AA (1153/56) à la chancellerie, 17 mai 1956). Et lorsque Sadate insiste sur le fait que la reconnaissance d'Israël par la RFA serait très difficilement acceptable par l'Égypte, Adenauer précise que, en cette période de tension, la RFA s'abstiendra de tout ce qui pourrait aggraver les antagonismes, en particulier de toute reconnaissance d'Israël (*ibid.*, Compte-rendu de la visite de Sadate (11.04.001 1803/56 II), 24 mai 1956).

CHAPITRE X
Épilogue : La réaction israélienne aux réflexions ouest-allemandes

À l'automne 1955, après l'entrée en vigueur de la doctrine Hallstein, les autorités de Jérusalem ne semblent pas considérer la nouvelle politique de Bonn comme un danger pour le rapprochement germano-israélien : on en veut pour preuve que la demande israélienne de négociations est elle-même postérieure au discours d'Adenauer du 22 septembre 1955. Pour Ben Gourion il est indispensable qu'Israël se rapproche de l'Allemagne fédérale afin de faire face à un isolement de plus en plus grand. Par ailleurs, comme cela a déjà été signalé, le moment paraît favorable : les échos ouest-allemands aux consultations israéliennes de 1955 sont plutôt encourageants et répondent aux attentes de Jérusalem. Cette situation amène donc l'État hébreu à émettre son invitation à négocier le 27 janvier 1956, avec en apparence de réelles chances de réussite.

Quelle est alors la réaction israélienne aux hésitations ouest-allemandes ?

Dans un premier temps, au regard de l'importance du problème, Israël ne s'inquiète pas de ce retard. Et même l'État juif comprend que la RFA se méfie de la réaction d'une opinion publique israélienne dont elle ne connaît pas grand-chose.

La lenteur de ce processus devient plus alarmante aux yeux de l'État hébreu à partir du moment où il apparaît qu'en ce début 1956 l'atmosphère n'est plus la même que quelques mois auparavant. C'est pourquoi les informations transmises à Jérusalem par la mission israélienne ou par N. Goldmann sont accueillies avec inquiétude : un délai de plusieurs mois est prévu avant une éventuelle décision allemande. À cela s'ajoute le fait que très rapidement la mission de Cologne prend conscience des raisons qui poussent la RFA à ne pas se décider et à opposer des démentis aux nombreuses rumeurs de rapprochement germano-israélien[1]. Face à cette situation nouvelle et pour parvenir à une issue satisfaisante, Shinnar recherche l'appui d'un maximum de personnalités bienveillantes[2]. Et ses efforts sont jumelés à ceux de N. Goldmann, en particulier en vue d'obtenir le soutien d'Adenauer[3]. Mais tout deux doivent constater l'opposition de l'AA[4].

Le retard de la réponse ouest-allemande provoque la colère de Moshe Sharett qui écrit à Shinnar à ce propos le 22 février[5]. Son mécontentement est d'autant plus profond que les tergiversations de Bonn traduisent clairement un recul par rapport aux réparations et suscitent de « profonds regrets en Israël ». Dans cette lettre, le ministre condamne en particulier l'action de Brentano qu'il juge incohérente et impropre à rapprocher les deux pays, parce que mêlant méconnaissance des détails, précipitation et refus d'aller trop loin. Pour Sharett, les obstacles invoqués par la République fédérale sont sans fondement : il serait en fait possible de les écarter en déclarant que la proposition est israélienne et qu'elle consiste en une opération de rapprochement progressif.

---

[1] ISA, Foreign Office, 2516/8, Addenda à la lettre de Shinnar au ministère israélien des Affaires étrangères du 29 février 1956.

[2] *Ibid.* Il rencontre à cette fin Hallstein le 6 février, Brentano et Böhm le 7, Blankenhorn à Paris les 22 et 23. Bergmann (le représentant de la mission à Berlin) s'entretient dans le même but avec Erich Ollenhauer, responsable du SPD, le 27, et Shinnar discute une nouvelle fois avec Brentano le 6 mars.

[3] BA, B 102, Vol. 58 957, Note sur Israël (VC), 10 février 1956, von Mahs, et ISA, Foreign Office, 3099/25 b, Lettre de N. Goldmann à Adenauer, 7 février 1956.

[4] CZA, Papiers Goldmann, 1111, Télégramme de N. Goldmann à M. Sharett, 13 février 1956, et Lettre de N. Goldmann à M. Sharett, 13 février 1956.

[5] *Ibid.*, Lettre de M. Sharett à F. Shinnar, 22 février 1956 (en hébreu).

ÉPILOGUE : LA RÉACTION ISRAÉLIENNE AUX RÉFLEXIONS OUEST-ALLEMANDES   391

La colère de Sharett l'entraîne à produire une analyse de l'attitude ouest-allemande à l'égard de l'État hébreu. Selon lui, celle-ci est significative d'une réelle discrimination à l'encontre de Jérusalem. Car il remarque que la RFA désire avoir des relations normales avec les États arabes dans tous les cas ; alors qu'elle n'envisage des relations équivalentes avec Israël que lorsque la paix régnera au Moyen-Orient. Ce déséquilibre constitue donc une véritable « offense à l'honneur d'Israël » et, bien plus, il peut avoir de graves conséquences sur le conflit israélo-arabe. C'est pourquoi Sharett estime même qu'il faut dénoncer devant les instances internationales l'attitude de Bonn qui s'aligne sur le passé et constitue une « insulte à l'intelligence ».

L'importance de l'enjeu conduit le ministre à adopter ensuite un ton plus grave encore, lorsqu'il insiste sur la portée de la décision ouest-allemande. Car selon lui, une réponse favorable de la RFA à l'offre israélienne signifierait bien une rupture définitive avec le passé ; et des relations officielles entre la RFA et Jérusalem ne pourraient avoir qu'un effet modérateur sur les États arabes. Alors qu'un refus ne peut que renforcer la mentalité d'assiégé qui prime en Israël depuis 1948. De plus, attendre l'approbation des Arabes pour entreprendre quelque chose signifie qu'il n'y aura pas de relations entre la RFA et Israël[6]. Au total, l'attitude de la RFA ne fait donc qu'encourager les tendances du moment les plus néfastes.

Au regard des perspectives pessimistes qui s'ouvrent, Sharett exige ensuite de Shinnar qu'il intervienne auprès des autorités de Bonn afin que celles-ci reconsidèrent leur position. Il s'agit notamment de pousser les Allemands de l'Ouest à conserver quelques égards pour Israël, et ce malgré le caractère vital de l'isolement de la RDA. Mais le responsable de la mission israélienne doit se garder d'user d'un ton agressif ; il doit plutôt mettre en relief les difficultés rencontrées par le gouvernement israélien face à sa propre opinion publique : cette tactique est choisie pour faire comprendre à Bonn qu'une réponse défavorable de sa part ne pourrait que renforcer les sentiments anti-allemands en Israël. Et somme toute un refus serait contre nature : il stopperait

---

[6] « Lier l'établissement des relations diplomatiques avec Israël au consentement arabe signifie retarder ces relations jusqu'à la venue du Messie (du Christ !) [parenthèse de Sharett]. »

l'amélioration des relations *de facto* et irait à l'encontre de l'évolution globale du statut de l'État hébreu[7].

Shinnar doit donc placer Bonn devant un choix tout à fait clair : soit la RFA installe une délégation commerciale en Israël, soit Israël retire sa proposition et c'est l'Allemagne fédérale qui devra reprendre l'initiative plus tard. Malgré cette menace, le ministre n'oublie pas les obligations du moment : Jérusalem doit cumuler fermeté et réalisme, seule manière d'assurer la poursuite de l'accord de réparations[8]. L'attitude préconisée par Sharett est de son point de vue la seule qui puisse « accroître la fierté israélienne et augmenter les chances de réussite diplomatique » de l'État juif.

Dans le contexte du printemps 1956, la lettre de Sharett qui vient d'être évoquée est intéressante à plus d'un titre.

Elle est tout d'abord significative du décalage profond qui existe entre deux politiques extérieures. À cette époque, les Allemands de l'Ouest réfléchissent froidement, en termes de *Realpolitik*, et ce comportement paraît justifié au vu du contexte international. Cette logique est d'ailleurs dénoncée en RFA même par l'une des personnes les plus attachées à la réalisation des promesses contenues dans le traité de réparation, Franz Böhm[9]. Pour leur part, les Israéliens font intervenir des éléments historiques et religieux pour expliquer et motiver leur propre pragmatisme. D'après Sharett, il s'agit alors d'assurer le « salut » des deux États et celui-ci dépend directement de la réponse

---

[7] Sharett cite l'arrêt prochain du boycott de la RFA par Israël dans les instances internationales et le développement des contacts personnels (congrès scientifiques, échanges...). Et plusieurs exemples récents vont dans le sens d'une normalisation de la situation internationale d'Israël (un accord vient en effet d'être signé avec l'Autriche, et l'Italie a élevé sa représentation en Israël au rang d'ambassade, malgré la menace arabe et ses intérêts méditerranéens), ce que la RFA semble refuser (Sharett cite une dépêche récente de l'agence United Press dans laquelle la RFA mentionne Tel Aviv comme capitale israélienne, et non Jérusalem).

[8] « La continuation de l'accord de réparations est vitale pour nous. Cependant, avec les tendances qui existent actuellement en Allemagne, nous n'avons aucune garantie que l'accord sera respecté. [...] Nous devons apparaître totalement confiants en l'accomplissement des clauses de l'accord et faire la distinction entre l'accord de réparations et le problème des relations. »

[9] BÖHM, F., « Eine Weltverpflichtung - Israels Recht auf Existenz », *Die Gegenwart*, 1956, Nr 11, p. 496 et suiv., p. 499, et PA/AA, Minister Büro, Lettre de F. Böhm à von Brentano, 19 février 1956.

qu'apportera Bonn à la proposition de Shinnar. Pour Israël, ce salut est double, il est à la fois matériel, une réponse positive étant la confirmation absolue des futures livraisons ouest-allemandes, et spirituel, puisque par là Israël pourra atteindre la normalité désirée et sortir de sa « mentalité d'assiégé ». Pour la République fédérale, le salut ne peut être atteint que si la rupture avec le passé est totale, ce que seule une réponse favorable peut marquer. Le rôle que Sharett attribue au processus en cours correspond éminemment à la foi qu'a Israël dans sa mission de « lumière parmi les nations » : car c'est par Israël que l'Allemagne en général, et la République fédérale en particulier, peut atteindre sa rédemption[10].

Mais la lettre de Sharett révèle également un État d'Israël aux abois et qui réclame obstinément de la part de la communauté internationale une confirmation de sa propre existence. Car l'État hébreu veut être respecté et traité par les autres États comme un partenaire égal, en particulier vis-à-vis des pays du Moyen-Orient. C'est bien pourquoi Jérusalem se sent trahi par la politique qui s'impose chaque jour un peu plus à Bonn.

Au-delà de ces considérations, le document en question dénote enfin un réalisme caractérisé. Israël sait en effet jusqu'où il peut aller dans la recherche d'une audience internationale, et partant où il doit s'arrêter pour éviter une position de faiblesse. Dans cette mesure, il lui est possible de distinguer entre les éléments qui lui accordent, les uns, l'honneur d'une reconnaissance internationale accrue et, les autres, la garantie d'une survie pour les prochaines années. C'est ce réalisme qui permet à Sharett de donner ses instructions, avec le souci de dégager la responsabilité de son pays dans le cas d'une issue malheureuse pour la discussion en cours.

Au début de mars 1956, Israël peut être satisfait de la première réponse de Brentano. Mais très rapidement il apparaît que la décision définitive de Bonn ne dépend pas que du ministre des Affaires étrangères, puisqu'elle doit encore être soumise à l'examen de l'AA et de la réunion à Istanbul des ambassadeurs en poste au Moyen-Orient. Et

---

[10] Voir NOTHDURFT, R. C., *David Ben Gurion - Seine gesellschaftlichen, religiösen und politischen Anschauungen und ihr Einfluß auf seine Haltung gegenüber der Bundesrepublik Deutschland*, Munich, 1983.

la tendance qui s'impose progressivement après la mi-mars confirme les inquiétudes de Jérusalem et nécessite une intervention israélienne supplémentaire pour limiter les dégâts.

Cette intervention passe tout d'abord par le canal habituel, avec des consultations entre diplomates des deux pays[11].

Mais elle est particulièrement remarquable lorsque, quelques jours avant l'annonce de la décision définitive de la RFA, Sharett s'exprime sur le sujet devant un auditoire soigneusement choisi, le Congrès sioniste mondial réuni à Jérusalem[12]. À cette occasion il redit être prêt à envisager des « relations diplomatiques normales », véritable « nécessité politique » selon lui. Cet ultime appel du gouvernement prouve une fois de plus son attachement au rapprochement. Car le message de Sharett, adressé en principe aux congressistes, est clairement destiné à la RFA ; et il peut cette fois s'appuyer sur le soutien de nombreuses fractions de la classe politique israélienne et des représentants des organisations sionistes[13].

Le résultat de la consultation d'Istanbul et la réponse définitive de Bonn, le 14 mai 1956, mettent fin aux espoirs de l'État juif.

La réaction israélienne au recul ouest-allemand est vive, mais elle reste contenue ; Ben Gourion voit ses efforts pour un rapprochement officiel entre les deux pays battus en brèche par une *Realpolitik* qui s'oppose à la sienne. L'échec de la manœuvre qui devait permettre de formaliser les relations afin de les normaliser constitue pour le fondateur de l'État hébreu une déception[14] ; ce qui ne l'empêche

---

[11] Le représentant d'Israël à Berne, Tolkowsky, demande ainsi à la RFA de ne pas céder à la pression arabe : y céder une fois, c'est accroître le risque d'y céder toujours, et cela ne peut avoir que des conséquences fâcheuses sur les relations entre la RFA et Israël. Il exige une avancée minimale dans les rapports entre les deux pays (PA/AA, Abt. VII, Vol. 1025, Lettre du consulat de RFA à Berne (700.01 Isr 915/56) à l'AA, 24 mars 1956, Holzapfel).

[12] *Ibid.*, Vol. 1018, Correspondance de W. Hirsch, 11 mai 1956.

[13] L'avis de Sharett est partagé par une grande partie du congrès, dont son président, N. Goldmann. Une motion du *Herout* refusant des relations plus poussées avec la RFA est même rejetée par 175 voix contre 88.

[14] Déception à laquelle s'ajoute un échec du côté espagnol : le 8 janvier 1956, le gouvernement de Ben Gourion décide de demander des relations diplomatiques à Franco, soit 19 jours avant la demande adressée à la République fédérale. Mais l'Espagne refuse de franchir ce pas pour ne pas compliquer ses relations avec les États arabes, après la fin du mandat espagnol sur le Maroc (voir WOLFFSOHN, M., *Spanien, Deutschland und die « Jüdische*

toutefois pas de rester fidèle à son choix. Mais désormais, à Jérusalem, on est d'avis que toute initiative doit venir de Bonn et que c'est la RFA qui porte la responsabilité du climat créé par son refus.

On notera enfin que certaines personnalités israéliennes pensent à ce moment rendre l'affaire publique pour exercer une pression sur la RFA. Mais ici aussi c'est le réalisme qui l'emporte. L'idée d'une réaction trop manifeste est finalement écartée, car il faut sauvegarder le climat dans lequel a été appliqué jusqu'alors le traité de réparations. À l'inverse, rendre l'affaire publique aurait provoqué une grave crise entre les deux pays et, avant tout, démontré que les Israéliens étaient irrités et déçus de la réponse ouest-allemande ; une attitude qui les aurait donc immanquablement placés en position d'infériorité par rapport à l'Allemagne fédérale, alors que des perspectives prometteuses pour la collaboration *de facto* entre les deux pays se dessinent de façon assez nette à cette époque.

Weltmacht » - *Über Moral, Realpolitik und Vergangenheitsbewältigung,* Munich, 1991, pp. 139-140).

CONCLUSION GÉNÉRALE

L'étude des idées relatives à l'établissement de relations diplomatiques entre la RFA et Israël dans la période 1949-1956 permet plusieurs remarques.

Jusque-là domaine injustement méconnu, marqué de nombreux préjugés et conclusions hâtives, l'analyse qui vient d'en être faite offre de nombreux aspects nouveaux.

Au niveau bilatéral, il est apparu de manière tout à fait claire que l'idée même de relations diplomatiques entre Bonn et Jérusalem, sujet au départ tabou, prend rapidement un caractère inéluctable. Bien plus rapidement d'ailleurs que le laissent penser les ouvrages disponibles sur la question. Car la formalisation des relations s'impose très vite comme la suite logique de l'acte de droit international que constitue l'accord de réparations conclu entre les deux pays le 10 septembre 1952. Et ce malgré les préventions et hésitations mutuelles des premiers temps. Évoquée très tôt, comme l'ont montré certains documents de la fin des années quarante, cette formalisation est également envisagée concrètement de façon très précoce. Elle fait immédiatement partie des idées communes aux deux États, ce qui n'exclut évidemment pas de profondes réserves de part et d'autre. C'est pourquoi, arrivé à ce stade de l'analyse, il est possible d'affirmer que la période 1953-1956 est fondamentale pour expliquer la mise en place des « relations spéciales » qui lient les deux capitales. Et l'on peut alors d'autant plus s'étonner de ce que ces quelques années n'aient pas fait l'objet plus tôt d'études approfondies. Cet oubli peut désormais paraître en partie réparé.

Conséquence de l'amorce de rapprochement constituée par l'accord du 10 septembre 1952, l'éventualité de relations diplomatiques entre la RFA et Israël reflète de manière très précise l'évolution respective des deux États. Mais elle s'inscrit surtout, on l'a vu, dans le développement dramatique du contexte international au début des années cinquante, marqué par la guerre froide.

Pour l'État juif, cette époque se caractérise par deux phénomènes parallèles. On trouve d'une part l'exacerbation de l'opposition marquée à son encontre par les États arabes sur la base du premier conflit de 1948-1949. Les États du Moyen-Orient bénéficient alors de plus en plus de l'appui de l'URSS et de ses satellites, en vertu à la fois de l'extension du modèle soviétique aux pays du tiers-monde, et d'une virulente politique antisioniste, qui cache mal ses aspects antisémites. D'autre part, conséquence de l'accroissement de l'hostilité des Arabes à l'encontre de l'État juif, qui ne fait d'ailleurs pas grand-chose pour l'atténuer, Israël se trouve de plus en plus isolé au Moyen-Orient. Cette situation est rendue d'autant plus délicate que l'allié principal de Jérusalem, les États-Unis, prend de plus en plus ses distances à son égard. Le souci majeur de Washington passe alors par l'édification d'une alliance militaire sur les pourtours sud de l'URSS, au grand bénéfice des Arabes, au détriment évident de l'État hébreu. Cette évolution entraîne à son tour une radicalisation de l'attitude d'Israël à l'égard de ses voisins, attitude négative. Mais le comportement de Jérusalem n'est pas seulement de rejet, puisque pour sortir de cette situation et de cette mentalité d'assiégé, l'État juif, fidèle continuateur de l'Agence juive, recherche à tout prix de nouveaux soutiens, en particulier du côté de l'Europe occidentale. Au sein de cet ensemble, qui se remet progressivement de la Seconde Guerre mondiale et s'engage fermement dans la voie de la construction européenne, Bonn, qui incarne aux yeux de Ben Gourion une « nouvelle Allemagne », joue, ou est amené à jouer un rôle de plus en plus important[1].

À l'inverse de ce qui a lieu dans le cas d'Israël, le début des années cinquante correspond, pour l'Allemagne fédérale, à une période de

---

[1] Voir EBAN, A., *Diplomacy for the Next Century*, Yale, 1998, p. 18.

stabilisation. Les mauvais souvenirs de « l'année zéro » s'éloignent rapidement, et Bonn s'installe dans la prospérité économique. En ce début de décennie il lui reste toutefois encore à prouver son attachement à la démocratie et à réaliser les principaux objectifs que s'est fixé, dès le départ, le chancelier Adenauer : accession à la souveraineté, intégration du pays à l'Otan, construction européenne et réunification de l'Allemagne.

Comme on peut le percevoir dans les lignes qui précèdent, l'évolution du problème des relations entre la RFA et Israël ne dépend pas seulement de ces deux pays. Bien au contraire, dans leurs réflexions et agissements, les deux capitales doivent tenir compte d'une multiplicité d'intervenants. Cette pléthore, supposée au départ sur la foi des débats préalables au traité de Luxembourg, se voit confirmée et renforcée avec le temps. Elle apparaît en particulier au moment de la discussion relative à la ratification de ce texte : entre septembre 1952 et mars 1953, une grande partie des éléments appelés à intervenir dans la période ultérieure se mettent en place.

La multiplicité des facteurs intervenant dans le contexte germano-israélien se vérifie davantage encore après la ratification du document, le 18 mars 1953. L'Allemagne fédérale et Israël sortent alors du contexte particulier des négociations de Wassenaar, ils se trouvent désormais confrontés à la réalité de la guerre froide. Dans la pratique, à partir de cette date les multiples implications du rapprochement germano-israélien reviennent constamment à l'esprit des décideurs : qu'il s'agisse du pragmatisme nécessaire de la part des dirigeants israéliens, de moins en moins tentés de se replier sur eux-mêmes, ou du réalisme géopolitique dont font preuve les responsables de Bonn. Le réalisme qui s'impose progressivement aux deux parties agit en sens opposé. Ainsi pour les Israéliens, il s'avère indispensable de poursuivre et d'approfondir la coopération avec la République fédérale. Et ce en dépit des prises de position très hostiles à tout dialogue avec l'Allemagne d'Adenauer, qui remontent à l'époque de l'installation du consulat d'Israël à Munich. À l'inverse, pour les Allemands de l'Ouest les déclarations de bonne volonté et les perspectives prometteuses qui avaient été établies lors de la conclusion de l'accord sont temporairement mises de côté. Elles cèdent alors la place à des considérations directement en rapport avec la gravité de la guerre froide.

Conséquence de cette évolution, on peut assister à un processus de normalisation toute théorique entre les deux pays. Celui-ci a un effet ambivalent. D'une part Israël normalise sa perception de la RFA, lorsque Ben Gourion voit dans le régime de Bonn l'incarnation d'une « nouvelle Allemagne » dont l'État hébreu peut et doit se rapprocher. En d'autres termes, la RFA devient aux yeux d'Israël un partenaire à peu près identique à un autre et même, à bien des égards, mieux disposé envers l'État juif que beaucoup d'autres pays : l'application rigoureuse de l'accord de réparations démontre une fidélité à la parole donnée qui mérite une attitude plus favorable de la part de Jérusalem. Il ne peut alors plus être question du boycott absolu évoqué dans les premiers temps.

En parallèle, la RFA voit progressivement en Israël un interlocuteur analogue à la majeure partie des membres de la communauté internationale. L'État hébreu a certes toujours droit à des égards particuliers de la part de Bonn, mais cela ne doit en aucun cas mettre en danger la position de la République fédérale envers les pays concernés par l'éventuel établissement de relations diplomatiques germano-israéliennes[2].

Du fait de cette double évolution, il est possible de délimiter dans les deux cas la portée de la morale et celle de la *Realpolitik*. Ces domaines sont en effet bien distincts à partir de 1953. Jusque là il est encore possible de dire que les relations germano-israéliennes constituent une occasion unique de cumuler les impératifs de la politique et ceux de la morale. Après cette date, il semble que la politique prenne le dessus, que ce soit dans l'esprit des responsables d'Israël, des dirigeants juifs ou des gouvernants fédéraux. Le constat

---

[2] A. Ben Natan résume ce double mouvement de la manière suivante (BEN NATAN, A., « Einige Gedanken zu den deutsch-jüdischen und deutsch-israelischen Beziehungen », in GIORDANO, R. (Hg), *Deutschland und Israel : Solidarität in der Bewährung - Bilanz und Perspektiven der deutsch-israelischen Beziehungen*, Gerlingen, 1992, p. 231 et suiv.) : « Pour la partie allemande ce n'étaient pas que des considérations morales qui conduisaient [au rapprochement avec Israël], mais aussi des objectifs politiques, tandis que du côté d'Israël la nécessité d'intérêts existentiels définissait les grandes lignes de la politique dans le cas des relations avec la République fédérale... » (p. 232).

doit donc être tranché, même si dans leurs témoignages publiés les acteurs de ces relations ont préféré donner la priorité à la morale dans leurs décisions. La ratification de l'accord de réparations constitue là le meilleur exemple : Adenauer dans ses mémoires privilégie l'éthique[3], mais l'approbation du texte par le Bundestag ne représente-t-elle pas la condition *sine qua non* de la réussite du séjour aux USA du chancelier qui la suit immédiatement ? De la même manière, il semble éloquent que le poids du passé et la réalité de la *Shoah*, invoqués dans les premiers temps, s'effacent progressivement. On ne peut parler de réconciliation, mais d'une certaine relativisation du passé au bénéfice du réalisme politique. À ce titre la lettre de Sharett à Shinnar, du 22 février 1956, avec ses invocations dramatiques, peut presque apparaître comme une figure de rhétorique.

Cette distinction entre morale et politique s'oppose plus tard à l'entremêlement extrême des facteurs dans le problème des relations RFA/Israël. Au total celui-ci aboutit à la mise en place du « triangle tragique » dont parle F. Gerlach. Cette interdépendance se développe et se manifeste à l'excès au fil des ans. Mécanisme habituel en matière de réflexion et de décision politique, l'existence d'un lien étroit entre les multiples préoccupations du gouvernement de Bonn aboutit en définitive, au printemps 1956, au blocage des relations germano-israéliennes. On voit alors stoppée nettement, au moins au niveau officiel, la dynamique puissante qu'avait produite le traité de Luxembourg : sur les bords du Rhin, des relations plus proches entre Bonn et Jérusalem sont considérées comme éminemment souhaitables, mais le moment ne paraît pas pour autant opportun. Un credo qui s'impose désormais à la réflexion des diplomates ouest-allemands.

Par ailleurs, la question des relations diplomatiques entre la RFA et Israël permet de mettre en valeur certaines personnalités marquantes de ce dialogue. Dans la majeure partie des cas, elles se sont investies très tôt dans la cause du rapprochement. On trouve ici des motivations pragmatiques : c'est la cas des dirigeants — David Ben Gourion, Moshe Sharett — et de hauts fonctionnaires — Felix Shinnar — israéliens, et, dans une certaine mesure, des autorités ouest-allemandes — au premier rang desquelles se place Konrad Adenauer ; de hauts

---

[3] ADENAUER, *Erinnerungen - 1953-1955, op. cit.*, p. 138.

responsables juifs — Nahum Goldmann — ou des Juifs allemands de New York — regroupés autour du journal *Aufbau*, avec Kurt R. Grossmann et Manfred George. Les motifs peuvent également être d'ordre personnel, avec la recherche d'un certain intérêt (on pense en particulier à Karl Marx et à son journal *Allgemeine Wochenzeitung der Juden in Deutschland*, soucieux de prendre une place dans le processus de réconciliation), et faisant preuve d'opportunisme (selon Shlomo Shafir il s'agirait d'interpréter de la sorte le comportement de Herbert Blankenhorn[4]). Mais d'autres personnes se prononcent en faveur du rapprochement germano-israélien en fonction de l'idéalisme caractéristique d'une partie de la société civile ouest-allemande de l'époque : c'est le cas des Allemands de l'Ouest impliqués dans le dialogue judéo-chrétien — Franz Böhm ou Erich Lüth.

À l'inverse il est possible de constater la présence d'intervenants défavorables à la poursuite du rapprochement entre Bonn et Jérusalem. C'est ici que l'on doit placer les motivations politiques des représentants de la droite — Menahem Begin — ou de la gauche israélienne — *Mapam* —, ou de la droite ouest-allemande — Fritz Schäffer, Franz Josef Strauß. Ce rejet s'explique également par les obligations stratégiques de politique extérieure que s'imposent, bien volontiers, les fonctionnaires de l'AA, Wilhelm Melchers ou Hermann Voigt, qui optent pour les États arabes, en défaveur d'Israël ; obligation que choisissent également Heinrich von Brentano ou Walter Hallstein, dont la fermeté à l'égard d'Israël découle de la doctrine qui porte son nom. Cette attitude de refus caractérise encore l'action ponctuelle, notable en particulier au moment du débat sur la ratification de l'accord de réparations, des industriels ouest-allemands : ceux-ci sont soucieux avant tout de préserver leurs parts de marché au Moyen-Orient, alors que l'économie israélienne leur est largement ouverte grâce à la nature même du traité.

De l'analyse de ces nombreux facteurs d'explication découle le tableau d'un processus de décision qui aboutit au début de 1956. Qu'il s'agisse des éléments qui poussent l'État hébreu à franchir le pas et à demander à l'Allemagne de l'Ouest une officialisation des relations

---

[4] SHAFIR, S., *Ambiguous Relations, op. cit.*, pp. 174-175.

germano-israéliennes. Ou de ceux qui s'imposent, bon gré mal gré, à la RFA et l'amènent à refuser la proposition de Jérusalem[5].

Dans l'ensemble, et pour se conformer à l'opinion généralement admise, il est certain qu'à partir de 1955 la question des relations diplomatiques entre Bonn et Jérusalem devient un véritable problème. Bien plus il est possible de dire qu'à partir de ce moment, qui marque la fin de la présente étude, ce sujet constitue en particulier un instrument de la politique inter-allemande, au détriment apparent d'Israël[6].

L'affaire des relations germano-israéliennes nécessite la prudence et rejette toute précipitation dans les jugements que l'on peut en tirer. Elle rend également nécessaire la nuance. Ceci apparaît particulièrement dans le fait que la *formalisation* dont il est question au printemps 1956 ne doit pas être confondue avec la *normalisation* des relations. Celle-ci reste alors tout à fait improbable si peu de temps après la fin de la Deuxième Guerre mondiale et la découverte de l'ampleur de la *Shoah*. De fait, même si la notion demeure discutable, il semble bien que les rapports germano-israéliens conservent aujourd'hui leur caractère de « relations spéciales », défini par L. Gardner-Feldman : même à la fin des années quatre-vingt-dix on est encore loin de relations normales selon certains.

Quels sont les éléments qui justifient cette constatation ?

---

[5] On s'est volontairement tenu à l'écart de l'analyse de certains auteurs, à vrai dire bien trop simpliste, consistant à expliquer le refus ouest-allemand par des motivations autres que la doctrine Hallstein ; motivations qui résideraient en particulier dans le passé nazi de certains fonctionnaires ouest-allemands. Ainsi A. Ben Natan s'inscrit dans la lignée des analyses de F. Stern lorsqu'il écrit que la dite doctrine est une fausse explication et que les Allemands n'étaient fondamentalement pas disposés à s'ouvrir plus aux Israéliens (BEN NATAN, A., art. *in* ZIMMERMANN, M., HEILBRONNER, O., *Normal Relations - Israeli-German Relations*, Jérusalem, 1993, en hébreu). Une véritable analyse de l'état d'esprit de ces fonctionnaires, dont certains avaient effectivement travaillé pour l'AA du temps du IIIe Reich, reste toutefois à produire pour ce cas précis (à propos de l'édification de l'AA après la Seconde Guerre mondiale, voir MÜLLER, C. M., *Relaunching German Diplomacy - The Auswärtiges Amt in the 1950's*, Münster, 1996).

[6] C'est ainsi que Y. Jelinek écrit (*in* Mitarbeiter der Hochschule für jüdische Studien (Hg), *Studien zur jüdischen Geschichte und Soziologie - Festschrift Julius Carlebach*, Heidelberg, 1992, p. 193) : « Les deux Allemagnes utilisaient Israël pour mettre en avant leurs propres objectifs, la première [la RDA] pour obtenir un statut international, la deuxième [la RFA] pour dénier tout statut de ce genre à sa rivale. L'État d'Israël ne pouvait rien tirer de cette compétition ; bien plus il devint victime de la désinformation politique des deux parts. »

Comme le montre la réaction très brutale de Moshe Sharett aux atermoiements ouest-allemands, le 22 février 1956, le rapprochement germano-israélien est une affaire de sentiments et d'émotions. Il est caractérisé par des soubresauts réguliers et des déclarations très fortes qui invoquent le passé pour justifier les méfiances du présent, en particulier après le procès Eichmann. À ce titre il suffit de se rappeler les paroles de M. Begin après l'intervention israélienne contre un réacteur nucléaire irakien, en juin 1981, ou plus récemment celles du président E. Weizman, en janvier 1996.

Mais les relations germano-israéliennes sont aussi une affaire de discrétion et d'efficacité (parfois relative). Celles-ci restent valables pour toute la période étudiée. Inaugurée dès le début des années cinquante, puisque ce sont des contacts secrets qui permettent d'initier le dialogue judéo-israélo-allemand, cette tradition se poursuit après mai 1956 et le rejet ouest-allemand de la proposition de Jérusalem. Elle permet en l'occurrence de surmonter rapidement le coup d'arrêt qu'enregistrent alors les rapports entre les deux pays. Car le rejet d'une officialisation ne remet en cause ni l'application de l'accord de réparations, ni les relations *de facto* qui ont alors atteint un degré très élevé. Même en temps de crise les Allemands de l'Ouest resteront loyaux à leur engagement de septembre 1952 : ils poursuivront ainsi leurs livraisons à Israël alors que les États-Unis menacent l'État hébreu d'un boycott général, après l'attaque israélienne contre l'Égypte, en novembre 1956.

La discrétion dont il est question prend encore plus le pas après le refus ouest-allemand de mai 1956. C'est en effet à partir de là que se développent des relations militaires étroites entre les deux pays. Celles-ci, qui auraient paru encore plus incroyables à l'observateur du début de la décennie, prennent un aspect bilatéral : non seulement la RFA livre des armes à Israël, mais l'État juif lui-même fournit à la fin des années cinquante des pistolets mitrailleurs de type *Uzi* à Bonn[7]. Et Bonn assure même la formation d'officiers israéliens dans ses casernes.

---

[7] Voir HANSEN, N., « Geheimvorhaben "Frank/Kol". Zur deutsch-israelischen Rüstungszusammenarbeit 1957 bis 1965 », *Historisch-Politische Mitteilungen - Archiv für Christlich-Demokratische Politik*, 6 (1999), p. 229 et suiv., et COHEN, A., *Israel and the Bomb*, New York, 1998.

Le caractère surprenant de cette réalité est à la hauteur du scandale qui a, à chaque fois, marqué la révélation de cette discrète coopération[8]. Et encore en 1996 c'est bien la surprise qui a accueilli le dévoilement de l'entremise ouest-allemande entre l'État juif et l'Iran, médiation qui a permis le rapatriement de dépouilles de soldats israéliens tombés au Liban[9].

Malgré ce dernier aspect des relations germano-israéliennes, il est clair que le refus ouest-allemand de mai 1956 a ralenti la réconciliation officielle entre les deux pays. Il a en outre pour longtemps marqué la RFA du sceau d'une certaine soumission au bon vouloir des États arabes. Et au-delà de la poursuite et de l'amélioration des relations, la lecture des documents diplomatiques ouest-allemands jusqu'en 1965 est significative *mutatis mutandis* de fortes concessions aux pays du Moyen-Orient[10]. Alors qu'Adenauer avait affirmé au début de 1953 qu'« il y a des choses plus importantes que de bonnes affaires » pour imposer son point de vue dans le débat sur la ratification de l'accord de réparations, ces papiers confirment une autre réalité : la concrétisation du scénario catastrophe imaginé en 1956 par un fonctionnaire de l'AA selon lequel « nous ne devons en aucun cas faire dépendre nos décisions de mesures prises par les gouvernements de Damas ou de Riyad. Cela ne serait pas digne de nous. » Et il est significatif à cet égard que c'est seulement sous la pression des événements, en l'occurrence à la suite de l'installation d'un bureau commercial égyptien à Berlin-Est et d'une visite officielle du dirigeant est-allemand Walter Ulbricht au Caire, en février 1965, que la RFA se décide à proposer à Israël l'établissement de relations diplomatiques, en avril de la même année[11].

---

[8] Elle fait l'objet de graves crises gouvernementales en Israël, en décembre 1957, juin 1958 et juillet 1959.
[9] Voir *Die Zeit*, 26 juillet 1996, « Und er sonnt sich im Erfolg - Geheimdienstkoordinator Schmidbauer vermittelt zwischen Israel und der Hizbullah ».
[10] Voir JELINEK, Y., *Zwischen Moral und Realpolitik, op. cit.*, p. 400 et suiv.
[11] Voir BLASIUS, R., « "Völkerfreundschaft" am Nil : Ägypten und die DDR im Februar 1965 », *Vierteljahrshefte für Zeitgeschichte*, 46 (1998), 4. Heft, p. 747 et suiv.

TABLEAU CHRONOLOGIQUE

1948 :
• 10 octobre : ouverture du consulat israélien de Munich, accrédité auprès des autorités militaires occidentales d'occupation ; H. Hoffman (Yahil) consul.

1949 :
• 21 septembre : le leader du SPD, K. Schumacher, s'exprime en faveur de réparations aux Juifs.
• 11 novembre : dans l'interview qu'il accorde à K. Marx, de l'*Allgemeine Wochenzeitung der Juden in Deutschland*, K. Adenauer annonce la disposition de la RFA à payer des réparations aux Juifs. L'État d'Israël est considéré comme représentant du peuple juif.

1950 :
• 2 juillet : décision pro-occidentale de la diplomatie israélienne dans l'affaire de Corée, Israël s'éloigne progressivement de sa politique neutraliste.
• 31 août-6 septembre : assemblée de l'Union interparlementaire à Istanbul. Après des préalables très froids, C. Schmid, du SPD, peut s'entretenir avec des représentants de la Knesset au sujet de la proposition ouest-allemande de réparations.

1951 :
• 10 janvier : Israël refuse officiellement l'annonce des États occidentaux relative à la fin de l'état de guerre avec l'Allemagne.
• 6 mars : « petite souveraineté » de la RFA : Bonn est autorisée à créer un ministère des Affaires étrangères et à ouvrir des ambassades à l'étranger.
• 12 mars : ultime note israélienne adressée aux puissances victorieuses exigeant de l'Allemagne (RFA et RDA) le paiement de réparations à hauteur de 4,5 milliards de DM ; bienveillance des États occidentaux, mais refus

d'une intervention auprès du gouvernement ouest-allemand ; l'URSS ne réagit pas.

• 15 mars : création du ministère ouest-allemand des Affaires étrangères (Auswärtiges Amt).

• avril : rencontre à Paris entre K. Adenauer et D. Horowitz, secrétaire d'État israélien aux Finances ; le chancelier s'engage à faire une déclaration officielle sur le sujet des réparations.

• 31 août-1er septembre : appel de l'*Aktion Friede mit Israel*.

• 27 septembre : lors d'un discours prononcé devant le Bundestag, Adenauer reconnaît l'obligation morale allemande de payer des réparations aux Juifs ; il se déclare prêt à engager des négociations avec Israël (qui répond par une note conciliante le 29).

• 6 décembre : rencontre entre Adenauer et Goldmann, responsable de l'Agence juive, à Londres, confirmation par écrit de la disposition ouest-allemande à réparer et de la demande de négociations.

• 30 décembre : acceptation par le gouvernement israélien de la proposition de K. Adenauer.

1952 :

• 9 janvier : après de violents débats au sein du parlement israélien et des échauffourées autour du bâtiment de la Knesset, les députés israéliens acceptent le principe de négociations avec Bonn.

• 20 mars : début des négociations entre la RFA d'une part, l'État d'Israël et la *Conference on Jewish Material Claims Against Germany* d'autre part, à Wassenaar (Pays-Bas) : G. Josephtal, chef de la délégation israélienne, N. Goldmann, chef de la délégation de la *Conference*, F. Böhm, responsable de la délégation ouest-allemande.

• mai : crise et interruption des négociations.

• 16 mai : Böhm et Küster présentent leur démission ; intervention de K. Adenauer qui accepte le compromis proposé par Böhm.

• 23 mai : arrangement entre Goldmann, Josephtal et Böhm, reprise des pourparlers.

• 28 juin : reprise des pourparlers de Wassenaar.

• 10 septembre : signature de l'accord de réparations à l'hôtel de ville de Luxembourg : la RFA s'engage à livrer pour 3 milliards de DM de marchandises à l'État juif sous la forme de marchandises, en 12 annuités. L'éventualité de relations diplomatiques est fermement exclue par la partie israélienne.

• fin de l'année : mise en place progressive d'une mission commerciale israélienne à Cologne ; les Allemands de l'Ouest repoussent l'analyse parlementaire du texte de l'accord et tentent de préserver leur champ d'action au Moyen-Orient en développant une intense activité diplomatique du côté des États arabes.

1953 :
 • début février : envoi d'une délégation ouest-allemande au Caire, sous la direction de L. Westrick, du ministère de l'Économie.
 • 3 mars : levée de l'interdiction de l'usage du pavillon allemand par les navires allemands transportant des marchandises au titre de l'accord de réparations.
 • 18 mars : ratification de l'accord de réparations au Bundestag.
 • 25 mars : approbation de l'accord de réparations par le gouvernement israélien.
 • 27 mars : échange des documents de ratification au secrétariat des Nations unies à New York.
 • avril : ouverture officielle de la mission israélienne de Cologne ; responsable : F. Shinnar, ancien directeur de la section des plaintes contre l'Allemagne au ministère israélien des Affaires étrangères et membre de la délégation israélienne à Wassenaar ; séjour de M. Sharett en Amérique du Sud : déclarations de satisfaction face à l'évolution des relations germano-israéliennes, renforcement de l'orientation pro-occidentale de la politique extérieure d'Israël.
 • 18 mai : première réunion de la Commission mixte instituée dans le cadre de l'accord.
 • 1er juillet : fermeture du consulat israélien de Munich.
 • novembre : démission de D. Ben Gourion, M. Sharett Premier ministre et ministre des Affaires étrangères.

1954 :
 • 3 février : accord de prérogatives consulaires à la mission israélienne de Cologne.
 • février : premières déclarations de représentants israéliens (F. Shinnar, M. Fischer) en faveur d'un rapprochement formel entre les deux pays, en accord avec les autorités de Jérusalem.
 • 22 mars : accord entre le ministère ouest-allemand de l'Économie et le ministère israélien des Finances sur les transferts de capitaux entre les deux pays.
 • mars : séjour de F. Böhm en Israël, à l'invitation de la mission israélienne de Cologne.
 • 14 septembre : dans une interview parue dans *Die Welt*, Adenauer s'exprime en faveur « de la normalisation des relations entre la République fédérale et l'État d'Israël ».
 • 16 septembre : déclaration de M. Sharett devant la Knesset favorable à des relations plus proches avec la RFA.
 • 16 novembre : nouvelle déclaration de M. Sharett devant la Knesset favorable à un rapprochement politique entre la RFA et Israël ; Shinnar évoque une représentation ouest-allemande en Israël.

1955 :
- février : D. Ben Gourion ministre de la Défense.
- 5 mai : proclamation de la pleine souveraineté de la RFA.
- 7 juin : nomination de H. von Brentano au poste de ministre ouest-allemand des Affaires étrangères.
- 2 juillet : expédition d'une circulaire de l'AA pour une consultation des représentants ouest-allemands sur l'engagement éventuel de relations diplomatiques entre la RFA et Israël.
- 19 juillet : lors d'un passage à l'AA, précisions apportées par Shinnar quant aux tâches que devra effectuer la future représentation ouest-allemande en Israël. L'AA attend avec bienveillance une invitation concrète à négocier de la part de Jérusalem.
- 26 juillet : élections législatives en Israël, victoire du parti travailliste.
- 22 septembre : discours d'Adenauer devant le Bundestag à son retour d'URSS : annonce de la « doctrine Hallstein ».
- 13 octobre : au ministère israélien des Affaires étrangères, accord sur l'envoi en RFA d'une délégation chargée de négocier l'établissement d'une représentation ouest-allemande en Israël.
- octobre : séjour d'A. Frowein, fonctionnaire de l'Auswärtiges Amt, en Israël ; révélation de l'accord militaire entre l'Égypte et la Tchécoslovaquie.
- 3 novembre : retour de D. Ben Gourion au poste de Premier ministre.
- 8 au 10 décembre : confirmation de la « doctrine Hallstein » lors d'une réunion des ambassadeurs ouest-allemands à l'AA.

1956 :
- 27 janvier : invitation officielle du gouvernement israélien à l'adresse de Bonn pour l'ouverture d'une réflexion sur l'établissement d'une représentation commerciale et consulaire ouest-allemande en Israël.
- 14 mars : réponse de H. von Brentano : disposition à engager des négociations dans le but proposé par les Israéliens.
- 3 au 7 avril : Istanbul, réunion des ambassadeurs ouest-allemands au Moyen-Orient sous la direction de W. Hallstein ; insistance unanime, au vu de la pénétration de la guerre froide dans la région, sur les dangers de l'établissement de relations officielles entre Bonn et Jérusalem.
- 14 mai : refus ouest-allemand d'installer une représentation commerciale et consulaire en Israël.

TABLE DES ABRÉVIATIONS

AA : Auswärtiges Amt (ministère ouest-allemand des Affaires Étrangères).
Abt. : Abteilung (Direction du ministère ouest-allemand des Affaires Étrangères).
AJC : American Jewish Committee.
Allgemeine : *Allgemeine Wochenzeitung der Juden in Deutschland.*
BDI : Bundesverband der Deutschen Industrie (Association fédérale de l'industrie allemande).
BFA : Bundesauskunftsstelle für den Außenhandel (Bureau fédéral d'information sur le commerce extérieur).
BMF : Bundesministerium der Finanzen (ministère fédéral des Finances).
BHE : Block der Heimatvertriebenen und Entrechteten (Bloc des expulsés et des privés de droits).
BP : Bayern-Partei (Parti bavarois).
BWM : Bundeswirtschaftsministerium (ministère fédéral de l'Économie).
CDU : Christlich Demokratische Union (Union chrétienne-démocrate).
CECA : Communauté européenne du charbon et de l'acier.
CED : Communauté européenne de défense.
CJM : Congrès juif mondial.
CSU : Christlich Soziale Union (Union chrétienne sociale).
Conference : Conference on Jewish Material Claims Against Germany (Conférence sur les recours matériels juifs contre l'Allemagne).
DGB : Deutscher Gewerkschaftsbund (Confédération allemande des syndicats).
DIHT : Deutscher Industrie- und Handelstag (Fédération allemande des chambres de commerce et d'industrie).
DP : Deutsche Partei (Parti allemand).
DPs : Displaced Persons.
FAO : Food and Agricultural Organization (Organisation des Nations unies pour l'alimentation et l'agriculture).

FDP : Freie Deutsche Partei (Parti libéral allemand).
FH : *Frankfurter Hefte*.
FISL : Fédération internationale des syndicats libres.
FR : *Freiburger Rundbrief.*
Gatt : General Agreement on Tariffs and Trade (Accord général sur les droits de douane et le commerce).
Gesellschaft : Gesellschaft für Christlich-Jüdische Zusammenarbeit (Société pour la coopération judéo-chrétienne).
HCA : Haute Commission alliée.
Jewish Observer : *Jewish Observer and Middle-East Review*.
Isropa : Israel-Europa-Dienst-GmbH.
JRSO : Jewish Restitution Successor Organization.
Ligue : Ligue des États arabes.
MAE : ministère des Affaires étrangères (Quai d'Orsay, Paris).
NSDAP : Nationalsozialistische Deutscher Arbeiter Partei (Parti national socialiste des ouvriers allemands).
Numov : Nah- und Mittelost Verein (Association pour le Proche- et le Moyen-Orient).
OECE : Organisation européenne de coopération économique.
ONU : Organisation des Nations unies.
Otan : Organisation du traité de l'Atlantique Nord.
Otase : Organisation du traité de l'Asie du Sud-Est.
RDA : République démocratique allemande.
Ref. : Referat (sous-direction du ministère ouest-allemand des Affaires étrangères).
RFA : République fédérale d'Allemagne.
SBZ : Sowjetische Besatzungszone (zone d'occupation soviétique).
SED : Sozialistische Einheitspartei Deutschlands (Parti socialiste unifié d'Allemagne).
SPD : Sozialdemokratische Partei Deutschlands (Parti social-démocrate allemand).
UEP : Union européenne des paiements.
Unesco : United Nations Educational, Scientific and Cultural Organization (Organisation des Nations unies pour l'éducation, la science et la culture).
UNRWA : United Nations Relief and Works Agency (Agence des Nations unies pour le secours et les œuvres).
URSS : Union des Républiques socialistes soviétiques.
USA : United States of America (États-Unis d'Amérique).
Zentralrat : Zentralrat der Juden in Deutschland (Conseil central des Juifs en Allemagne).

INDEX DES SOURCES

Allemagne :

Archives

Archives du ministère fédéral des Affaires Étrangères (*Politisches Archiv des Auswärtigen Amts*), Bonn :
* Papiers de l'Abteilung II (Direction des affaires politiques, *Politische Abteilung*) : dossiers 89 Etwaiger Beitritt Israels zu dem europäischen Abkommen über kernphysikalische Forschungen ; 210.01/1 Bd 245 1949-1954, 210.01/35 Bd 252 1950-1954 ; 211.00/1 Bd 281 Politische Beziehungen Ägypten zu dritten Staaten 1953-1954 ; 211.00/35 Bd 286 Politische Beziehungen zwischen Israel und dritten Staaten 1952-1954 ; 212.06 Bd 310 Antisemitismus 1953, 312 1954-1955 ; 243.18/35 Bd 1513 London-Abkommen, 243.18 Del 20 Israel Bd 1 1540, Bd 2 1541, 1952-1954, 1542, 1543 ; 1313 Bd 11 Notenwechsel mit der Alliierten Hohen Kommission, 1317 Bd 15, 1320, 1328 Bd 26, 1350 Besatzungsangelegenheiten ; Israel Abkommen Bd 1665, 1666, 1667, 1669, 1670, 1671, 1672, 1673, 1676, 1679, 1680, 1681, 1683, 1684, 1685, 1686, 1687, 1688, 1689 Claims Conference, 1690, 1691, 1692, 1693 ; 1706 Deutsches Privatvermögen in Israel, 1948 ; Verhandlungen mit den Hohen Kommissaren Bd 157 1949-1950 ; 700.01/35 Bd 2321 Ausländische und konsularische Vertretungen in Deutschland-Israel 1953-1954.
* Papiers de l'Abteilung III (Direction géographique, *Länderabteilung*) : dossiers 206.0/35 Bd 7/149 ; 210.01/35 E, 210.01/35 Bd 123/1 ; 210.00 Deutsche Außenpolitik Bd 6 ; 210.01 Bd 109.1 Grundsätzliche Fragen der politischen Beziehungen zu Ägypten ; 210.02 Bd 1/153/1 Deutsche diplomatische und konsularische Vertretungen im Ausland ; 210.03/1 Bd 1/190/1 Ausländische diplomatische und konsularische Vertretungen in Deutschland-Ägypten ; 211.00/1 Bd 2.198 Politische Beziehungen zwischen Ägypten und dritten Staaten, Bd 3.198 ; 211.00/80 Bd 7 Politische Beziehungen zwischen den Vereinigten Staaten und dritten Staaten und zwischen dritten Staaten, Bd 8, 9 ; 212.06 Bd 1 Rasse und Nationalitätenfragen,

Judenfrage und Antisemitismus, Bd 4 ; 244.13 Wiedergutmachungsverhandlungen in Den Haag 1955 Bd 932 ; 245.03.80 Bd 1 Behandlung deutscher Vermögen in den Vereinigten Staaten ; Ref 316 Bd 172, 173, 173a Deutsches Vermögen in Israel ; 420.01/35 Deutschtum-Volkstum in Israel Bd 1 ; 752.01/80 Reise des Bundeskanzlers nach USA 1953 ; 752.05/80 Bd 4 Besuche Staatsmänner oder Prominente Persönlichkeiten aus den USA.

* Papiers de l'Abteilung IV (Direction des affaires économiques, *Handelspolitische Abteilung*) : dossiers Unterabteilung 40 Bd 40 Londoner Schuldenabkommen, Bd 41 ; Ref 403 Bd 18 Deutsche Industrie Ausstellung Kairo ; Ref 412 Bd 136, 137, 138 Israel ; 249 Israels Handelsverträge mit dritten Staaten 1955-1957 ; Ref 416 Bd 2, 10 Diskriminierung und Boykott deutscher Erzeugnisse 1953, 22, 23 Libanon, 29 Syrien, 32 Ägypten Nachtrag, 43 Irak.

* Papiers de l'Abteilung V (Direction des affaires juridiques, *Rechtsabteilung*) : dossiers 500.512.02/35 a Bd 78 Entschädigung, Bd 79, 80, 81, 84, 107 ; 500.512.05/35 Schiedsverträge Bd 120.

* Papiers de l'Abteilung VI (Direction des affaires culturelles, *Kulturabteilung*) : dossier Ref 600 (IV1) Bd 89.

* Papiers de l'Abteilung VII (Direction des affaires orientales, *Ostabteilung*, à partir de 1957) : dossiers Ref 708 Bd 1018 Israel, 1021, 1024, 1025, 1027, 1028, 1044, 1047.

* Papiers du cabinet du ministre (*Minister Büro*) : dossiers 155 Diplomatische Gespräche ; 708 Bd 130 Beziehungen der Bundesrepublik Deutschland zu den Ländern im Nahen Osten.

* Papiers du cabinet du secrétaire d'État (*Büro Staatssekretär*) :
- dossiers du bureau de presse (*Pressereferat*) : Bd 242, 243, 244, 245, 248, 250, 254, 258.
- dossiers du secrétaire d'État (*Staatssekretär*) : Bd 262 Politische Beziehungen zwischen Deutschland und anderen Ländern ; 184 Arabische Proteste gegen Israel-Vertrag ; 339 Botschafter-Konferenz 3-7 IV 1956, 340.

* Papiers de l'Abteilung L1 (Relations avec le Parlement et le Gouvernement) : dossier 178 1955.

* Papiers de l'Abteilung L4 (Bureau de presse) : dossier 88.23 Bd 1 Eichmann-Prozeß.

Archives fédérales (*Bundesarchiv*), Coblence et Hangelar :

* Papiers H. Blankenhorn (NL 351) : dossiers 16, 17, 61b.

* Papiers T. Heuss (NL 221) : dossiers 138, 139, 232, 615.

* Papiers W. Kraft (NL 267) : dossier 25.

* Papiers de la chancellerie fédérale (*Bundeskanzleramt*, B 136) : dossiers 1129, 2068, 3635, 6228.

* Papiers de la présidence fédérale (*Bundespräsidialamt*, B 122) : dossiers 506 Israel, 2080 Jüdische Dachorganisationen.

* Papiers du ministère fédéral de l'Économie (B 102) : Bd 56 885, 58 657, 6419 H1, 6419 H3, 7017 H1, 7017 H2, 7019 H2.

Archives du Parti chrétien-démocrate allemand (*Konrad-Adenauer-Stiftung*), Sankt Augustin :
* Papiers F. Böhm (I 200) : dossier 006 V.
* Papiers E. Gerstenmaier (I 210) : dossier 067/2.
* Papiers H. J. von Merkatz (I 148) : dossier 156/02.
* Vorstandsprotokolle der Bundestagsfraktion (VIII.001) : dossier 1501/3.

Maison de Konrad Adenauer (*Stiftung-Bundeskanzler-Adenauer-Haus*), Rhöndorf :
* Papiers K. Adenauer : dossiers 1005, 1020.

Archives du Parti social-démocrate allemand (*Friedrich-Ebert-Stiftung*), Bonn :
* Collection du *SPD-Pressedienst*.
* Papiers W. Dirks : dossiers Allgemeine und persönliche Korrespondenz 1949 Li-Mer, 1951 La-Muh, 1951 Sche-Schw-St-T, 1952 F-Gl, 1952 Gn-Hi, 1952 Lo-N, 1953 Ga-Hel.
* Papiers E. Ollenhauer : dossier 321.
* Papiers J. Altrmaier : dossiers 7, 8, 9, 10.
* Papiers C. Schmid : dossier 634.

Archives du Deutscher Gewerkschaftsbund (*Hans-Böckler-Stiftung*), Düsseldorf.

Archives du Parti libéral allemand (*Friedrich-Naumann-Stiftung*), Gummersbach :
* Papiers Th. Dehler : dossiers 1184, 1196, 1437, 2210.
* Papiers des congrès fédéraux (Bundesparteitag, A1) : dossier 27.

Archives du Parlement allemand (*Parlamentarisches Archiv*), Bonn :
* Collection du *Bulletin des Presse- und Informationsamtes der Bundesregierung*.
Association pour le Proche- et le Moyen-Orient (*Nah- und Mittelost Verein*), Hambourg :
* Dossiers « Israel ».

Archives de la ville de Hambourg (*Staatsarchiv der Freien und Hansestadt Hamburg*) :
* Papiers E. Lüth (NL 622.1) : dossiers 5, 10 Bd 1, 11 Bd 2, 23 Bd 12, 38 Bd 1/1, 38 Bd 1/2, 38 Bd 3, 38 Bd 5.

Association RFA-Israël (*Deutsch-Israelische Gesellschaft*), Bonn.

Centres de documentation :

Archives de l'Économie mondiale (*Hamburger Weltwirtschaftsarchiv*), Hambourg :
* Collection de *Handelsblatt*.

Société allemande de politique étrangère (*Deutsche Gesellschaft für Auswärtige Politik*), Bonn.

Institut allemand d'Orient (*Deutsches Orient Institut*), Hambourg.

Bibliothèque allemande (*Deutsche Bibliothek*), Francfort :
* Collection de *Freiburger Rundbrief.*
* Collection de *Welt der Arbeit.*

Israël :

Archives :

Archives d'État d'Israël (*Israel State Archives*), Jérusalem :
* Papiers du ministère des Affaires étrangères (Misrad Ha-houtz) : dossiers 2385/22, 2400/15, 2413/3, 2413/3 bet, 2413/4, 2413/7 aleph, 2413/7 bet, 2457/10, 2516/8, 2519/4, 2527/12, 2529/2 I, 2538/21 bet, 2539/1 I, 2539/1 II, 2539/3 aleph I, 2539/3 aleph II, 2539/4, 2539/7 aleph, 3099/26, 3309/19, 3399/I.
* Papiers A. Eban : dossiers 5914/25, 5914/26.

Archives centrales sionistes (*Central Zionist Archives*), Jérusalem :
* Papiers N. Goldmann : dossiers 530, 595, 697, 718, 844, 863, 888, 1019, 1020, 1105, 1111, 2056.

Centres de documentation :

Antenne de la *Friedrich-Ebert-Stiftung*, Tel Aviv.

Grande-Bretagne :

Centre de documentation :

Bibliothèque Wiener (*Institute of Contemporary History and Wiener Library*), Londres :
* Collection de *AJR Information.*
* Collection de *Jewish Observer and Middle-East Review.*

France :

Archives :

Ministère des Affaires étrangères, Paris :
* Direction Europe 1949-1955 Allemagne : Levant-Pays arabes-Allemagne, carton 438, 1er janvier 1953-15 avril 1953.

Centres de documentation :

Bibliothèque de l'Institut historique allemand de Paris.

Bibliothèque de l'Alliance israélite universelle, Paris :
* Collection de *Aufbau-Reconstruction.*

Sources Publiées :

Dirigeants et partis politiques ouest-allemands :

BARING, Arnulf (Hg), *Sehr verehrter Herr Bundeskanzler ! Heinrich von Brentano im Briefwechsel mit Konrad Adenauer 1949-1964*, Hambourg, 1974.

BLANKENHORN, Herbert, *Verständnis und Verständigung - Blätter eines politischen Tagebuchs 1949 bis 1979*, Francfort/M., 1980.

BOOMS, Hans (Hg), *Die Kabinettsprotokolle der Bundesregierung*, Bd 6, 1953, bearbeitet von ENDERS, U., und REISER, K., Boppard/Rhein, 1989.

BRACHER, Karl Dietrich, MORSEY, Rudolf, SCHWARZ, Hans-Peter (Hg), Quellen zur Geschichte des Parlamentarismus und der politischen Parteien, Vierte Reihe, Deutschland seit 1945, Bd 7/I, *FDP-Bundesvorstand - Die Liberalen unter dem Vorsitz von Theodor Heuss und Franz Blücher - Sitzungsprotokolle 1949-1954*, Zweiter Halbband 1953-1954, Düsseldorf, 1990.

GOTTO, Klaus, HOCKERTS, Hans Günter, MORSEY, Rudolf, SCHWARZ, Hans-Peter (Hg), *Forschungen und Quellen zur Zeitgeschichte*, Bd 8, BUCHSTAB, Günter (Bearbeiter), *Adenauer : 'Es mußte alles neu gemacht werden' - Die Protokolle des CDU-Bundesvorstandes 1950-1953*, Stuttgart, 1986.

GOTTO, Klaus, HOCKERTS, Hans Günter, MORSEY, Rudolf, SCHWARZ, Hans-Peter (Hg), *Forschungen und Quellen zur Zeitgeschichte*, Bd 11, GOTTO, K., KLEINMANN, H. O., SCHREINER, R. (Bearbeiter), *Im Zentrum der Macht - Das Tagebuch von Staatssekretär Lenz 1951-1953*, Düsseldorf, 1989.

LAMM, Hans (Hg), HEUSS, Theodor, *An und über Juden - Aus Schriften und Reden (1906-1963)*, Düsseldorf, Vienne, 1964.

MORSEY, Rudolf, SCHWARZ, Hans-Peter (Hg), Adenauer - Rhöndorfer Ausgabe, KÜSTERS, H. J. (Bearbeiter), *Adenauer Teegespräche 1950-1954*, Berlin, 1984.

MORSEY, Rudolf, SCHWARZ, Hans-Peter (Hg), Adenauer - Rhöndorfer Ausgabe, MENSING, H. P. (Hg), *Adenauer - Briefe 1951-1953*, Berlin, 1987.

MORSEY, Rudolf, SCHWARZ, Hans-Peter (Hg), Adenauer - Rhöndorfer Ausgabe, MENSING, H. P., (Bearbeiter), *Adenauer -Heuss - Unter vier Augen - Die Gespräche 1949-1959*, Berlin, 1997.

SCHWARZ, Hans-Peter (Hg), *Adenauer und die Hohen Kommissare 1949-1951 - Akten zur Auswärtigen Politik der Bundesrepublik Deutschland*, Munich, 1989.

Politique extérieure israélienne :

State of Israel, Israel State Archives-World Zionist Organization, Central Zionist Archives, *Political and Diplomatic Documents - December 1947-May 1948*, Jérusalem, 1979.

State of Israel, Israel State Archives-World Zionist Organization, Central Zionist Archives, *Political and Diplomatic Documents - December 1947-May 1948*, Companion volume, Jérusalem, 1979.

State of Israel, Israel State Archives (Freundlich, Yehoshua, ed.), *Documents on the Foreign Policy of Israel* - Volume I 14 May-30 September 1948, Jérusalem, 1981.

State of Israel, Israel State Archives (Freundlich, Yehoshua, ed.), *Documents on the Foreign Policy of Israel* - Volume I 14 May-30 September 1948, Companion volume, Jérusalem, 1981.

State of Israel, Israel State Archives (Freundlich, Yehoshua, ed.), *Documents on the Foreign Policy of Israel* - Volume 2 October 1948-April 1949, Jérusalem, 1984.

State of Israel, Israel State Archives (Freundlich, Yehoshua, ed.), *Documents on the Foreign Policy of Israel* - Volume 2 October 1948-April 1949, Companion volume, Jérusalem, 1984.

State of Israel, Israel State Archives (Rosenthal, Yemima, ed.), *Documents on the Foreign Policy of Israel* - Volume 4 May-December 1949, Jérusalem, 1986.

State of Israel, Israel State Archives (Rosenthal, Yemima, ed.), *Documents on the Foreign Policy of Israel* - Volume 4 May-December 1949, Companion volume, Jérusalem, 1986.

State of Israel, Israel State Archives (Freundlich, Yehoshua, ed.), *Documents on the Foreign Policy of Israel* - Volume 5 1950, Jérusalem, 1988.

State of Israel, Israel State Archives (Freundlich, Yehoshua, ed.), *Documents on the Foreign Policy of Israel* - Volume 5 1950, Companion volume, Jérusalem, 1988.

State of Israel, Israel State Archives (Rosenthal, Yemima, ed.), *Documents on the Foreign Policy of Israel* - Volume 6 1951, Jérusalem, 1991.

State of Israel, Israel State Archives (Rosenthal, Yemima, ed.), *Documents on the Foreign Policy of Israel* - Volume 6 1951, Companion volume, Jérusalem, 1991.

State of Israel, Israel State Archives (Freundlich, Yehoshua, ed.), *Documents on the Foreign Policy of Israel* - Volume 7 1952, Jérusalem, 1992.

State of Israel, Israel State Archives (Freundlich, Yehoshua, ed.), *Documents on the Foreign Policy of Israel* - Volume 7 1952, Companion volume, Jérusalem, 1992.

State of Israel, Israel State Archives (Rosenthal, Yemima, ed.), *Documents on the Foreign Policy of Israel* - Volume 8 1953, Jérusalem, 1995.

State of Israel, Israel State Archives (Rosenthal, Yemima, ed.), *Documents on the Foreign Policy of Israel* - Volume 8 1953, Companion volume, Jérusalem, 1995.

Sources américaines :

GLENNON, John P. (ed.), *Foreign Relations of the United States*, Washington, DC :

* Vol. IX/1 1952-1954.

* Vol. XIV, Arab-Israeli Dispute 1955, 1989.

* Vol. XV, Arab-Israeli Dispute 1956, 1989.

* Vol. XXVI, Central and Southeastern Europe 1955-1957, 1992.

Sources françaises :

BOCK, Hans Manfred (éd.), *Les Rapports mensuels d'André François-Poncet, haut-commissaire français en Allemagne 1949-1955*, Paris, 1996, t. II.

Les Églises et la société civile allemandes :

BERENDSOHN, Walter Arthur, *Aufbauarbeit in Israel*, Berlin, 1953.

Böhm, Franz, « Eine Ehrenverpflichtung - Israels Recht auf Existenz », *Die Gegenwart*, 1956, Nr 11, p. 496 et suiv.

Böhm, Franz, *Reden und Schriften*, Karlsruhe, 1960.

Dirks, Walter, « Israel und die Deutschen », *Frankfurter Hefte*, 1952, H. 3, p. 157 et suiv.

Jaspers, Karl, *Die Schuldfrage*, Heidelberg, 1946 (traduction française : *La Culpabilité allemande*, Paris, 1948.

Lüth, Erich, *Reise ins Gelobte Land*, Hambourg, 1953.

Lüth, Erich, *Israel-Heimat für Juden und Araber*, Hambourg, 1958.

Martini, Winfried, « Wir und Israel - Über die Grundlagen einer echten Versöhnung », *Außenpolitik*, 1951, H. 9, p. 589 et suiv.

Rendtorff, Rolf, Henrix, Hans Hermann, (Hg), *Die Kirchen und das Judentum - Dokumente von 1945-1985*, Paderborn, Munich, 1987.

Juifs et Israël face à l'Allemagne :

Moses, Siegfried, *Die jüdischen Nachkriegsforderungen*, Tel Aviv, 1944.

R. H., « Antigermanismus ? Israel, die Deutschen und die Bundesrepublik », *Die Gegenwart*, Nr 15, 1951, p. 5 et suiv.

Les Arabes et les relations RFA/Israël :

Megid-Amin, Abdel, « Deutsche Orientpolitik heute », *Außenpolitik*, 5 (I) 1954, p. 27 et suiv.

Interviews :

Allemagne :

Rolf Pauls, 1ᵉʳ décembre 1993.

Wilhelm Grewe, 20 octobre 1994.

Jochen A. Frowein, 28 janvier 1995.

Israël :

Zvi Brosh, 17 mars 1994.

BIBLIOGRAPHIE

L'accord de réparations RFA/Israël

ABS, Hermann Josef, *Entscheidungen 1949-1953. Die Entstehung des Londoner Schuldenakbommens*, Mayence, 1991.

BALABKINS, Nicholas, *West German Reparations to Israel*, New Brunswick, 1971.

GOSCHLER, Constantin, *Wiedergutmachung - Westdeutschland und die Verfolgten des Nationalsozialismus 1945-1954*, Munich, 1992.

GROSSMANN, Kurt R., *Germany's Moral Debt - The German-Israel Agreement*, Washington, 1954.

HERBST, Ludolf, GOSCHLER, Constantin (Hg), *Wiedergutmachung in der Bundesrepublik Deutschland*, Munich, 1989.

JELINEK, Yeshayahu, « Die Krise der Shilumim/Wiedergutmachungs-Verhandlungen im Sommer 1952 », *Vierteljahrshefte für Zeitgeschichte*, 1/1990, p. 113 et suiv.

——, « Political acumen, altruism, foreign pressure or moral debt - Konrad Adenauer and the "Shilumim" », *Tel Aviver Jahrbuch für deutsche Geschichte*, 19 (1990), p. 77 et suiv.

——, « Implementing the Luxembourg Agreement: The purchasing mission and the Israeli economy », *The Journal of Israeli History*, vol. 18, n° 2-3, Summer-Autumn 1997, p. 191 et suiv.

JENA, Kai von, « Versöhnung mit Israel ? Die deutsch-israelischen Verhandlungen bis zum Wiedergutmachungsabkommen von 1952 », *Vierteljahrshefte für Zeitgeschichte*, 4. Heft, 1986.

LOCH, Theo M., « "Shilumim"-Die deutsche Wiedergutmachung als Stimulanz der israelischen und der deutschen Wirtschaft », *Europa-Archiv*, 18 (7) 1963, p. 246 et suiv.

NATHAN, Eli, « Le traité israélo-allemand du 10 septembre 1952 », *Revue générale du droit international public*, juillet-septembre 1954, n° 3, t. XXV, p. 375 et suiv.

PROSS, Christian, *Wiedergutmachung - Der Kleinkrieg gegen die Opfer*, Francfort, 1988.

SAGI, Nana, *Wiedergutmachung für Israel - Die deutschen Zahlungen und Leistungen,* Stuttgart, 1981.

——, *German Reparations - A History of the Negotiations,* New York-Jerusalem, 1986.

WOLFFSOHN, Michael, « Die Wiedergutmachung und der Westen - Tatsachen und Legenden », *Aus Politik und Zeitgeschichte,* B 16-17, 1987.

ZWEIG, Ronald, *German Reparations and the Jewish World: A History of the Claims Conference,* Boulder-Londres, 1987.

Les relations germano-israéliennes

Les relations RFA/Israël

BAHAGON, Shmuel (Hg), *Recht und Freiheit bringen Frieden - Festschrift aus Israel für Niels Hansen,* Gerlingen, 1994.

BEN NATAN, Asher, *Briefe an den Botschafter,* Francfort-Berlin-Vienne, 1971 (traduction française : *Dialogue avec les Allemands,* Paris, 1974).

BLASIUS, Rainer A., *Von Adenauer zu Erhard - Studien zur Auswärtigen Politik der Bundesrepublik Deutschland 1963,* Munich, 1994.

BÖHM, Amnon, « Neutralität-doppelbödig - Über "Beziehungen besonderer Art" », *Die politische Meinung,* 1973, H.151, p. 6 et suiv.

BÖHM, Franz, « Die deutsch-israelischen Beziehungen », *Frankfurter Hefte,* 1965, H. 9, p. 601 et suiv.

CHUBIN, Sharam (ed.), *Germany and the Middle-East - Patterns and Prospects,* Londres, 1992.

COHEN, Avner, « Before the Beginning: The early history of Israel's nuclear project (1948-1954) », *Israel Studies,* vol. 3, n° 1, Spring 1998, p. 112 et suiv.

——, *Israel and the Bomb,* New York, 1998.

Deutsches Übersee Institut (Hg), *Die Beziehungen der Bundesrepublik und der Vereinigten Staaten zu Israel - Kurzbibliographie,* Hambourg, 1986.

DEUTSCHKRON, Inge, *Israel und die Deutschen,* Cologne, 1970 (traduction française : *Bonn et Jérusalem,* Paris, 1973).

DINER, Dan, *Der Krieg der Erinnerungen und die Ordnung der Welt,* Berlin, 1991.

FRANÇOIS, S., *Die deutsch-israelischen Beziehungen 1952-1972,* mémoire de maîtrise, Nancy II, 1984.

GARDNER-FELDMAN, Lily, *The Special Relationship between West Germany and Israel,* Boston, Londres, Sydney, 1984.

GERLACH, Frederick H., *The Tragic Triangle: Israel, Divided Germany and the Arabs, 1956-1965,* New York, 1968.

HANSEN, Niels, « Deutschland und Israel : Besondere Beziehungen im Wandel », *Europa-Archiv,* 47 (18), 25 septembre 1992.

——, « Normalisierung und Einzigartigkeit - Deutschland und Israel drei Jahrzehnten nach dem Botschafteraustausch », *Aus Politik und Zeitgeschichte,* (16), 13 avril 1995, p. 14 et suiv.

—— « Geheimvorhaben "Frank/Kol". Zur deutsch-israelischen Rüstungszusammenarbeit 1957 bis 1965 », *Historisch-Politische Mitteilungen - Archiv für Christlich-Demokratische Politik*, 6 (1999), p. 229 et suiv.

ISRAEL, Isaac, *Les Relations germano-israéliennes de 1949 à 1965*, thèse de doctorat de 3ᵉ cycle en sciences politiques, sous la direction du pr A. Grosser, université Paris I, 1971.

Israel und die Bundesrepublik Deutschland - Dreißig Jahre diplomatische Beziehungen, Bonn-Berlin, 1996.

JELINEK, Yeshayahu (Hg), *Zwischen Moral und Realpolitik. Eine Dokumentensammlung*, Gerlingen, 1997.

JELINEK, Yeshayahu et WOLFFSOHN, Michael, « Berührungsängste und Rollenwechsel. Eine Miszelle zu den ersten deutsch-israelischen Diplomatenkontakten, 1952-1955 » *Orient - Deutsche Zeitschrift für Politik und Wirtschaft des Orients*, 2/VI 1988, p. 282 et suiv.

KLEIN, Claude, « Les relations entre la République fédérale d'Allemagne et l'État d'Israël », *Revue belge de Droit international*, 2/1966, p. 413 et suiv.

LAVY, George, *Germany and Israel - Moral Debt and National Interest*, Londres-Portland, 1996.

LE COMTE, P., *Das Gewicht der Geschichte in den deutsch-israelischen Beziehungen 1949-1965*, mémoire IEP, section Service public, Strasbourg III, 1990.

LEMASSON, Sylvie, « L'évolution des relations germano-israéliennes : du traité de Luxembourg à l'unification allemande », *Cosmopolitiques - Forum international de politique*, septembre 1990, n° 17, p. 91 et suiv.

MEROZ, Yohanan, *In schwieriger Mission : als Bostchafter Israels in Bonn*, Berlin-Francfort/M., 1986.

——, *Bilder aus einem hektischen Jahrzehnt, 1986-1996*, Bâle, 1997.

NEUSTADT, Amnon, *Die deutsch-israelischen Beziehungen im Schatten der EG-Nahostpolitik*, Francfort/M., 1983.

PRIMOR, Aviv, « Mit Ausnahme Deutschlands » *- Als Botschafter Israels in Deutschland*, Berlin, 1997.

——, *Europa, Israel und der Nahe Osten*, Düsseldorf, 1999.

ROMBERG, Otto R., LICHTENSTEIN, Heiner (ed.), *Thirty Years of Diplomatic Relations between the Federal Republic of Germany and Israel*, Francfort/M., 1995.

SCHLEKER Manfred, WACKER, Ulrich, *Einmischungen - Israel, der Nahe Osten und die Deutschen*, Stuttgart, 1990.

SHINNAR, Felix E., *Bericht eines Beauftragten - Die deutsch-israelischen Beziehungen 1951-1966*, Tübingen, 1967.

VOGEL, Rolf (Hg), *Deutschlands Weg nach Israel*, Stuttgart, 1967.

——, (Hg), *Der deutsch-israelische Dialog - Dokumente eines erregenden Kapitels deutscher Außenpolitik*, Munich, 1987-1990.

* Bd 1, Teil 1, Politik, 1987.
* Bd 2, Teil 1, Politik, 1988.
* Bd 3, Teil 1, Politik, 1988.

* Bd 4, Teil 2, Wirtschaft - Landwirtschaft, 1989.
* Bd 5, Teil 2, Wirtschaft - Landwirtschaft, 1989.
* Bd 6, Teil 3, Kultur, 1989.
* Bd 7, Teil 3, Kultur, 1990.
* Bd 8, Teil 3, Kultur, 1990.

WEINGARDT, Martin A., *Deutsch-israelische Beziehungen : Zur Genese bilateraler Verträge 1949-1996*, Constance, 1997.

WEVER, Heinz, « Die deutsch-israelischen Beziehungen : Ende oder Neubeginn ? », *Frankfurter Hefte*, 1963, H. 7, p. 455 et suiv.

WOLFFSOHN, Michael, *Deutsch-israelische Beziehungen - Umfragen und Interpretationen - 1952-1983*, Munich, 1986.

——, *Ewige Schuld ? 40 Jahre deutsch-jüdisch-israelische Beziehungen*, Munich, 1988.

——, « German opinions on Israel 1949-1956 », *Jerusalem Journal of International Relations*, 10 (4), XII 1988, p. 79 et suiv.

——, « Der schwierige Anfang nach der "Endlösung" », *Aus Politik und Zeitgeschichte*, (16), 13 IV 1995, p. 6 et suiv.

——, *Meine Juden - Eure Juden*, Munich, 1997.

ZIMMERMANN, Moshe, HEILBRONNER, Oded, *Normal Relations - Israeli-German Relations*, Jérusalem, 1993, 167 pages (en hébreu).

Les relations RDA/Israël

BARZEL, Neima, « Les attitudes du Mapam à l'égard de l'Allemagne de l'Est sur fond de Shoah », *in Dappin le Checker - tkoufat ha Shoah*, vol. 11, Haïfa, 1993, p. 151 et suiv. (en hébreu).

DITTMAR, Peter, « DDR und Israel - Ambivalenz einer Nicht-Beziehung », *Deutschland-Archiv*, Nr 7, 1977.

GROEHLER, Olaf, KESSLER, Mario, *Die SED-Politik, der Antifaschismus und die Juden in der SBZ und der früheren DDR*, Berlin, 1995.

HERF, Jeffrey, « Antisemitismus in der SED - Geheime Dokumente zum Fall Paul Merker aus SED- und MfS-Archiven », *Vierteljahrshefte für Zeitgeschichte*, 42. Jg, 1994, 4. Heft, Oktober, p. 335 et suiv.

——, « East German communists and the Jewish question: The case of Paul Merker », *Journal of Contemporary History*, vol. 29, n° 4, Londres, X 1994, p. 627 et suiv.

KESSLER, Mario, *Die SED und die Juden - Zwischen Repression und Toleranz*, Berlin, 1995.

KIESLING, Wolfgang, « Ein Kommunist als "König der Juden" ? - Absurde Verdächtigungen in DDR-Prozessen gegen P. Merker », *Tribüne* 29 (1990), H. 114, p. 130 et suiv.

MASER, Peter, « Juden und jüdische Gemeinden in der DDR bis in das Jahr 1988 », *Tel Aviver Jahrbuch für deutsche Geschichte*, 20/1991, p. 393 et suiv.

SCHMITT Karl, EDINGER Michael (Hrsg.), *Israel in den neunziger Jahren und die deutsch-israelischen Beziehungen*, Iéna, 1996.

TIMM, Angelika, « Assimilation of history: the GDR and the State of Israel », *Journal of International Relations*, 14 (1), III 1992, p. 33 et suiv.

——, « DDR-Israel : Anatomie eines gestörten Verhältnisses », *Aus Politik und Zeitgeschichte*, B4/93, 22 janvier 1993, p. 46 et suiv.

——, *Hammer, Zirkel, Davidstern - Das gestörte Verhältnis der DDR zum Zionismus und Staat Israel*, Bonn, 1997.

TRIMBUR, Dominique, « L'attitude de la RDA face au problème de la réparation aux Juifs », *Revue d'Allemagne*, XXVI (4), octobre-décembre 1994, p. 591 et suiv.

WOLFFSOHN, Michael, *Die Deutschland-Akte*, Munich, 1995.

Évolution des attitudes israélienne et juive face au problème des relations RFA/Israël

Israël :

AUERBACH, Yehuda, « Turning-point decisions: A cognitive dissonance analysis of conflict reduction in Israel-West German relations », *Political Psychology*, vol. 7, n° 3, septembre 1986, p. 533 et suiv.

——, « Legitimation for turning-point decisions in foreign policy: Israel vis-à-vis Germany 1952 and Egypt 1977 », *Review of International Studies*, 1989, 15, p. 329 et suiv.

AVI HAI, Avraham, *Ben Gourion - State Builder - Principles and Pragmatism, 1948-1963*, New York-Toronto-Jérusalem, 1974 (traduction française : *Ben Gourion bâtisseur d'État : principes et pragmatisme, 1948-1963*, Paris, 1986).

AVINERI, Shlomo, « Ideology and Israel's foreign policy », *The Jerusalem Quarterly*, 37, 1986, p. 3 et suiv.

——, « Israels Außenpolitik : Realpolitik und Imponderabilien », *Schweizer Monatshefte*, 1986, H. 7-8, p. 615 et suiv.

BARNAVI, Eli, *Une histoire moderne d'Israël*, Paris, 1991.

BAR TAL, Daniel, ANTEBI, D., « Beliefs about negative intention of the world: A study of Israel siege mentality », *Political Psychology*, vol. 13, n° 4, décembre 1992, p. 633 et suiv.

BARZEL, Neima, *Israël et l'Allemagne 1945-1956. Développement de l'attitude de la population et des autorités israéliennes vis-à-vis de l'Allemagne à la suite de l'Holocauste*, thèse de doctorat de l'université de Haïfa, 1990 (en hébreu).

——, « Respect, hatred memory - Reparations from Germany: The debates in the 1950's », *Yad Vashem Studies*, 1994, p. 247 et suiv.

——, « The attitude of Jews of German origin in Israel to Germany and Germans after the Holocaust, 1945-1952 », *Leo Baeck Institute Year Book*, 1994, p. 271 et suiv.

BAR ZOHAR, Michael, *Ben Gourion: A Biography*, New York, 1978 (traduction française : *Ben Gourion*, Paris, 1986).

BEN GOURION, David, *David und Goliath in unserer Zeit*, Munich, 1961.

BEN VERED, Amos, « Israel und Deutschland - Die Bedeutung der Aufnahme diplomatischer Beziehungen für den jüdischen Staat », *Europa-Archiv*, 13/1965, p. 481 et suiv.

BIALER, Uri, *Our Place in the World »-Mapai's Foreign Policy Orientations 1947-1952*, Jérusalem, 1981.

———, *Between East and West: Israel's Foreign Policy Orientations 1948-1956*, Cambridge, 1990.

BRECHER, Michael, « Israels außenpolitisches System - Die ersten zwanzig Jahre », *Aus Politik und Zeitgeschichte*, B 32, 1971, p. 3 et suiv.

———, *The Foreign Policy System of Israel: Setting, Images, Process*, Londres-Toronto-Melbourne, 1972.

———, « Images, process and feedback in foreign policy Israel's decisions on German reparations », *The American Political Science Review*, vol. LXVIII, 1973, Nr 1, mars 1973, p. 73 et suiv.

———, *Decisions in Israel's Foreign Policy*, New Haven, 1975.

BROWNSTEIN, Lewis, « Decision making in Israel foreign policy: un unplanned process », *Political Science Quarterly*, 92 (2) Summer 1977, p. 259 et suiv.

DAYAN, Moshe, *Milestones: An Autobiography*, Jérusalem, 1976 (en hébreu, traduction française : *Histoire de ma vie*, Paris, 1976).

DIECKHOFF, Alain, *L'Invention d'une nation - Israël et la modernité politique*, Paris, 1993.

EISENSTADT, Samuel Noah, *Israeli Society*, Londres, 1967.

EYTAN, Walter, *The First Ten Years - A Diplomatic History of Israel*, New York, 1958.

Friedrich Ebert Stiftung (Hg), *In Erinnerung an David Ben Gurion 16. 10 1886-1. 12 1973*, Ansprachen anläßlich einer Feierstunde der Friedrich Ebert Stiftung in Bonn, Bonn, 1987.

GINIEWSKI, Paul, « Tendances de la politique asiatique et africaine d'Israël », *Politique étrangère*, 22 (24) 1957, p. 463 et suiv.

———, « Israels Eingliederung in den Mittleren Osten », *Europa-Archiv*, 15 (2) 1960, p. 360 et suiv.

GOLDBERG, Giora, « Ben Gurion and Jewish foreign policy », *Jewish Political Studies Review*, vol. 3, n° 1-2, printemps 1991, p. 91 et suiv.

GREILSAMMER, Ilan, *Israël et l'Europe - Une histoire des relations entre la Communauté européenne et l'État d'Israël*, Lausanne, 1981.

INBAR, Efraim, « Jews, Jewishness and Israel's foreign policy », *Jewish Political Studies Review*, vol II, n° 3-4, automne 1990, p. 165 et suiv.

JELINEK, Yeshayahu, « Like an oasis in the desert: the Israeli consulate in Munich, 1948-1953 », *Studies in Zionism*, vol. 9, n° 1, Spring 1988, p. 81 et suiv.

KEREN, Michael, *Ben Gourion and the Intellectuals : Power, Knowledge, Charisma*, Dekalb, Illinois, 1983.

KLIEMAN, Aaron S., « Zionist diplomacy and Israels foreign policy », *Middle East Review*, vol. XI, n° 2, hiver 1978-1979, p. 11 et suiv.

KRIEGEL, Maurice, « La société israélienne et le passé juif », *Le Débat*, n° 82, XI-XII 1994, p. 98 et suiv.

LEVEY, Zach, *Israel and the Western Powers 1952-1960*, Chapell Hill-Londres, 1997.

LORCH, Netanel, « The Knesset and Israel's foreign relations », *The Jerusalem Journal of International Relations*, 9 (2), juin 1987, p. 117 et suiv.

MEDDING, Peter Y., *Mapaï in Israel: Political Organization and Government in a New Society*, Londres, 1972.

MEROZ, Yohanan, « Erinnerungen an die Frühzeit des Brückenschlags », *Aus Politik und Zeitgeschichte*, (16), 13 IV 1995, p. 3 et suiv.

MILGRAM, Norman A., (ed.), *Stress and Coping in Time of War*, New York, 1986.

NOTHDURFT, Rudolf Christian, *David Ben Gurion - Seine gesellschaftlichen, religiösen und politischen Anschauungen und ihr Einfluß auf seine Haltung gegenüber der Bundesrepublik Deutschland*, Munich, 1983.

ORLAND, Nahum, « Die deutsch-israelischen Beziehungen aus der Beurteilung von Begin », *Orient - Zeitschrift für Politik und Wirtschaft des Orients*, 24 (3), septembre 1983, p. 458 et suiv.

PEARLMAN, Moshe, *Gespräche mit Ben Gurion - Erfahrungen, Erinnerungen, Erkenntnisse*, Munich, 1966 (traduction française : *Ben Gourion. Regards sur le passé*, Monaco, 1965).

PERLMUTTER, Amos, « Two new nations: Israel and American foreign policies during the pioneer years », *American Behavioral Scientist*, vol. 35, n° 4-5, III-VI 1992, p. 541 et suiv.

RAFAEL, Gideon, *Destination Peace - Three Decades of Israeli Foreign Policy - A Personal Memoir*, Londres, 1981.

REICH, Bernard, KIEVAL, Gershon R. (ed.), *Israeli National Security Policy - Political Actors and Perspectives*, New York-Westport-Londres, 1988.

REISER, Stewart, *The Politics of Leverage - The National Religious Party of Israel and its Influence on Foreign Policy*, Cambridge, MA, 1984.

ROBERTS, Samuel J., *Survival or Hegemony? The Foundations of Israeli Foreign Policy*, Studies in International Affairs n° 20, Baltimore, Londres, 1973.

SCHLAIM, Avi, « Conflicting approaches to Israel's relations with the Arabs: Ben Gourion and Sharett, 1953-1956, » *The Middle East Journal*, vol. 37, Nr 2, printemps 1983, p. 180 et suiv.

SEGEV, Tom, *Le Septième Million : les Israéliens et le Génocide*, Paris, 1993.

TEVETH, Shabtai, *Ben-Gurion and the Holocaust*, Londres, 1996.

TSUR, Jacob, « Les fondements de la politique étrangère d'Israël », *Politique étrangère*, 22 (1) 1957, p. 27 et suiv.

WEITZ, Yechiam, « Changing conceptions of the Holocaust: The Kasztner case », *Studies in Contemporary Jewry*, 10, 1994, p. 211 et suiv.

——, « The Holocaust on trial: The impact of the Kasztner and Eichmann trials on Israeli society », *Israel Studies*, vol. I, n° 2, Fall 1996, p. 1 et suiv.

WOLFFSOHN, Michael, « Israel in der Epoche der Mapaï/Arbeiterpartei », *Neue politische Literatur*, 1979, Nr 1, p. 94 et suiv.

——, *Israel - Politik, Gesellschaft, Wirtschaft*, Opladen, 1984.

ZIMMERMANN, Moshe, « Chameleon and phoenix: Israel's German image », *Tel Aviver Jahrbuch für deutsche Geschichte*, XXVI/1997, p. 265 et suiv.

La diaspora :

BAUER, Yehuda, *Out of Ashes - The Impact of American Jews on Post-Holocaust European Jewry*, Oxford, 1989.

BAUER-HACK, Suzanne, *Die jüdische Wochenzeitung Aufbau und die Wiedergutmachung*, Düsseldorf, 1994.

BEDNARZ, Dieter, LÜDERS, Michael (Hg), *Blick zurück ohne Haß - Juden aus Israel erinnern sich an Deutschland*, Cologne, 1981.

BRENNER, Michael, *Nach dem Holocaust - Juden in Deutschland 1945-1950*, Munich, 1995.

BRODER, Hendryk M., LANG, Michael L. (Hg), *Fremd im eigenen Land - Juden in der Bundesrepublik*, Francfort/M., 1979.

BURGAUER, Erika, *Zwischen Erinnerung und Verdrängung - Juden in Deutschland nach 1945*, Hambourg, 1993.

COHN, Michael, *The Jews in Germany 1945-1993 - The Building of a Minority*, Westport, CT, 1994.

GIORDANO, Ralf (Hg), *Narben, Spuren, Zeugen - 15 Jahre Allgemeine Wochenzeitung der Juden in Deutschland*, Düsseldorf, 1961.

GOLDMANN, Nahum, *Autobiographie - Une vie au service d'une cause*, Paris, 1971.

——, *Mein Leben als deutscher Jude*, Munich-Vienne, 1980.

HEID, Ludger & KNOLL, Joachim H. (Hg), *Deutsch-jüdische Geschichte im 19. und 20. Jahrhundert*, Stuttgart-Bonn, 1992.

KÖHLER, Lotte & SANER, Hans (Hg), *Hanna Arendt - Karl Jaspers - Briefwechsel 1926-1969*, Munich-Zurich, 1985.

LEVY, H., « L'hebdomadaire "Allgemeine Wochenzeitung der Juden in Deutschland" », *Documents*, 22 (3/4) mai-juillet 1967, p. 182 et suiv.

MERTENS, Lothar, *Unermüdlicher Kämpfer Für Frieden und Menschenrechte. Leben und Wirken von Kurt R. Grossmann*, Berlin, 1997.

Mitarbeiter der Hochschule für jüdische Studien (Hg), *Studien zur jüdischen Geschichte und Soziologie - Festschrift Julius Carlebach*, Heidelberg, 1992.

PATAI, Raphael, *Nahum Goldmann: His Missions to the Gentiles*, Alabama, 1987.

SCHOEPS, Joachim H., *Menora - Jahrbuch für deutsch-jüdische Geschichte - 1992*, Munich-Zurich, 1992.

SHAFIR, Shlomo, « Eine ausgestreckte Hand ? Frühe amerikanisch-jüdische Kontakte zu deutschen Sozialdemokraten in der Nachkriegszeit », *Internationale wissenschaftliche Korrespondenz zur Geschichte der deutschen Arbeiterbewegung*, 25. Jg, VI 1989, H. 2, p. 174 et suiv.

——, *American Jews and Germany After 1945 - Points of Connection and Points of Departure*, Cincinnati, 1993.

——, *Ambiguous Relations: The American Jewih Community and Germany Since 1945*, Detroit, 1999.

WEHR, Gerhard, *Martin Buber - Leben, Werk, Wirkung*, Zurich, 1991.

WIGODER, G. (dir.), *Dictionnaire encyclopédique du judaïsme*, Paris, 1993.

Évolution de l'attitude ouest-allemande face aux relations RFA/Israël

La situation des Juifs : les Displaced Persons, *antisémitisme et philosémitisme dans l'Allemagne de l'après-guerre :*

BENTWICH, Norman, « Nazi spoliation and German reparations - The work of the United Restitution Office », *Leo Baeck Institute Year Book*, 1965, p. 204 et suiv.

BENZ, Wolfgang, (Hrsg.), « Postwar society and national socialism: remembrance, amnesia, rejection », *Tel Aviver Jahrbuch für deutsche Geschichte*, 19 (1990), p. 1 et suiv.

———, « Reaktionen auf die Verfolgung der Juden und der Holocaust in Deutschland vor und nach 1945 », *Aus Politik und Zeitgeschichte*, B.1-2/1992.

———, *Antisemitismus in Deutschland - Zur Aktualität eines Vorurteils*, Munich, 1995.

BERGMANN, Werner, ERB, R., *Antisemitismus in der politischen Kultur nach 1945*, Opladen, 1990.

FREI, Norbert, *Vergangenheitspolitik - Die Anfänge der Bundesrepublik und die NS-Vergangenheit*, Munich, 1996.

HERF, Jeffrey, *Divided Memory: The Nazi Past in the Two Germanys*, Cambridge, MA, 1997.

KÖNIGSEDER, Angelika, WETZEL, Juliane, *Lebensmut im Wartesaal - Die jüdischen Displaced Persons im Nachkriegsdeutschland*, Francfort/M., 1994.

LOTH, Wilfried, RUSINEK, Bernd-A. (Hg), *Verwandlungspolitik, NS-Eliten in der deutschen Nachkriegszeit*, Francfort, 1998.

OUAZAN, Françoise, *Ces juifs dont l'Amérique ne voulait pas - 1945-1950*, Bruxelles, 1995.

STERN, Frank, « The historic triangle : occupiers, Germans and Jews in postwar Germany », *Tel Aviver Jahrbuch für deutsche Geschichte*, 19 (1990), p. 47 et suiv.

———, *Im Anfang war Auschwitz - Antisemitismus und Philosemitismus im deutschen Nachkrieg*, Gerlingen, 1991.

WEBSTER, Ronald., « American relief and Jews in Germany, 1945-1960 - Diverging perspectives », *Leo Baeck Institute Year Book*, 1993, p. 293 et suiv.

WETZEL, Juliane, « Displaced Persons - Ein vergessenes Kapitel der deutschen Nachkriegsgeschichte », *Aus Politik und Zeitgeschichte*, B 7-8/95, 10 II 1995.

———, « Les camps pour personnes déplacées juives en Allemagne de 1945 à 1957 », *Vingtième Siècle - Revue d'Histoire*, n° 54, IV-VI 1997, p. 79 et suiv.

La politique extérieure ouest-allemande et l'évolution des idées des autorités gouvernementales et de l'administration :

ADENAUER, Konrad, *Erinnerungen - 1953-1955*, Stuttgart, 1966, 556 pages.

———, *Erinnerungen - 1955-1959*, Stuttgart, 1967 (traduction française, *Mémoires*, t. 1, 1945-1953, Paris, 1965 ; t. 2, 1953-1956, Paris, 1967 ; t. 3, 1956-1963, Paris, 1969).

Auswärtiges Amt (Hg), *Die auswärtige Politik der Bundesrepublik Deutschland*, Cologne, 1972.

BARING, Arnulf, « Die westdeutsche Außenpolitik in der Ära Adenauer », *Politische Vierteljahresschrift*, 9 (1) mars 1968, p. 45 et suiv.

BENZ, Wolfgang (Hg), *Die Geschichte der Bundesrepublik*, Bd 1, Politik, Francfort, 1989.

BLUMENWITZ, Dieter, (Hg), *Konrad Adenauer und seine Zeit - Politik und Persönlichkeit des ersten Bundeskanzlers von Weg- und Zeitgenossen*, Stuttgart, 1976.

BRACHER, Karl Dietrich (Hg), *Geschichte der Bundesrepublik Deutschland*, Stuttgart-Wiesbaden, 1981.
 * 1. Bd, ESCHENBURG, Theodor, *Jahre der Besatzung 1945-1949*.
 * 2. Bd, SCHWARZ, H. P., *Die Ära Adenauer - 1949-1957*, 540 pages.

DELIGDISCH, Jekutiel, *Die Einstellung der Bundesrepublik Deutschland zum Staate Israel - Eine Zusammenfassung der Entwicklung seit 1949*, Bonn-Bad Godesberg, 1974.

END, Heinrich, *Zweimal deutsche Außenpolitik - Internationale Dimensionen des innerdeutschen Konflikts - 1949-1972*, Cologne, 1973.

GOTTO, Klaus (Hg), *Der Staatssekretär Adenauers - Persönlichkeit und politisches Wirken Hans Globkes*, Stuttgart, 1980.

HACKE, Christian, « Traditionen und Stationen der Außenpolitik der Bundesrepublik Deutschland von 1949 bis 1987 », *Aus Politik und Zeitgeschichte*, B3/1988, p. 3 et suiv.

HANRIEDER, Wolfram F., *Die stabile Krise : Ziele und Entscheidungen der bundesrepublikanischen Außenpolitik 1949-1969*, Düsseldorf, 1971.

HILDEBRAND, Klaus, *Integration und Souveränität. Die Außenpolitik der Bundesrepublik Deutschland 1949-1982 - Intégration et souveraineté. La Politique étrangère de la République fédérale d'Allemagne de 1949 à 1982*, Bonn, 1991.

KITTEL, Manfred, « Genesis einer Legende - Die Diskussion um die Stalin Noten in der Bundesrepublik Deutschland 1952-1958 », *Vierteljahrshefte für Zeitgeschichte*, VII 1993, 3. Heft, p. 355 et suiv.

KÖHLER, Henning, *Adenauer*, Berlin, 1994.

KREYSLER, Joachim, JUNGFER, Klaus, *Deutsche Israel Politik - Entwicklung oder politische Masche*, Dießen, 1965.

KRONECK, Friedrich J., OPPERMANN, Thomas (Hg), *Im Dienste Deutschlands und des Rechts - Festschrift für Wilhelm G. Grewe zum 70. Geburtstag am 16. Oktober 1981*, Baden-Baden, 1981.

MENUDIER, Henry (e. a.), *La République fédérale d'Allemagne dans les relations internationales*, Bruxelles, 1989.

MÜLLER-ROMMEL, Ferdinand, PIEPER, G., « Das Bundeskanzleramt als Regierungszentrale », *Aus Politik und Zeitgeschichte*, B.21-22/1991.

PAULS, Rolf F., *Deutschlands Standort in der Welt - Beobachtungen eines Botschafters*, Stuttgart-Herford, 1984.

PÖRTNER, Rudolf (Hg), *Kinderjahre der Bundesrepublik - Von der Trümmerzeit zum Wirtschaftswunder*, Munich, 1992.

RIESSER, Hans Eduard, *Von Versailles zur UNO - Aus der Erinnerung eines Diplomaten*, Bonn, 1962.

SCHEEL, Walter (Hg), *Nach dreißig Jahren - Die Bundesrepublik Deutschland - Vergangenheit, Gegenwart, Zukunft*, Stuttgart, 1979.

SCHWARZ, Hans-Peter, (Hg), *Handbuch der deutschen Außenpolitik*, Munich, 1975.
——, *Adenauer- Der Aufstieg 1876-1952*, Stuttgart, 1986.
——, *Adenauer - Der Staatsmann 1952-1967*, Stuttgart, 1991.
——, (Hg), *Konrad Adenauers Regierungsstil*, Rhöndorfer Gespräche Bd 11, Bonn, 1991.
SEELBACH, Jörg, *Die Aufnahme der diplomatischen Beziehungen zu Israel als ein Problem der deutschen Politik seit 1955*, Meisenheim am Glan, 1970.
SHAFIR, Shlomo, « Postwar German diplomats and their efforts to neutralize American Jewish hostility : The first decade », *YIVO Annual*, vol. 22, 1993, p. 155 et suiv.
SMITH, Arthur L., « A view of US policy toward Jewish restitution », *Holocaust and Genocide Studies*, 5, n° 3 (1990), p. 247 et suiv.
SONTHEIMER, Kurt, *Die Adenauer-Ära - Grundlegung der Bundesrepublik*, Munich, 1991.
WAGNER, H., « The Federal Republic of Germany's foreign policy objectives », *Millenium*, (17) 1 Spring 1988, p. 43 et suiv.
WOLFFSOHN, Michael, *Spanien, Deutschland und die « Jüdische Weltmacht »-Über Moral, Realpolitik und Vergangenheitsbewältigung*, Munich, 1991.

L'intervention du problème arabe dans les relations germano-israéliennes :
ABEDISEID, Mohammad, *Die deutsch-arabischen Beziehungen - Probleme und Krisen*, Stuttgart, 1976.
ATEK, Wageh, « Der Standpunkt Ägyptens zur westdeutschen Wiedergutmachung an Israel », *Orient - Deutsche Zeitschrift für Politik und Wirtschaft des Orients*, 24 (3), septembre 1983, p. 470 et suiv.
BERGGÖTZ, Sven, *Nahostpolitik in der Ära Adenauer, Möglichkeiten und Grenzen, 1949-1963*, Forschungen und Quellen zur Zeitgeschichte, Bd. 33, Düsseldorf, 1998.
BLASIUS, Rainer, « "Völkerfreundschaft" am Nil : Ägypten und die DDR im Februar 1965 », *Vierteljahrshefte für Zeitgeschichte*, 46 (1998), 4. Heft, p. 747 et suiv.
KAISER, Karl, STEINBACH, Udo (Hg), *Deutsch-arabische Bestimmungsfaktoren und Probleme einer Neuorientierung*, Munich-Vienne, 1981.
KRAMER, Thomas W., *Deutsch-ägyptische Beziehungen in Vergangenheit und Gegenwart*, Tübingen-Bâle, 1974.
LIEMANN, Jörg, « Wiedergutmachung durch Konflikt ? Die syrische Denksschrift zum deutsch-israelischen Wiedergumachungsabkommen von 1952 », *Asien, Afrika, Lateinamerika*, 22, 1994, p. 513 et suiv.
SAÏD, Edward, *L'Orientalisme - L'Orient créé par l'Occident*, Paris, 1980.
SIVAN, Emmanuel, *Mythes politiques arabes*, Paris, 1995.
WISSA-WASSEF, Cérès, « Les relations entre l'Égypte et les deux États allemands depuis la Deuxième Guerre mondiale », *Politique étrangère*, 37 (5) 1972, p. 609 et suiv.
WASSER, Hartmut, « Israel, die arabische Welt und die Bundesrepublik Deutschland », *Schweizer Monatshefte*, 1966, H. 2, p. 134 et suiv.

L'intervention des groupes de pression économiques :
BRAUNTHAL, Gerard, « Wirtschaft und Politik - Der Bundesverband der Deutschen Industrie », *Politische Vierteljahresschrift*, 4, 1963, p. 369 et suiv.
——, *The Federation of German Industry in Politics*, Ithaca, 1965.
BÜHRER, Werner, « Der Bundesverband der Deutschen Industrie und die Außenpolitik der Bundesrepublik Deutschland in den fünfziger Jahren », *Vierteljahrshefte für Zeitgeschichte*, 1992, 2. Heft, p. 241 et suiv.
SILBER-BONZ, Christoph, *Pferdmenges und Adenauer - Der politische Einfluß des Kölner Bankiers*, Bonn, 1997.
TUDYKA, Kurt P., *Gesellschaftliche Interessen und auswärtige Beziehungen - Materialien zur Außenwirtschaftspolitik der Ära Adenauer*, 2. Teil, Vermittlung von Interessen und auswärtige Beziehungen - Prozesse der Willensbildung, Nimègue, 1978.
UTHMANN, Karl Josef, WOLFF-METTERNICH, H. von, *Der Bundesverband der Deutschen Industrie*, Düsseldorf, 1974.
VARAIN, Hans Josef, *Interessenverbände in Deutschland*, Cologne, 1973.

Évolution des idées des partis politiques et des syndicats ouest-allemands :
CDU :
GERSTENMAIER, Brigitte et Eugen, *Zwei können widerstehen - Briefe und Berichte 1939-1969*, Bonn, 1992.
GERSTENMAIER, Eugen, *Streit und Friede hat seine Zeit*, Francfort/M., 1981.

SPD et DGB :
BRODER, H., DINER, D., FICHTER, T., BRANDT, H. (Hrsg. und Bearb.), *Solidarität und deutsche Geschichte - Die Linke zwischen Antisemitismus und Israelkritik*, Berlin, 1987.
Friedrich Ebert Stiftung (Hg), *Kurt Schumacher als deutscher und europäischer Sozialist*, Bonn, 1988.
GIORDANO, Ralf (Hg), *Deutschland und Israel : Solidarität in der Bewährung - Bilanz und Perspektiven der deutsch-israelischen Beziehungen*, Gerlingen, 1992.
KLOKE, Martin W., *Israel und die deutsche Linke - Zur Geschichte eines schwierigen Verhältnisses*, Francfort/M., 1990.
MERSEBURGER, Peter, *Der schwierige Deutsche, Kurt Schumacher*, Stuttgart, 1995.
RENGER, Reinhard (Hg), *Die deutsche "Linke" und der Staat Israel*, Leipzig, 1994.
RÖDER, Werner, STRAUSS, Herbert A. (Hg), *Biographisches Handbuch der deutschsprachigen Emigration nach 1933*, Bd 1, Politik, Wirtschaft, Öffentliches Leben, Munich-New York-Londres-Paris, 1980.
SCHMID, Carlo, *Erinnerungen*, Berne-Munich-Vienne, 1979.
SCHNEIDER, Karlheinz, SIMON, Nikolaus (Hrsg.), *Solidarität und deutsche Geschichte - Die Linke zwischen Antisemitismus und Israelkritik*, Berlin, 1987.
SHAFIR, Shlomo, *Une main tendue : Les sociaux-démocrates allemands, les Juifs et Israël - 1945-1967*, Tel Aviv, 1986 (en hébreu).

FDP :

BRACHER, Karl Dietrich, *Theodor Heuss und die Wiederbegründung der Demokratie in Deutschland*, Tübingen, 1965.

HERBERT, Ulrich, *Best - Biographische Studien über Radikalismus, Weltanschauung und Vernunft - 1903-1989*, Bonn, 1996.

MÖLLER, Horst, *Theodor Heuss - Staatsmann und Schriftsteller - Homme d'État et homme de lettres*, publié par l'Institut historique allemand de Paris, Bonn, 1990.

La société civile de RFA :

FOSCHEPOTH, Josef, *Im Schatten der Vergangenheit - Die Anfänge der Gesellschaft für christlich-jüdische Zusammenarbeit*, Göttingen, 1993.

GROSSMANN, Kurt R., *Die unbesungenen Helden - Menschen in Deutschlands dunklen Tagen*, Berlin, 1961.

HERMLE, Siegfried, *Evangelische Kirche und Judentum - Stationen nach 1945*, Göttingen, 1990.

KEIM, Anton Maria, *Die Judenretter aus Deutschland*, Munich, 1988.

KOLNEDER, Wolfgang (Hg), *Daffke... ! Die vier Leben der Inge Deutschkron - 70 Jahre erlebte Politik*, Berlin, 1994.

LÜTH, Erich, *Viele Steine lagen am Weg - Ein Querkopf berichtet*, Hambourg, 1966.

——, *Die Friedensbitte an Israel 1951 - Eine Hamburger Initiative*, Hambourg, 1976.

INDEX DES NOMS DE PERSONNES

Abs, H. J. : 41, 232, 238, 240-242.
Adenauer, K. : 22, 26, 30, 36-42, 44-47, 51, 58, 64, 68, 95, 100, 102, 105, 109, 117, 122, 123, 126, 135, 137, 144, 156, 163, 166, 171, 174, 182-186, 189, 191, 192, 194, 195, 199, 201-203, 210-212, 215-217, 223-225, 228, 229, 232-243, 249, 250, 252, 255-257, 264, 265, 267, 269, 272, 274-280, 288, 301, 302, 308, 310-312, 314-316, 318, 322-325, 329, 356, 362, 369, 371-373, 377, 384, 385, 387, 389, 390, 399, 401, 405, 407-410.
Allardt : 268, 331, 340, 363.
Altmaier, J. : 37-40, 211.
Amir, M. : 42.
Argov, M. : 94.
Avner, G. : 28, 57, 94, 170, 241.
Bachmann : 67, 256.
Baeck, L. : 195, 206.
Bar On, H. : 39.
Barak, E. : 12.
Becker, W. : 287, 332, 343, 346, 348, 349, 356, 367, 372, 376, 378-380, 382.

Begin, M. : 16, 29, 47, 96, 163-165, 167, 402, 404.
Ben Gourion, D. : 25, 30, 32, 33, 38, 46, 47, 88-90, 96, 97, 101, 104, 113-117, 119, 120, 123, 126, 127, 146, 154, 155, 160, 162-165, 168, 184, 191, 193, 209, 233, 235, 242, 278, 311, 315, 349, 355, 386, 389, 394, 398, 400, 401, 409, 410.
Ben Natan, A. : 13, 33, 116, 400, 403.
Ben Zvi, I. : 298.
Bérard, A. : 169.
Berg, F. : 199, 267-269.
Berghold : 125.
Bergmann : 390.
Bernard (Blumenthal), R. : 317.
Best, W. : 263.
Bidder : 378.
Biermann : 107.
Blankenhorn, H. : 26, 49, 67-69, 77, 79, 99, 101-103, 151, 155, 156, 186, 198, 231, 234, 274, 278, 289, 308-310, 314, 376, 390, 402.
Blaustein, J. : 181.
Blomeyer : 61, 63.

Blücher, F. : 243, 262, 263, 373.
Böhm, F. : 133, 151, 156, 165, 166, 185, 192, 196, 216, 230, 232, 233, 237-241, 264, 285, 292, 334, 345-348, 378, 390, 392, 402, 408, 409.
Bott, H. : 36.
Böttcher : 269.
Bouché : 268.
Boulganine, N. : 371.
Böx : 214, 316.
Brandts : 22.
Brauer, M. : 192.
Braun, F. : 51, 52, 355.
Bräutigam : 358.
Brentano, H. von : 155-157, 191, 192, 200, 201, 287, 290, 303, 308-312, 316, 334-336, 367, 371, 372, 374-378, 382, 384, 386, 387, 390, 392, 393, 402, 410.
Breuer, M. : 333, 361, 365.
Brückner : 95, 130, 152, 272, 305.
Brusztyn, A. : 94.
Bubenheim : 198.
Buber, M. : 197, 293.
Bubis, I. : 12.
Bünger : 59-64, 233, 296.
Burg, J. : 159.
Carlebach, A. : 216.
Carnap, von : 269, 334.
Carstens, C. : 306.
Clay, L. D. : 24.
Cohen, M. A. : 285.
Cohn-Bendit, D. : 206.
Comay, M. S. : 174, 297.
Dahmen : 317.
Dam, H. van : 207-210, 213, 214, 314.
Dan, H. : 143, 173.
Daouk, A. el- : 250, 255.

Dayan, M. : 157.
Debroise : 168.
Dehler, Th. : 198, 241, 262, 263, 269, 290.
Diehl : 209, 213, 214, 287, 313, 314, 316.
Dirks, W. : 197, 198.
Du Mont : 99.
Duckwitz, G. F. : 59, 297.
Dulles, J. F. : 148, 324, 373, 384.
Dvorak : 287, 313.
Eban, A. : 31, 89, 140, 141, 171, 213.
Eckardt, F., von : 245, 304.
Ehlers, H. : 217.
Eisenhower, D. D. : 91.
Elath, E. : 90, 170, 171, 174, 175, 297.
Eliash, M. : 88.
Engelhard, E. : 262, 269.
Erhard, L. : 51, 102, 187, 271, 334.
Esch, H. J. von der : 250, 251, 255, 330, 337, 340, 378, 380, 385.
Eshkol, L. : 188.
Etzdorf, H. von : 246, 247, 252, 253.
Eytan, W. : 42, 56, 57, 73, 80, 81, 108, 109, 117, 124, 131-133, 137, 143, 152-154, 159, 170-174, 297.
Fakoussa : 249.
Farouk : 336.
Federer, G. : 139.
Feuchtwanger, L. : 193.
Fischer, A. : 136.
Fischer, A. J. : 130.
Fischer, J. : 12.
Fischer, M. : 28, 39, 94, 135-138, 171, 174, 409.
Flesch, G. : 166.
Förster, von : 333, 349, 350, 355.
Franco, F. : 394.
François-Poncet, A. : 275.

Friedländer, E. : 212.
Frowein, A. : 69, 74, 77, 78, 80, 83, 122, 123, 126, 127, 130, 144, 149, 151, 153, 154, 159, 162, 164, 216, 231, 232, 258, 259, 264, 273, 276, 284-287, 289, 290-292, 294, 295, 300, 303, 305-307, 312, 334, 336, 340, 366, 374, 410.
George, M. : 193, 195, 200, 314, 334, 336, 402.
Gerstenmaier, E. : 264, 314.
Gielhammer, L. : 378, 383.
Gilbert, P. E. : 168.
Gilligan : 76, 289.
Goldhagen, D. J. : 11.
Goldmann, N. : 31, 43- 45, 47, 100, 128, 139, 182-193, 195, 197, 204, 215, 217, 234, 240-242, 257, 274, 280, 308-310, 314, 315, 317, 390, 394, 402, 408.
Goldstein : 35.
Gonichovski : 127.
Graeff, F. : 332.
Graevenitz, von : 294.
Granow : 34, 228.
Grell : 129.
Greve, O. H. : 151, 215, 285.
Grewe, W. : 79, 80, 155, 289, 306, 307, 372, 374, 378.
Grolmann : 296.
Gronemann : 35.
Grossmann, K. R. : 193, 195-204, 218, 316, 402.
Guillaume II : 252.
Guriel, B. : 98.
Haas, F. : 378.
Haas, W. : 26, 136, 137, 173, 174.
Hacohen, D. : 160.
Haertel : 124.

Hallstein, W. : 73, 79-81, 83, 102, 103, 108, 122, 123, 144, 151, 156, 157, 164, 189, 192, 216, 230, 231, 237, 242, 246, 250, 257, 259, 261, 263, 270, 271, 274, 285, 289, 290, 294, 300-302, 308, 309, 337, 347, 356, 358, 369, 371-373, 375, 376, 378, 380-383, 385-387, 389, 390, 402, 403, 410.
Hamawi, M. al- : 249.
Hansemann, von : 129.
Hansen, N. : 13.
Harkort, P. G. : 378.
Hertslet, J. G. A. : 263.
Hertz, H. : 294.
Herwarth, J. von : 73, 174, 175.
Herzl, Th. : 114, 130.
Herzog, R. : 12.
Heuss, Th. : 33, 35, 36, 127, 133, 213, 216, 298, 300.
Hipp, W. : 334.
Hirsch, W. : 285, 286, 294, 312, 394.
Hitler, A. : 224, 345.
Holleben : 231.
Holzapfel, F. : 297, 394.
Holzhausen : 333.
Horowitz, D. : 38-40, 188, 408.
Hüber, R. : 258, 262, 265-269.
Husseini, A. al- : 253.
Ilzar (ou Ilsar), Y. : 153, 154.
Ivekovic : 372.
Jacobsohn : 172, 176.
Jacobson, M. : 60, 71, 74.
Janz, F. : 76, 123.
Jaspers, K. : 11.
Josephthal, G. : 59, 66.
Junker : 293, 310.
Kaisen, W. : 102, 261.

Karajan, H. von : 317.
Kaufmann, E. : 370.
Kempner, R. W. : 32, 194.
Klein, J. : 316.
Kloohs, F. : 288.
Klutznik, P. M. : 317.
Knoke, K. H. : 172.
Kopf, W. : 160.
Kordt : 82, 244.
Kox : 35, 229.
Kraft, W. : 265.
Krause, W. : 245.
Krekeler, H. : 203, 274, 275, 316, 317, 328, 334, 375.
Kreutzberger : 73.
Kuhlemann, C. : 270.
Küster, O. : 237, 238, 240, 408.
Küstermeier, R. : 194, 196, 236, 284.
Landauer, G. : 200.
Lay : 381.
Lehr, R. : 211.
Lenz : 278.
Lilienfeld : 275.
Livneh, E. : 24, 25, 27, 29, 37, 38, 42, 43, 48, 55-58, 69, 71, 95, 154, 158.
Loewenthal : 187.
Loewy, K. : 145, 146.
Lourie, A. : 106, 154, 175.
Lukaschek, H. : 210.
Lupin : 255.
Lüth, E. : 133, 196, 198, 199, 213, 236, 285, 402.
Mac Arthur : 319.
Mahs, von : 192, 293, 377, 390.
Maltzan, V. von : 297.
Mansour : 268.
Marchtaler : 109, 298, 376, 377.

Marshall, G. : 32.
Marx, K. : 22, 30, 36, 177, 195, 205, 209-218, 314-316, 402, 407.
Maydell : 52.
McCloy, J. : 238, 248.
Meir, G. : 89, 112, 193.
Melchers, W. : 231, 232, 284, 337, 338, 344, 353, 354, 361-363, 365, 378, 382, 386, 402.
Mendelsohn, K. : 35.
Merkatz, H. J. von : 261.
Merker, P. : 362.
Meroz, Y. : 12, 13, 109, 136.
Messmann : 129, 294.
Meyer : 372.
Mirbach, D. von : 330, 341, 345, 365.
Moissis, A. : 172.
Molotov, V. : 370.
Mosler : 60.
Munzel, K. : 152, 286, 333, 351.
Naor, U. : 134, 138, 312.
Nasser, G. A. : 111, 139, 140, 149, 336, 341, 349, 367, 379, 384, 387.
Nathan, A. : 57.
Naumann, W. : 263.
Néguib, M. : 164, 254, 257, 259, 260, 336, 358.
Netanyahu, B. : 11.
Neukamp, F. : 299.
Neupert : 291.
Nöhring, H. : 268, 305, 329, 330, 331, 337, 339, 345, 348, 360, 361, 378, 382.
Nostitz, S. von : 75.
Nurock, M. : 172, 173, 176.
Oberländer, Th. : 203.
Oellers, F. : 150, 174, 298.
Ollenhauer, E. : 156, 390.

Ostermann : 31.
Pauls, R. F. : 34, 233.
Pawelke, G. : 251, 254, 255, 257-260, 276, 286, 328, 329, 331, 336, 340, 341, 357-359, 361.
Pferdmenges, R. : 242.
Pfleiderer, K. G. : 372.
Podeyn, H. C. : 351, 378.
Preger : 287.
Primor, A. : 12, 13.
Prüfer, C. : 247.
Quiring : 378.
Rademacher, F. : 262, 269, 270.
Rau, H. : 380.
Rau, J. : 12.
Rebentrost : 269.
Reves : 48.
Ribbentrop, J. von : 386.
Rich, J. M. : 188.
Richthofen, O. von : 351, 378, 382.
Riesser, H. E. : 39, 45, 106, 154, 195, 314.
Rifaï, Z. : 245.
Ringelmann : 333, 337, 351, 365, 379.
Rißmann : 74.
Ritter : 349.
Robinson, J. : 59.
Roemer : 290.
Rosen, P. : 117.
Rosenne, S. : 42.
Ruperti, R. : 268.
Ruppin : 80.
Saab, I. : 331.
Sadate, A. el- : 387.
Sänger, F. : 190.
Sautter : 293, 333.
Schäffer, F. : 41, 45, 102, 203, 216, 236, 240, 243, 264, 288, 289, 402.

Schäffer, H. : 102, 151.
Schenkar, A. : 167.
Schern : 209, 213, 314.
Scherpenberg, H. van : 333.
Schindler, M. : 211.
Schirmer : 186, 274, 379.
Schlange-Schöningen, H. von : 96, 231.
Schmid, C. : 198, 407.
Schnippenkötter, S. : 380, 382, 385.
Schöne : 124.
Schott, W. : 24, 25, 27, 29, 56, 71.
Schröder, G. : 12.
Schubert, C. von : 378.
Schuberth : 198.
Schumacher, K. : 210, 211, 225, 369, 407.
Seebohm, H. C. : 203.
Seeliger : 293.
Seydel, H. : 363.
Shaltiel, D. : 150.
Sharett, M. : 24, 29, 30, 39, 42, 47, 56, 64, 66, 87, 88, 90, 94, 97, 99, 100, 109, 112, 114-116, 120, 127, 131, 136, 140-143, 145, 147, 148, 153-155, 159, 160, 162, 165, 166, 188, 189, 192, 193, 202, 203, 209, 218, 249, 302, 309, 311, 390-394, 401, 404, 409.
Shinnar, F. E. : 41, 43, 57, 66, 72-74, 77, 80, 81, 83, 95, 103, 108, 110, 113, 123, 125, 127, 131-134, 136, 137, 141, 143-145, 149-157, 159, 161, 162, 164, 173, 175, 185, 188, 191-193, 218, 241, 242, 257, 296, 302, 303, 305, 307, 309-311, 368, 373, 376, 377, 382, 384, 386, 387, 390-393, 401, 409, 410.
Slansky, R. : 214.
Slater : 49.
Soltmann : 71.

Spreti, K. Graf von : 157, 285, 294.
Staline (J. V. Djougachvili) : 112, 323.
Stedtfeld : 125.
Steeck : 26.
Steffen, W. G. : 379.
Steg, R. : 37, 229, 244.
Stödter : 102.
Stolpe : 332.
Strack, H. : 265.
Strauß, F. J. : 53, 203, 243, 264, 265, 270, 279, 402.
Stroh, H. : 36.
Strohm, G. : 50, 229, 342.
Terdenge : 109, 159, 166.
Tolkowsky, S. : 30, 31, 170, 394.
Truman, H. : 181.
Trützschler von Falkenstein, H. : 50, 59, 80-82, 103, 123, 125, 130, 132, 144, 145, 150, 159, 216, 233, 257, 272, 273, 276, 290, 292, 294, 347, 378.
Velhagen, A. : 231.
Vogel, R. : 128, 217, 287, 300, 312, 313.
Voigt, H. : 58, 138, 152, 166, 286, 298, 337, 339, 344, 347, 352, 355, 364, 366, 367, 375, 376, 378, 384-386, 402.
Waldschmidt : 268.
Wallenstein : 129.
Walther, G. von : 123.
Weber, W. M. : 332, 341, 378.
Weitzmann : 135.
Weizman, E. : 11, 206, 404.
Weizmann, H. : 114.
Welck, K. H. W. Freiherr von : 151, 155, 303, 304, 337, 339, 347, 351, 355, 356, 366-368, 375, 376, 378, 386.
Weltsch, R. : 110.
Werz : 35, 36.

Westrick, L. : 259, 269, 328, 358, 409.
Wolff, B. : 292.
Wollheim, N. : 35.
Wrasman : 358.
Yahil (Hoffman), H. : 24, 74, 77, 78, 80, 81, 83, 107, 110, 126, 127, 130-132, 134, 135, 139, 154, 159, 188, 216, 407.
Yahil, L. : 110.

TABLE DES MATIÈRES

Introduction — 11

Première partie : **Des relations avant les relations - Le consulat israélien de Munich et les premiers pas de la mission israélienne de Cologne** — *19*

  Chapitre I. Au temps du consulat israélien de Munich — *21*

  1. Le consulat israélien de Munich — *21*

    Le contexte de la fin des années quarante — *21*

    La mise en place du consulat israélien de Munich — *23*

    L'évolution du statut du consulat israélien de Munich — *25*

    L'évolution de l'attitude israélienne en fonction de l'attitude ouest-allemande — *30*

    L'évolution de l'attitude allemande à l'égard du problème des réparations : passage du silence à la réflexion — *33*

  2. Les premiers contacts directs entre les deux pays sous le signe des réparations — *38*

    Premières rencontres entre représentants des deux États et attitude de l'Auswärtiges Amt à l'égard des revendications israéliennes — *38*

    La déclaration de Konrad Adenauer (27 septembre 1951) — *40*

    La rencontre Adenauer/Goldmann du 6 décembre 1951 — *44*

    L'acceptation israélienne d'entrer en pourparlers (9 janvier 1952) — *47*

3. Le travail du consulat israélien de Munich et ses contacts avec les autorités ouest-allemandes	*48*
Coopération juridique entre les deux États	*49*
Coopération commerciale entre les deux États	*51*
Une antenne politique israélienne et un centre d'informations israélien en RFA	*52*
Chapitre II. Du consulat de Munich à la mission israélienne de Cologne	*55*
1. La discussion sur la fermeture du consulat israélien de Munich	*55*
2. La mission commerciale israélienne en RFA	*58*
L'idée d'une mission commerciale et sa discussion à Wassenaar	*58*
La mission commerciale israélienne dans le traité	*64*
3. La fermeture du consulat de Munich et la mise en place de la mission	*68*
La fermeture du consulat	*68*
La mise en place de la mission de Cologne	*72*
L'attribution de prérogatives consulaires à la mission de Cologne	*73*
Instauration de contacts entre les autorités ouest-allemandes et la mission israélienne de Cologne	*82*
Deuxième partie: L'évolution des idées israéliennes et juives concernant des relations diplomatiques entre la RFA et Israël - De la fin des années quarante au printemps de l'année 1956	*85*
A. *Évolution de l'attitude israélienne*	*87*
Chapitre III. L'évolution de l'attitude israélienne vis-à-vis du problème des relations diplomatiques avec la RFA	*93*
1. Avant le traité de réparations	*93*
Avant l'entrée en négociations	*93*
Au moment des négociations de Wassenaar	*98*
Au moment de la signature du traité de réparations	*100*

La ratification de l'accord de réparations et ses effets sur l'attitude israélienne *106*

2. La mise en place de la mission commerciale de Cologne et l'évolution de l'attitude israélienne *108*

    L'installation de la mission *108*

    Les raisons de l'évolution de l'attitude israélienne *111*

    David Ben Gourion et l'évolution de la politique allemande d'Israël *113*

Chapitre IV. De la mise en place de la mission à l'échec du printemps 1956 *119*

1. Évolution favorable des idées gouvernementales israéliennes *119*

    Le travail du gouvernement israélien *120*

        Le gouvernement israélien *120*

        Négociations sur le problème des biens allemands en Israël *121*

        Mise en place de relations économiques et financières en dehors du cadre du traité *124*

        Développement de la politique israélienne de rapprochement avec Bonn *125*

        L'amorce de relations culturelles *128*

    Le travail de la mission de Cologne et l'œuvre des représentants israéliens à l'étranger *131*

        La mission de Cologne *131*

        Le rôle des représentants israéliens à l'étranger : le cas de Maurice Fischer à Ankara *135*

2. Accélération du processus : de la fin 1954 au printemps 1956 *138*

    Le deuxième semestre 1954 *138*

        Les raisons de l'accélération du processus *139*

        Les formes de l'accélération du processus *141*

    L'idée d'un bureau commercial ouest-allemand en Israël *146*

        Le contexte international et les motivations israéliennes *146*

        Propositions directes d'Israël à l'adresse de Bonn *150*

3. Persistance des réticences israéliennes	*158*
Persistance des réticences israéliennes au sein du gouvernement	*158*
Au sein des partis d'opposition	*162*
Au sein des milieux économiques	*166*
Au sein de l'opinion publique israélienne	*167*
4. Les hésitations de l'État juif face aux contacts entre représentants ouest-allemands et israéliens	*169*
La situation de départ	*169*
Tentative d'adaptation à l'évolution du contexte	*171*
Le rapprochement entre diplomates comme symbole du rapprochement entre les deux pays	*173*
B. *La communauté juive et le problème des relations germano-israéliennes*	*177*
Chapitre V. La communauté juive américaine	*179*
1. Le cas de Nahum Goldmann	*182*
2. Les Juifs allemands aux États-Unis : le cas de Kurt R. Grossmann	*193*
Chapitre VI. La communauté juive ouest-allemande : le *Zentralrat der Juden in Deutschland,* Karl Marx et l'*Allgemeine Wochenzeitung der Juden in Deutschland*	*205*
1. Le *Zentralrat der Juden in Deutschland*	*206*
2. Karl Marx et l'*Allgemeine Wochenzeitung der Juden in Deutschland*	*209*
Troisième partie : L'évolution des idées ouest-allemandes concernant des relations diplomatiques entre la RFA et Israël - De la fin des années quarante au printemps de l'année 1956	*221*
A. *L'attitude ouest-allemande vis-à-vis du problème des relations diplomatiques avec Israël jusqu'au traité de réparations*	*223*
Chapitre VII. L'attitude de la RFA à l'égard des relations diplomatiques avec Israël	*227*

1. Avant l'entrée en négociations avec Israël — 227
2. Au moment des négociations de Wassenaar — 230
   Le rôle de Konrad Adenauer dans la solution au problème des réparations — 233
       Avant le début des négociations : la déclaration devant le Bundestag et ses suites — 234
       Les négociations de Wassenaar — 238
           La première phase — 238
           Interruption des négociations, crise et aboutissement — 240
           La deuxième phase des négociations et la conclusion du traité — 242
   La mise en avant de l'argument arabe avant la conclusion du traité — 243
3. Le problème de la ratification de l'accord de réparations — 248
   L'acceptation des objections arabes par l'AA — 249
       Confirmation et renforcement de l'argument arabe après la signature de l'accord — 249
       L'attitude de l'AA en réaction à la pression arabe : la recherche de la conciliation — 252
   Confirmation des oppositions politiques — 261
   Renforcement des oppositions dans les milieux économiques — 265
   L'autre aspect de la réaction ouest-allemande face à la pression arabe : la recherche de la fermeté — 270
   La ratification — 279

B. *Évolution de l'attitude ouest-allemande après la ratification : vers des relations diplomatiques avec israël ?* — 281

  Chapitre VIII. L'Auswärtiges Amt favorable à un rapprochement entre la RFA et Israël — 283

1. Les problèmes dus à l'absence d'une représentation ouest-allemande en Israël — 283
   Le problème de l'information sur Israël au sein de l'AA — 283

L'absence de relations diplomatiques comme obstacle au bon déroulement des contacts juridiques et sociaux entre les deux pays	*288*
2. L'AA favorable à un rapprochement économique	*290*
3. L'AA favorable à un rapprochement culturel et scientifique	*293*
4. L'AA favorable à un rapprochement politique : vers l'établissement de relations diplomatiques entre la RFA et Israël ?	*295*
Des mesures de bonne volonté à l'égard d'Israël	*295*
L'idée d'une représentation ouest-allemande en Israël	*299*
5. Le travail de la RFA pour améliorer son image dans le monde	*311*
C. *Évolution de l'attitude ouest-allemande après la ratification : la victoire du réalisme*	*321*
Chapitre IX. L'attitude de Bonn vis-à-vis des relations diplomatiques avec Israël et son évolution dans le contexte mondial	*327*
1. Le poids du facteur arabe dans la réflexion ouest-allemande	*327*
Du point de vue commercial	*328*
Du point de vue politique	*334*
Le problème de Jérusalem	*336*
Les protestations arabes contre un rapprochement entre la RFA et Israël sur la base et au-delà du traité de réparations	*339*
La question de relations diplomatiques entre la RFA et Israël	*344*
Les protestations arabes	*344*
Les réactions ouest-allemandes	*346*
2. Le problème est-allemand	*356*
Apparition du problème est-allemand au moment du débat sur la ratification de l'accord de Luxembourg	*357*
Persistance et aggravation du problème est-allemand après la ratification de l'accord de réparations	*360*
Renforcement de la présence est-allemande dans le contexte moyen-oriental	*360*

Le lien entre la reconnaissance d'Israël par la RFA et la reconnaissance de la RDA par les États arabes	*364*
3. La doctrine Hallstein et le cas d'Israël	*369*
La doctrine Hallstein	*369*
L'application de la doctrine Hallstein au problème des relations diplomatiques germano-israéliennes	*373*
Avant l'invitation à négocier de Shinnar	*373*
Après le 27 janvier 1956	*376*
La réponse de Brentano	*376*
La conférence d'Istanbul	*378*

Chapitre X. Épilogue : La réaction israélienne aux réflexions ouest-allemandes	*389*
Conclusion générale	*397*
Tableau chronologique	*407*
Table des abréviations	*411*
Index des sources	*413*
Bibliographie	*421*
Index des noms de personnes	*435*
Table des matières	*441*

··· SAGIM ···

Achevé d'imprimer en juin 2000
sur rotative Variquik par l'imprimerie
SAGIM à Courtry (77)

Imprimé en France

Dépôt légal : juin 2000
N° d'impression : 4437